OS ÚLTIMOS DIAS DOS
ROMANOV

HELEN RAPPAPORT

OS ÚLTIMOS DIAS DOS
ROMANOV

Tradução de
LUÍS HENRIQUE VALDETARO

7ª edição

2024

CIP-BRASIL. CATALOGAÇÃO NA FONTE
SINDICATO NACIONAL DOS EDITORES DE LIVROS, RJ

R169u
7ª ed.

Rappaport, Helen
Os últimos dias dos Romanov / Helen Rappaport; tradução de
Luís Henrique Valdetaro. – 7ª ed. – Rio de Janeiro: Record, 2024.

Tradução de: Ekaterinburg
Inclui bibliografia e índice
ISBN 978-85-01-08480-4

1. Nicolau II, Imperador da Rússia, 1868-1918 - Assassinato. 2. Nicolau II, Imperador da Rússia, 1868-1918 – Família. 3. Nicolau II, Imperador da Rússia, 1868-1918 – Prisão. 4. Romanov (Casa). 5. Rússia – História – Nicolau II, 1894-1917. 6. Rússia – História – Revolução, 1917. 7. Rússia – Reis e governantes – Morte. I. Título.

10-4801

CDD: 947.083
CDU: 94(47)"1894/1917"

Título original em inglês:
EKATERINBURG

Copyright © Helen Rappaport 2008

Texto revisado segundo o Acordo Ortográfico da Língua Portuguesa de 1990.

Todos os direitos reservados. Proibida a reprodução, armazenamento ou transmissão de partes deste livro através de quaisquer meios, sem prévia autorização por escrito. Proibida a venda desta edição em Portugal e resto da Europa.

Direitos exclusivos de publicação em língua portuguesa para o Brasil adquiridos pela
EDITORA RECORD LTDA.
Rua Argentina, 171 – 20921-380 – Rio de Janeiro, RJ – Tel.: (21) 2585-2000
que se reserva a propriedade literária desta tradução

Impresso no Brasil

ISBN 978-85-01-08480-4

Seja um leitor preferencial Record.
Cadastre-se em www.record.com.br e receba informações
sobre nossos lançamentos e nossas promoções.

EDITORA AFILIADA

Atendimento e venda direta ao leitor:
sac@record.com.br

Para minhas filhas, Dani e Lucy

Sumário

Agradecimentos   9
Lista de ilustrações   15

INTRODUÇÃO: Os Urais vermelhos   19

1. Atrás da paliçada   33
2. "O cavalheiro sombrio"   55
3. O homem com o cigarro   75
4. A mulher na cadeira de rodas   93
5. Meninas de vestidos brancos   111
6. O garoto com trajes de marinheiro   127
7. O bom doutor   143
8. "Nossa pobre Rússia"   155
9. "É tudo a mesma coisa"   171
10. "O que faremos com Nicolau?"   183
11. "Não tivemos nenhuma notícia lá de fora"   203
12. "Algo aconteceu com eles lá dentro"   221
13. "Pessoas comuns, como nós"   235
14. A casa com um propósito especial   241
15. "A vontade da Revolução"   253
16. "O mundo nunca saberá o que fizemos com eles"   277

EPÍLOGO: O perfume dos lírios   283

Nota sobre as fontes   303
Bibliografia   309
Índice remissivo   325

Agradecimentos

Os montes Urais ficam bem distantes de minha casa, ou pelo menos era o que me parecia em outubro de 2006, quando dei início a este projeto. Eu sabia que não seria possível escrever a história dos Romanov em Ecaterimburgo sem ir à cidade onde tudo aconteceu. Apesar de toda a apreensão, foi uma experiência maravilhosa e memorável; nunca esquecerei da noite inteira que passei de vigília entre os devotos da Igreja pela Honra e pelo Sangue de Todos os Santos Resplandecentes na Terra Russa para celebrar o assassinato dos Romanov na noite de 16 para 17 de julho. Ali pude sentir o poder deste episódio histórico e de seu impacto contínuo na cultura e na história russa, e também percebi por que a Rússia, sua história e seu povo sempre foram e continuaram sendo uma grande paixão para mim.

Durante minha estada em Ecaterimburgo, foram várias as pessoas que, graças às gentilezas e à boa companhia que me proporcionaram, fizeram com que esta não fosse uma viagem solitária de pesquisa. Primeiro e acima de todos, Alex Kilin, da Faculdade de História da Universidade do Estado dos Urais, mostrou-se um companheiro e um guia irrepreensível ao longo de dois dias quentes, nos quais andamos por todas as ruas da cidade. Sou muito agradecida pelo tempo que ele passou comigo, por sua energia e por suas palavras sobre Ecaterimburgo, e também pelo fato de ele não ter falado inglês em nenhum momento — isso me fez praticar muito o meu russo.

Valentina Lapina, do escritório do consulado britânico na Biblioteca Belinsky, foi muito gentil desde o meu primeiro dia e permitiu que eu usasse a internet e enviasse e-mails de lá, além de me fornecer inúmeras xícaras de chá com sua fantástica geleia caseira. Ela também me convidou para conhecer a *datcha* de sua família perto do lago Baltysh. Valery Gafurov arrumou tempo para me encontrar e circular comigo pela cidade. Ele também intermediou meus encontros com os professores Alekseev e Plotnikov. O professor Venyamin Alekseev encontrou tempo em sua agenda um tanto cheia de vice-presidente do ramo ural da Academia Russa de Ciências para conversar comigo sobre sua longa pesquisa a respeito do assassinato dos Romanov. Irina Bedrina, da Academia de Leis do Estado Ural, me acompanhou na visita ao professor Ivan Plotnikov (para conhecer suas incríveis contribuições para os estudos acerca dos Romanov, ver Nota sobre as fontes). Apesar de estar com a saúde debilitada, o professor Plotnikov conversou comigo a respeito de suas muitas teorias fascinantes. Konstantin Brylyakov, do Ekaterimburg Guide Center, organizou minha viagem para Ganina Yama com a guia Nadezhda Sokolova, que me forneceu muitos comentários sobre a história dos Romanov. A princesa Svetlana Galitzine de Oxford também se encontrou comigo para conversar sobre a cidade enquanto esteve em Ecaterimburgo visitando a família.

Preciso agradecer ainda a muitos devotos da Igreja pela Honra e pelo Sangue de Todos os Santos Resplandecentes na Terra Russa que falaram comigo na catedral de Voznesensky, em Ecaterimburgo, a respeito da fé ortodoxa deles e também dos Romanov. Agradeço especialmente a Irina Chirkova, uma voluntária da catedral de Voznesensky. Com a bondade de seu coração russo, ela me deu sua própria estimada cópia do filme *Romanovy — Ventsenosnaya Sem'ya* (2000), de Gleb Panfilov, o qual não consegui encontrar em nenhum outro lugar. Seu gesto foi típico do calor e da generosidade que encontrei por toda parte em Ecaterimburgo, desde a minha agradável recepção pelos funcionários do Park Inn, que tornaram a minha estada muito prazerosa e foram muito lisonjeiros em relação ao meu russo.

De volta ao meu lar na Inglaterra, sou muito grata aos conhecimentos e à ajuda de Phil Tomaselli, um grande especialista no que diz respeito ao Serviço Secreto Britânico e aos documentos relacionados à Rússia no Escritório Estrangeiro e no Escritório de Guerra em Kew naquele período. Phil me ajudou a encontrar os relatos fascinantes de Ecaterimburgo feitos por sir Thomas Preston, assim como muitos outros documentos valiosos. Frank

AGRADECIMENTOS

Frank Swann, especialista em direito legal e balística, concedeu-me seu tempo em um almoço, durante o qual fez uma análise incrível do que provavelmente aconteceu no decorrer dos assassinatos no porão. Peter Bull, da York University, foi um grande tradutor da linguagem corporal apresentada nas fotografias oficiais e não oficiais da família Romanov. Rosemary Matthew, arquivista da Bible Society Library, em Cambridge, localizou a carta de Belusov sobre as condições em Ecaterimburgo em 1918. Marie Takaianagi, do Parliamentary Archives, ajudou-me a encontrar o material de sir George Buchanan nos documentos de Lloyd George. Gillian Long conseguiu que eu tivesse acesso aos arquivos de Bernard Pares na Escola de Estudos Eslavos e do Leste Europeu em Londres; Annie Kemkaran--Smith fez tudo que pôde para localizar a coleção de Sydney Gibbes, agora parte da coleção Wernher, mas infelizmente esta se encontra à espera de um novo lar e indisponível aos pesquisadores neste momento.

Meu grande amigo Michael Holman, ex-professor do Departamento de Estudos Russos e Eslavos em Leeds, colocou-me em contato com Jonathan Sutton, o atual titular, que me deu várias sugestões úteis e contatos em Ecaterimburgo. Também devo agradecimentos especiais a James Harris, do Departamento de História da Universidade de Leeds, um especialista na história da região dos Urais no período. Ele me colocou em contato com Alex Kilin em Ecaterimburgo. Na Brotherton Library, trabalhei no incomparável Arquivo Russo de Leeds. Sou particularmente grata a Richard Davies por me disponibilizar material, à coleção Liddle e ao Arquivo Russo de Leeds por me permitir reproduzir suas passagens. Roger Taylor chamou minha atenção para as fascinantes fotografias de Galloway Stewart em Bradford, e Brian Liddy gentilmente permitiu que eu visse todos os 22 volumes. Nick Mays, do News International Archive, permitiu que eu consultasse os documentos do correspondente Robert Wilton, do *Times*, que fazem parte dos documentos de Geofrey Dawson, e sou grata à News International Limited por me permitir reproduzir determinadas passagens; o professor John Rohl, da Universidade de Sussex, forneceu percepções valiosas a respeito do kaiser Guilherme, e Melanie Ilic, da Universidade de Gloucestershire, apresentou-me muitas sugestões bibliográficas valiosas.

A princesa Olga Romanoff me recebeu em sua linda casa em Kent e dividiu comigo suas fotos e suas memórias dos cerimoniais para os Romanov realizados em São Petersburgo em 1998. Sonya Goodman e seu marido, Philip, ofereceram a hospitalidade de seu lar em Kensington, onde Sonya falou sobre as conexões de seus ancestrais Kleinmichel na corte imperial russa. Colegas da Sociedade de Pesquisa da Guerra da Crimeia, Hugh Small e Bill Curtis me apresentaram informações a respeito de pistolas e metralhadoras. Em Oxford, o professor Harry Shukman, do St. Anthony's College, almoçou comigo, me deu muitas dicas de fontes russas para informações daquele período e me encorajou bastante neste projeto. Não posso terminar esta lista sem mencionar as incríveis instalações do meu segundo lar, a Biblioteca Bodleian, em Oxford, e seus sempre muito prestativos funcionários.

Foi um prazer descobrir durante a escrita deste livro que vivo a cinco minutos a pé da comunidade ortodoxa russa de São Nicolau, o Operador de Milagres, fundada em 1941 pelo padre Nicolau, nascido Charles Sydney Gibbes, tutor do filho do czar. Seus membros me receberam calorosamente e eu gostaria de aproveitar a oportunidade para elogiar o trabalho deles na comunidade ortodoxa russa na Grã-Bretanha.

Nos Estados Unidos, Joshua Wearout, da Wichita State University, gentilmente me enviou fotocópias do material e das fotografias reunidos por Paul James Rainey na Sibéria. Ronald M. Bulatoff, do Instituto Hoover, enviou cópias dos documentos de Riza Kuli Mirza (comandante da guarnição de Ecaterimburgo no período 1918-19), pertencentes à coleção de Vera Cattell. John Jenkins, do Spark Museum, forneceu informações sobre telegramas e telefonemas, e David Mould, da Universidade de Ohio, também respondeu a perguntas a respeito das telecomunicações russas. Em Nova York, usufruí das excelentes instalações do Instituo Yivo de Pesquisa Judaica (agora parte do Centro para Estudos Judaicos), onde consultei o extenso arquivo de Herman Bernstein (ver Nota sobre as fontes). No Instituto Yivo, Jesse Aaron Cohen me ajudou a localizar as fotografias de Bernstein da Sibéria e aquelas tiradas pela Força Expedicionária Norte-americana na Sibéria. Gunnar M. Berg gentilmente levou para cima e para baixo imensas quantidades de documentos da coleção de Bernstein e tirou fotocópias de mui-

AGRADECIMENTOS

deles para mim. Por fim, minha viagem para Nova York não teria sido tão prazerosa sem a companhia e o apoio de meu amigo John Reiner.

Na imensa comunidade da *world wide web*, tenho que expressar minha gratidão pelo fantástico trabalho do site da Alexandra Palace Time Machine, que apresenta muito material dos e sobre os Romanov, em particular em suas listas de discussões, sempre muito interessantes e informativas. Esta lista é frequentada por centenas de entusiastas amadores, muitos dos quais dedicaram a vida toda a pesquisar a família Romanov. Recomendo a lista para qualquer pessoa que queira aprender mais sobre o tema (www.alexanderpalace.org/palace/).

Durante a escrita deste livro, contei com o grande amor e o apoio de minha família — especialmente meus irmãos Christopher e Peter Ware, que me ajudaram na construção do meu website e foram uma fonte contínua de encorajamento, assim como minha querida amiga Christina Zaba. William Horwood me ofereceu comentários perspicazes e críticas construtivas em algumas passagens fundamentais. Em Hutchinson, minha editora-executiva, Caroline Gascoigne, concedeu-me muito apoio para o projeto, assim como minha querida promotora Cecília Durães. Muito obrigada também a Elaine Willis, minha pesquisadora de imagens, e à minha editora, Jane Selley.

Finalmente, devo muita gratidão ao meu agente, Charlie Viney. Quando ele mencionou pela primeira vez a ideia de um livro sobre os Romanov, resmunguei, insistindo que não havia nada mais a ser dito. Mas com seu encorajamento, voltei a olhar para esta história, mas de perspectivas diferentes. Depois disso, Charlie me enalteceu e me guiou pelo caminho certo para que eu escrevesse este livro, fazendo com que eu repensasse minha maneira de reescrever a história. Sou profundamente grata por sua paciência, seu apoio e por acreditar neste projeto, e também por todas as horas de trabalho duro. Sem ele, *Os últimos dias dos Romanov* simplesmente não seria possível.

Helen Rappaport
Oxford
Março de 2008

Lista de ilustrações

Seção 1

1. Czar Nicolau II com sua esposa, a czarina Alexandra, cerca de 1895, pouco após se casarem. (Popperfoto/Getty Images)
2. As quatro grã-duquesas Romanov em uma foto oficial, 1915. Em pé da esquerda para a direita: Maria, Anastasia e Olga, a que está sentada é a grã-duquesa Tatiana. (Popperfoto/Getty Images)
3. O czar Nicolau II com sua esposa e seus cinco filhos. Alexandra segura o czaréviche Alexei, tendo as grã-duquesas Olga, Tatiana, Maria e Anastasia em volta. (Hulton Archive/Getty Images)
4. Nicolau fumando um cigarro a bordo do iate imperial, o *Shtandart*. (Rex Features)
5. A imperatriz Alexandra em sua cadeira de rodas em Tsarkoye Selo, 1917. (Underwood & Underwood/Library of Congress)
6. Alexandra sentada na escrivaninha de Nicolau em 1916, durante a guerra. (Foto do livro *The End of the Romanovs*, de Victor Alexandrov, traduzido por William Sutcliffe — tradução inglesa publicada em 1966 pela editora Hutchinson)
7. Príncipe Eduardo (mais tarde rei Eduardo III, embora brevemente) com o czar Nicolau II, o czaréviche Alexei e Jorge, príncipe de Gales (mais tarde rei Jorge V), em Cowes em 1909. (Keystone/Getty Images)
8. Alexei com seu gato de estimação, Zubrovka, e seu cão, Joy, no quartel-general do Exército. (Roger Violet/Topfoto)

9. A czarina com suas duas filhas mais velhas, Olga e Tatiana, em seus uniformes de enfermeira, com Maria e Anastasia vestindo roupas civis. (David King Collection)

10. Membros da Legião Tcheca parados em frente ao obelisco situado do lado de fora de Ecaterimburgo, marcando a fronteira entre a Europa e a Ásia. (Foto do livro *The Lost Legion* 1939, de Gustav Becvar — Stanley Paul, 1939)

11. Dr. Evgeny Botkin, o médico da família Romanov. (Foto do livro *Thirteen Years at the Russian Court*, de Pierre Gilliard — Hutchinson, 1921)

12. Lado de fora da casa Ipatiev. A paliçada foi construída antes mesmo da chegada dos Romanov no final de abril de 1918. Foto do álbum das Forças Expedicionárias Norte-americanas na Sibéria. (Instituto Yivo de Pesquisas Judaicas)

13. Os aposentos do comandante no primeiro andar da casa Ipatiev, ocupada por Avdeev e, depois dele, Yurovsky. Foto do álbum das Forças Expedicionárias Norte-americanas na Sibéria. (Instituto Yivo de Pesquisas Judaicas)

14. A sala de jantar da casa Ipatiev, onde a família imperial dividiu suas refeições nada sofisticadas com os serviçais. (Instituto Yivo de Pesquisas Judaicas)

15. Vista da Voznesensky Prospekt ao redor de 1900, mostrando a casa Ipatiev no canto inferior esquerdo. (Coleção da autora)

16. Vista de Ecaterimburgo com a torre do sino da catedral de Voznesensky à direita. (Prokudin-Gorskii, Sergei Mikhailovich/ Library of Congress)

Seção 2

17. Filipp Goloshchekin no exílio em Turukhansk, Sibéria, com Yakov Sverdlov. Joseph Stalin também está na foto, ele é o terceiro a partir da esquerda na fila de baixo. (Coleção David King)

18. Lenin em seu gabinete no Kremlin, 1918. (AKG Images)

19. Pavel Medvedev, chefe da guarda da casa Ipatiev, à esquerda, com um colega bolchevique, Larin. (Coleção David King)

20. A família Yurovsky em Ecaterimburgo por volta de 1919. Yurovsky está em pé à direita. (Foto do livro *The Murder of the Romanovs*, do capitão Paul Bulygin — Hutchinson, 1935)

LISTA DE ILUSTRAÇÕES

21. O quarto do czar e da czarina. (Foto do livro *The End of the Romanovs*, de Victor Alexandrov, traduzido por William Sutcliffe — tradução inglesa publicada em 1966 pela editora Hutchinson)

22. Entrada principal do convento Novo-Tikhvinsky em Ecaterimburgo (Sergey Prokudin-Gorskii/Library of Congress)

23. O jornalista norte-americano Herman Bernstein na Sibéria. (Instituto Yivo de Pesquisas Judaicas)

24. Thomas Preston, cônsul britânico em Ecaterimburgo em 1918. (Telegraph Group)

25. Tenente-coronel Mariya Bochkareva, do 1º Batalhão da Morte feminino. (Coleção George Grantham Bain/Library of Congress)

26. Presidente Woodrow Wilson, que relutou em ordenar a intervenção das forças norte-americanas na Rússia no verão de 1918. (Library of Congress)

27. Telegrama cifrado enviado por Aleksandr Beloborodov a Moscou confirmando que toda a família Romanov tinha sido assassinada. (Topfoto)

28. O quarto das grã-duquesas na casa Ipatiev, com sinais do incêndio que queimou os pertences dos Romanov. (Foto do livro *The End of the Romanovs*, de Victor Alexandrov, traduzido por William Sutcliffe — tradução inglesa publicada em 1966 pela editora Hutchinson)

29. Petr Ermakov, um dos assassinos dos Romanov. (Coleção David King)

30. Um dos complexos de igrejas em Ganina Yama, na floresta Koptyaki, nos arredores de Ecaterimburgo, em homenagem à família Romanov. (Foto da autora)

31. A abertura das escavações na clareira conhecida como "Quatro Irmãos" na floresta Koptyaki, onde os Romanov foram enterrados em 17 de julho de 1918. (Foto do livro *The End of the Romanovs*, de Victor Alexandrov, traduzido por William Sutcliffe — tradução inglesa publicada em 1966 pela editora Hutchinson)

32. A Igreja pela Honra e pelo Sangue de Todos os Santos Resplandecentes na Terra Russa, em Ecaterimburgo, construída com vista para a casa Ipatiev em 2003. (Foto da autora)

33. Foto da catedral Voznesensky nos anos 1900, situada do outro extremo da rua da casa Ipatiev. (Coleção da autora)

34. O Hotel Amerikanskaya, na Prokovsky Prospekt, quartel-general da Cheka de Ecaterimburgo, em foto da década de 1900. (Coleção da autora)
35. Um dos muitos ícones modernos que celebram os Romanov como santos no calendário ortodoxo russo. (Coleção da autora)
36. O perfume dos lírios. O lugar onde os Romanov foram enterrados pela primeira vez, conhecido como "Quatro Irmãos", hoje, repleto de lírios em julho, aniversário dos assassinatos. (Foto da autora)

INTRODUÇÃO

Os Urais vermelhos

No entardecer de 29 de abril de 1918, um trem especial esperava em um desvio na remota estação ferroviária de Lyubinskaya, na ferrovia Transiberiana, não muito longe da cidade de Omsk. Estava anormalmente bem vigiado. Dentro do vagão da primeira classe estavam Nicolau Alexandrovich Romanov, ex-czar de todas as Rússias, e sua esposa, nascida na Alemanha, Alexandra.

Privado de todos os privilégios, um cativo esperando por julgamento ou pelo exílio, Nicolau estava sendo transferido após 13 meses em prisão domiciliar com sua família, primeiro no Palácio de Alexandre em São Petersburgo e depois em Tobolsk, na planície ocidental da Sibéria. Se ele ainda não sabia, alguns daqueles que o cercavam já estavam cientes: o czar estava fazendo sua jornada final. No entanto, nem mesmo aqueles que supunham o que aconteceria com o ex-monarca podiam imaginar o horror que estava por vir.

Nicolau mantivera a tranquilidade até aquele momento, mas sua esperança por um refúgio seguro foi brutalmente despedaçada quando ele e a esposa descobriram que não estavam sendo levados para Moscou ou para o exílio fora da Rússia como esperavam.

O trem em que eles estavam ia em direção ao último lugar que Nicolau desejaria: Ecaterimburgo.

"Eu iria para qualquer lugar, menos para os Urais", ele teria dito naquela noite à medida que o trem se aproximava da cidade. Como vinha lendo os jornais com regularidade enquanto estava em Tobolsk, sabia que o humor entre os trabalhadores de Ecaterimburgo estava "severamente contra ele". Tinha bons motivos para temer ser enviado para lá — fosse como monarca deposto ou como chefe de família com uma esposa doente, quatro filhas vulneráveis e um filho hemofílico. Ecaterimburgo era violentamente anticzarista e, assim como o antigo sistema penal russo, foi um ponto de transição para lugares e horrores dos quais não havia retorno.

Nos arredores de Ecaterimburgo um dia existiu um obelisco de pedra em uma clareira no meio da floresta, com seu reboco esburacado e gasto pelo severo clima russo. Em um lado estava escrito a palavra cirílica *ЕВРОПА* (Europa), e do outro, *АЗИЯ* (Ásia). Este monumento marcava a fronteira simbólica entre a Rússia europeia e a asiática. Dividindo a Grande Estrada Siberiana, Ecaterimburgo foi o portão de entrada da Rússia imperial no Oriente desde a fundação da cidade no início do século XVIII. Para além de seu território, a rota postal original se estendia por 4.800 quilômetros, até a fronteira com a Manchúria.

A fronteira natural era formada pelos montes Urais, uma cordilheira com 2.700 quilômetros de comprimento que atravessa a Rússia de norte a sul. A leste ficam os desertos árticos da planície siberiana, estendendo-se como um grande mar e terminando, como observou o escritor Anton Tchekhov, "o diabo sabe onde". Mas a Grande Estrada Siberiana não era uma via de tráfego intenso. Por dois séculos ou mais, esta "faixa marrom de estrada que se estica como uma linha" através da Rússia era mais conhecida como a Trakt. De Ecaterimburgo, comboios de exilados e criminosos, após serem transportados em barcos a vapor e barcaças para Tiumen, vindos das prisões de Moscou, caminhariam por essa via estreita e sinuosa de cascalho — em colunas de poeira nos secos meses de verão e em meio a tempestades de neve no inverno — com suas pernas agrilhoadas.

Durante esta marcha forçada de dois anos para o aprisionamento ou o exílio, centenas de milhares de homens, mulheres e crianças passaram por

INTRODUÇÃO

este caminho no decorrer dos piores anos da opressão czarista. A chegada deles ao obelisco de Ecaterimburgo representava um ponto dantesco de transição, o portal para um tipo russo de inferno em que os desafortunados perdiam todas as esperanças de verem seus lares e suas famílias de novo. Ao pararem brevemente neste local, davam uma última olhada na Rússia europeia antes de se aventurarem na imensidão pagã que ficava além. Muitos beijavam o obelisco em um adeus final; outros escavavam seus nomes no reboco. A maioria deles jamais passaria ali outra vez.

A cidade, cuja pronúncia correta é Ie-ca-te-rim-burg, tem um nome que soa estranhamente ocidental, mas ali a Ásia está por toda parte. Situada nos declives ocidentais dos montes Urais, o baixo horizonte se abre para a taiga pantanosa. As florestas de coníferas, bétulas e lariços se expandem para norte e para leste, onde ursos, alces, lobos e felinos selvagens vivem. O clima nesta região é absolutamente siberiano, com a primavera chegando apenas em meados de maio. Mesmo na primavera a neve continua sendo vista no solo, os lagos permanecem sob o gelo e a terra fica enlameada em razão das enchentes vernais. Acompanhado por enxames de mosquitos, o verão faz uma breve aparição em junho, trazendo com ele o idílio fugaz do sol à meia-noite, assim como as ferozes tempestades com relâmpagos e trovões inflamadas pelos ricos depósitos minerais das montanhas. Mas no final de agosto o gelo retorna e o ciclo recomeça.

Tendo recebido este nome em 1723, em homenagem à segunda esposa de Pedro, o Grande, Ecaterimburgo começou sua história como uma posição avançada do império — pouco mais que uma fortaleza de madeira construída para proteger a valiosa atividade de fundição de minérios lá estabelecida. Apesar de ser muito remota, ela cresceria em importância e passaria a ser um centro econômico, científico e cultural, por fim tornando-se uma cidade rica, habitada por engenheiros, comerciantes e banqueiros, sede da casa da moeda russa. A prosperidade de Ecaterimburgo se deve aos vastos recursos minerais dos Urais; as pedras semipreciosas que decoravam os palácios imperiais russos e as catedrais vinham de lá, com suas cores profundas, incrustações requintadas em colunas de jaspe, pórfiro e lazurita, e o verde-escuro característico de urnas, vasos e mesas de malaquita que decoravam graciosamente os palácios dos czares. As montanhas da região abrigam uma grande abundância de diamantes, ametistas e esmeraldas, assim como da rosada rodonita e da rara e fascinante alexandrita, que muda sua cor de verde para vermelho sob luz artificial. Responsáveis por abastecer a lapidaria imperial em Ecaterimburgo e São Petersburgo, essa pedras preciosas forneciam grande parte do material bruto das joias e *objets d'art* elaborados de maneira fantástica por artesãos como Karl Fabergé, o joalheiro dos Romanov.

Os montes Urais eram igualmente ricos em metais preciosos. Descobriu-se ouro lá em 1814 e platina cinco anos mais tarde. Havia ouro em tamanha abundância que os moradores diziam que "onde não foi achado é porque não foi procurado". Na época da revolução, Ecaterimburgo fornecia 90% da platina usada no mundo, além de uma profusão de produtos luxuosos, como perfumes e casacos de pele da melhor qualidade. Peles de castor, martazibelina, arminho, *vison*, de raposa preta e cinza, de urso — tudo isso era encontrado na cidade, trazido da Sibéria. Mas a verdadeira riqueza da cidade estava no minério de ferro e do ferro-gusa produzido a partir dele. No início do século XIX, com os Urais sendo os maiores produtores de ferro do planeta, Ecaterimburgo estava construindo as novas plantas industriais de uma Rússia em modernização. Mas no final do mesmo século a supremacia de Ecaterimburgo na fundição estava sendo superada pela nova e poderosa indústria metalúrgica estabelecida na bacia do rio Don, no sul, impulsionada por grandes reservas de carvão. Assim, a indústria de Ecaterimburgo enfrentou a estagnação, sendo revitalizada apenas após um período intenso de modernização e também com a construção da ferrovia Transiberiana.

Ao passar por Ecaterimburgo em 1890, Tchekhov achou-a tediosa e provinciana, tendo gostado apenas "do magnífico e aveludado" som dos muitos sinos de igreja soando no ar revigorante durante a Quaresma. Após se refugiar no conforto do Hotel Amerikanskaya, o escritor de 30 anos se retirou para o seu quarto e manteve as cortinas fechadas para não ter que olhar para aquilo que lhe parecia uma visão de um outro mundo. Durante toda a noite, escutou o barulho distante feito pelas máquinas de impressão. Você precisa ter uma cabeça envolta em ferro para não ficar louco com elas, escreveu. Com relação aos habitantes dessa cidade semiasiática, Tchekhov os achou

INTRODUÇÃO

inescrutáveis e até intimidantes. Eles inspiraram no escritor "um sentimento semelhante ao horror, com seus ossos da face protuberantes, testas grandes, olhos pequeninos e punhos enormes". Marcados pelo trabalho pesado, brutalizados pelo clima severo, os habitantes de Ecaterimburgo eram "nascidos nas fundições de ferro locais e trazidos ao mundo não por parteiras, mas por mecânicos".

Com o início dos anos 1900, Ecaterimburgo tinha deixado de ser um povoado do século XVIII que possuía apenas casas de madeira com um só andar e se transformara em uma cidade importante, com exércitos de camponeses trabalhando em suas fábricas de fundição de minério, na produção de farinha, papel e sabão, assim como na curtição de couro. Legiões de oficiais do czar se estabeleceram ali para comandar a Indústria Ural de Mineração e a Casa da Moeda Imperial. Também havia um grande contingente de estrangeiros, graças à Hubbard, fábrica inglesa de velas, à mecânica Tait e à fundição Sysert, ambas também britânicas. A presença diplomática era notável. O consulado inglês se instalou em um prédio imponente na Voznesensky Prospekt em 1913. E logo os consulados suíço, francês, norte-americano, alemão, sueco e dinamarquês estavam funcionando nas proximidades. Emoldurados por tílias, os bulevares de Ecaterimburgo, largos e pavimentados com pedras, eram grandiosos e arejados em todo o curto verão, com seus parques e jardins brilhando com muitas flores. A cidade tinha um "corredor milionário" com casas luxuosas, um museu de história natural, dois teatros que recebiam turnês do Teatro de Arte de Moscou e uma imponente casa de ópera, onde até Chaliapin cantou. Também possuía uma variedade de hotéis confortáveis e de renome, como o Eldorado e o Palais Royal. Recomendado pelos guias de viagem de Baedeker, o Amerikanskaya era sem dúvida o melhor e mais limpo para os padrões siberianos; e ainda oferecia boas refeições por menos de quatro rublos.

Muitos viajantes que lá chegavam depois de semanas exaustivas na estrada eram cativados pela beleza da cidade. Era uma visão de boas-vindas após a aridez das planícies da Sibéria — o primeiro "lugar realmente cultivado" que eles viam desde Xargai. Ecaterimburgo tinha muito a oferecer: casas de pedra revestidas de estuque com projetos arquitetônicos clássicos, uma silhueta repleta de igrejas com domos dourados e a beleza barroca das catedrais Voznesensky e Ekaterininsky. Coroando os quase cinco quilômetros da Voznesensky Prospekt, que cortava o coração da parte antiga da cidade, a casa Rastorguev-Kharitonov, uma linda mansão em estilo paládico construída pelo rei da platina de Ecaterimburgo, avistava abaixo dela uma cidade que expandia seu poder industrial e se mostrava feliz com sua prosperidade econômica. Ecaterimburgo estava na vanguarda de uma Rússia que se modernizava com rapidez: um lugar com ruas iluminadas, telefones, bondes e um depósito ferroviário considerável na junção de sete linhas de trem, através da qual a ferrovia Transiberiana abria caminho para o Oriente.

Mas a revolução de outubro de 1917 trouxe mudanças significativas para a cidade. Em novembro, os "agitadores" chegaram e, com o apoio dos trabalhadores ferroviários locais, ensaiaram um golpe de Estado bolchevique. A isso se seguiu uma grave crise industrial e financeira com a cidade mergulhando em dívida e insolvência. Depois vieram as prisões, os tiroteios, os confiscos e o medo. A quinta maior cidade da Rússia se tornou um dos palcos mais ameaçadores de conflitos políticos e um grande reduto bolchevique. De sua população de cerca de 100 mil habitantes, uma grande proporção era de trabalhadores e soldados, muitos deles jovens militantes que eram conhecidos por seu radicalismo político.

Foi em meio a este ameaçador fervor revolucionário que o inimigo público número n° 1 do país, Nicolau Alexandrovich Romanov, chegou à cidade no dia 30 de abril de 1918. Parecia uma espécie de justiça poética que ele fosse parar em uma cidade pela qual passaram muitos dos condenados ao exílio político pelo antigo sistema czarista em suas jornadas rumo à Sibéria.

Mas como um dos autocratas mais ricos e poderosos do mundo foi parar ali, nos "Urais vermelhos"? E como este pequeno homem devoto, apagado e dogmático, cujo principal interesse era a vida familiar, veio a ser demonizado como o repositório de tudo que era corrupto, reacionário e despótico na dinastia Romanov?

O czar Nicolau II não foi o primeiro monarca cuja realeza se voltou contra si, nem o primeiro considerado despreparado em ternos emocionais e políticos para lidar com suas pesadas responsabilidades. Por ser um homem de

INTRODUÇÃO

habilidade e visão políticas limitadas, Nicolau tomava suas decisões sem muito planejamento. Ele manteve o governo autocrático de seu pai enquanto resistia cegamente a todas as inovações políticas e tolerava a repressão às minorias turbulentas do império. Sua crença teimosa em seu papel de representante ungido por Deus o levou a fazer vista grossa para os pedidos ansiosos por mudanças políticas. Mas as inquietações políticas e sociais, somadas à atividade revolucionária entre os trabalhadores urbanos de São Petersburgo e Moscou, por fim forçaram Nicolau a sinalizar, em 1905, uma reforma constitucional. Os poderes democráticos da recém-inaugurada Duma eram, entretanto, bastante limitados e Nicolau rotineiramente subvertia as atividades dela, negando qualquer concessão real na direção de um governo representativo e condenando as medidas que visavam a modernização, assim como fazia desde que assumira o trono, como meros "sonhos insensatos". Ele então se refugiou na vida doméstica, brincando com os filhos, isolado no Palácio de Alexandre, na Tsarkoye Selo, nos arredores de São Petersburgo, tendo contato apenas com um pequeno círculo de familiares e amigos.

O crescente afastamento de Nicolau da vista da população e sua contínua resistência a promover as reformas deram início ao inexorável colapso de um regime político já moribundo, apesar de certo grau de recuperação econômica e de crescimento entre os anos 1907 e 1914. O colapso foi acelerado após a entrada entusiástica da Rússia na Primeira Guerra Mundial, em agosto de 1914. A euforia inicial da solidariedade nacional, que Nicolau poderia e deveria ter capitalizado a seu favor em termos políticos, logo se despedaçou diante das perdas catastróficas. Por volta de setembro do ano seguinte, a inépcia tanto na condução estratégica quanto no fornecimento de provisões de guerra, combinada a sérias perdas territoriais para os alemães na Galícia, finalmente arrancaram Nicolau das preocupações da vida familiar para assumir o comando supremo no front. Mas nesse momento, apesar da presença de seu *batiushka* — pequeno pai — à frente do Exército, a Rússia estava envolvida em uma guerra de atrito, o que causou uma taxa de deserção sem precedentes em seu exército camponês desmoralizado, mal equipado e faminto. Depois de séculos de lealdade abnegada, os conscritos, que havia muito estavam insatisfeitos, começaram a perguntar pelo que a Rússia estava lutando. O czar, parecia, queria apenas que eles arassem, lutassem e pagassem os impostos. E assim as deserções vieram aos milhares.

Em Petrogrado (como a cidade de São Petersburgo havia sido renomeada em agosto de 1914), a esposa extremamente impopular de Nicolau, Alexandra, tinha assumido o controle político, num momento em que ela estava cada vez mais encantada com Grigory Rasputin, o carismático porém manipulador "homem santo" que demonstrara uma inexplicável habilidade para controlar as hemorragias do filho hemofílico da czarina. A intimidade de Alexandra com Rasputin a colocou em conflito com ministros e alimentou uma série incontrolável e crescente de boatos a respeito da verdadeira natureza da relação deles. Enquanto isso, Nicolau ignorava os repetidos alertas dos membros de seu governo acerca da degradação da situação em Petrogrado. Ele não deu ouvidos a seu devotado tio, o grão-duque Nikolai, a quem afastara do comando supremo do Exército, quando este implorou para que ele assumisse certos compromissos e salvasse a dinastia da aniquilação. A força arrebatadora das mudanças revolucionárias na Rússia agora tinham se tornado claramente irrefreáveis; políticos e diplomatas estrangeiros já vinham prevendo isso havia anos. Mas Nicolau só confiava em seu próprio conselho e no de sua esposa, uma mulher determinada a proteger a soberania absoluta dos Romanov, o direito divino deles para governar e com isto a herança de seu único filho homem.

No início de 1917, o caos urbano em Petrogrado afinal deu origem a uma onda de violentas greves industriais, marchas e tumultos, levando soldados insurgentes para as ruas. A situação se transformou em uma completa revolução no final de fevereiro. A milhares de quilômetros de lá, no front, Nicolau chegou à conclusão de que ele não tinha outra opção a não ser abdicar do poder, "pelo bem da Rússia", do moral do Exército e, sobretudo, pela segurança de sua família. Os médicos de seu filho enfermo já haviam lhe dito que Alexei dificilmente viveria até os 16 anos, então ele tomou a decisão também em favor de seu herdeiro.

INTRODUÇÃO

Foram seis meses de prisão domiciliar da família Romanov no Palácio de Alexandre, onde tentaram prosseguir com sua vida doméstica da melhor forma possível. Desobrigado das questões de Estado, Nicolau parecia mais feliz, aproveitando o ar livre independentemente do clima, cortando lenha, varrendo a neve e quebrando o gelo nos jardins. Ele não se deixava deter pela presença da multidão que ia até Tsarskoe Selo e pagava aos guardas um rublo para terem o privilégio de ficar no limite da cerca e bisbilhotar, debochando dele com os nomes pejorativos de "Nikoluchka" e "Nikolashka".

Com a situação política cada vez mais tensa em São Petersburgo e a crescente ameaça de uma invasão popular ao Palácio de Alexandre, por volta de julho de 1917, Aleksandr Kerensky, chefe do governo provisório, estava sendo pressionado para encarcerar o czar e a czarina na Fortaleza Peter Paul como prisioneiros comuns — ou pior, que eles fossem transferidos para a base da radical ilha naval de Kronstadt. Os esforços diplomáticos para transferir a família para a Inglaterra não surtiram efeito e Kerensky então decidiu transferi-los para um palácio mais seguro, não desejando, segundo disse, tornar-se "o Marat da Revolução". Com sorte, os Romanov poderiam ser evacuados a leste, para o Japão, ou a norte, para a Escandinávia. A família ficou muito desapontada por não lhe ter sido permitido ir para o sul, para o calor do palácio que eles tanto amavam em Livadia, no mar Negro, onde viveriam felizes em reclusão, quase como uma família comum. Em vez disso, viram-se entrando em um trem para Tiumen, na Sibéria Ocidental, e de lá, em um barco a vapor, indo para Tobolsk, que naqueles tempos instáveis ainda parecia um remanso político.

Por volta de agosto de 1917, Nicolau, Alexandra e os cinco filhos — as grã-duquesas Olga, Tatiana, Maria e Anastasia, e o czarévichе Alexei — foram instalados na antiga casa do governador, a melhor acomodação que Tobolsk tinha a oferecer. Ali eles perversamente vieram a desfrutar dos simples prazeres da vida rural, assim como de certa liberdade, enquanto ainda mantinham um *entourage* com 39 cortesãos e serventes. Também foi permitido que levassem consigo os pertences dos quais mais gostavam: câmeras e álbuns fotográficos — ao menos 16 deles feitos de couro marroquino —, diários, cartas e até vinhos raros da adega imperial.

Mas após três meses de sua permanência em Tobolsk, uma segunda revolução foi iniciada, com os bolcheviques derrubando o governo provisório de Kerensky e assumindo o poder. O novo governo, comandado por Lenin, conduzia agora uma campanha de terror e vingança contra os trezentos anos da dinastia Romanov. Enquanto o ex-czar e sua esposa perdiam suas forças na antiga casa do governador, Leon Trotski planejava seu dramático julgamento-espetáculo seguindo os moldes do Tribunal Revolucionário que julgou e executou Luís XVI e sua esposa Maria Antonieta em 1793, sendo ele mesmo, um Robespierre do século XX, o promotor público.

Ao mesmo tempo, a brutal rede do bolchevismo se espalhava para além dos Urais. Em abril de 1918, ela chegou a Tobolsk, levando consigo a extinção de todos os privilégios restantes da família imperial. A simples presença dos Romanov na região estava agravando a tensa situação entre os bolcheviques em Ecaterimburgo e outras facções locais, que desejavam assumir o controle da questão referente à família imperial e decidir sobre o destino final dela. Nesse redemoinho de tensões políticas, muitas reais oportunidades de salvar os Romanov se dissiparam. Uma série heterogênea de aspirantes — oficiais do Exército, monarquistas e aristocratas, comerciantes ricos, nobres de toda a Europa, freiras e clérigos — mostrou-se incapaz, por falta de fundos e agendas políticas conflitantes, de resgatá-los. Atrás das portas das embaixadas, diplomatas e agentes do serviço secreto se esforçavam para viabilizar um esquema para raptar a família. As esperanças sobreviveram até a primavera de 1918, com inúmeros planos fantásticos e fracassados dentro e fora da Rússia. Enquanto isso, em Tobolsk, os Romanov esperavam por um milagre.

As esperanças foram destruídas em abril de 1918, quando Vasily Yakovlev, um comissário extraordinário enviado por Moscou em resposta aos rumores de fuga, chegou a Tobolsk para escoltar o czar de volta a Moscou, onde ele seria julgado. Mas a situação política nos Urais logo impediu que isso acontecesse. Quando os bolcheviques de Ecaterimburgo conseguiram deter a missão de Yakovlev, exigiram que o czar fosse trazido para a cidade. Após um telegrama urgente para consultar o Kremlin, Yakovlev foi instruído a levar os prisioneiros para Ecaterimburgo, onde ele deveria transferir o poder sobre o destino dos Romanov.

Em 1918, os Urais estavam longe de ser o ersatz da Rússia todo feito de pedras, como apresentado ao público ocidental pelo filme *Doutor Jivago* (1964), de David Lean. Ecaterimburgo era repleta de homens irredutíveis e sem remorsos. Comitês recém-formados por trabalhadores radicais, convencidos de que seriam feitas tentativas de resgatar o czar, queriam pegá-lo e linchá-lo. A escalada de violência, saques, fome e a guerra civil que se alastrava pelo país colocou a cidade à beira do abismo. Dez mil soldados do Exército Vermelho e desertores perambulavam pelas ruas. Eles se juntavam a condenados e exilados que batiam em retirada da Sibéria. Havia espiões por toda parte.

Em junho, a Rússia já se encontrava completamente envolvida pela guerra civil entre os bolcheviques e as forças contrarrevolucionárias monarquistas, lideradas por Aleksandr Kolchak e conhecidas como os Brancos, que abriram caminho para o interior a partir do Pacífico e estavam se dirigindo para a Sibéria Ocidental. Suas tropas contavam com o reforço de cerca de 25 mil desertores tchecos e prisioneiros de guerra do exército austro-húngaro. Estas forças militares rumavam para o leste, deixando a Rússia via América, para se juntarem às tropas tchecas no front ocidental, mas se amotinaram quando os aliados alemães da Rússia exigiram que eles fossem contidos e desarmados. Em 26 de maio, lutando para abrir caminho de volta em direção ao oeste, os tchecos assumiram o controle da importante cidade siberiana de Cheliabinsk. Eles estavam se aproximando de Ecaterimburgo, uma cidade de crucial importância em termos estratégicos e industriais. A tensão nos Urais aumentava a cada dia. Com os fortes rumores sobre tentativas de resgate à família imperial ainda vivos, os bolcheviques de Ecaterimburgo decidiram que seus preciosos prisioneiros não seriam tirados de suas mãos por nada. Algo precisava ser feito para que se certificassem disso.

Dois dias antes da chegada de Nicolau e Alexandra, uma casa no centro de Ecaterimburgo, cujo proprietário era o engenheiro aposentado Nikolay Ipatiev, foi sumariamente requisitada pelo soviete (o conselho da cidade, dominado pelos bolcheviques) local para ser o novo cativeiro dos Romanov. Em questão de horas seu aspecto burguês foi desfigurado pela construção de uma paliçada de madeira, que bloqueou a cidade, transformando a casa Ipatiev em uma prisão. A partir de então ela seria conhecida entre os bolcheviques por um eufemismo hipócrita: *dom osobogo znachenie* — "a casa com propósito especial". Nunca foi explicado que tipo de propósito era este, mas os integrantes do Soviete Regional dos Urais sabiam muito bem.

Nicolau e sua esposa exausta chegaram a Ecaterimburgo no dia 30 de abril, acompanhados por sua filha Maria, de 18 anos, pelo assistente do czar, Vasily Dolgorukov, pelo médico particular da família, dr. Evgeny Botkin, e uma cota severamente reduzida de serventes, apenas três. As incertezas de sua jornada fizeram com que o czar e a czarina viajassem somente com Maria, a mais adaptável de seus filhos. Os outros — Olga, Tatiana, Anastasia e Alexei — iriam depois, quando o czaréviche estivesse completamente curado de uma crise severa de hemofilia.

Enquanto isso, em 29 de junho de 1918, um sábado, o comitê executivo do soviete de Ecaterimburgo, formado por seis homens, realizou uma reunião urgente nas opulentas instalações do Hotel Amerikanskaya, que havia sido requisitado no início de junho para ser o quartel-general do recém-criado novo ramo da Chrezvychainaya Komissiya — a polícia secreta soviética. Mais conhecida como a Cheka, esta organização logo se tornaria um impecável agente de terror do Estado. Fora dos limites da cidade, o som da artilharia já podia ser ouvido ao longe. Ecaterimburgo estava caindo na anarquia e no caos, de forma que conseguiria se manter por no máximo duas semanas. Com as linhas de comunicação com Moscou se tornando cada vez menos confiáveis, Alexander Beloborodov, líder do Soviete Regional dos Urais, enviou mensagens urgentes para Moscou solicitando acesso direto a Lenin no Kremlin por telégrafo nos dias cruciais que estavam por vir. Ele e seu grupo de comunistas dedicados estavam encarando um momento crítico em seu "caminho revolucionário". Os Urais vermelhos corriam "perigo de vida" e existia o risco considerável de que o ex-czar caísse na mão dos tchecos ou de outros contrarrevolucionários e fosse "usado para o benefício deles".

INTRODUÇÃO

Ao longo de toda aquela úmida tarde de verão, a atmosfera dentro do quarto n° 3, o maior e melhor que o Amerikanskaya tinha a oferecer, esteve extremamente tensa. Havia apenas um tópico urgente na programação: o que deveria ser feito com os Romanov? No dia seguinte, 30 de junho de 1918, Filipp Goloshchekin, membro do comitê executivo do Soviete Regional dos Urais e recém-nomeado comissário de guerra regional, deixou Ecaterimburgo rumo a Moscou para se reunir com Lenin e Yakov Sverdlov, seu braço direito, e decidir o destino da família imperial.

Enquanto isso, Ecaterimburgo, que um dia fora a joia dos montes Urais, encontrava-se em estado de sítio; sua infraestrutura estava entrando em colapso e seus cidadãos estavam presos a um reino de terror.

1

Atrás da paliçada

30 DE ABRIL — 3 DE JULHO DE 1918

Foram cinco dias exaustivos de viagem em um vagão bem simples entre Tobolsk e Tiumen. Durante a jornada, Alexandra e Maria se amontoaram e sacolejaram juntas à medida que atravessavam rios, inundações de primavera e lamaçais. Completamente exaurida, Alexandra estava grata por ter a companhia de Maria, que se dispôs a viajar com eles para confortar a mãe. Nicolau, em contrapartida, parecia alegre, satisfeito por estar de mudança e respirando o ar fresco e gelado.

Ao deparar com a escolha entre acompanhar seu marido até Moscou, como ela pensava, e defender sua posição ou ficar para trás e cuidar do enfermo Alexei em Tobolsk, Alexandra quase sucumbiu por completo, indecisa entre o amor materno e seus temores em relação ao futuro de Nicolau. Por fim, resolveu que seu dever principal era para com o czar, protegendo seu maleável marido.

Em Tiumen, a comitiva real foi transferida para um vagão altamente vigiado do Trem Especial nº8 VA, requisitado por Vasily Yakovlev. No caminho, Yakovlev continuava difundindo a versão oficial de que Nicolau estava sendo levado de volta para a capital, onde seria julgado. O czar e a czarina acreditavam que o destino interviria e que este seria o primeiro estágio da viagem da família imperial para um lugar mais seguro, fora da Rússia. Após uma série de atrasos, o trem chegou a Omsk, o entroncamento de duas grandes linhas da ferrovia Transiberiana, o que deixou o casal apreensivo. Para onde eles seriam levados em seguida? Em direção ao Oriente, através da Sibéria e de Vladivostok até chegarem ao Japão? Ou para Moscou, onde enfrentariam um julgamento público? Nada lhes foi dito durante as horas em que o trem permaneceu parado em um desvio em Lyubinskaya, enquanto Yakovlev deliberava com Moscou por telegramas. Por fim, decidiram alterar os planos. O trem foi posto em movimento, de volta em direção à Tiumen. No final das contas, o czar e a czarina não seriam escoltados até a capital, mas até Ecaterimburgo, onde o Soviete Regional dos Urais assumiria a custódia da família real.

Às 8h40 da manhã do dia 30 de abril, uma terça-feira, o trem chegou à cidade com suas cortinas fechadas. Como era de esperar, o nível de ansiedade de Nicolau e Alexandra subiu aos píncaros. Pois ali eles afinal estavam frente a frente com a força completa da revolução. Como a czarina recordou mais tarde em seu diário, o dia pode ter sido "gloriosamente ensolarado e quente", mas o comitê de boas-vindas foi decididamente gelado. Os rumores da chegada iminente do odiado czar e da czarina se espalharam com rapidez e uma multidão revoltada se reuniu na principal estação de trem da cidade, exigindo que Nicolau e Alexandra desfilassem na frente deles. Temendo um linchamento, o comissário militar dos Urais, Filipp Goloshchekin, que esperava para receber os Romanov, decidiu que o trem deveria ir para a estação de Shartash, nos arredores a leste da cidade. Depois de muitas horas sentados no trem, a primeira visão que os Romanov tiveram de Ecaterimburgo, às quatro da tarde, não foi das piores. À espera deles na plataforma, um grupo de bolcheviques empedernidos: Aleksandr Beloborodov, líder do Soviete Regional dos Urais; Boris Didkovsky, um deputado; e Sergei Chutskaev, membro do Soviete de Ecaterimburgo e da polícia secreta local, a Cheka.

O czar e sua família foram entregues nas mãos do Soviete Regional dos Urais para serem colocados em "detenção sob vigilância", juntos com o dr. Evgeny Botkin, a governanta Anna Demidova, o criado pessoal Terenty Chemodurov e o lacaio Ivan Sednev. Com um floreio burocrático, Beloborodov assinou a recepção oficial deles como se fossem bagagens. Aleksandr Avdeev, que, junto com Yakovlev, acompanhou o czar e a czarina desde Tobolsk, foi denominado comandante do novo lugar de confinamento dos Romanov. Mais tarde naquele quente dia de verão, a comitiva fez uma pequena jornada até a Voznesensky Prospekt, cruzando as lúgubres e desertas ruas da cidade. Eles foram transportados em carros fechados, escoltados por um caminhão repleto de soldados armados. Enquanto os carros em que estavam entravam na casa Ipatiev, o ex-czar e sua esposa deram a última olhada deles para a Rússia e para o mundo exterior. Era Semana Santa e os sinos — os lindos sinos que tanto distraíram Anton Tchekhov — soavam por toda a cidade. Mas eles não conseguiram abafar o barulho dos pesados portões de madeira do quintal sendo fechados atrás deles.

Nicolau e Alexandra foram encaminhados à entrada da casa Ipatiev, onde foram recepcionados por Goloshchekin, que se virou para o ex-monarca e declarou: "Cidadão Nicolau Romanov, pode entrar." Impermeável a insultos, resignado com seu destino, Nicolau não reagiu, mas este pequeno comentário enfureceu a czarina. Ficou evidente que seriam vítimas constantes do desrespeito bolchevique e que daquele momento em diante não haveria mais reconhecimento do status e dos títulos dos Romanov, o que, mesmo em Tobolsk, continuava fazendo parte do protocolo diário deles, observado tanto por seus criados como pelos guardas. O ex-czar da Rússia agora era um cidadão soviético como qualquer outro, com o seu próprio cartão de racionamento. Enquanto em Tobolsk ele ainda podia considerar-se em prisão domiciliar, em Ecaterimburgo, Nicolau por fim se viu aprisionado dentro daquele vasto anexo russo que por si só já era uma prisão: a Sibéria.

Nas severas instruções enviadas por Yakov Sverdlov, de Moscou, para o Soviete Regional dos Urais, havia a clara intenção por parte do Kremlin de que a família deveria ficar confinada "da maneira mais restrita". Fervendo com um ódio classista e com desejo de vingança contra "Nicolau, o Sanguinário", os bolcheviques de Ecaterimburgo se deleitaram ao cortar os confortos antes garantidos à família imperial. Se o relativo idílio deles em Tobolsk fez com que não encarassem o futuro com a devida seriedade, a ida para Ecaterimburgo com certeza os despertou. Ao chegar a seu novo lar, a czarina escreveu a data e desenhou uma suástica invertida na parede do quarto, um último gesto que trazia a esperança de que aquele antigo símbolo da paz e do amor pudesse contribuir para eles serem soltos.

Junto com Maria, o czar e a czarina passaram as três primeiras semanas empoleirados em um único quarto e podendo usar apenas um banheiro e uma sala de estar, onde o dr. Botkin e os serventes, Chemodurov e Sednev, dormiam. Anna Demidova ocupava um pequeno quarto nos fundos. O fornecimento de eletricidade era esporádico. Mesmo assim, quando era possível, Alexandra escrevia longas cartas para seus filhos em Tobolsk, enquanto Nicolau lia os Evangelhos em voz alta. Apesar dos raios de sol, fortes nevascas continuaram caindo pelo mês de maio e os confortos emocionais eram poucos até que, às 11h da fria manhã de muita neve do dia 23 de maio, os outros quatro filhos do casal chegaram a Ecaterimburgo. Mas o *entourage* de 27 pessoas que veio com eles desde Tobolsk foi informado de que não seria possível seguir com os Romanov. O soviete de Ecaterimburgo não queria assumir o custo adicional para mantê-lo. Vinte e quatro integrantes foram deixados sentados na estação de trem, antes de serem dispersados, alguns rumo à liberdade, a maioria para a prisão (onde o leal ajudante de ordens, o príncipe Dolkorukov, estava desde que chegara à cidade em abril). Apenas três, o cozinheiro Ivan Kharitonov, o ajudante de cozinha Leonid Sednev (um menino que era sobrinho de Ivan Sednev) e o empregado Alexei Trupp, puderam continuar com a família imperial na casa Ipatiev, levando com eles o adorado cão do czarévitche, Joy, e os dois cães de Tatiana, Jemmy e Ortino.

A chegada de Alexei, Olga, Tatiana e Anastasia, da qual o czar e a czarina foram informados apenas algumas horas antes, melhorou muito o espírito da família. "Não há dúvida", escreveu Nicolau em seu diário, "de que as quatro crianças sofreram muito em termos pessoais e espirituais ao serem deixadas em Tobolsk sozinhas". Mas a família, um tanto interdependente, estava reunida de novo, e nada melhor do que isso aconteceria no decorrer da Semana Santa, a data mais importante e sagrada do calendário cristão ortodoxo. Naquele entardecer, juntaram-se em frente aos ícones religiosos que tanto amavam e rezaram com fervor em agradecimento. Contudo, Alexandra estava alarmada por notar que o filho estava extremamente fraco, tendo perdido seis quilos desde a última crise em função da hemofilia. Naquele mesmo primeiro entardecer, bastou um escorregão e uma torção de joelho para colocar Alexei na cama, onde passou a noite toda com dores incessantes. A czarina ficou ao lado do filho, sem dormir e atenta, ouvindo os lamentos do garoto, como havia feito em tantas noites ao longo dos últimos 13 anos.

Mas pelo menos eles contavam uns com os outros de novo — e com Deus. A única saída que tinham para resistir ao novo e muito mais draconiano regime imposto a eles era se voltar para a família e se agarrar à grande fé que possuíam, que iria sustentá-los no decorrer dos dias que estavam por vir, à medida que entravam em um novo e estranho estado de animação suspensa. Existir, mas não viver; trancados em um ritual diário limitado e tedioso que a cada dia os deixava mais próximos de... quê? Serem soltos? Fugirem? Um resgate? Seja lá o que estivesse à espera deles, de uma coisa essa família estranhamente insular tinha certeza: Deus iria interferir em seu destino.

E Ele estava fazendo isso ao levar vários parentes dos Romanov para Ecaterimburgo. A irmã da czarina, a grã-duquesa Elizabeth (conhecida como Ella), o grão-duque Sergei, primo do czar, e os príncipes Ioann Konstantinovich, Konstantin Konstantinovich e Igor Konstantinovich (três irmãos Romanov que descendiam de Konstantin, o segundo filho de Nicolau I), juntos com o príncipe Vladimir Pavlovich Paley, todos foram levados para a cidade em maio e trancafiados na hospedaria Atamanov. Mas ao menos foi permitido que eles celebrassem a missa de meia-noite na catedral, um privilégio negado à família imperial. Eles permaneceram de pé, segurando velas vermelhas e rezando para que a beleza transcendente da liturgia de Páscoa trouxesse paz e liberdade. O príncipe Paley, ele próprio um poeta talentoso, escreveu uma carta para a mãe contando sobre sua angústia com relação aos primos Romanov. Ele tentou ir até a casa Ipatiev para dar ao menos uma olhadela na família imperial, mas a paliçada era muito alta e as janelas estavam cobertas com jornal. Resignado, calmo e submisso ao destino, confidenciou sua angústia quanto "à nossa pobre Rússia" à esposa de um policial, madame Semchevsky. Para ele, era como se o país, que um dia fora um navio poderoso e majestoso, tivesse sido engolfado pelas ondas e desaparecido na escuridão. As lágrimas dos olhos melancólicos do príncipe Paley expressaram muito de seu sentimento de perda, lembrou Semchevskaya, e geraram um poema que ele leu naquela noite: "Nossas pessoas mais próximas e queridas estão tão terrivelmente longe; nossos inimigos, tão terrivelmente próximos..." — sentimentos que ele, sem dúvida, dividia com seus parentes Romanov, que estavam a algumas ruas de distância.

Como local de confinamento, a casa Ipatiev, no número 49 da Voznesensky Prospekt, era bastante adequada, estando trancada, é claro. A intenção inicial do Soviete Regional dos Urais era encarcerar Nicolau na prisão da cidade, mas questões de segurança fizeram com que o plano fosse alterado. Em vez disso, optou-se por uma casa privada, com a casa Ipatiev sendo afinal escolhida, em detrimento da residência do dr. Kensorin Arkhipov, por ser mais próxima do quartel-general da Cheka. Embora ostentasse 21 aposentos, era pequena se comparada aos padrões da mais espaçosa e arejada casa do governador em Tobolsk. Mas por estar situada no topo de um dos poucos montículos de Ecaterimburgo, tinha uma linda vista do lago, dos jardins públicos e das partes baixas da cidade, por onde o rio Iset cortava o seu caminho. Construída entre 1875 e 1879 pelo engenheiro de minas Andrey Redikortsev, seu dono na época em que os Romanov foram para lá, Nikolay Ipatiev, comprou a casa por volta de 1908 por 6 mil rublos. Com banheiros equipados com vasos sanitários com descarga, era considerada uma das residências mais modernas da cidade. Ipatiev era um intelectual respeitável, um dos membros da Duma de Ecaterimburgo que esteve envolvido na construção da seção Perm-Kungur-Ecaterimburgo da ferrovia Transiberiana e que comandava seu negócio de engenharia ferroviária nos cômodos do porão de sua casa. Ele estava fora da cidade para descansar e se curar de um problema no coração, e amigos dele estavam morando na casa quando a ordem n° 2778 do soviete de Ecaterimburgo chegou, dando 48 horas para que saíssemos de lá. Ipatiev voltou correndo para resgatar alguns objetos pessoais, mas praticamente deixou a casa intacta, com toda a sua confortável mobília, inclusive o urso empalhado.

A casa parecia baixa e nada imponente ao se olhar de fora, pois foi construída na lateral de uma pequena colina, de modo que seu semiporão só era plenamente visível a partir da lateral da casa, na alameda Voznesensky. Mas era atraente e bastante russa em seu estilo, mais do que de elegância clássica. Foi levantada no lugar de uma velha igreja de madeira, posta abaixo no século XVIII, quando a grandiosa e nova catedral Voznesensky foi construída do outro lado da cidade.

Feita de tijolos e pedras e coberta por estuque branco, tinha adornos entalhados nas portas, nas janelas e abaixo do beiral, a rua era de terra e sombreada por tílias. Do lado oposto estava a praça Voznesensky, com sua catedral barroca e a clássica mansão Rastorguev-Kharitonov, mas depois dela, as casas toscas feitas de madeira da classe trabalhadora de Ecaterimburgo, um lembrete perfeito do contraste entre a riqueza e a pobreza que se vê por toda a cidade. Próximo à porta da frente, havia um pequeno santuário dedicado a São Nicolau, construído onde o altar da antiga igreja de madeira ficava, mas a família não conseguia ver esta lembrança irônica do santo protetor do czar porque a paliçada tapava a vista.

Como não conseguiram manter a presença dos Romanov na cidade em segredo (a chegada deles foi anunciada no jornal *Ural'skiy Rabochiy* no dia 9 de maio), os bolcheviques responsáveis pela detenção da família real deram início a uma política deliberada de isolamento completo. Antes da chegada do czar, a casa foi invadida por um grupo de cem trabalhadores, que a cercaram com uma paliçada feita de troncos serrados e postes telegráficos, colocada a poucos metros das paredes externas da casa. Medindo originalmente quatro metros, a paliçada foi aumentada ainda mais no final de maio. Mas o pior estava por vir. No dia 5 de junho, um segunda paliçada, mais alta, foi colocada em torno de todo o terreno da casa, do jardim, na extremidade norte da propriedade, até a alameda Voznesensky. A entrada principal da casa agora era controlada pelo posto de guarda nº 1, o primeiro de dez em volta do terreno todo, e o exterior dessa fortaleza era patrulhado dia e noite por guardas que se revezavam. Todos os dez postos de guarda tinham campainhas que soavam tanto na sala do comandante Avdeev como na casa da guarda, colocada do outro lado da rua.

Com a paliçada a apenas quatro metros de suas janelas, o "lindo mundo" de Alexandra foi definitivamente afastado da família. Embora o verão se aproximasse, todas as janelas da casa estavam seladas. E no dia 15 de maio, o mundo exterior ficou completamente esbranquiçado quando um pintor já bem velho apareceu e pintou os vidros das janelas, assegurando que não fosse possível ver nada dentro ou fora da casa. Nicolau escreveu que era "como se tivesse uma névoa do lado de fora". Não importava quão ensolarado estivesse o dia, havia uma escuridão perpétua dentro da casa. À medida que a temperatura subia e os quartos se tornavam cada vez mais abafados, o czar solicitou repetidas vezes ao comandante Avdeev que as janelas fossem abertas. Os bolcheviques estavam relutantes em aceitar: os Romanov já tinham acesso à *fortochka*, uma pequena ventilação de inverno localizada na parte de cima de uma janela que dava para a Voznesensky Prospekt. E em diversas ocasiões os vigias da manhã viram a cabeça de uma das meninas para fora. Os avisos para que elas não fizessem isso foram ignorados e por fim, em certa manhã, uma sentinela disparou um tiro quando a cabeça de Anastasia apareceu. A bala atingiu o parapeito superior da janela e ricocheteou na parede do quarto.

Não é de surpreender que, após esta quase morte, tenham sido necessárias mais duas semanas de reclamações a respeito da falta de ar dentro da casa Ipatiev para que afinal as engrenagens emperradas da burocracia respondessem com uma inspeção formal promovida pelo "Comitê de Exame da Questão das Janelas na Casa com Propósito Especial". O resultado disso foi que a segunda janela que dava para a alameda Voznesensky foi reaberta no dia 23 de junho. Mas os guardas foram ordenados a aumentar a vigilância do lado de fora. Todo membro da família estava terminantemente proibido de colocar a cabeça para fora da janela ou tentar fazer qualquer sinal para pessoas na rua (não que eles conseguissem ver algo na rua), sob o risco de serem baleados se desobedecessem. Além da janela e acima do topo da paliçada, eles podiam ao menos ver uma pequena faixa de céu e, levantando-se no cume da cúpula da catedral Voznesensky, a ponta de uma cruz ortodoxa. Se ficassem bem perto da janela, podiam ouvir os sons da cidade — os cantos dos pássaros e o estardalhaço dos bondes elétricos. Mas não conseguiam ver a metralhadora colocada na torre do sino da catedral que estava sempre apontada na direção deles. Havia outras duas metralhadoras

ATRÁS DA PALIÇADA

a postos: uma monitorava a varanda sobre o jardim nos fundos da casa, e a outra, a janela do porão que dava para rua.

Os quarenta guardas externos do Destacamento Especial em serviço a qualquer hora do dia foram escolhidos entre cerca de cem trabalhadores jovens, a maioria na casa dos 20 anos, recrutados nas fábricas locais. No início de junho, 35 deles eram da fábrica metalúrgica Sysert, situada nos subúrbios de Ecaterimburgo, onde os trabalhadores eram amplamente politizados. Antes de recrutador os integrantes da guarda externa passavam por um exame para o Partido Bolchevique e ganhavam experiência em combates ou em manusear armas. Aqueles que já haviam lutado nos destacamentos vermelhos contra Dutov, líder rebelde cossaco, ou contra os tchecos receberam precedência; outros tinham servido no front oriental. Mas eles logo começaram a reclamar das longas horas de serviço e outros 21 homens foram recrutados na fábrica Zlokazov, o que fez o número de guardas externos subir para 56, com outros 16 fazendo a vigilância interna.

Com muito pouco acesso a educação, oprimida pela pobreza e mal-alimentada, a maior parte dos homens era atraída por esse emprego devido ao salário de 400 rublos por mês (com comida e alojamento), e ainda podiam manter o emprego deles nas fábricas. E ao entrar para o destacamento, escapavam do alistamento no Exército Vermelho recém-criado por Trotski. Portando rifles com baionetas e alguns revólveres Nagant, eles podem ter parecido uma ameaça, mas na verdade poucos tinham alguma experiência no manuseio de armas. Todos recebiam visitas frequentes de suas esposas, famílias e amigos. Eram tantas que foram requisitadas instalações noturnas para eles. Assim, a casa Popov, do lado oposto da casa Ipatiev na alameda Voznesensky, foi solicitada pelo Soviete Regional dos Urais.

Esses homens eram supervisionados por Pavel Medvedev — um bolchevique civil que trabalhava na Sysert e que estivera em combate pelo Exército Vermelho contra Dutov —, junto com outros três guardas mais experientes. A princípio, os vigias externos viviam no porão, apertados em camas de acampamento colocadas nos depósitos. Os guardas adicionais recrutados na fábrica Zlokazov em junho puderam ocupar o saguão e o pequeno quarto ao lado dos aposentos do comandante no andar superior da casa onde os Romanov viviam. Do jardim da extremidade norte da propriedade, uma escada de madeira dava acesso às acomodações dos Romanov, no primeiro andar. O lance de escada era obstruído por uma porta trancada. No primeiro andar, os Romanov e seus criados ocupavam uma suíte com cinco cômodos interligados, na extremidade da qual ficavam o banheiro, o lavabo e a pequena cozinha.

Ali a vida da família imperial se tornou barulhenta, tumultuada e desarticulada, com o ar abafado do verão, já fétido em razão do acúmulo de pessoas em um espaço reduzido. Depois os guardas externos foram transferidos para os quartos do primeiro andar da casa Popov e os guardas internos ocuparam o porão da casa Ipatiev. O comandante e seus três assistentes tinham acesso irrestrito, e no momento que bem entendessem, a todos os cômodos ocupados pela família imperial. A ausência de pequenos vestíbulos entre os quartos era excelente para a segurança, tornando impossível fugir do primeiro andar sem passar pelos guardas, algo que pode ter influenciado a escolha dos bolcheviques pela casa Ipatiev.

Nicolau não era de resmungar e, ao chegar, declarou que as acomodações eram "agradáveis e limpas". E Maria as achou "pequenas porém bonitas". O czar e a czarina ficaram com o cômodo maior, no canto da casa, que tinha duas grandes janelas de frente para a rua. Duas outras janelas davam para a estreita aleia ao lado da casa. Com seu papel de parede amarelo e florido, o quarto era suficientemente aprazível e continha todo o mobiliário essencial: duas camas, uma penteadeira, um divã, algumas pequenas mesas, uma prateleira com enfeites chineses, um lampião de bronze, estantes com livros, um lavatório para as mãos e um imenso armário para as roupas. Alexei, que inicialmente dividia um quarto com as irmãs, mudou-se para o quarto dos pais em 26 de junho. A única saída desse cômodo era através do quarto ocupado pelas filhas do casal.

Reunidas em um único quarto, as irmãs Romanov se empoleiraram felizes, dormindo em cima de casacos e cobertores colocados no chão, até que as quatro camas portáteis de ferro que a família levou para o exílio chegaram de Tobolsk, no dia 27 de maio. Comparado com as áreas comuns e com a sala de estar, o quarto delas era claro e arejado, com linóleo no piso, um pequeno tapete oriental e papel de parede floral. O restante da mobília ficava espalhado — uma mesinha, cadeiras e um imenso espelho preso em um suporte. Que uso essas coisas teriam para as meninas agora? As roupas delas estavam ficando cada vez mais velhas e puídas. Não havia mais os vestidos brancos com fitas de cetim que elas costumavam usar em todos os verões que passavam na Crimeia. Os únicos objetos que se destacavam nas paredes eram as fotografias da família e os ícones de santos pendurados acima das camas de cada uma delas. E no teto, um delicado lustre *art noveau* de vidro veneziano em forma de tulipa (que por fim seria levado para a Inglaterra). Depois do quarto das grã-duquesas, em direção aos fundos da casa, havia um pequeno cômodo, onde a criada Anna Demidova dormia. Originalmente destinado a Alexei, o quartinho foi dado a ela depois que os seguidos problemas de saúde do menino fizeram com que os pais o acomodassem no quarto deles.

Uma porta à direita dos aposentos das grã-duquesas dava acesso a uma grande sala de visitas e de estar dividida em duas metades por uma arcada. Na sala de visitas, a czarina improvisava um altar aos domingos, decorado com sua própria colcha de renda e os ícones religiosos da família. Era uma sala aconchegante, com estatuetas douradas e um papel de parede discreto. Além dos quadros de paisagens com molduras douradas e um grande vaso com uma palma, as mobílias deixadas por Ipatiev incluíam tudo que estava em voga na época: um conjunto de cadeiras e um sofá, outra prateleira com enfeites, uma escrivaninha e um opulento lustre eletrificado também feito com vidro italiano. Ali as garotas às vezes tocavam piano. Botkin e Chemodurov dormiam em uma das extremidades da sala de estar, enquanto os serventes (Trupp, Nagorny, Kharitonov, Sednev e Leonio, o sobrinho de Sednev que ajudava na cozinha) costumavam dormir na própria cozinha ou no pequeno quarto ao lado.

Com seu piso de parquete e suas grandes portas de carvalho, a sala de jantar, no cômodo seguinte, tinha um espelho sobre o mármore do consolo da lareira e um sólido aparador também feito de carvalho. Refletindo a prosperidade de um homem de negócios bem-sucedido, os móveis eram escuros e pesados, com ornamentos entalhados ao estilo *fin de siècle* e estofados em couro. Contudo, os objetos escuros absorviam a pouca luz que penetrava pelas janelas opacas. Ali os Romanov se sentavam para as refeições junto com os empregados. Foi um desejo expresso do czar que isso ocorresse. Mas as caras toalhas de mesa feitas de linho e os talheres de prata que tinham trazido do Palácio de Alexandre permaneciam encaixotados em um anexo da casa, enquanto eles não tinham talheres suficientes para todos.

O escritório do comandante também ficava no primeiro andar, no antigo gabinete de leitura de Ipatiev, na extremidade norte do imóvel. Com uma estante de livros construída em mogno, revestida de lambris e com portas de vidro, um sofá de *plush* e papel de parede vermelho com palmas douradas, era um cômodo muito elegante para homens sem qualquer sofisticação e sujos como os guardas. Avdeev, um serralheiro por profissão e comissário político na fábrica Zlokazov que havia supervisionado o despejo dos donos da casa e a substituição dos mesmos pelos bolcheviques, sentia-se confortável ali. Ele se deleitava com seu novo status, expedindo memorandos e ordens a respeito da "casa com propósito especial". Seu controle sobre as vidas de seus ilustres prisioneiros conferiu-lhe um sentimento de poder, o que ele adorava exibir, deixando seus colegas de trabalho entrarem na casa para darem uma olhada em "Nikolashka", que era como ele se referia ao czar. À medida que eles entravam e saíam do escritório de Avdeev de acordo com os turnos, os homens da guarda interna deixavam as armas no chão, desalinhavam os quadros na parede e sujavam o sofá com suas botas imundas, enquanto circulavam bebendo inúmeras xícaras de chá do samovar. Empesteavam o ambiente com fumaça de cigarro e dormiam em qualquer lugar, encolhidos em todos os cantos possíveis. Da parede, uma cabeça de cervo empalhada olhava para os homens que ouviam os discos da família imperial no gramofone confiscado. No início de maio, eles tiraram o piano da sala de jantar e o levaram para o escritório, e quando Avdeev saía de folga e ia para casa, seu assistente, Moshkin, e o vigia noturno se apoderavam do cômodo como bons *tovarishchi* cantando músicas revolucionárias russas, assim como a "Marseillaise" e a "Internacional" marxista enquanto ficavam bêbados. Avdeev também ficava completamente embriagado com frequência durante o serviço, e de vez em quando, nas ocasiões em que Beloborodov aparecia para uma inspeção surpresa, os subordinados do comandante precisavam escondê-lo.

Dois guardas armados estavam sempre postados nos pequenos halls perto do lavabo, do banheiro e da cozinha, mas ninguém mais tinha permissão para circular pela área ocupada pela família imperial, e só os guardas de plantão podiam usar o lavabo. Alguns não conseguiam resistir e escreviam slogans políticos e frases agressivas — na maioria aludindo ao relacionamento da czarina com Rasputin — no corredor e nas paredes do lavabo. Havia outros 14 quartos no andar de baixo, no semiporão, alguns ainda ocupados pelo negócio de Ipatiev. Três eram usados pelos guardas externos em serviço durante o dia. Mas a maioria deles era utilizada como depósito e permanecia escura e desabitada.

Quando a família imperial viajou para Ecaterimburgo, só se permitiu que ela carregasse consigo malas pequenas, de modo que ainda restava muita bagagem em Tobolsk. Este restante chegou à estação ferroviária da cidade alguns dias mais tarde e quase causou um tumulto entre a multidão de circunstantes que se aglomeravam para ver o conteúdo das malas. À medida que a carga era retirada do trem, ouviam-se os gritos: "Morte ao tirano!", "Morte à burguesia!", "Enforquem-nos!", "Afoguem-nos no lago!". Muitos dos pertences dos Romanov — de casacos de pele a binóculos, trajes de equitação e malas cheias de roupas de bebê de Alexei — foram apreendidos por comissários locais e por bolcheviques. Após serem revistados e surrupiados pelos guardas da casa Ipatiev, o que sobrou foi guardado em um anexo no jardim interno da casa.

E quando por fim tiveram permissão para desempacotar suas coisas depois de inúmeras inspeções rigorosas supervisionadas por Avdeev, os Romanov levaram tudo o que conseguiram para o espaço já um tanto abarrotado que tinham para viver. Os artigos essenciais para eles eram os livros de orações, as bíblias, os livros de história e os romances do czar, os brinquedos e jogos de Alexei, e os materiais de costura e bordado da czarina e das meninas. De maneira surpreendente, também foi permitido que usassem seus lençóis de linho com monogramas personalizados e o brasão imperial, assim como os pratos de porcelana com o nome Nicolau II pintado. Outras pratarias e artigos de mesa valiosos do Palácio de Alexandre também tinham sido transportados segundo as instruções de Alexandra: pratos de sopa feitos de cerâmica, açucareiros de prata, relógios, abridores de carta e lápis de prata, almofadas bordadas, vasos de cristal, objetos que ela adorava em sua antiga casa. Qualquer coisa que pudesse manter ao menos uma leve familiaridade com a vida que um dia tiveram.

Outros objetos indispensáveis eram as máquinas de eletrochoque usadas para estimular os fracos músculos da perna do czaréviche após os longos períodos de descanso forçado na cama. Até mesmo a vontade do próprio czar foi atendida: óleos de banho para suas abluções diárias antes do jantar. Os Romanov gostavam tanto de tomar banho que a casa ficava sem água com alguma regularidade, o que provocava muitas reclamações dos guardas, que eram obrigados a carregar barris com água morro acima, desde o lago da cidade, e depois esquentá-la. Logo esse privilégio passou a ser racionado. A czarina também levara com ela suas colônias inglesas preferidas, da Brocard, assim como cremes e sais de lavanda. Mas se algo dominava os aposentos dos Romanov, eram as garrafas de água benta, os jarros de unguentos e as centenas de frascos de remédio. Estes eram de todos os tamanhos e formatos: óleos aromáticos, alcoolaturas, comprimidos, sais para serem cheirados — todos devidamente etiquetados pelo farmacêutico da corte imperial, Rozmarin. Alexandra tinha seu próprio kit de remédios, com um suprimento do laxante Cascarine Leprince para aliviar a hemorroida do czar. Também havia morfina, algo precioso para eles, mas não, como se poderia imaginar, para os ataques de hemofilia de Alexei; esta era uma droga que o médico e os pais resistiam em administrar-lhe por medo de causar dependência. A morfina era para as dores de Alexandra, e às vezes também para as de Nicolau. Esta substância e uma série de outras poções à base de cocaína e outros opiáceos enganavam o peso físico cada vez maior que o aprisionamento exercia sobre Nicolau e Alexandra. Ambos sofriam de insônia e dores de cabeça terríveis.

Contudo, os objetos mais preciosos eram os ícones portáteis, de todos os tipos e tamanhos, alguns muito rústicos e simples, outros feitos de diamantes e com molduras de prata. Entre estes, o mais amado era disparado o da

"Fedorovsky Mãe de Deus", que acompanhava a devota czarina a todos os lugares. A família não podia viajar sem as dúzias de porta-retratos feitos de couro, prata e bronze que caracterizavam o amor obsessivo que eles tinham uns pelos outros. Mas as preciosas câmeras Box Brownie e o restante dos equipamentos fotográficos que, mesmo em Tobolsk, registravam com regularidade a vida deles em família foram confiscados em Ecaterimburgo. O sentimento prevaleceu em muitas das escolhas a respeito do que levar para o exílio, sobretudo na decisão do czar de levar com ele os cinquenta volumes do diário que escrevia desde os 14 anos, assim como as 653 cartas que Alexandra lhe enviou ao longo dos 24 anos de casamento, grande parte delas durante os anos de guerra entre 1914-17. Eles se preocupavam constantemente com o que aconteceria se esses documentos pessoais, empacotados nas caixas n° 9, marcada com A.F., e n° 13, marcada com N.A., fossem descobertos pelos guardas da casa Ipatiev.

Em Tobolsk, os Romanov tiveram acesso regular à área externa da casa do governador. Lá podiam pegar sol no telhado da estufa, conseguindo ver um pouco do mundo livre para além da propriedade. Passantes com frequência paravam para reverenciá-los. Apesar do tédio e da monotonia, sentidos particularmente pelo ainda muito jovem Alexei, cuja vida já era tragicamente restrita por sua doença, os Romanov viveram tranquilamente durante os oito meses que passaram em Tobolsk, enquanto enfrentavam, sem reclamar, o inverno severo na muito mal aquecida residência do governador. A simples vida rural, por mais paradoxal que possa parecer, agradava aquela família burguesa e, por algum tempo, estimulou neles um falso senso de segurança. Maria tinha confidenciado a Sydney Gibbes, tutor das meninas, que conseguiria ser feliz pelo resto da vida vivendo em Tobolsk se os guardas ao menos deixassem que eles "caminhassem pela cidade um pouquinho". Para além do mundo autocentrado deles, os Romanov mantinham poucas aspirações ou interesses. Mesmo em Tsarskoe Selo, nos arredores de São Petersburgo, viveram de maneira relativamente modesta, preferindo o Palácio de Alexandre, que não era dos maiores da família, ao esplendor rococó do Palácio de Catarina, do outro lado da rua. O aprisionamento em Tobolsk foi algo quase positivo para a vida da família imperial, uma libertação rumo a uma a uma vida mais comum e ao anonimato. Lá recebiam e enviavam cartas. Também tinham acesso a jornais russos, ingleses e franceses, enquanto as crianças tinham aulas diárias com seus tutores, um alemão, um suíço e um inglês. A vida na Sibéria abriu os olhos da família para um mundo diferente, um mundo livre dos preconceitos dos rituais da corte e das funções sociais que eles todos odiavam.

Em Ecaterimburgo, Maria escreveu para uma amiga que "todos os dias guardam surpresas desagradáveis". Eles não eram visitantes bem-vindos. Não podiam desfrutar dos prazeres de trabalhar na horta como faziam enquanto estiveram confinados no Palácio de Alexandre, tampouco tinham o imenso jardim de Tobolsk para se exercitar, onde o czar inclusive cortou lenha no inverno. O envio e recebimento de cartas logo foram restringidos, e no início de junho o czar não recebia mais seus jornais diários — o último prazer que lhe sobrara. Ali eles eram terminantemente proibidos de falar qualquer outro idioma que não o russo, algo que aborrecia particularmente a czarina, que sempre falava em inglês com os filhos. Os presentes ocasionais oferecidos por parentes também foram cortados, sendo os chocolates e o café enviados por Ella, irmã da czarina, os últimos a serem recebidos. (Embora Alexandra não soubesse, após ficar inicialmente detida em Ecaterimburgo, sua irmã agora estava encarcerada com os grão-duques em Alapaevsk, a 150 quilômetros dali.) Na casa Ipatiev, não haveria mais as tardes teatrais pontuadas pelas risadas travessas de Anastasia, a animadora da família. Também não era permitido que fossem à missa na igreja que ficava ali perto, e só em duas ocasiões se permitiu que um padre fosse até lá para vê-los. Ainda assim, a família imperial esperava pela libertação divina. Em seus sonhos a czarina tinha visões de cavaleiros monarquistas indo salvá-los. Mas Nicolau era mais pragmático, tendo cada vez menos esperanças de que fossem resgatados daquela terrível fortaleza bolchevique.

O cotidiano deles virou uma questão de resistência. Além da devoção entre eles e em relação a Deus, havia uma obsessão que consumia suas vidas diariamente — a precariedade do estado de saúde de Alexei. Desde o meio de abril, o czarévitche vinha sofrendo de uma hemorragia recorrente em um joelho machucado, causando dores tão fortes que ele nem conseguia andar. Além de magro, desanimado e sem apetite, o garoto não contava mais com o apoio de seus tutores, o devotado Pierre Gilliard, nascido na Suíça, e o sóbrio Sydney Gibbes, formado em Cambridge, que lia histórias e conversava com Alexei durante suas crises. A czarina e suas filhas estavam exaustas de tantas noites passadas sem dormir ao lado da cama de Alexei ouvindo seus gemidos. O marinheiro Klementy Nagorny, que por anos atuou como uma sombra protetora do czarévich, sentado ao lado dele durante as noites e carregando-o no colo quando estava fraco demais para andar, foi levado embora na noite de 27 de maio (junto com o criado das grã-duquesas, Ivan Sednev) para nunca mais retornar. Por volta de julho, até mesmo as visitas do médico de Alexei, o dr. Vladimir Derevenko, a quem foi permitido ir para Ecaterimburgo e em quem a família confiava cegamente, foram restringidas. Ele continuou a ir até a casa, mas teve sua entrada proibida por Avdeev sob a alegação de que o czarévich estava "bem o suficiente" e não precisava vê-lo. Já fazia mais de oito dias desde a sua chegada que o fraco e doente Alexei, com seu joelho machucado finalmente livre da atadura, foi para o jardim pela primeira vez, carregado pelo dr. Botkin. Mas ele jamais pôde andar ou brincar do lado de fora novamente com os outros.

Por volta do início de julho, o ritual diário da casa Ipatiev estava se tornando absolutamente previsível. A família levantava às 8h, se lavava, se vestia e então rezava junta. Avdeev providenciava chá e pão preto às 9h, quando ele fazia sua chamada para se certificar de que todos estavam lá. Às vezes tinha chocolate em pó, mas como os Romanov precisavam se submeter ao racionamento como todos os outros cidadãos soviéticos, café e manteiga eram luxos que estavam além de suas possibilidades. "Não era mais permitido que eles vivessem como czares", Avdeev informou. Por volta das 13h, um almoço simples, costelas ou sopa com carne, era entregue nos portões, vindo da cantina dirigida pelo Soviete de Ecaterimburgo no prédio da Assembleia Comercial, que ficava quase na esquina da Glavny Prospekt. O jantar era enviado para a casa ao redor das 20h. A partir de meados de junho, foi permitido que o cozinheiro dos Romanov, Kharitonov, preparasse alguns dos pratos de que a família gostava em um pequeno fogão a óleo na cozinha de seus aposentos, onde ele tentava agradar o sempre difícil e agora rapida-

evanescente apetite da czarina (ela era vegetariana) com as receitas simples e suaves de aletria de que ela gostava. Em meados de junho, o dr. Derevenko apresentou suas observações a respeito da dieta insuficiente da família ao comandante Avdeev e, com a permissão dele, foi até o convento Novo-Tikhvinsky, nos subúrbios da cidade, e pediu às irmãs que levassem ovos, leite, creme e pão todos os dias para a família. Outros alimentos também eram levados: carne, salsicha, verduras e tortas russas, mas grande parte era desviada por Avdeev para seu próprio usufruto e de seus guardas.

De manhã, havia pouco a se fazer exceto ler, o que o czar fazia sem parar, numa tentativa cada vez mais desesperada de combater a frustração física causada pelo encarceramento. Ele devorou com avidez as obras completas do satirista Mikhail Saltykov-Shchedrin, que encontrou nas estantes da casa, seguidas pela biografia do imperador Paulo I, escrita por Shilder. Durante a Páscoa, ele também lia trechos dos Evangelhos em voz alta diariamente, assim como outros textos espirituais, enquanto as mulheres ficavam sentadas por horas a fio consertando suas roupas cada vez mais surradas. É verdade que eles levaram diversas roupas e calçados quando foram para Ecaterimburgo, mas a maior parte delas estava armazenada nos anexos da casa, aos quais eles sempre tinham o acesso negado, mesmo quando as botas de Nicolau estavam claramente se desmanchando. No início eles preenchiam o tempo escrevendo cartas para os amigos, mas poucas chegavam aos destinatários e um número ainda menor de respostas retornava. Tudo o que havia eram os intermináveis jogos de cartas — paciência e um jogo francês chamado *bezique*, o favorito da família —, enquanto Alexei brincava com seu navio em miniatura e com soldados de estanho. De vez em quando as meninas cantavam músicas sagradas juntas. A favorita era a "Canção do querubim", uma música para os anjos da liturgia ortodoxa. Novos divertimentos mundanos foram criados para as meninas quando o Soviete Regional dos Urais proibiu que a grande quantidade de roupa suja da família fosse enviada para ser lavada fora. Mesmo no exílio, os Romanov trocavam suas roupas de baixo e seus lençóis com grande regularidade, de forma que as grã-duquesas agora se viam aprendendo um novo ofício enquanto ajudavam a criada Demidova. Elas também aprenderam a cozinhar e a fazer pão com

Kharitonov. Com a czarina e o czaréviche quase sempre doentes ou repousando, as garotas criavam suas próprias diversões até o chá da tarde, entre as 16h e 17h. Um jantar modesto era servido às 20h, depois do qual o restante da noite era dedicado a novas orações e leituras da Bíblia, a mais partidas de *bezique* e às costuras, até chegar a hora de dormir.

As únicas pausas na monotonia eram os dois períodos diários em que eles podiam sair para o jardim, um no final da manhã, por volta das 11h, e outro entre o almoço e o chá da tarde. Até meados de maio, Avdeev era relativamente indulgente com relação à aplicação das regras, permitindo que de vez em quando a família imperial permanecesse cerca de uma hora e meia do lado de fora quando o tempo estava bom. Mas depois a duração foi reduzida para meia hora de manhã e meia hora à tarde, pois, como lhes foi dito, a vida deles na casa Ipatiev deveria se parecer mais com o "regime de uma prisão". Os Romanov foram expressamente instruídos a não conversarem com os guardas, uma regra que Nicolau quebrou em um esforço para estabelecer alguma nova relação, sobretudo depois que ele e Alexandra reconheceram um dos guardas, um ex-soldado chamado Konstantin Ukraintsev, batedor que trabalhou nas tropas comandadas por Nicolau no Cáucaso. Mas em Ecaterimburgo não deveria haver a camaradagem de Tobolsk, onde Nicolau ia com frequência à sala dos guardas fumar e jogar *draughts* com seus carcereiros. O pobre Ukraintsev foi dispensado por suas respostas simpáticas à família e enviado para o front oriental.

Gratas pela chance de caminhar sob o sol e respirar o ar do verão, as três grã-duquesas mais novas também sorriram e foram amigáveis com os guardas que ficavam nos jardins, enquanto a irmã mais velha se mantinha fechada. O aroma dos parques e jardins de Ecaterimburgo circulava pelo ar de maneira torturante, e nessas breves ocasiões se ouvia o som das risadas das irmãs enquanto perseguiam seus cachorros, Ortino, Joy e Jemmy, debaixo do sol de verão ou quando se divertiam nos dois balanços que alguns dos guardas penduraram para elas no jardim.

Mas este último prazer que restava raras vezes era aproveitado por Alexandra. Atormentada por enxaquecas, palpitações e dores ciáticas, além de intolerante com o calor, ela quase nunca se aventurava do lado de fora.

Quando saía, vestia uma jaqueta e um chapéu, enquanto suas filhas ficavam com as cabeças expostas ao sol. Com frequência se rendia à sua fragilidade física e retinha uma de suas filhas no interior da casa lendo para ela em voz alta enquanto ficava deitada com sua cabeça envolta numa compressa gelada. Suas palpitações estavam tão ruins que ela mal conseguia andar; à noite, era comum sofrer de insônia. Nas poucas ocasiões em que aparecia no jardim, estava muito exausta para fazer qualquer coisa que não fosse sentar à sombra do pórtico.

Dali, observava Alexei, quando ele não estava acamado, sentado brincando com seus soldados de brinquedo junto com Sednev, o menino que ajudava na cozinha e que, quando o czarévitche estava fraco demais, empurrava-o pelo jardim na cadeira de rodas da czarina. Enquanto isso, Nicolau e as meninas davam os quarenta passos necessários para percorrer o jardim um tanto crescido, indo e voltando sem parar sob o sol — ansiosos para não perderem um instante sequer daquela preciosa recreação —, em meio a álamos, bétulas, tílias e arbustos de acácias amarelas e lilases. O homem que um dia governou 22 milhões de quilômetros quadrados agora não tinha mais do que um único aposento e um pequeno jardim malcuidado. Livre das responsabilidades governamentais, Nicolau às vezes parecia não perceber a gravidade de tudo aquilo e ficou bastante desapontado quando seus pedidos para que ele pudesse fazer algo mais ativo — como limpar o jardim ou cortar lenha — foram laconicamente negados, assim como seu pedido por uma rede de dormir para as crianças. O apelo por escrito do dr. Botkin para o soviete local, solicitando duas horas de exercícios ao ar livre todos os dias pela saúde da família, também foi ignorado. Durante o mês de junho, o clima ficava cada vez mais quente, tornando a vida no interior da casa quase insuportável. Os quartos lacrados e nada arejados retinham os cheiros de comida e a fumaça dos cigarros, assim como do suor humano e do banheiro. O ambiente fechado também contribuía para a proliferação de germes e do mais tenaz dos parasitas, o piolho, forçando Nicolau a aparar sua barba e as meninas a manterem seus cabelos curtos. "É insuportável ficar trancado assim e não poder sair para o jardim quando queremos ou passar uma tarde agradável ao ar livre", escreveu Nicolau em seu diário, enquanto a umidade e as tempestades repentinas do verão um tanto instável dos Urais aumentavam.

Se Nicolau tivesse conseguido ver além de sua prisão, teria descoberto que, desde o dia de sua chegada a Ecaterimburgo, as pessoas iam ver a "casa do czar", como a casa Ipatiev logo passou a ser chamada (nenhum habitante usava o nome oficial), na esperança de vê-lo — apesar dos constantes avisos para que não fossem até lá. Os guardas, com seus rifles a postos, os expulsavam: "Siga em frente, cidadão, siga em frente. Não há nada a ser visto aqui", diziam. A resposta mais comum dos passantes era: "Se não há nada a ser visto, então por que não podemos simplesmente ficar aqui se quisermos?" As pessoas tentavam convencer os guardas a entregarem presentes e cartas para a família, mas ninguém era atendido, embora ocasionalmente um ou outro guarda deixasse que os curiosos dessem uma rápida espiada no interior da paliçada. Alguns transeuntes, ansiosos para ver a família imperial, aproximavam-se da casa vindo de outra direção — eles se aglomeravam na parte inferior da alameda Voznesensky, perto do lago Iset. Ali, no centro da cidade, era possível ver a varanda que dava para o jardim nos fundos da casa Ipatiev. Um homem de uniforme podia ser visto com frequência em pé ali. Circulava o rumor de que era o czar. Alguns diziam que tinham conseguido vê-lo. Mas o boato era falso. O homem que ficava em pé na varanda era apenas um dos guardas. Mas mesmo assim as pessoas iam até lá. Uma das razões para a construção da segunda paliçada, ainda mais alta, foi a descoberta de que, quando o czar se balançava no balanço do jardim, seus pés passavam do topo da paliçada e podiam ser vistos pelos curiosos do lado de fora. Isso não foi o suficiente para conter dois jovens estudantes, os irmãos Telezhnikov, que foram pegos pelos guardas do lado de fora da casa Ipatiev enquanto tentavam tirar fotos. Eles foram levados para os escritórios da Cheka e receberam uma reprimenda.

Ainda que a falta de exercício físico fosse muito estressante para Nicolau pessoalmente, ele e a família já estavam acostumados ao isolamento — que por muitos anos fora em grande parte autoinfligido. Eles sempre preferiram a companhia um dos outros do que a de qualquer pessoa, inclusive a de seus parentes Romanov. A vida de prisioneiro, portanto, não era nada nova para Nicolau, uma vez que já tinha dito ao marechal-chefe da corte imperial, o conde Benckendorff, durante o confinamento no Palácio de Alexandre, que naquele momento ele era tão livre quanto antes, e ainda acrescentou, enquanto se preparava para fumar um cigarro, que era um auxílio nos momentos de estresse: "Por acaso não fui um prisioneiro por toda a minha vida?"

Embora ainda rejeitasse a verdadeira natureza de sua detenção e de seu destino final, na manhã de 4 de julho o ex-czar da Rússia por fim começaria a descobrir o que o aprisionamento nos Urais de fato lhes reservava.

2

"O cavalheiro sombrio"

4 DE JULHO DE 1918, QUINTA-FEIRA

"Hoje houve uma mudança de comandante", Nicolau observou, surpreso, em seu diário no dia 4 de julho. Naquela tarde os Romanov tiveram um visitante inesperado: Aleksandr Beloborodov, líder do Soviete Regional dos Urais. Ele chegou no momento em que a família fazia seu modesto almoço. O comandante Avdeev, anunciou Beloborodov, havia sido dispensado e não mais retornaria. Assim como, eles logo descobririam, seu assistente bêbado, Moshkin. Ainda que não fossem sentir a menor falta de Moshkin, que tinha prazer em humilhá-los nos finais de tarde em que o comandante ia para casa de folga, os Romanov teriam saudades do desorganizado Avdeev. Apesar de suas bebedeiras, sua arrogância quando estava na frente de seus subordinados e seu comportamento ocasionalmente crasso, ele fora razoavelmente atencioso, e até gentil. Ele garantiu-lhes um samovar exclusivo, de forma que os guardas não pegavam toda a água quente para fazer chá; e ainda permitia que a família imperial passasse mais tempo no jardim do que poderia. Os Romanov estavam cada vez mais acostumados com ele e, em determinadas ocasiões, Nicolau até mesmo o achava cativante. A família havia notado os sentimentos contraditórios de Avdeev com relação a ela, percebendo inclusive certa compaixão relutante. Os Romanov sabiam o que esperar dele.

A resposta do czar foi solidária: "Sinto muito por Avdeev, mas foi culpa dele próprio, pois não fez nada para impedir que seus homens não roubassem nossos pertences que estão nos baús lá no anexo." Ingenuamente, Nicolau pensou que a mudança se devesse à vista grossa que Avdeev fazia, se é que não era ele quem os tramava, aos furtos constantes aos bens da família. Mas havia outras razões bem mais sinistras para que ele fosse demitido, sobre as quais Nicolau nada sabia.

Nas semanas anteriores, o Soviete Regional dos Urais caíra em um estado de crescente paranoia de que existiam evidências de que monarquistas e outros grupos estavam escondidos em Ecaterimburgo tramando, ainda que sem qualquer eficácia, o resgate da família. Além disso, reportagens que diziam que o czar tinha sido assassinado foram publicadas em Moscou, e de lá a notícia se espalhou pela imprensa ocidental. Isso deixou os bolcheviques irrequietos, apesar das garantias de que a confiável *troika* formada por Goloshchekin, Beloborodov e Didkovsky havia feito inspeções regulares na casa em maio e junho, além de levar grupos de oficiais para observar a família imperial durante seus períodos de recreação ao ar livre. Duvidando da confiabilidade do Soviete Regional dos Urais e do nível de segurança na casa Ipatiev, Lenin ordenou que Reinhold Berzin, comandante do front siberiano e do norte dos Urais, viajasse 480 quilômetros desde Perm para fazer uma inspeção surpresa e verificar a situação. Isso aconteceu no dia 22 de junho, na companhia do comissário militar do distrito, Filipp Goloshchekin, sob o pretexto da "questão das janelas". Na ocasião, Nicolau notou a presença de pessoas que ele pensou serem "comissários de Petrogrado".

O relatório de Berzin, que chegou a Moscou no dia 28 por uma rota tortuosa, de tão bagunçado que era o estado das linhas telegráficas, confirmou que os rumores sobre a morte do czar eram uma provocação maliciosa. Mas nesse momento o Soviete Regional dos Urais já estava se inteirando das brechas disciplinares na casa: comportamento inadequado e acessos de bebedeira por parte do guarda noturno, e, ainda pior, uma tendência à confraternização com a família imperial, o que fora terminantemente proibido. Em Tobolsk, os guardas foram desarmados pelas maneiras naturais e amigáveis de Nicolau, algo que vinha começando a se repetir em Ecaterimburgo. Alguns guardas até entregaram cartas à família em segredo, e às vezes livros. Outros admitiam ter respeito e pena dos Romanov, continuando a se referir respeitosamente a Nicolau como "o czar" ou "o imperador".

Por estarem, dia sim, dia não, em contato próximo com a família, o inevitável aconteceu. Os Romanov e seus jovens carcereiros desenvolveram as clássicas ligações entre carcereiros-prisioneiros, tão comuns em situações como essa. Alguns guardas achavam cada vez mais difícil associar o rosto dócil e gentil de Nicolau, assim como os de suas lindas filhas, com aquilo que a propaganda bolchevique havia inculcado neles. As três meninas mais jovens tinham se tornado abertas e amistosas, a ponto de flertarem com alguns deles. Elas aproveitavam qualquer oportunidade para conversar, fazer brincadeiras ou tomar chá com os guardas, o que, em razão do tédio que enfrentavam, não é de surpreender. A irmã mais velha, Olga, entretanto, não se misturava. Agora muito magra e enfermiça, havia meses tentava se livrar de um estado crescente de melancolia. Com relação à czarina, a questão era de todo diferente. Fria, reservada, amargamente orgulhosa e sempre defendendo sua privacidade, era hostil aos guardas e implacavelmente argumentativa quanto ao cumprimento das ordens do comandante. Ela se recusava a tocar a campainha que ficava no hall cada vez que desejasse sair de seu quarto para ir ao banheiro ou ao lavabo, e estava sempre de cara fechada e reclamando. Os guardas achavam a personalidade dela difícil. Mas ela era claramente uma mulher doente, assim como o menino, por quem tinham imensa simpatia. Muito magro e extremamente pálido, para alguns deles Alexei parecia já estar à porta da morte. No final, muitos dos carcereiros, apesar de todo o falatório revolucionário e da propaganda bolchevique, haviam sucumbido à simples compaixão humana por uma família que era fundamentalmente comum e devota, atacada pela doença e sem um real entendimento da terrível nova situação que enfrentava no cativeiro.

Havendo quatro garotas entre os 17 e 22 anos, duas delas ainda adolescentes e todas sujeitas às alterações de humor causadas pelo ciclo menstrual, as semanas de confinamento e o tédio esmagador não poderiam deixar de trazer tensões para aqueles cinco aposentos lotados e abafados. Some-se a isso uma mãe que provavelmente estava na menopausa e um irmão em estado terminal, e pode-se imaginar que o estresse às vezes devia ser intolerável. Os hagiógrafos dos Romanov dizem que nunca houve qualquer discórdia na família, mas é muito difícil acreditar nisso devido às circunstâncias às quais estavam submetidos e às frequentes flutuações entre esperança e desespero que qualquer prisioneiro normalmente enfrenta quando mantido sob vigilância cerrada por muito tempo.

Na verdade, deve ter sido a imaturidade e a simpatia natural de uma das garotas que precipitou o arrocho na observância às regras. No dia 27 de junho, a insinuante e atraente Maria, a quem os guardas consideravam a mais amistosa das grã-duquesas, supostamente teria sido descoberta, durante a inspeção surpresa de Goloshchekin e Beloborodov à casa Ipatiev, em uma situação comprometedora com o guarda Ivan Skorokhodov, que conseguira um bolo para comemorar o 19° aniversário dela. Skorokhodov foi sumariamente demitido e removido para a prisão de Ecaterimburgo. Nicolau e Alexandra, assim como as irmãs mais velhas de Maria, ficaram chocados com o comportamento dela e desconcertados com o incidente. A consequente introdução de um regime mais rigoroso na casa e a dispensa de Avdeev não foram meras coincidências.

Assim, no dia 4 de julho, uma quinta-feira, um novo comandante chegou. Seu nome era Yakov Yurovsky. Ele levou consigo um assistente, um jovem atraente e bem-apessoado chamado Grigory Nikulin, que, segundo a avaliação de Alexandra, parecia "decente" em comparação com seu predecessor, o vulgar Moshkin. Mal sabia ela que o aparentemente afável Nikulin era um matador impiedoso que preferira trabalhar para a Cheka a ir lutar no front.

Yurovsky era um homem alto e forte, de pômulos salientes e o cabelo preto. Com sua barba cuidadosamente feita ao estilo Van Dyck e bigode enrolado, esse homem de 40 anos parecia culto, quase garboso, e tinha um ar presunçoso. Ele não era um beberrão como Avdeev. Era bastante inteligente, vigilante e motivado. Um arrocho era necessário, e seria draconiano. Yurovsky imediatamente fez com que os furtos aos pertences da família imperial cessassem. O dinheiro que restava ao czar e à czarina já havia sido confiscado. Mas após uma inspeção nas bagagens deles ao chegarem a Ecaterimburgo, os 16 rublos e 17 copeques que Maria recebeu de Anastasia para a jornada desde Tobolsk foram tomados dela para serem "guardados a salvo pelo tesoureiro do Soviete Regional dos Urais". Yurovsky era mais meticuloso do que Avdeev; ele comandou um inventário detalhado de todas as joias e objetos de valor da família. As insígnias reais, cujos valores eram inestimáveis, havia muito tinham sido confiscadas pelo novo Estado soviético. E muito do que havia restado de valioso fora roubado, ou passado para simpatizantes pela czarina em Tobolsk, na esperança de financiar um possível resgate. Mas as mulheres da família Romanov ainda tinham muitas joias com elas, especialmente diamantes e pérolas. Em Tobolsk, em qualquer oportunidade, escondiam estas joias em seus espartilhos, corpetes, chapéus e botões. Eram recursos essenciais para custear a vida da família no exílio, caso um dia viessem a deixar a Rússia. Yurovsky sabia que elas tinham mais joias do que ele tinha visto e que provavelmente as haviam escondido em suas roupas. Ele sabia que Moscou queria se apoderar delas, e cedo ou tarde iria encontrá-las. Quando inventariou os objetos de valor da família, fez algumas concessões: permitiu que o czarévich continuasse com seu relógio (ele ficaria entediado sem ele, argumentou Nicolau), o czar manteve sua aliança, a qual não conseguia retirar, e as mulheres só puderam ficar com seus braceletes, que já estavam tão justos em seus pulsos que não foi possível removê-los. O restante Yurovsky pegou e trancou em uma caixa, que seria entregue a eles mais tarde.

Na verdade, a família já havia encontrado Yurovsky nas duas ocasiões em que ele visitou a casa Ipatiev com membros do soviete local. No dia 26 de maio, ele chegou junto com o dr. Derevenko, que iria examinar Alexei, e por isso os Romanov deduziram, em razão de seus modos e de sua preocupação com a saúde do czarévich, que ele também fosse médico. Na tarde de 4 de julho, ele perguntou novamente sobre o sangramento na perna de Alexei. Nicolau ficou impressionado; em sua cabeça, "o cavalheiro sombrio", como ele se referiu a Yurovsky antes de saber o nome dele, parecia solícito com relação ao bem-estar da família. Talvez o novo comandante viesse a ser mais receptivo às solicitações feitas pelo dr. Botkin naquele dia, para que um padre fosse enviado até lá no domingo para rezar uma missa.

Nem Nicolau nem Alexandra parecem ter inferido algo sinistro a respeito da repentina mudança de comando, achavam que se tratava apenas de mais uma medida de segurança. Tampouco tinham ideia da verdadeira natureza do homem que estava assumindo o controle de suas vidas. Yakov Yurovsky era judeu de nascença. Seu pai, um vidraceiro, havia sido exilado por furto em um povoado judeu em Kainsk, Novosibirsk, na Sibéria. Lá o jovem Yurovsky estudou na escola talmúdica local. Mais tarde, observaria com um cinismo amargo que, graças ao czar, ela havia nascido "na prisão". Algumas pessoas dizem que ele era neto de um rabino polonês, mas em todos os eventos sua família aparentava ter se distanciado das raízes judaicas após se mudar para Tomsk. Yurovsky se converteu ao luteranismo no início dos anos 1900, talvez uma medida necessária para escapar às perseguições religiosas.

Os anos de pobreza, fome e privação, como um de dez irmãos, haviam plantado as sementes de um profundo ressentimento social, fazendo com que ele se tornasse um virulento antimonarquista. Ele se lembrava do cheiro do apartamento apinhado onde crescera, que ficava em cima de um açougue em Tomsk. Quando criança, alimentou a crença ingênua, compartilhada por muitos cidadãos, na infalível bondade do czar. "Eu acreditava que uma pessoa poderia ir até o czar e contar como a nossa vida era dura", disse certa vez. Mas a desilusão se estabeleceu rapidamente quando Yurovsky desenvolveu consciência política e social. O czar em quem ele tanto confiava logo se transformou em um "demônio", um "sanguessuga", um "assassino". Yurovsky escapou do ambiente degradante de Tomsk assim que conseguiu, após tornar-se relojoeiro, mas não antes de passar algum tempo na prisão em 1898 por causa de um assassinato não especificado. Ele se estabeleceu em Ecaterimburgo, onde trabalhava em uma joalheria, casou-se em 1904 e ingressou no Partido Bolchevique em 1905. Pouco depois, suas atividades políticas o forçaram a deixar a Rússia. Ele então se mudou para Berlim, onde viveu por alguns anos, trabalhando como relojoeiro e também aprendeu a fotografar. Ao retornar para a Rússia em 1912, Yurovsky e sua família (ele tinha três filhos) viveram por pouco tempo em Baku, no Cáucaso, na época um foco de atividade revolucionária liderada por Joseph Stalin, antes de voltar para Tomsk e depois para Ecaterimburgo. Ali, montou um estúdio fotográfico com Nikolay Vvedensky no n° 42 da Pokrovsky Prospekt, ao lado do barulhento mercado da cidade; dizem que também servia de fachada para encobrir encontros bolcheviques. O negócio progrediu quando Yurovsky começou a oferecer as então novas "eletrofotografias", que eram tiradas e ficavam prontas em dez minutos. Ele logo foi cooptado para fazer as fotografias dos prisioneiros na cadeia local. Yurovsky vivia com sua família em um apartamento no centro da cidade e tinha uma dacha em Shartash, nos arredores de Ecaterimburgo. Mas então veio a guerra e ele foi recrutado pelo Exército russo em 1915. Como ele vinha sofrendo de reumatismo e tuberculose, permitiu-se que fosse treinado como servente de hospital, o que evitaria seu envio para o front. Quando a Revolução foi deflagrada em 1917, ele desertou e voltou para Ecaterimburgo, onde continuou com seu negócio e se envolveu cada vez mais na política local.

Yurovsky agora era um comunista totalmente dedicado, ascendendo com muita rapidez de delegado do Soviete de Ecaterimburgo a membro executivo do Soviete Regional dos Urais. E como também integrava a Cheka de Ecaterimburgo, trabalhava como uma espécie de comissário de justiça, exibindo o autocontrole absoluto e o cinismo típicos dos revolucionários profissionais. Ele mantinha seu ódio pela família imperial sob controle, parecendo educado e até escrupuloso. Yurovsky não sofria com sentimentos conflitantes e não ficava com a consciência pesada, como Avdeev, seu predecessor. Tampouco seu assistente de 23 anos, Nikulin, um assassino de sangue-frio que já havia participado do fuzilamento de contrarrevolucionários e com quem Yurovsky tinha uma relação paternal. Ambos tinham um ódio de classes implacável e haviam ido para a casa Ipatiev acertar as contas de longa data com os Romanov. Tudo em nome da Revolução.

No dia de sua chegada, o novo comandante deu início "a uma limpeza completa" na guarda da casa Ipatiev, e com isso um aperto na disciplina, desde a remoção do lixo até a obrigação de se fazer a cama e manter a limpeza do alojamento. Os homens da Sysert e Zlokazov foram transferidos da guarda interna para a externa. No âmbito mais geral, o Destacamento Especial teria seu efetivo aumentado para 86 homens, e em poucos dias Yurovsky anunciou que a guarda interna de Avdeev seria substituída por homens que ele próprio escolheria.

A quatro casas dali, ou a 280 metros, na Voznesensky Prospekt, com vista para a casa Ipatiev, o cônsul britânico, Thomas Preston, enfrentava problemas consideráveis para obter quaisquer notícias a respeito do bem-estar da família imperial. Ele havia conseguido ver a grã-duquesa Maria de relance quando, no dia 30 de abril, o comboio que levara o czar e a czarina da estação de trem para a casa Ipatiev passou na frente da casa dele. Mas não lhe foi permitido ver a família, apesar de suas ligações bastante próximas com a família real britânica. (A mãe de Alexandra era tia do rei Jorge V, e as mães dinamarquesas de Nicolau e Jorge eram irmãs.) Enquanto a bandeira vermelha agora tremulava no alto de todos os prédios públicos da cidade, Preston, manifestamente desafiador, manteve a bandeira da Grã-Bretanha em seu consulado. Mas já fazia semanas que ele vinha tendo muita dificuldade para se comunicar por telegrama com o Ministério das Relações Exteriores na Inglaterra. O serviço era intermitente e os telegramas que chegavam eram quase sempre interceptados pelos bolcheviques.

Preston conhecia a cidade muito bem, estava nos montes Urais desde 1903, a princípio como representante de uma mineradora de Leeds que estava lá prospectando platina. Ele se casou com uma russa e, em 1916, graças à fluência no idioma russo e ao conhecimento minucioso da região, convidaram-no para assumir o cargo de cônsul britânico em Ecaterimburgo. Como os Urais e a Sibéria Ocidental eram completamente isolados do resto do mundo, Preston logo se viu com "uma espécie de carta branca forçada" para lidar com as questões locais, muitas vezes sem qualquer instrução do governo britânico. E ainda mais importante do que isso, ele tinha a orientação específica de observar de perto a indústria da platina nos Urais e manter o Escritório de Guerra britânico informado a esse respeito. Seu representante, um córnico chamado Arthur Thomas, era também um ótimo engenheiro de minas, recrutado por uma empresa inglesa, a Holman Brothers Limited, que vinha prospectando platina nos Urais. Com o novo e volátil Partido Bolchevique no poder, agir declaradamente em favor dos Romanov estava se tornando algo cada vez mais perigoso.

Durante o mês de junho, muitos dos integrantes do *entourage* da família imperial que haviam acompanhado as crianças desde Tobolsk continuavam na estação de Ecaterimburgo. Enquanto viviam em um vagão de quarta classe, à espera de uma saída segura da cidade, eles insistiam diariamente para que Preston fizesse algo para ajudar a família imperial, assim como havia feito o príncipe Dolgorukov, que conseguiu, às escondidas, enviar alguns bilhetes escritos a lápis para fora de sua cela na prisão. Os dois tutores do czarévich, Sidney Gibbes e Pierre Gilliard, e a dama de companhia da czarina, a baronesa Sofia von Buxhoeveden (a quem também foi negada permissão para se juntar à família), foram particularmente insistentes, chegando inclusive a fazer representações formais ao Soviete Regional dos Urais. Dia sim, dia não, iam até o consulado britânico e passavam horas discutindo com Preston todas as maneiras possíveis de salvar a família imperial. Mas por fim os três foram colocados num trem e enviados de volta a Tobolsk.

Ainda assim, outros defensores dos Romanov, tanto aberta como não abertamente, vinham se reunindo na cidade, incluindo a princesa Helena da Sérvia, esposa do príncipe Ioann Konstantinovich, que estava preso com a irmã da czarina em Alapaevsk. Helena havia cometido a temeridade de ir até a casa Ipatiev e ordenar que as sentinelas, que a impediam com seus rifles, deixassem-na ver o czar. Ela tinha a esperança de contrabandear algumas cartas de seus parentes que levava escondidas. É claro que Avdeev, estupefato com tamanha ousadia, não autorizou a visita, mas a princesa continuou tentando impor sua presença no quartel-general da Cheka no Hotel Amerikanskaya, a 800 metros da casa Ipatiev, na esquina da Pokrovsky Prospekt com a rua Zlatoustovskaya. Cansada de suas insistentes solicitações, a Cheka a prendeu e duas semanas mais tarde a colocou em um trem para Petrogrado.

O comportamento impetuoso da princesa Helena tornou as delicadas negociações de Preston na questão Romanov ainda mais difíceis, mas mesmo assim, sob pressões de todos os lados, diariamente o assediado cônsul britânico caminhava até os escritórios soviéticos na estação de trem para pedir informações em nome de todo o corpo diplomático. Fazer isso significava passar por um corredor polonês formado por homens brandindo rifles, pistolas e granadas. A estação de trem de Ecaterimburgo estava longe de ser um lugar convidativo para se visitar, recordou Preston mais tarde: "O fedor era nauseabundo, a atmosfera era carregada pelo odor de corpos sem banho, botas imundas e da fumaça fétida da *makhorka* [um tabaco russo de péssima qualidade] que todos fumavam." Do lado de fora, as plataformas ficavam lotadas de mujiques desolados, sujos e piolhentos que esperavam com suas trouxas em volta — esperavam por um trem, qualquer trem, que os levasse para fora da cidade. Enquanto isso, a metros de distância de tamanha pobreza, no restaurante da primeira classe na estação, novos oficiais do soviete bebiam vinho, jantavam e jogavam cartas. "Foi", observou o cônsul britânico, "uma das primeiras falácias da sociedade dita igualitária".

Preston encontrou Sergei Chutskaev, do Soviete Regional dos Urais, no escritório deste na estação. Chutskaev era um homem sujo, de cabelo oleoso, vestindo jaqueta de couro, calças de marinheiro para dentro de suas longas botas, esparramado em uma antessala cheia de armas. Preston disse a Chutskaev que ele e seus colegas norte-americanos e franceses tinham ouvido rumores de que a família imperial estava sendo vítima de maus-tratos e que seus respectivos governos estavam cada vez mais preocupados com o bem-estar dos Romanov. Como sempre, obteve as mesmas garantias nada convincentes de Chutskaev, que afirmou que todos da família estavam muito bem de saúde e não corriam nenhum perigo. Preston sabia que ele estava mentindo — ele vinha recebendo essas mesmas falsas garantias havia semanas —, mas mesmo assim transmitia essas notícias por telégrafo para seus chefes, na esperança de que algum de seus comunicados fossem recebidos. Os bolcheviques estavam se tornando mais hostis a ele, e Chutskaev ameaçou prendê-lo por seu comportamento. Na verdade, ele inclusive disse a Preston que não conseguia decidir se atirava nele ou não. Não é de surpreender que o cônsul tivesse a opinião de que os membros do novo soviete da cidade atuavam como uma gangue de bandoleiros: "Seria difícil encontrar um grupo que inspirasse mais temor e fosse mais implacável."

A situação cada vez mais instável em Ecaterimburgo era evidente em qualquer lugar; ela claramente desmentia as afirmativas vazias de que os Romanov não corriam perigo. A partir do momento em que os bolcheviques, apoiados por trabalhadores ferroviários politizados, assumiram o controle dos Urais e se apoderaram da cidade no mês de novembro do ano anterior, Ecaterimburgo vivia sob um regime que governava pelo medo. Antes da Revolução, a população dos Urais, de forma geral, não era muito engajada em questões políticas, e por isso os agitadores mais experientes foram enviados de Petrogrado para fazer propaganda entre os mujiques da região. No final de maio, quinhentos militantes (marinheiros revolucionários) de Kronstadt também chegaram à cidade para averiguar se o novo governo bolchevique "não estava sendo muito leniente". Eles agrediram e estupraram mulheres, atacaram e assassinaram membros da burguesia local e se apoderaram da destilaria de vodca da cidade, distribuindo a bebida para a massa.

Um por um, os símbolos do antigo sistema czarista foram destruídos. A estátua do czar Alexandre II, assassinado em 1881, que ocupava um lugar de destaque na praça da cidade, foi derrubada. Os lares dos desprezados capitalistas burgueses foram vasculhados e saqueados, e as casas em si eram sumariamente requisitadas e divididas para acomodarem trabalhadores. No final de junho, aqueles que eram considerados prósperos, isto é, que tinham mais de 10 mil rublos, foram forçados a cavar trincheiras contra os tchecos, que avançavam, sendo que 67 cidadãos foram enviados para o front no dia 25. As lojas foram vandalizadas e tiveram as vitrines quebradas; outras foram fechadas e tiveram seus bens confiscados, deixando seus donos na ruína, se é que já não haviam sido expulsos. Os hotéis fecharam suas portas. As minas, as fábricas e as oficinas foram tomadas e nacionalizadas. As instituições civis perderam seus funcionários educados e bem preparados, muitos dos quais caçados como inimigos de classe, o que assegurou, ainda que de maneira contraproducente, que não havia mais ninguém com experiência para conduzi-las. Os empreendimentos privados foram reprimidos e destruídos por todos os cantos, inclusive o próspero novo negócio de transporte comercial por rio e por trem. Todos os bancos e postos telegráficos, agências de correios e gráficas foram confiscados, os jornais locais foram substituídos pelo monopólio da propaganda bolchevique, disfarçada sob o nome grandiloquente de *Notícias do Soviete Regional dos Urais, Representante de Trabalhadores, Camponeses e Soldados*. As linhas telefônicas foram cortadas, e os aparelhos telefônicos, jogados no rio. As sociedades e clubes foram banidos, e quaisquer reuniões públicas, exceto as comunistas, proibidas. Os prédios públicos foram caindo no abandono, com suas janelas quebradas e imundas, seus pisos empoeirados e enlameados pelas botas sujas. E agora havia sentinelas com rifles em cada porta.

Ecaterimburgo, cidade que um dia tivera orgulho de sua indústria mineradora, já havia, desde a Revolução, sofrido perdas consideráveis em suas finanças; isso, associado ao recrutamento de seus trabalhadores pelo Exército, causou reduções drásticas na produtividade. Poucos trabalhadores que não aqueles considerados fundamentais recebiam agora algo mais do que um salário de fome. Ao mesmo tempo, os preços dos produtos básicos — farinha de trigo, pão, batata, chá, manteiga — não paravam de subir e os especuladores estavam fazendo fortunas. Ecaterimburgo era uma cidade faminta e dominada pelo medo. Poucos se sentiam amparados pelas promessas bolcheviques de uma nova ordem; propagandas não enchem a barriga de ninguém. Naquele verão, a questão era conseguir sobreviver a cada dia e encontrar comida suficiente. As filas por comida serpenteavam ao redor dos poucos armazéns abertos, uma vez que todos os produtos eram racionados: havia senhas para pão, carne, peixe, leite, batatas e até para se obter sapatos. A falta de café e manteiga na dieta diária dos Romanov em meados de maio parecia um problema menor quando comparado à fome que ameaçava a população da cidade como um todo.

Contudo, não existia nenhuma razão verdadeira para que qualquer um passasse fome. Nas vilas fora da cidade não havia falta de alimentos, e assim, semanalmente, as pessoas percorriam a pé o caminho entre a cidade e algumas vilas — em geral não mais do que 25 quilômetros — para trocar qualquer coisa que tivessem — roupas velhas, botas... — por farinha, pão e batatas, uma vez que os mujiques não acreditavam na nova moeda bolchevique e por isso não a aceitavam. Ao assegurarem alguns suprimentos preciosos, as pessoas retornavam para a cidade apenas para serem paradas e revistadas nos pontos de entrada, sendo então saqueadas. Nos dias de feira, a praça era a visão do desamparo. Os cães, os corvos e os pombos tinham fugido. Simplesmente não havia mais nada para eles revirarem.

Ainda assim o povo continuava em pé nas filas por horas debaixo do calor, periodicamente encharcados pelas tempestades que atingem os montes Urais no verão. Pessoas desesperadas e ociosas, assim como os muitos desertores do front, podiam ser vistas a cada esquina, apáticas e sem nenhum tostão, bebendo e fumando quando possível, cuspindo as cascas de sementes de girassol nas calçadas. Quando o calor do verão chegava, de uma coisa Ecaterimburgo podia ter certeza: o tifo atacaria. Com o fornecimento de água intermitente, a doença se espalhava como fogo em uma cidade repleta de corpos piolhentos e imundos, infectando 40% da população e superando a capacidade limitada dos recursos médicos disponíveis e dos hospitais da cidade. E então também vinha o cólera.

Em Ecaterimburgo, como em muitas outras cidades russas, a disparidade acentuada e gritante entre a retórica e a prática bolcheviques estava se tornando evidente demais. A fome alimentava a indiferença política da população; entre os mujiques, a requisição de seus grãos e de suas criações animais por parte dos bolcheviques provocou grande hostilidade, à qual a resposta foi brutal. No regime do czar, dizia a população, ao menos existiam juízes que mandavam alguns cidadãos para a Sibéria. Agora a pessoa simplesmente era levada para fora e fuzilada sem qualquer julgamento. Em junho, 250 mujiques da região que protestaram contra o confisco de suas sementes e de suas criações foram colocados na prisão nº 2 de Ecaterimburgo. Noite após noite, por várias semanas, eles eram levados para fora em pares ou em trios e eram fuzilados; apenas 35 continuavam vivos quando os tchecos tomaram a cidade.

As pessoas estavam sendo presas indiscriminadamente, sob a menor suspeita de contrarrevolução. Depois que as prisões ficaram lotadas, os hotéis e as fábricas foram usados como locais de confinamento. A virulência bolchevique era particularmente dirigida ao clero: 45 membros da diocese ortodoxa de Ecaterimburgo foram assassinados naquele verão — fuzilados, afogados, a baionetadas, com os olhos furados, línguas e orelhas arrancadas, e depois seus corpos dilacerados eram jogados no rio. E a situação ficou muito pior depois que as notícias da tomada de Omsk pelas legiões tchecas em 7 de junho chegaram. O rápido avanço tcheco em direção a Ecaterimburgo deu início a uma nova e assustadora onda de execuções, com a promessa bolchevique de que para cada comunista morto seriam fuzilados cem reféns. Eles começaram a redigir uma lista com os cidadãos que seriam os primeiros a pagar a penalidade. No topo dela estavam os nomes dos Romanov que estavam detidos em Ecaterimburgo e Alapaevsk. Mas na verdade, o primeiro passo para a aniquilação sistemática dos Romanov já havia sido dado, na madrugada de 12 para 13 junho em Perm, quando o irmão do czar, o grão-duque Mikhail, foi retirado de sua cela e fuzilado na floresta pela Cheka. Foi como se esse assassinato tivesse sido uma maneira de testar a opinião pública com relação à futura execução do restante da família Romanov.

Às quatro da manhã de 29 de junho, um ato terrível foi perpetrado pelos bolcheviques em Ecaterimburgo. Dezenove cidadãos proeminentes — padres, médicos, advogados, comerciantes, inclusive amigos pessoais do cônsul Preston, como o engenheiro Fadeev, Makronosoev, o russo que era gerente da Sysert, os comerciantes Stepanov e Torupechev — foram levados para as águas servidas da cidade, a cerca de 800 metros dos limites de Ecaterimburgo. Lá eles foram postos em fila e fuzilados em frente a uma cova recém-cavada, recebendo golpes frenéticos de baionetas após caírem. Um deles, miraculosamente, sobreviveu e contou como foi. Quando Preston e os outros diplomatas estrangeiros protestaram contra esses assassinatos, ouviram que havia sido uma vingança pela morte do comissário bolchevique Ivan Malyshev, capturado e fuzilado pelos tchecos na fábrica Kusvinsky em 23 de junho. No dia 30 de junho, a edição de Ecaterimburgo do *Izvestiya* publicou a lista com os nomes daqueles que foram assassinados e também um aviso "do Comitê Ural Extraordinário de Combate Contra-Terrorista", dizendo que fora uma resposta a um ato de terror contra um representante da classe trabalhadora e que quaisquer atos similares iriam ser reprimidos de forma dez vezes pior.

Em casa, na segurança de um bucólico e moderado verão inglês, o monarca de Preston e primo do czar parecia alheio a tudo, pois, sem dúvida, os comunicados do cônsul sobre a escalada da violência em Ecaterimburgo não tinham chegado ao seu Ministério das Relações Exteriores. De volta a abril, parecera que o rei Jorge havia lavado suas mãos com relação aos problemas de seus parentes Romanov, embora mais tarde tenha expressado seu "sofrimento" com as notícias que chegavam até ele a respeito do tratamento dispensado à família em Tobolsk. Isso foi o mais longe a que a compaixão dele chegou. Jorge tinha outras preocupações, sobretudo a guerra no front ocidental, que estava entrando em seus estágios finais.

Na verdade, na tarde de 4 de julho, o rei britânico e seus novos aliados norte-americanos estavam estabelecendo um marco pequeno, porém significante na história. Em um ato de solidariedade para celebrar o Dia da Independência dos Estados Unidos, o rei Jorge e a rainha Maria estavam entre a multidão de 50 mil espectadores que assistia a uma partida de beisebol entre a Marinha e o Exército norte-americanos no estádio de futebol em Chelsea, a primeira partida daquele esporte em solo inglês. A realeza britânica, incomodada com as maneiras dos americanos, assistiu à partida em um estado de mistificação educada. O beisebol não parecia ter a respeitabilidade do críquete, nem o tumulto vibrante do futebol. O que, alguém perguntou na multidão, faria o kaiser diante de tal exibição de fervor nacionalista e de tapinhas nas costas em meio a uma guerra?

O ex-primeiro-ministro do governo provisório russo, Aleksandr Kerensky, exilado em Paris, também esteve ocupado naquele dia, encontrando-se com socialistas franceses e implorando por uma interferência dos Aliados, que segundo ele seria a única forma de salvar seu país do abismo. Enquanto ele discursava e a banda tocava "The Star-Spangled Banner" no Stamford Bridge, uma força de intervenção conjunta composta por soldados britânicos e franceses, apoiados por alguns fuzileiros navais norte-americanos, estava em movimento após aterrissarem em Murmansk, no norte da Rússia. Essa provocação tornaria uma possível cooperação bolchevique com os aliados quanto ao futuro dos Romanov ainda mais improvável. As esperanças estavam desaparecendo. A família imperial estava muito bem vigiada. Qualquer tentativa de resgate terminaria em um banho de sangue. A opinião de Preston era que a única esperança que restava aos Romanov era via diplomacia.

Em Moscou, o embaixador alemão, conde Wilhelm von Mirbach, recém-designado em abril para construir relações com os bolcheviques e fazer relatórios sobre a situação na Rússia, estava fazendo exatamente isso: exercitando suas habilidades diplomáticas com seus "aliados" russos e reportando os rumores de que os Romanov tinham sido machucados durante um tumulto em Ecaterimburgo. Ele havia ido até o Kremlin pedir uma explicação do ministro das Relações Exteriores, Georgy Chicherin, a respeito dos boatos divulgados na imprensa de que Nicolau tinha sido assassinado. Até o *Washington Post* havia publicado essa notícia baseada nos rumores que circulavam em Copenhagen. O governo bolchevique ficou desconcertado. Mirbach, que estivera no centro dos vigorosos esforços alemães em favor dos Romanov no decorrer de todo o verão, recebeu a garantia de que não existia nenhuma verdade nesses boatos. Mantendo um ar de controle inescrutável sobre a situação, de maneira a acalmar Mirbach e outros embaixadores estrangeiros, o Comitê Executivo Central (CEC) do Partido Comunista promoveu uma reunião em caráter de urgência. Compareceram Lenin, Sverdlov e o líder da Cheka, Feliks Dzerzhinsky, e o assunto em pauta era o destino dos Romanov. Não eram só os diplomatas que estavam se tornando um calo em seus pés; telegramas enviados por facções revolucionárias exigiam a execução imediata do czar. Lenin e o CEC estavam conduzindo um equilíbrio um tanto delicado enquanto pensavam na melhor maneira de agir, sabendo que, de forma independente, os bolcheviques do Soviete Regional dos Urais estavam promovendo suas próprias discussões sobre o tema. Durante todo o tempo em que os Romanov permaneceram vivos, foram usados como instrumentos de barganha com o kaiser, de modo que a injeção alemã de milhões de marcos de ouro mensais nas contas dos bolcheviques continuaria. O Tratado de Brest-Litovsk havia selado a paz com a Alemanha em março e a saída da Rússia da guerra. Na opinião de Nicolau e Alexandra, um ato ignominioso, pois a Rússia foi forçada a ceder os territórios ocupados pelos alemães: terras no mar Báltico, Polônia, Ucrânia (onde os alemães estabeleceram um governo de marionetes) e regiões da Bielo-Rússia e do Cáucaso, perdendo de uma só vez um terço de sua população e as áreas industriais mais importantes do país, incluindo minas de carvão. Mas o tratado deu aos bolcheviques um tempo precioso para que consolidassem seu domínio do país. Enquanto isso, Lenin apostava na iminência de uma revolução social também na Alemanha, o que tiraria o kaiser do poder, assim como acontecera com Nicolau, marido da prima do kaiser, e daria fim à guerra, espalhando um levante socialista por toda a Europa e manteria os bolcheviques no poder. Mas, naquele momento, Lenin enfrentava desafios de todos os lados: de anarquistas, mencheviques e revolucionários constitucionalistas e socialistas contrários ao tratado que viam este como uma impostura. Ele não tinha dúvidas de que o governo bolchevique precisava responder a essas ameaças. No dia 26 de junho, Lenin anunciou: "Temos que encorajar e promover o terror em massa contra os monarquistas, especialmente em São Petersburgo, para dar um exemplo decisivo."

Percebendo a fragilidade do novo Estado soviético, os alemães se concentravam no Sul e no Oeste da Rússia, numa antecipação do que para eles parecia uma iminente extinção. Os alemães também tinham um plano e uma aposta política própria: a Rússia entraria em colapso e se desmembraria, deixando sua vasta região ucraniana no mar Negro livre para ser explorada pela Alemanha, o que virtualmente faria com que os territórios russos ocupados virassem colônias alemãs.

Com tantas coisas em jogo no tabuleiro de disputas políticas, o valor de Nicolau para os bolcheviques agora estava diminuindo com rapidez. Com certeza era cada vez mais improvável, na volátil situação interna russa, que ele fosse levado a Moscou para o grande julgamento-espetáculo de Trotski. Um julgamento seria, por sua própria natureza, um reconhecimento público de que Nicolau era inocente até que se provasse o contrário, algo que os bolcheviques não queriam. É bem possível que o falatório sobre um julgamento fosse outra medida deliberada para conter os protestos ocidentais e conferir um ar de legitimidade às decisões acerca do destino do czar. Algumas preparações para isso, que não passavam de jogo de cena, foram iniciadas como um paliativo para a opinião pública, mas é bastante improvável que algum dia tenha havido qualquer intenção verdadeira de dar prosseguimento a este suposto plano. Se um julgamento fosse promovido naquele momento, seria em Ecaterimburgo. Goloshchekin, que estava em Moscou congratulando Lenin e Sverdlov, recebeu a ordem para se preparar para tal eventualidade e também, se os eventos fugissem ao controle, para executá-lo. Horas depois, naquela tarde de 4 de julho, ele recebeu um telegrama de seu colega Beloborodov, que permanecera em Ecaterimburgo. Confirmava a demissão de Avdeev e mudança de regime na casa Ipatiev. Os receios de Moscou de que Ecaterimburgo tivesse perdido o controle da situação eram "infundados".

Seja lá como fosse, a situação militar nos Urais atingia um ponto crítico. As forças brancas, antibolcheviques, comandadas pelo almirante Kolchak, haviam estabelecido seu próprio governo provisório em Omsk, na Sibéria Ocidental, e estavam abrindo caminho para oeste lutando com as legiões tchecas. Disciplinadas e bem armadas, as legiões representavam um sério desafio para o ainda mal organizado Exército Vermelho. Elas haviam tomado as fortalezas bolcheviques em Chelyabinsk, Irkutsk e Tomsk. Estava claro que os tchecos começavam a superar os bolcheviques na Sibéria e que provavelmente iriam conquistar Ecaterimburgo, o último grande obstáculo no caminho deles. Mas eles não estavam com pressa. Aos poucos as legiões se aproximavam da cidade pela extremidade sudoeste. Eles invadiriam Ecaterimburgo no momento adequado.

Ecaterimburgo agora estava sob lei marcial e o sentimento de pânico era palpável. O Soviete Regional dos Urais já havia contido uma rebelião antissoviética em 12 de junho, quando um grupo de anarquistas tentou tomar a fábrica Verkh-Isetsk, num momento em que a onda de revistas e prisões provocava novos protestos. Enquanto isso, os cidadãos comuns se perguntavam onde estava o Exército Vermelho, que deveria proteger a cidade. Circulavam rumores de que os líderes do soviete local se preparavam para debandar em um trem especial antes da chegada dos tchecos. As pessoas conversavam assustadas nas ruas. Elas já tinham ouvido falar dos carregamentos de ouro, platina e pedras preciosas que estavam sendo levados de trem para Perm? E do dinheiro que era confiscado dos magnatas dos negócios, lojas e fábricas da cidade? Sabiam como os ícones e outros tesouros religiosos eram transportados para outro lugar? Os documentos do governo inclusive já estavam em segurança longe dali. Era evidente que a cidade seria abandonada à própria sorte.

Os bolcheviques de Ecaterimburgo fizeram de tudo para conter os rumores, assegurando para a população que eles não abandonariam a cidade, chegando até a exortar os cidadãos: "Todos para o front! Para a defesa dos Urais vermelhos! Em desafio a todos os burgueses, estamos acendendo a conflagração universal! Trabalhadores, estejam prontos!" E mesmo na bem vigiada casa Ipatiev os guardas também começavam a ficar nervosos. Dois supostos planos monarquistas para resgatar a família imperial já haviam sido frustrados em junho. E então vieram as ameaças de um ataque "anarquista" à casa: Avdeev tinha sido avisado de que a família talvez precisasse ser transferida dali, e por dias os Romanov ficaram de prontidão, com suas malas prontas e preparados para partir a qualquer instante. Mas a questão principal naquele momento era: se Ecaterimburgo fosse tomada pelos tchecos, eles iriam tentar libertar o czar? A liberação da família imperial pode ter parecido uma questão romântica para alguns, mas as forças antibolcheviques que se aproximavam tinham muitas outras preocupações; os Brancos certamente não desejavam recolocar Nicolau no trono. Os tchecos estavam mais preocupados com o reconhecimento da nação deles. Eles tinham feito um apelo ao governo dos Estados Unidos, em Washington, no dia 2 de julho, para que os apoiasse em sua campanha, e a cada dia aumentavam as demandas para que forças de intervenção norte-americanas fossem enviadas para lutar juntas como as tropas britânicas e japonesas no norte e no Extremo Oriente em uma grande nova cruzada: a guerra contra a tirania e despotismo de classes dos bolcheviques. Até onde dizia respeito aos Aliados, resgatar o czar estava longe de ser uma prioridade.

Quando se retiraram para a cama naquela noite, o czar e a czarina não tinham a menor ideia dos conflitos políticos que se desenrolavam ao redor deles, do perigoso estilo de vida que os cidadãos de Ecaterimburgo estavam enfrentando, das maquinações dos bolcheviques de Moscou e de Ecaterimburgo quanto ao destino final deles. O mundo deles estava reduzido demais; tudo o que lhes restava eles era o hábito meticuloso de registrar suas vidas em seus diários. Mas o que havia para se dizer da quinta-feira, 4 de julho de 1918? Apenas as certezas de 11 vidas vividas em cinco cômodos cada vez mais claustrofóbicos: o ritual de refeições, descanso, livros, de ver como estava o tempo e a temperatura do lado de fora. Registrar suas poucas atividades diárias era, para Nicolau e Alexandra, uma última tentativa de manter um senso de ordem e familiaridade em um mundo enlouquecido, do qual agora estavam totalmente divorciados.

Ainda assim, o sempre circunspecto Nicolau registrou a chegada de Yurovsky e sua satisfação com a inspeção meticulosa que o novo comandante fez nas joias da família. Para Alexandra, os eventos daquele dia se resumiram a algumas sentenças vazias escritas às pressas. O dela mal poderia ser chamado de diário. Ela não ousava mais manter registros de seus sentimentos e pensamentos mais íntimos, tendo destruído os que mantinha antes de deixar o Palácio de Alexandre, assim como algumas de suas cartas mais preciosas (de seu pai, de sua avó e da rainha Vitória). Mas não é fácil se livrar de hábitos antigos e ela ainda se sentia compelida a manter algum tipo de memória dos eventos diários. Só agora foi uma em que a dor e a exaustão foram constantes de uma existência cada vez mais circunscrita.

"Muito quente, fui cedo para a cama, terrivelmente cansada e com o coração doendo mais", foi como ela resumiu aquele dia. Mas havia algo que estranhamente não foi registrado em seu diário, assim como no de seu marido. Uma coisa que todos os integrantes daquela unida família devem ter apreendido em seus corações, mas que, de maneira resoluta, mantiveram trancada em suas mentes. Algo que os corroeu por meses, mas que era terrível demais para ser verbalizado. Agora, à medida que os dias exaustivos de cativeiro prosseguiam, e com eles uma incerteza cada vez maior, o medo deve ter dominado a cabeça de todos eles. Nos primeiros meses de prisão domiciliar em Tsarskoe Selo, Alexandra havia falado de como "cada um enterra as angústias dentro de si". Havia muito que a família aprendera o estoicismo na doença e na adversidade; no decorrer daqueles dias de julho, o medo seria a companhia constante da família, embora sua presença jamais fosse comentada.

3

O homem com o cigarro

5 DE JULHO DE 1918, SEXTA-FEIRA

Na sexta-feira 5 de julho, os escritórios dos jornais de Londres estavam fervendo com as últimas notícias que vinham da Exchange Telegraph em Copenhague. O czar Nicolau II — cujo assassinato fora equivocadamente noticiado algumas vezes no final de junho — agora tinha, segundo o jornal comunista sueco Politiken, de fato sido morto pelos bolcheviques. A notícia sem dúvida chegou ao rei Jorge, porém, assim como a maioria de seus parentes, ele tinha sérias dúvidas sobre os reais perigos que seus primos russos corriam, com tantos rumores infundados e contrarrumores circulando por toda parte.

Desde a virada do ano, a imprensa ocidental publicava todos os tipos de notícias sinistras e fantasiosas sobre a vida dos Romanov sob custódia, das mais debochadas às condoídas. Um comunicado vindo do Pacífico em 28 de janeiro — feito por um acadêmico norte-americano, o professor Edward A. Ross, após supostos cinco meses observando a causa bolchevique na Rússia — afirmava com toda a seriedade que a força da mensagem do novo governo pacifista socialista era tamanha que as filhas mais velhas do czar, Tatiana e Olga, tinham aderido à causa bolchevique e estavam inclusive participando de reuniões radicais em Tobolsk. Outro jornal desmentiu essa notícia e alegou que, na verdade, Tatiana estava vivendo nos Estados Unidos, tendo fugido de Tobolsk com os "$350.000 que valiam" parte das joias da czarina. E ainda afirmava que ela planejava dar palestras sobre a Rússia e abrir uma escola nos Estados Unidos.

Antigos amigos, ministros e pessoas que trabalhavam para os Romanov, muitos deles agora vivendo fora da Rússia, pareciam ansiosos para relatar suas próprias observações a respeito da família imperial. Um ex-guarda em Tobolsk, cujo nome não foi revelado, falou da vida melancólica do czar na cidade — da calma e da dignidade que aparentava quando achava que ninguém o observava. Em tais momentos, o monarca caminhava com a cabeça voltada para o chão, as feições revelando um abatimento doloroso. Quando seus filhos iam para o jardim brincar, ele ficava em pé na janela observando com os olhos cheios de lágrimas. Em abril o *Washington Post* publicou a primeira matéria de uma longa série que iria até agosto — "As confissões da ex-czarina da Rússia" — regalando seus leitores com histórias romanceadas e altamente licenciosas sobre "a surpreendente história pessoal de Alexandra Fedorovna (...) compilada pelo conde Paul Vassili, que previu a queda da dinastia Romanov quatro anos atrás" e que tinha grande prazer em falar em público que Alexandra era um produto da "loucura hereditária" da casa dos Hesse-Darmstadt. Vinte e dois membros da família tinham sido confinados em hospícios nos últimos cem anos. O conde Paul, como se revelou, não passava de uma prolífica aventureira que vivia exilada na Rússia, a princesa Catherine Radziwill, uma mulher que transformou seu contato com os Romanov em uma forma de ganhar dinheiro.

Apesar das repetidas negativas de Moscou quanto a esse escândalo propagado pela "imprensa capitalista", os rumores que circulavam pelo Ocidente sobre a execução do czar ou mesmo sobre uma possível fuga continuavam. A evidente não confiabilidade das fontes que espalhavam tais boatos — primeiro de execução, depois de fuga — decorria do fato de que elas claramente estavam envolvidas de alguma forma com os bolcheviques, atuando como uma ferramenta para ajudar a preparar a opinião pública para a eventual morte dos Romanov. Ainda em janeiro, o *Washington Post* afirmou que Nicolau e seus filhos tinham fugido de Tobolsk, abandonando a insana Alexandra em um manicômio da cidade. No final de junho, mais uma vez os

O HOMEM COM O CIGARRO

jornais estavam repletos de matérias que relatavam que Nicolau fora baleado durante uma discussão violenta com os guardas em um trem que o levava para Moscou. O ex-czar, disse o correspondente Herman Bernstein aos leitores do *Washington Post*, logo enfrentaria um julgamento por despotismo e violação dos direitos do povo, que seria seguido por sua execução pública, para assim apaziguar as famintas e exaustas massas russas. Havia também o rumor de que o czarévich morrera não muito depois de ser transferido de Tobolsk. E o último boato era de que Alexandra e uma de suas filhas, a grã-duquesa Tatiana, tinham sido assassinadas. Este conto fantasioso veio da imaginação de um padre em Tsarskoe Selo, que inclusive já havia rezado uma missa em homenagem aos mortos para uma chorosa congregação. Um jornal de Nova York chegou a publicar um obituário, o que refletia a falta de simpatia pelo czar no Ocidente, onde a guerra ainda estava em andamento, agora em seu quarto ano de devastação e ele já havia sido praticamente esquecido. O assassinato do czar, dizia, "há muito parecia ser uma questão de tempo". Nicolau "já era virtualmente uma figura de proa indefesa, criada por instituições falidas com as quais ele não tinha nada a ver e pelas quais não podia fazer nada para reformá-las". O ex-soberano da Rússia, ao que parecia, já era considerado irrelevante.

Em Ecaterimburgo, é claro, o czar e sua família permaneciam bem vivos. Na verdade, suas vidas não podiam estar mais monótonas. Os Romanov tinham "passado o dia da maneira usual", como a czarina registrou de forma sucinta em seu diário, lembrando que o único evento diferente fora a inspeção, agora efetuada diariamente, promovida por Yurovsky nos objetos de valor da família. Uma excelente medida, ao menos na opinião de Nicolau; significava que Yurovsky e seu subordinado, Nikulin, haviam descoberto que tipo de pessoas vinha "vigiando e protegendo" a família enquanto a roubava. Na rotina diária cada vez mais limitada, Nicolau encontrou uma nova atividade com a qual se preocupar: zelar pelos poucos bens que restavam à família.

Ele agora estava com 50 anos, o que observou com um ar de cansaço e surpresa em seu diário no dia 19 de maio. Seu aniversário não era em um dia dos mais promissores, pois ele nascera no dia festivo de Jó, o sofredor silencioso e paciente. "Deixe o dia perecer onde eu nasci" é o lamento que ecoa ao longo deste conto bíblico de sofrimento, e muitos russos, com suas propensões para enxergar sinais e símbolos em tudo, viram isso como um mau agouro. Entre estes estava o próprio Nicolau. Mais cedo ou mais tarde, Deus o colocaria à prova, e como Jó ele teria de suportar calamidades sem reclamar, confiando apenas na Divina Providência. Em conformidade com o arquétipo bíblico do autossacrifício sem questionamento, Nicolau parecia, sem oferecer qualquer resistência ao destino, desenvolver ainda mais suas qualidades de filho obediente, devotado czar e marido atencioso. Tamanho misticismo foi, desde o princípio, a marca registrada de seu senso de si próprio como czar, de sua relação com seus súditos e de seu dever para com o povo, com o país e com Deus. Ele cresceu alimentando a crença sincera de que poderia redimir os pecados da Rússia por meio de seu próprio sofrimento e humilhação, num calvário pessoal. Um poder maior estava controlando seu destino, de forma que qualquer resistência seria inútil. Foi essa visão que lhe permitiu abdicar do trono tão facilmente e suportar a monotonia de sua vida no cativeiro. Logo seria posto um fim naquilo tudo. Como ele repetia com frequência para si mesmo, *tak gospodu ugodno budet* — que seja feita a vontade de Deus.

O cansaço físico e mental que tomava conta dele naquele momento, aos 50 anos, finalmente despiu o czar de sua grande qualidade. Quase todos que conheceram Nicolau Alexandrovich Romanov diziam que ele tinha os olhos azuis aveludados mais belos e gentis já vistos. Era uma herança de sua mãe dinamarquesa. Mas por trás daquele sorriso cortês e de seus olhos sensíveis, que ele sabia enlanguescer, como se bloqueasse o olhar escrutador das pessoas com quem conversava, havia um mundo inteiro escondido — pensamentos e angústias reprimidos durante a vida inteira. Por seu charme e modéstia aparentes, era difícil adivinhar a verdadeira natureza da reticente personalidade do czar. Talvez apenas sua esposa conseguisse enxergar o que estava além — uma solidão interna profunda e melancólica. Contudo, mesmo ela, em algumas ocasiões, achava difícil romper a reticência patológica do marido. Por mais bonitos que fossem os olhos de Nicolau, eles também exibiam uma estranha impassibilidade. Não refletiam o que ele sentia em seu íntimo, e agora estavam bastante mudados. Mesmo em Tsarskoe Selo no ano anterior, como mostra uma famosa fotografia de Nicolau, as bolsas embaixo de seus olhos estavam muito pronunciadas, e as olheiras também estavam mais escuras. Aqueles que viram o czar antes de ele ser levado para Tobolsk disseram que os olhos dele pareciam mais fundos. A luz suave e clara sobre a qual se falou tantas vezes tinha agora desaparecido, deixando os brancos tingidos de amarelo.

O declínio espiritual e físico de Nicolau começou com o erro de avaliação da catastrófica guerra contra o Japão em 1904, um ano que seria seu *annus horribilis*, pois também marcou a descoberta de que seu filho recém-nascido, e por muito tempo esperado, tinha hemofilia, uma doença incurável. O estresse de saber que Alexei podia ter um ataque fatal a qualquer momento, junto com a revolução de 1905 e os anos de guerra após 1914 o despedaçaram. Quando o momento chegou, ele estava contente por abdicar ao trono. Pouco antes disso, Nicolau sofreu uma trombose coronariana enquanto participava de uma missa na igreja, o primeiro sinal do estresse que começava a tomar conta de seu corpo. Mas então, ironicamente, ao longo dos nove meses em Tobolsk, quando trabalhou pesado ao ar livre cortando lenha e varrendo a neve com uma energia infatigável que espantava a todos, Nicolau, ainda que por um breve período, ficou mais saudável e atingiu sua melhor forma em muito tempo.

Mas isso já era passado, assim como quaisquer esperanças de levar uma vida tranquila no exílio. Seu rosto ostentava os sinais indeléveis do cansaço e da apatia, rompidos apenas por seu sorriso melancólico e triste. Nicolau estava com duas grandes entradas; seu cabelo estava caindo e ficando grisalho nas têmporas. Sua característica barba castanho-avermelhado também estava ficando grisalha. Seus dentes, há muito negligenciados, estavam apodrecendo, o que deve ter lhe causado muitas dores. Isso, associado ao fumo em excesso, também causou uma halitose severa. Nicolau estava parecendo mais velho do que era, com o rosto encovado e repleto de rugas e bastante moreno de tanta exposição ao sol. Suas roupas também estavam velhas e puídas. Ele podia não ser mais czar nem líder do Exército, mas continuava usando sua *gimnasterka* — uma farda cáqui com um cinto de oficial afivelado na cintura. Suas botas estavam desmilinguindo e gastas no calcanhar.

Após dois meses de confinamento em Ecaterimburgo, ele estava esgotado — tanto em termos físicos quanto mentais.

Depois de meses de sofrimento, Nicolau sabia que agora ele estava na beira do abismo. Mas nunca reclamava, nem em seu diário. Seu destino e o de sua família estavam nas mãos de Deus. Várias pessoas que o viram naqueles dias observaram que Nicolau demonstrava uma intrigante falta de interesse pelo que acontecia à sua volta. O comissário Yakovlev notou durante a jornada de Tobolsk para Ecaterimburgo que havia apenas três coisas que preocupavam o czar: "Sua família, as condições climáticas e a comida." O resto do mundo — poder, política e negócios de Estado — faziam parte de um passado que ele extirpara de seu cérebro.

Essas preocupações necessárias e onerosas tinham sido impostas, na opinião de Nicolau, como um acidente de nascença, e nisso estava sua tragédia. Ele nunca quis ser czar e esteve por muito tempo numa espécie de estado de negação à perspectiva de assumir o trono, até o momento em que este papel lhe foi imposto. Sua vida quando menino era convencional, com uma criação autoritária dentro de casa com os tutores, tendo crescido com uma admiração reverente por seu esquivo pai, Alexandre III, e por sua mãe, Maria Feodorovna, charmosa porém controladora. Alexandre ficava desapontado com a baixa estatura de Nicolau, ele tinha 1,73m, ombros estreitos e pernas atarracadas. Ele zombava da fraqueza do filho, de sua risada e de sua caligrafia femininas, referindo-se a ele como *devchonka* ("um pouquinho menina") incapaz de algo além de "julgamentos infantis" quando os negócios de Estado estavam em pauta e a quem não se devia confiá-los.

Nicolau encarou as críticas do pai, e o claro desapontamento da mãe com relação a suas qualidades para herdar o trono russo, com aquelas que se tornariam suas características mais marcantes: a passividade e a reserva excessiva. Sua timidez natural aumentou diante do carisma de Alexandre e da indulgência da mãe. Dedicando-se com afinco aos estudos de matemática, história, geografia e química, ele exibia um dom natural para os idiomas, tendo se tornado fluente em inglês, francês e alemão. Nicolau com certeza não era carente de capacidade intelectual e da habilidade de ler — rápido — e absorver os fatos e as questões com muita velocidade, mas revelava uma total falta de curiosidade por grande parte dos temas com os quais era obrigado a lidar. Seu diário dos tempos de juventude demonstra uma capacidade limitada de se autoexpressar e também de empatia, assim como uma assustadora indiferença por todas as coisas que não fossem as trivialidades mais burguesas, pessoais e domésticas. Quase não é possível encontrar observações políticas ou culturais. Mas sua memória fotográfica para nomes, rostos, acontecimentos e datas era algo que lhe ajudaria a lidar com as pilhas de documentos oficiais com as quais precisaria conviver na condição de czar, e o habilitaria a ler e digerir inúmeros volumes de clássicos da ficção russa e de história, incluindo seus historiadores preferidos, Karamzin e Solovev. Por muitos anos, o bibliotecário imperial forneceu, mensalmente, vinte livros de diversos países ao czar, sendo que os prediletos dele eram os de história militar.

Ainda assim, educado como ele foi, em isolamento e sem o benefício da livre troca de ideias com outras pessoas, a visão de mundo de Nicolau continuava restrita e incontestada. Pior, ele não tinha quaisquer amigos verdadeiros. Seus pensamentos e suas opiniões sobre questões que ele não fora tutorado não eram requisitados nem ampliados, o que fazia com que ele permanecesse surpreendentemente ingênuo em alguns assuntos. Uma seleção de professores e generais foi recrutada mais tarde para ensinar a ele as complexidades da ciência militar, da política econômica e das leis internacionais. Contudo, entre esses burocratas, militares e aristocratas servis que integravam seu *entourage*, ninguém tinha a capacidade de ensinar-lhe as verdadeiras qualidades de um estadista. A inteligência natural de Nicolau se dissipava no currículo obtuso e desinteressante que lhe era imposto, e em resposta ele era um aluno obediente e medíocre. Um entre todos eles, entretanto, exerceu uma influência considerável na formação do então jovem czaréviche: o asceta Konstantin Pobedonostsev, procurador do Sínodo Sagrado, além de arquiconservador, antissemita e defensor da monarquia autocrática. Pobedonostsev "pôs um último cadeado em uma mente já fechada", convencendo Nicolau de que as instituições parlamentares eram corruptas e decadentes, o que instilava nele uma crença inabalável no elevado ideal do papel de *batyushka-tsar* e escolhido por Deus para proteger uma nação obediente à Igreja ortodoxa. Nicolau era, como observou seu cunhado Aleksandr, um homem "brilhante do antigo sistema", que sempre confiava em sua visão de um povo simples, honesto, devoto (como Dostoiévski o enxergava) e leal ao czar — mesmo quando todos os sinais de que ele havia perdido o respeito já estavam evidentes.

A vida doméstica de Nicolau no sombrio palácio de novecentos cômodos em Gatchina era espartana, como a de um cadete, apesar do grande número de serventes. Ele se tornou uma pessoa de hábitos e gostos simples: dormia em uma cama de acampamento com apenas um travesseiro duro e um colchão bastante fino, num quarto com muito pouco conforto, tomando banho frio todos os dias, alimentando-se dos pratos russos mais simples e permitindo-se somente um cálice de vinho do porto no jantar. Ele permaneceu um homem de hábitos modestos a vida toda, simples em sua forma de se vestir (usava sempre a farda afivelada e as botas altas de soldado, e só colocava roupas civis em visitas ao exterior) e absolutamente desinteressado pelo valor das coisas; depois de se casar, o estilo de vida dele e de Alexandra era simples a ponto de ser parcimonioso, e ele nunca carregava dinheiro consigo. Tomar muito ar fresco era quase uma obrigação, o que ele logo transformou em uma vantagem, fazendo disso uma válvula de escape para suas emoções reprimidas. O exercício se tornou fundamental em sua vida diária. Nicolau gostava das ocupações campestres, como caçar, atirar, pescar, nadar, jogar tênis, remar e, mais particularmente, fazer longas caminhadas.

Mas nos confins de sua existência proscrita de herdeiro do trono, nada lhe deu mais prazer do que se juntar aos guardas Preobrazhensky quando ele tinha 19 anos. Nicolau ao menos se viu livre da monotonia dos estudos e ingressou em um mundo masculino de lindos uniformes, exercícios militares e idas ao clube dos oficiais. Como qualquer outro jovem iniciante, Nicolau se entregou à vida no Exército com gosto. Ficava acordado até tarde bebendo, comendo e jogando bilhar. Juntava-se a jovens oficiais em visitas às ciganas. Noite após noite, ele podia ser visto levando a clássica vida do playboy real — ia a festas, ao teatro e a óperas. E logo ele iniciou um discreto caso amoroso com a primeira bailarina do Balé Imperial, Mathilde Kschessinska. O amor dele pelo Exército e toda a pompa que o cercava nunca o abandonou, e mesmo em 1916 ele confidenciaria a um amigo que seu dever mais agradável foi ir para o front e ficar entre os soldados; e também representou uma oportunidade para evitar determinados compromissos, mesmo em 1917: "Meu cérebro se sente descansado aqui — não há ministros e questões urgentes sobre as quais pensar."

Quando o momento chegou, Nicolau, como herdeiro do trono, partiu obedientemente para uma viagem pelo mundo que fazia parte do rito de passagem do futuro czar, uma jornada de dez meses pela Índia e pelo Extremo Oriente em 1890. Em uma parada no Japão, foi atacado com um sabre por um homem com distúrbios mentais e teve a cabeça ferida, e, por causa disso, sofreu com dores de cabeça muito fortes pelo resto da vida. Mas sua preparação para os onerosos deveres de Estado — lidar diariamente com ministros e embaixadores, redigir discursos e as complexidades da política oficial — mal tinha começado quando seu pai morreu de forma prematura em razão de uma doença nos rins em 1894. Nicolau se viu como czar aos 26 anos de idade — muito jovem e ingênuo, mal preparado pelo pai, que sempre evitou lhe dar responsabilidades. Sua irmã Olga foi muito clara ao falar sobre o assunto: era tudo culpa do pai deles: "Ele nem mesmo deixava Nicolau se sentar no Conselho de Estado antes de 1893." Um ano mais tarde, o desnorteado czaréviche era o líder daquilo que para ele, até então, era um vasto domínio familiar ancestral, do qual agora ele era o inesperado e benigno proprietário. Estava aterrorizado com as responsabilidades que viriam. Nicolau ainda não conhecia seu povo, que certamente também não o conhecia. "O que irá acontecer à Rússia?", ele perguntou ao tio, o grão-duque Alexander. "Não estou pronto para ser um czar. Não posso comandar o império. Não tenho nem mesmo ideia de como falar com os ministros."

Só havia uma maneira de Nicolau suportar o imenso e interminável fardo dos documentos oficiais, muitos deles tediosos e absolutamente triviais, que se acumulavam com muita rapidez em sua mesa. Ele adotou uma rotina rigorosa. Tudo de sua vida diária era sistemático, desde a arrumação de suas canetas e de seus lápis em sua mesa até a organização de suas milhares de fotos em seus álbuns e a maneira laboriosa com a qual escrevia suas cartas. Nicolau era extremamente trabalhador e meticuloso, ainda que de uma forma nada imaginativa, recusando a ajuda de um secretário pessoal, que dirá um secretariado, muitas vezes ficando até tarde debruçado sobre uma quantidade de documentos que esgotaria a energia mental de muitos homens. Sua estratégia para encarar as onerosas responsabilidades que tinha pela frente era baseada em um extraordinário autocontrole, desenvolvido desde que ele era muito jovem com a ajuda de seu tutor inglês, Charles Heath, como contrapartida a um temperamento explosivo inato. Enquanto tal calma era muitas vezes interpretada como indiferença, quando não como uma total falta de sentimentos, a disciplina pessoal de Nicolau lhe conferia uma tolerância excepcional para o tédio do trabalho oficial e as inúmeras reuniões e funções de Estado. Mas a diligência não podia substituir a ausência de um comportamento típico de um monarca, ou o fato de que, sempre que se via em uma situação difícil ou de embate, ele era incapaz de ser severo com as pessoas quando estava frente a frente com elas. Tais eram as contradições de um homem que procurava a opinião alheia e a escutava atentamente quando esta lhe era apresentada. Nicolau não conseguia fazer julgamentos por conta própria. No final, ele quase sempre decidia aceitar os conselhos da última pessoa com quem conversava. Ele raramente agia de acordo com a opinião de alguém que não a de sua esposa, mas quando algo dava errado ele jogava a culpa em cima de seus ministros e, em vez de entrar em conflito com eles, simplesmente os demitia.

O ato de evitar confrontos se tornou a principal tática de Nicolau II quando se deparava com uma vontade maior do que a dele, inclusive com relação à sua esposa. Alexandra ficava muito frustrada com a timidez patológica de seu marido, com sua pusilanimidade. Ela percebeu essa fraqueza fatal dele desde o início e passou a vida inteira tentando instilar em seu dócil marido a conduta magistral dos grandes czares russos — Ivan, o Terrível e Pedro, o Grande — que o precederam. Há muito o povo russo parecia tradicionalmente responder melhor a "um toque de fúria ou magia em seus governantes", características que Nicolau não possuía. O casamento com a enferma e um tanto tensa Alexandra, que sempre impunha sua influência funesta, embotava sua sociabilidade natural e aos poucos ele deixou de se relacionar com as pessoas da maneira como fazia antes. Ainda assim, Nicolau acreditava ter sua própria visão do que era melhor para o povo russo, recusando-se a encarar os muitos problemas sociais e políticos que o país enfrentava.

Não há dúvidas de que a desconfiança que Nicolau nutria em relação a mudanças e o receio de ser assassinado que o acompanhou pela vida toda foram semeados em 1881, quando ele tinha 13 anos e viu seu avô Alexandre II morrer terrivelmente mutilado. Na ocasião seu avô foi carregado para o Palácio de Inverno após a explosão de uma bomba na carruagem em que estava sendo conduzido à margem do canal Ekaterininsky, em São Petersburgo. A resposta reacionária do próprio pai de Nicolau ao assassinato e à ameaça de terrorismo foi governar a Rússia com mão de ferro. Ele transmitiu suas políticas autocráticas para o filho, e com elas uma profunda suspeita com relação a qualquer forma de governo constitucional. Temente a inovações e mudanças, Nicolau se retraiu, agarrando-se a seu fatalismo oriental e às rígidas "políticas de papai". Ele não tinha a intenção de quebrar o juramento feito no momento de sua coroação, de que manteria e transferiria o sistema autocrático para seu aguardado filho, assim como havia herdado de seu pai. E assim ele resistiu às orientações de políticos decididos, como o primeiro-ministro Petr Stolypin e o ministro das Finanças, Sergei Witte. Quando homens como eles tentavam tomar iniciativas mais radicais e sugerir reformas, ele intervinha e considerava tais atitudes uma usurpação de seu poder. Ele não tolerava perder o controle. Preferia a mediocridade daqueles que não o desafiavam e que sempre falavam aquilo que ele queria escutar. Em eventos sociais, Nicolau se esquivava da companhia de modernizadores, industrialistas e de representantes da cultura contemporânea, preferindo os rituais e etiquetas retrógrados daquilo que para ele era a segura velha ordem. As massas russas eram incapazes de lidar com qualquer outra forma de governo, disso ele e Alexandra tinham certeza, e ninguém era mais eloquente do que ela ao expressar tal opinião: "Não somos um país constitucional, nem arriscaremos ser; nosso povo não é educado para isso."

Mas após a revolução de 1905 e o terrível massacre de quase duzentos manifestantes pelos cossacos no Domingo Sangrento, a fé do povo em seu *batyushka* foi seriamente minada e uma rápida ruptura entre o czar e a população foi estabelecida, acentuada ainda mais pelo escândalo Rasputin.

Uma onda de insurreição em São Petersburgo forçou o czar a, não sem relutar, fazer um "experimento constitucional", anunciado em um manifesto de 17 de outubro de 1905. Foi o início do fim do velho regime autocrático que Nicolau tentava tratar com carinho. A inauguração da Duma não contribuiu em nada para conter a inquietação e subjugar a ressurgência do movimento revolucionário que Alexandre III suprimiu com tamanha severidade. Medidas repressivas foram introduzidas e aplicadas nos casos de terrorismo como os que resultaram nos assassinatos do grão-duque Sergei em 1905 e do primeiro-ministro Stolypin em 1911. Tais medidas renderam ao czar o epíteto de "Nicolau, o Sanguinário". Nobre, de mente elevada, consciencioso, cortês, generoso, gentil com as mulheres, em todos os sentidos possíveis o czar algum dia foi visto como um verdadeiro cavalheiro. Mas agora havia sangue em suas mãos, de forma que o testemunho de suas ótimas qualidades pessoais, que saía das canetas de cortesãos, amigos, padres, diplomatas e ministros, não era capaz de anular as imagens propagandísticas que retratavam o czar como o repositório de todo o despotismo e brutalidade de um sistema corrupto e arcaico. Entre 1906 e 1910, 3.741 pessoas foram executadas por crimes políticos e milhares de outras foram condenadas a trabalhos forçados, exílio ou prisão. A onda revolucionária continuou a crescer até 1914; então veio a guerra e com ela a união do dia para a noite entre o czar e o povo em torno de um único objetivo: defender a pátria. Contudo, essa trégua mal durou um ano, até que a perda de qualquer fé em Nicolau como líder em tempos de guerra trouxe novos problemas e profecias de que o colapso da monarquia era iminente.

Se Nicolau tivesse abdicado em 1905, como muitas pessoas acharam, ainda que em retrospecto, que ele deveria ter feito, os Romanov poderiam ter vivido o resto de suas vidas em algum lugar no exterior. Mas em vez de enfrentar as turbulentas questões com as quais a Rússia se deparava, Nicolau e Alexandra se refugiaram em Tsarskoe Selo, onde se sentiam seguros contra todas as ameaças. Nada, entretanto, podia conter os mexericos acerca da verdadeira natureza da doença do czarévich e a crescente hostilidade para com Alexandra depois que ela depositou todas as esperanças de sobrevivência de Alexei nas mãos de Grigory Rasputin. Fofocas, boatos, charges licenciosas nos jornais, tudo isso acendeu o fogo do desencanto da população com relação ao monarca. E com isso o casal imperial se tornou alvo de inúmeras ameaças. Eles viam tramas e traições por todos os cantos e cada vez mais se refugiavam na proteção e no isolamento da vida familiar. Isso lhes dava um falso sentimento de segurança e, como a corte da Bela Adormecida, eles cochilavam em Tsarskoe Selo ignorando o que acontecia do lado de fora, além dos portões do palácio.

Quando Nicolau por fim abdicou, em 15 de março de 1917, o fez com total serenidade, acreditando que aquilo era parte de um plano maior de Deus para ele. Como confidenciou a Anna Vyrubova, melhor amiga da czarina, se era necessário um bode expiatório para salvar a Rússia, então o desejo de Deus seria atendido. Ele acreditava ser esse bode expiatório. Uma coisa ficou clara: mesmo nesse momento de crise extrema, ninguém conseguia entrar no território proibido dos pensamentos mais íntimos do czar. Nicolau permaneceu inescrutável e enigmático até o fim, um enigma para aqueles que estavam à sua volta. Naquele dia, enquanto sua mãe chorava sentada e seu *entourage* continha o próprio sofrimento, ele assinou o documento de abdicação e depois, conforme o trem que o levava de volta a Petrogrado começava a se movimentar, permaneceu olhando calmamente pela janela de seu vagão, acendendo um cigarro após outro. Poucos meses depois de sua renúncia ao trono, ao império e ao poder, Nicolau confidenciou em seu diário os prazeres que agora ele tinha por poder passar mais tempo com sua "doce família" do que em "tempos mais normais". Remar, caminhar, cortar lenha, cuidar do jardim, andar de bicicleta com suas filhas em volta do parque em Tsarskoe Selo — para ele, essa era a verdadeira felicidade. A única coisa de que ele sentia falta de sua antiga vida era o convívio com sua querida mãe. "Mas sou indiferente a tudo mais", escreveu ele.

Mas ele nem sempre foi tão desprendido assim. Ao longo de seu reinado, os sinais de uma constante batalha interior do czar para suprimir suas apreensões e sua indiferença quando estava na presença dos outros sempre foram visíveis: a lentidão proposital de sua fala, pontuada por pausas para pensar, seus movimentos comedidos, o ato de passar os dedos pelas botas ou de dar de ombros — tudo isso indicava momentos de insegurança ou inibição, assim como suas tosses nervosas e a mania de alisar o bigode e a barba com as costas de sua mão direita. Seus olhos, embora receptivos e gentis, nunca ficavam voltados por muito tempo para seu interlocutor e com grande frequência olhavam para longe. Mas de todos os auxílios que Nicolau tinha para aliviar as tensões e ansiedades de sua herança de czar, nenhum era mais importante do que o cigarro. Ele fumava um atrás do outro, muitas vezes usando uma piteira de sepiolita. Ele passou a fumar ainda mais depois do início da Primeira Guerra Mundial. Os cigarros forneciam uma cortina de fumaça literal, atrás da qual ele escondia suas ansiedades e sua falta de ânimo para discutir determinadas questões ou enfrentar os problemas. Nicolau acendia um cigarro e antes deste acabar, ainda na metade, jogava-o fora e acendia outro. Estava tudo bem enquanto ele pôde satisfazer seu desejo por nicotina com seus habituais Benson & Hedges que ostentavam o brasão imperial, ou então os deliciosos cigarros turcos que o sultão enviava para ele pouco antes de as hostilidades com os turcos terem início, em 1914. Mesmo em Tobolsk, um membro leal de seu Exército, o major-general Vladimir Voiekov, conseguia enviar os cigarros do czar. Mas na época em que ele chegou a Ecaterimburgo, esses cigarros de boa qualidade há muito já não chegavam a suas mãos e Nicolau era obrigado a contar com o consentimento de seus carcereiros para que lhe dessem os baratos *papirosy*, com seus pequenos tubos de papelão preenchidos com o fedorento tabaco *makhorka*, tão adorado pelos russos comuns. Nicolau odiava esse tipo de fumo e talvez tenha escolhido, como parte de seu calvário, sofrer as agonias de largar o vício até que, ocasionalmente, as freiras do convento Novo-Tikhvinsky conseguissem trazer tabacos melhores junto com os suprimentos diários de leite e ovos.

Foi no cativeiro que seu grande poder de autocontrole e comedimento — até então visto como uma característica negativa para um monarca — ironicamente se tornou sua principal força durante os dias cada vez mais incertos daquele mês de julho. Impressionava até mesmo os guardas da casa Ipatiev, sendo que um deles observou que o autocontrole do czar era quase "sobrenatural". A silenciosa força interior dele não era como a dos outros mortais; isso desmentiu a aparência e os modos que ele tinha de um coronel comum. Outros rumores mais intrigantes haviam chegado aos ouvidos do embaixador britânico, sir George Buchanan, em Petrogrado, por intermédio tanto do príncipe Felix Yusupov quanto do grão-duque Nicolay: de que a indiferença quase infantil de Nicolau com relação à perda do trono se devia ao fumo de narcóticos, provavelmente uma mistura de *Hyoscyamus níger* e haxixe, administrada pelo médico tibetano P.A. Badmaev e recomendada por Rasputin para combater o estresse e a insônia. Alguns cortesãos que sabiam disso afirmaram que esse hábito "afetara seriamente seus poderes mentais" e tinham produzido "um estado de completa insensibilidade a qualquer coisa que lhe acontecesse". Isso parece pouco provável, porém a droga pode muito bem ter tido um efeito suficientemente anestésico para que ele tenha suportado a crise que culminou na abdicação com tanta calma. Agora, entretanto, não havia mais paliativos. Os bolcheviques podem ter tirado os cigarros de Nicolau, mas até o fim ele teve um último refúgio, o narcótico mais poderoso de todos: as orações.

No que diz respeito a seu diário, não havia mais nada de útil para ele escrever, mas mesmo assim mantinha o hábito que cultivara pela vida toda. Seus pensamentos e seus sentimentos estavam se tornando cada vez mais internalizados como um "tédio intolerável" por não ter nenhum trabalho físico para fazer e por viver sob uma tensão crescente. Durante anos, o catálogo de enfermidades de sua esposa se tornou, como ele admitiu para seu primo Konstantin, cansativo e deprimente; ele precisou de toda a sua tolerância sobre-humana para suportar e permanecer amando e ajudando Alexandra, mas a custo de colocá-lo mais para baixo e forçando-o a se voltar ainda mais para dentro de si próprio. O comandante Avdeev tinha a opinião de que Nicolau "tinha mais medo de sua mulher do que do diabo". A czarina o repreendia abertamente em inglês na frente de todos, tanto dentro de casa como do lado de fora, censurando-o por ser amigável e falante com os guardas, enquanto ela mantinha suas já arraigadas maneiras autocráticas. Mas tudo isso entrava por um ouvido e saía pelo outro. Havia muito tempo que Nicolau já aprendera a habitar sua profunda solidão, tendo desenvolvido uma espécie de embotamento da mente, de forma que nesses últimos dias de julho ele apenas se deixava levar pela maré inexorável do destino. Segundo a fé ortodoxa, tal calma é considerada a manifestação de uma resignação e uma docilidade semelhantes às de Cristo. Para os bolcheviques, parecia um tipo de "indiferença idiota" que ia contra sua inteligência natural. Tal comportamento era incompreensível na lógica implacável daqueles que o mantinham em cativeiro. Naquele momento, cada dia dentro da casa Ipatiev ia e vinha para Nicolau em um estado de dormência cerebral autoinduzida. Ele escondia seus pensamentos atrás dos livros que lia e relia todas as manhãs e os dissipava enquanto caminhava para cima e para baixo sem parar duas vezes por dia no jardim. Quando estava sozinho com suas filhas nas frequentes ocasiões em que Alexandra não saía de dentro de casa, ele conseguia relaxar um pouco, rir com elas e sentar-se no balanço. No entanto, as noites eram cada vez mais bem-vindas, "a melhor parte do dia", um curto período para se esquecer de tudo, como ele observou em Tobolsk em janeiro.

Mas agora havia algo diferente no ar da casa Ipatiev; até mesmo Nicolau percebera, a partir de junho, uma mudança nos guardas e uma grande relutância deles em conversar quando a família estava no jardim. Ele considerou isso uma afronta, não compreendendo o verdadeiro significado desse afastamento. Porém, naquela sexta-feira, quando Nicolau estava preocupado com a segurança de seus bens remanescentes, o cerco em volta dos Romanov estava se fechando.

Em Moscou, Lenin enfrentava uma grave crise, com uma insurreição armada se espalhando entre os rivais políticos dos bolcheviques, os socialistas revolucionários, cujos líderes tiveram papéis importantes no governo provisório e depois, em dezembro de 1917, romperam com o partido. No quinto Congresso de Todos os Sovietes Russos, iniciado no dia anterior como uma exibição do novo governo de Lenin no teatro Bolshoi, que estava lotado com 1.164 delegados houve uma discussão severa entre os bolcheviques e os socialistas revolucionários a respeito do tratado com a Alemanha. Trabalhadores e representantes dos sovietes se juntaram nos corredores e ficaram em pé em seus assentos, em meio às luminárias, ao plush e aos dourados do opulento interior imperial do Bolshoi, gesticulando na direção do camarote do grão-duque, ocupado pelo embaixador Mirbach e por outros representantes do governo alemão, e berrando insultos como "Abaixo os alemães!" e

"Abaixo Mirbach!". Nesse lindo teatro, que um dia ecoou a voz do grande baixo cantante Chaliapin cantando *Boris Godunov* e onde o recém-nacionalizado Balé Imperial deixou um último vestígio da moribunda cultura imperial, agora ressoavam os gritos raivosos de condenação aos bolcheviques por aquilo que eles consideravam a venda da Rússia para a Alemanha em Brest-Litovsk.

A crítica mais vociferante naquela tarde partiu da socialista revolucionária Mariya Spiridonova, que tinha 32 anos e estava de volta a Moscou após 11 anos exilada em uma das prisões mais severas da Sibéria por ter assassinado um oficial czarista. Pequena, de rosto sóbrio, vestida de preto e usando um puritano colarinho branco, ela era o arquétipo da revolucionária fanática. Seus grandes olhos cinza brilhavam de raiva por trás do pincenê quando ela subiu ao palco. Dali, condenou Lenin e o novo regime com virulência por usarem os "trabalhadores mujiques" para seus próprios fins e por permitirem que a martirizada Ucrânia fosse ocupada e saqueada pelos alemães. Isso a fez "arder de vergonha" dos bolcheviques, com quem ela havia lutado "atrás da mesma barricada", por eles terem traído a revolução. O auditório logo se alvoroçou; as tentativas de Sverdlov, que presidia a assembleia, de tocar o sino de sua mesa para pedir ordem fracassaram melancolicamente.

Isolado no remanso de Vologda — um entroncamento ferroviário entre Moscou e o porto ao norte de Murmansk, para onde os corpos diplomáticos estrangeiros foram evacuados após a revolução em Petrogrado — o embaixador dos Estados Unidos na Rússia, David Francis, afirmou que o Congresso dos Soviets era uma justificativa bem-vinda para seus reiterados argumentos de que o presidente Wilson deveria ordenar uma intervenção norte-americana na Rússia, que na opinião dele estava à beira do colapso. Ele acreditou que a Alemanha estava pronta para atacar, e que isto deveria ser evitado a qualquer custo.

Naquela manhã, o calendário na parede do quarto de Nicolau e Alexandra foi mudado com a regularidade usual. O "extraordinário" aroma dos jardins de verão de Ecaterimburgo era um dos poucos prazeres que restavam ao czar durante os seus cada vez mais reduzidos momentos de recreação, quem sabe evocando a memória dos verões em seu palácio em Livadia, na Crimeia. O cheiro das flores, o sol de verão no céu, o calor em seu rosto e os exercícios ao ar livre: estas eram as coisas que ele mais valorizava depois de sua família. Tudo o mais já tinha sido exorcizado de sua mente fazia algum tempo. Mas agora nem mesmo as boas condições do tempo serviam de consolo. Depois daquela sexta-feira 5 de julho, o tempo pareceu parar na casa Ipatiev. O calendário não seria mudado de novo.

4

A mulher na cadeira de rodas

6 DE JULHO DE 1918, SÁBADO

Se tudo tivesse acontecido como a rainha Vitória desejava, sua neta, a princesa Vitória Alice Helena Luísa Beatriz de Hesse, teria sido rainha da Inglaterra e imperatriz da Índia. Alice (como ela era conhecida na família) não era uma candidata particularmente eminente, pois vinha de um principado alemão relativamente menor. Ainda assim, a rainha, em seu desejo insaciável de controlar os casamentos dinásticos de sua grande família, considerava-a uma noiva apropriada para um de seus dois netos, Eduardo e Jorge, os dois primeiros na sucessão do trono britânico depois do pai deles, o príncipe de Gales.

Mas a obstinada Alice não queria nada disso. Para o desgosto da rainha, ela declinou a proposta de Eduardo, duque de Clarence, que parecia genuinamente apaixonado por ela. Reconhecendo a força de caráter de sua neta — não sem ficar muito surpresa e um pouco ofendida — a rainha disse que Alice "recusou a melhor posição que existe". Jorge, o segundo na sucessão, não chegou nem mesmo a formalizar um pedido pela mão dela, uma vez que Alice estava apaixonada pelo charmoso czarévicho russo, Nicolau. O nada imaginativo Jorge então se voltou para sua um tanto mais pobre segunda opção depois que Eduardo morreu de maneira inesperada em 1892. Jorge se casou com a noiva de seu falecido irmão, a princesa Maria de Teck, outra princesa alemã sem grande importância.

Agora, no dia 6 de julho, um sábado, o rei Jorge e a rainha Maria estavam comemorando os 25 anos de um casamento que se revelou surpreendentemente bem-sucedido. Naquela manhã, antes de uma procissão de carruagens que foi do palácio de Buckinghan à catedral de St. Paul e de uma missa de ação de graças, o casal real tinha ido ao prédio da prefeitura de Londres para as celebrações de suas bodas de prata, onde foram objetos de um "discurso humilde" do Parlamento, que expressou sua grande apreciação pela "infalível devoção de Suas Majestades para com os deveres nestes tempos de tensão". Durante seu reinado, Jorge e sua esposa tinham, afirmou o *Times*, "fortalecido os laços afetivos entre eles e o povo". A pedido do rei, os presentes de prata em homenagem à ocasião seriam doados à Cruz Vermelha para ajudar nos esforços de guerra.

Jorge e Maria estavam no auge de sua popularidade como figuras de proa dos tempos de guerra. Esse também deveria ter sido o papel de seus primos reais, Nicolau e Alexandra. Com um ano a menos de casamento, como Alexandra deve ter desejado que seus próprios laços afetivos com o povo russo tivessem sido apreciados, e não penosamente incompreendidos, ao longo desses quase 25 anos. Ela estava sendo consumida pela amargura e pela ira em razão da ruína para a qual a Rússia estava sendo levada. Era uma guerra cruel, e seu primo, o kaiser Guilherme, era responsável por ela. Alexandra tinha certeza de que tudo aquilo era uma punição de Deus pelos pecados da Rússia, de forma que ela rezava com fervor pela misericórdia Dele e pela redenção do país. Ela também era atormentada pelas invetivas que tão injustamente recaíam sobre ela e o marido — ela via os sofrimentos de Nicolau como semelhantes ao de Cristo, e tal "ingratidão negra" pelo autossacrifício dele lhe partia o coração. Sua atitude com relação à Rússia era a da mãe indulgente porém sábia de uma criança doente. Ela se recusava a abandonar a lealdade a seu país adotivo, com a esperança ingênua de que um dia ele recuperaria a saúde — e o juízo. Deus salvaria a Rússia, disso ela permanecia convicta. Disciplina, ordem, fé — era disso que o país precisava para ser colocado de volta nos trilhos. Além do mais, esses eram os princípios aos quais ela se apegava havia muito tempo em sua própria vida.

Fazia meses que a czarina vinha vivendo cada vez mais no passado e "esperando por dias melhores". As coisas mundanas de sua antiga vida haviam desaparecido e o presente se tornou uma questão de resistência e de agradecer por cada novo dia. Mas ela se sentia terrivelmente incompreendida. Tudo o que ela e Nicolau sempre quiseram fazer era "viver em tranquilidade, como uma família comum, sem qualquer envolvimento com política, batalhas e intrigas". Por ironia, eles conseguiram exatamente isso quando passaram a viver em prisão domiciliar após a abdicação. Alexandra passava seu tempo tricotando meias, costurando e remendando as roupas da família. Mas sua visão debilitada a incomodava, assim como seus persistentes problemas de saúde. Seu colapso mental em 1904 ao descobrir que o filho tinha hemofilia — transmitida pela rainha Vitória para Alice e dela para ele — fez com que ela se rendesse de maneira irrevogável às suas muitas neuroses. Os 13 anos que ela viveu alimentando a falsa esperança em uma cura miraculosa para Alexei a destruíram por completo. O corpo dela estava arruinado: cinco gestações praticamente seguidas, todas produzindo bebês grandes e ocasionando nascimentos difíceis, mais um aborto espontâneo e uma gravidez psicológica, o bastante para debilitar qualquer mulher. Por causa de sua ansiedade nervosa, Alexandra tinha dores no peito e dificuldade para respirar. Também sofria de dor ciática, a qual frequentemente a deixava sem conseguir andar, nevralgia facial, cianose (lábios azuis), dores agudas nos ouvidos, pernas inchadas e terríveis dores de cabeça. Ou seja, por anos ela passou muitas horas e dias na cama, deitada em um sofá ou sentada em uma cadeira de rodas.

A czarina agora estava completamente viciada em uma série de narcóticos e sedativos prescritos pelo dr. Botkin para controlar suas várias neuroses, a dor de cabeça crônica e a insônia. Há tempos ela admitia que só conseguia suportar os dias graças ao Veronal (primeiro sedativo e sonífero do grupo dos barbitúricos), de tal forma que estava "saturada disso". Ela também tomava morfina e cocaína para as dores menstruais e muitas outras reclamações, e ocasionalmente fumava cigarros franceses — tudo isso para tentar acalmar suas ansiedades. No entanto, as compensações eram poucas e os efeitos colaterais colaboravam para a sua esmagadora sensação de exaustão física.

Numa época em que os métodos de Freud ainda estavam na infância, Alexandra demonstrava todos os clássicos sintomas psicossomáticos da então recém-descrita condição de neurastenia combinada com histeria. Seu progresso inexorável — com seus níveis cada vez maiores de irritabilidade, ansiedade, fadiga, ausência de prazer, medo de uma calamidade iminente e uma preocupação exacerbada com sua saúde física e mental — começou ainda na juventude de Alexandra com uma sucessão de interdições em sua família e foi piorando ao longo dos anos. Um relatório detalhado das condições físicas e mentais de Alexandra foi apresentado ao czar em 1910 pelo dr. Elmar Fischer, um especialista estoniano. O que o médico relatou, entretanto, não proporcionou conforto algum e ele nunca mais foi convidado a voltar ao palácio. Assim, o obediente dr. Botkin foi chamado e falou para a czarina aquilo que ela queria ouvir, uma vez que ela já havia chegado à inquestionável conclusão de que sofria de uma séria doença no coração. As desconfortáveis verdades do relatório de 1910 podem explicar a tolerância extrema do czar com relação ao comportamento cada vez mais doentio e paranoico da esposa nos últimos anos. Por vê-la tão vulnerável em termos físicos e mentais, ele fazia de tudo para protegê-la. Contudo, ele próprio, como admitiu para a mãe, "já estava arrasado mentalmente de tanto se preocupar com a saúde de Alexandra".

Ao contrário do marido, que se agarrava aos poucos e insignificantes prazeres e diversões que lhes eram permitidos no jardim da casa Ipatiev, Alexandra passava a maior parte do tempo dentro de casa, deitada na cama ou no sofá, perdida em pensamentos a respeito da resignação cristã com a vida após a morte. Uma dieta incessante de textos bíblicos, lidos para ela por uma das filhas, preenchia as páginas em branco que eram seus dias. Uma das meninas sempre estava junto dela enquanto as outras aproveitavam a recreação diária, não importando quão bom estivesse o clima. Alexandra estava muito cansada e tinha envelhecido bastante desde a abdicação. O cabelo estava grisalho, e o corpo, extremamente magro. Havia uma aparência perpétua de tensão e angústia nos olhos dela. Ainda que estivesse com a saúde arruinada, continuava sendo uma mulher indomável, convicta de que o sofrimento dela e da família era uma provação necessária no caminho deles para a perfeição cristã.

Alexandra Feodorovna parecia ter nascido com pesar, parecia encarar a vida como uma batalha de resistência, ainda que nem sempre tenha sido assim. Por causa de suas covinhas nas bochechas e de sua disposição e alegria, ela era chamada de "Risonha" quando era garotinha. Sua falta de alegria, apesar de todo o amor e devoção que recebia de Nicolau e das crianças, não a deixava granjear a estima do povo russo. Era difícil sondar seus pensamentos, sobretudo para quem não a conhecia, mas as sementes de seu temperamento melancólico começaram a brotar ainda na infância. Em 1873, Alexandra perdeu um adorado irmão que era hemofílico. Em 1878, quando tinha apenas 6 anos, uma tragédia dupla a atingiu: sua irmã May, de 5 anos, e sua mãe, a princesa Alice de Hesse, de 35, morreram quando a família inteira teve difteria. Com essas mortes, os risos abandonaram a vida de Alexandra para sempre.

A filha mais velha da rainha Vitória, chamada de Vicky em família, imperatriz viúva da Prússia, não se importava muito com sua sobrinha. Na cabeça de Vicky, a morte da mãe de Alexandra fez com que, como uma espécie de compensação, ela fosse muito mimada e crescesse com uma obstinação e uma opinião excessivamente presunçosa sobre si própria. Alexandra carregava o pecado do orgulho, e seus modos austeros eram acentuados por sua altura elevada e sua postura retilínea (resultado de um problema que limitava a flexibilidade da parte superior de sua coluna vertebral; jornais cinematográficos dos primórdios revelam a estranheza de seus movimentos ao balançar a cabeça durante cerimônias públicas). Ela se tornou reservada e difícil, sempre receosa em demonstrar afeto e suspeitando de estranhos, com medo de dar amor a alguém que pudesse ser retirado de sua vida de uma hora para outra. Ainda mais traumatizada pela morte do pai quando tinha 18 anos, Alice foi viver sob as asas protetoras de sua avó, a rainha Vitória, em um estado de colapso nervoso. Ela passou um longo período na Inglaterra — nos lares reais em Windsor, Balmoral e Osborne — e o inglês logo se tornou seu idioma preponderante. Os modos e os valores da resoluta rainha britânica deixaram marcas indeléveis nela, desde a tolerância extraordinária às abundantes correntes de ar congelantes que entravam pelas janelas durante o ano todo, até sua mórbida obsessão pela morte e seu perpétuo estado de luto por seu falecido marido. Tais preocupações nada saudáveis foram transmitidas para a um tanto impressionável e jovem Alice, que era encorajada a fazer visitas regulares à cripta onde a mãe e os irmãos jaziam.

Alice também herdou da avó a obstinação e a teimosia, assim como seus traços idiossincráticos e vitorianos de pudor e reserva em excesso. A devoção à família e ao Estado (que sua avó praticava de maneira ferrenha) estava arraigada nela — o embaixador francês Maurice Paléologue chamava isso de "austeridade militante" da consciência — assim como os gostos burgueses peculiares e pouco sofisticados. Alice cresceu desgostando da modernidade em todas as suas formas, apegada, em vez disso, aos gostos familiares e limitados de uma dona de casa convencional. Tudo o que ela fazia era ditado por uma atenção à parcimônia e à diligência típicas das maneiras britânicas — por isso sua insistência para que suas filhas nunca se sentassem sem fazer nada e que sempre tivessem algo para costurar. Quando dava presentes, não eram os objetos pomposos que se esperava de uma imperatriz, mas geralmente algo que ela mesma havia costurado, pintado ou tricotado. Tal comportamento tão não russo — ela até mesmo insistia em mostrar a suas criadas como escurecer as salamandras dos quartos reais — mais tarde a tornou alvo de piadas entre as pessoas mais sofisticadas da corte em São Petersburgo. Alexandra também adquirira uma das características mais peculiares de sua avó: uma sensualidade intensa e impulsiva, uma grande necessidade de paixão física que ia totalmente contra sua aparência exterior pudica e severa. Tragicamente, entretanto, ela não herdou o traço de sua avó que poderia ter salvado a dinastia Romanov do colapso: a observância escrupulosa da monarquia constitucional.

Foram cinco anos de espera e persistência sobre-humana por parte do czarévich Nicolau para vencer a resistência de Alice a se converter do luteranismo para a ortodoxia russa, para que enfim o casamento deles pudesse ser realizado. Ele se sentiu atraído por ela pela primeira vez quando Alice ainda tinha 12 anos e ele, 16, na ocasião do casamento da irmã dela com o grão-duque Sergei em 1884. O amor juvenil se transformou em uma paixão avassaladora quando ele viu Alice de novo, agora uma beleza radiante, em 1889. Nicolau decidiu que desejava casar com ela. Seus pais tinham suas próprias ideias a respeito de uma noiva adequada para ele, preferindo a princesa Hélène de Orleans, filha do conde de Paris, pretendente ao trono francês. Mas ele resistiu; foi a única vez que o czarévich se recusou a aceitar a vontade de seus pais. Quando Alice declinou a proposta de casamento de Eduardo, duque de Clarence, em maio de 1890, Nicolau renovou seu pedido, apesar de Alice protestar que não conseguiria abandonar sua fé.

Uma das damas de companhia da rainha Vitória, lady Edith Lytton, disse que o que afinal conquistou o coração de Alice provavelmente foi o reaparecimento de Nicolau em um casamento da família em Coburg em 1894, não mais com aquele ralo bigode de adolescente, mas com uma barba inteira e máscula. Alice finalmente se derreteu diante das constantes gentilezas do charmoso czarévich e depois de muitas horas rezando com fervor ela selou sua paz com Deus e com sua consciência e concordou em se converter à Igreja ortodoxa. A rainha Vitória declarou estar estupefata por tal mudança em sua dedicada e piedosa neta. No final de outubro de 1894, quando sua "meiga, pequena e simples" Alice foi para a Rússia, a rainha ficou terrivelmente preocupada com o fato de sua frágil neta casar em uma monarquia sombria e instável, numa sociedade com "tamanho desejo por princípios". Seu sangue gelou ao pensar em Alice sendo sacrificada por "aqueles russos pavorosos". A chegada de Alice não foi muito promissora, pois logo depois ela se viu com seu noivo no leito de morte do pai dele. Em três semanas, ela se tornou uma "noiva de luto" e imperatriz da Rússia, tendo adotado um novo nome: Alexandra Feodorovna. Foi um início sombrio para seu casamento, assim como tinha sido o de sua mãe, a princesa Alice, que também se casou em frente a uma silenciosa congregação que vestia preto, apenas seis meses após cuidar de seu pai, o príncipe Albert, durante sua doença fatal.

Nicolau, o sofredor silencioso, e Alice, a noiva de luto, estavam unidos sob nuvens sombrias e envoltos em superstições acerca das predições sobre aquilo que o futuro reservava para eles. E assim se agarraram um ao outro, com uma incrível tenacidade e com uma paixão que demonstrava as profundas necessidades interiores que cada um preenchia no outro. A intensidade do amor de Alice por Nicolau era algo opressivo, além do comum; mas Nicolau parecia prosperar com isso, como uma planta em uma estufa. Eles se conheciam completamente, dizia Alexandra, e só precisavam estar sempre juntos, e também com seus filhos, "absolutamente desligados de tudo mais". Ótimas aspirações para qualquer casal simples e devoto do interior;

mas eles não eram pessoas ordinárias, eram o imperador e a imperatriz da Rússia, tendo deveres a cumprir em nome do povo.

A afeição da rainha Vitória por Alexandra e Nicolau aumentou depois que o casal a visitou em Balmoral em 1896 com a primeira filha deles, Olga. Eles não estavam, pensou a rainha, "nada mudados e permaneciam tão queridos e simples quanto sempre foram". E dentro daquele círculo familiar e de amigos muito próximos, de fato eles continuavam como antes. Alexandra era linda, com traços delicados, cabelos ruivos e olhos azuis. Contudo, assim como sua mãe, a princesa Alice, ela tinha um tipo peculiar de beleza, acentuada pelo nariz pontiagudo, que lhe conferia um ar de austeridade e frieza. Os lábios finos e retesados raramente davam forma a um sorriso em público; na verdade, tinham uma expressão perpétua de pesar que sugeriam que ela tinha mais desapontamentos com a vida do que prazeres. Tal seriedade se transformou em uma religiosidade sem qualquer compaixão — outra herança da princesa Alice. Alexandra surpreendeu a todos com a rapidez com que abraçou não só a fé russa, mas o jeito russo de ser. Com sua irmã, a grã-duquesa Ella, que também se convertera quando entrou para a família Romanov, ela dividia os mesmos níveis de "exaltação caridosa" que se intensificaram com o passar dos anos. Ela não hesitou em se declarar inteiramente "russa" em sentimentos e exibir a lealdade de uma patriota nascida em solo russo. Na verdade, a fé ortodoxa se tornou uma paixão ardente e um consolo, a força que movia Alexandra em termos espirituais e emocionais. De maneira indireta, também contribuiu muito para sua ruína.

Infelizmente para Alexandra, desde o princípio ela não foi muito bem vista na corte e entre o povo russo. E ela jamais conseguiu reverter essa situação. Alexandra falhou ao não seguir o conselho que sua avó lhe deu: sua primeira tarefa em seu país adotivo deveria ser conquistar o amor e o respeito da população. Prejudicada pela reserva, além de sozinha e isolada enquanto seu marido se via completamente absorvido pelas questões governamentais, Alexandra se mostrou incapaz de atingir esse objetivo. Faltavam-lhe os principais dons de Nicolau: o charme, os modos cativantes e o autocontrole. Ela parecia vã e muito autocentrada, sempre fechada e carrancuda. Ela era vista como uma estrangeira desde o dia de sua chegada, como a *nemka*, "a alemã". Seu recato e sua seriedade se voltaram contra ela, assim como seu mau gosto para se vestir, sua pouca habilidade para dançar e sua devoção religiosa. A resposta dela à hostilidade que encontrou foi se retirar ainda mais. Ela era reticente, quando não brusca, com estranhos, falava sussurrando, evitava compartilhar refeições, era difícil e desdenhosa com relação à comida e se retirava para seus aposentos com frequência por estar "indisposta". Ela fazia tudo que podia para evitar comparecer às cerimônias públicas. Por saber que não conseguia se conter diante daqueles que ela via como os decadentes sofisticados de São Petersburgo ou as "teias de aranha" da sociedade de Moscou, em cuja presença seu rosto, seu pescoço e seu colo se enrubesciam de raiva, Alexandra buscava amigas entre as mulheres de classe média alta ou entre as burguesas abastadas. Com estas amigas — suas damas de companhia Lili Dehn e Anna Vyrubova, por exemplo, que sabiam a extensão das muitas e penosas enfermidades que eram mantidas em segredo — ela era doce, paciente, graciosa e gentil. Elas se tornaram os poodles obedientes e reverentes da czarina. Alexandra as dominava sem precisar fazer nenhum esforço, o baixo status social delas garantia uma devoção inquestionável a ela como um ser superior em termos morais e espirituais. Contudo, sendo perspicaz como era, ela muitas vezes achava as bajulações da intelectualmente limitada e imatura Anna Vyrubova irritantes. Frequentemente insultava Vyrubova em cartas para Nicolau e tinha ciúmes da grande afeição dela por ele, ainda que Alexandra jamais tenha deixado de explorá-la como audiência cativa para suas intermináveis homilias, fazendo de Vyrubova sua companhia quase constante durante os anos em que Nicolau esteve no front.

Para o público do lado de fora dos portões do palácio, entretanto, Alexandra continuava um enigma. O povo a via tão pouco que sua ausência quase permanente se mostrou um solo fértil para rumores e fofocas malevolentes. Alexandra não conseguiu aprender a principal lição do reinado de sua avó após esta se retirar da vista pública em 1861 com a morte de Albert. Os vinte anos de vida em reclusão, recusando-se a fazer aparições públicas, fizeram com que a antes popular e inatacável monarquia britânica fosse criticada publicamente e geraram manifestações republicanas consideráveis. Um monarca não pode se dar ao luxo de ser invisível. Com as ausências frequentes de

Alexandra, Nicolau precisava operar a máquina publicitária do império com seus cinco adoráveis filhos, mas por fim isso provou não ser o bastante. Embora a família imperial fosse fotografada com bastante frequência e que *cartes de visite* dela estivessem amplamente disponíveis, nessas dúzias e mais dúzias de fotografias, Alexandra ou não se encontrava presente ou estava sentada solenemente de perfil ou olhando para outro lugar que não para a câmera. Outras fotos mostram a czarina se reclinando em seu ambiente favorito: seu *boudoir* malva. Este era o mundo dela: cercada pelos vários tons das cores das manhãs, com as paredes adornadas do chão ao teto com centenas de ícones e com um cheiro insuportável de lilás, lírios do vale e violetas enviadas todos os dias da Riviera Francesa. Raras vezes de pé e ativa, que dirá com vigor, para o marido e os filhos a czarina se tornou a mulher na cadeira de rodas. Ela parecia estar sempre doente, indisposta e lutando contra seus muitos demônios, reais e imaginários. Quando se aventurava do lado de fora, ia amparada por uma sombrinha, sempre absorvida por seus próprios pensamentos e consciente de que estava sendo observada por todos. É verdade que ela fazia o máximo para aguentar seus sofrimentos de maneira estoica e que sempre parecia recobrar a alegria quando estava a bordo do iate real, o *Standart*, ou no palácio de verão em Livadia, mas as sombras do quarto lôbrego de Alexandra seguiam a jovem família aonde quer que ela fosse e agouravam a vida de todos eles.

Nicolau sem dúvida encontrou em Alexandra uma compensação para a sua própria pouca força de vontade e de persuasão, assim como uma superproteção maternal que ele nunca recebera de sua mãe. Nos bastidores, a personalidade bastante impressionável e maleável dele foram moldadas com rapidez pelo caráter forte e assertivo de Alexandra. Em público, ela podia parecer desajeitada e pouco à vontade, mas na vida privada ela era loquaz, emocional e altamente dominadora. Com sua mente masculina, ela articulava suas opiniões pessoais em cartas longas e afirmativas para seu marido, nas quais o exortava a ser tudo aquilo que ele não era — firme, decidido, intratável e sempre preocupado em impor a dignidade de sua posição. Convencida de sua própria infalibilidade, Alexandra não aceitava a menor crítica nem mesmo dos parentes e amigos mais bem-intencionados e preocupados. Cegamente obstinada em sua determinação para se manter no poder, ela repetia de maneira incansável para o infeliz Nicolau suas suspeitas paranoicas sobre os ministros "podres" e suas opiniões reacionárias acerca da política doméstica. Não há dúvida de que ela acreditava piamente que estava com a razão, tanto que ficava em uma espécie de frenesi em suas tentativas de injetar sua força de vontade no flácido espírito do marido: "Estou lutando pelo seu reino e pelo futuro de seu filho", ela o lembrava seguidas vezes. Para defender a herança de Alexei, ela fazia uma série de reprimendas a Nicolau: "Um soberano precisa mostrar seu poder com maior frequência", "deixe que os outros percebam qual é a sua vontade", "se ao menos você conseguisse ser mais severo, meu amor", "eles precisam aprender a estremecer quando estiverem diante de você", "seja mais autocrático", "mostre a todos que você é o senhor", "deixe eles sentirem seu pulso de vez em quando". Alexandra não dava descanso; quando o comando de Nicolau finalmente o levou para longe dela no final de agosto de 1915, ela o bombardeava com inúmeras cartas repletas de divagações cada vez mais histéricas.

Mesmo que em um momento ela estivesse morrendo de saudades, beijando o travesseiro de Nicolau e desejando poder abraçá-lo e enxugar seu rosto febril, no instante seguinte ela já se mostrava implacavelmente manipuladora e exortando: "Perdoe-me, mas não gostei de sua escolha para ministro da Guerra." Também não gostava que expressassem qualquer crítica contra seu "amigo" Rasputin. Ela dizia que as críticas ao Homem Santo eram todas infundadas e intolerantes. Ela sabia melhor do que ninguém, o que era bom para o país e para seu marido: "O meu amor precisa sempre de um empurrão para se lembrar de que ele é o imperador." Isso incluía se voltar contra o tio de Nicolau, o dedicado grão-duque Nikolay, cuja popularidade como líder militar despertava inveja em Alexandra. A razão para demiti-lo veio, na opinião dela, quando o duque expressou suas angústias com relação à influência maligna de Rasputin sobre ela. Em resposta, como uma Iago fêmea, começou a plantar as sementes da dúvida e das suspeitas na cabeça de seu marido, da mesma maneira como ela fazia com qualquer um que desaprovasse, persuadindo e insinuando até que Nicolau removeu o tio do comando do front oriental.

Contudo, Nicolau nem sempre sucumbia às chantagens emocionais da esposa ou à mania que tinha de "meter o nariz em tudo". "A velha e tola esposa" deve ter pensado que usava calças, mas em outras ocasiões "meu amor" se recusava a ser empurrado. Ele fazia ouvidos de mercador, como sempre fazia com qualquer conselho que não desejava seguir, acendia outro cigarro e dava prosseguimento aos despachos sobre sua mesa. Apesar de toda a sua devoção à sua esposa controladora, em certas ocasiões o czar gostava de escapar para o mundo totalmente masculino do quartel-general de Mogilev, onde ele podia se ver livre das reclamações constantes e das intrigas tediosas de Alexandra. O czar era um "santo e um anjo" na opinião de seu cunhado, o alemão Ernst, mas não sabia como lidar com a esposa — e esse era o problema dele.

À medida que ficava mais velha, em algum lugar dentro da cabeça de Alexandra se desenvolvia um impulso convicto e sincero de se libertar, de controlar sua irritabilidade e seu temperamento e ser mais receptiva com as pessoas, de confortá-las e conquistar a afeição delas. Mas seus padrões do que era certo, digno e próprio eram tão peculiares e sua oposição a qualquer um que discordasse dela era tão implacável, que ela achava poucas pessoas à sua volta atraentes. Só havia aqueles que eram fracos e sofriam passivamente, os doentes e os feridos, por natureza dóceis e gratos pelos cuidados dela, em cujas pessoas ela encontrava um canal para suas virtudes. Durante a guerra, as habilidades práticas de Alexandra ficaram em primeiro plano. Apesar de suas limitações físicas, ela passou a trabalhar com caridade, assumindo a responsabilidade de organizar o sistema hospitalar de São Petersburgo, um projeto envolvendo 85 hospitais; ela estabeleceu novas unidades e centros de reabilitação para os feridos, dedicando-se pessoalmente ao treinamento de mulheres para que trabalhassem como enfermeiras e à obtenção de remédios e roupas de cama. Preocupada com o conforto espiritual nos campos de batalha, também trabalhou na distribuição de milhares de Bíblias e saltérios para as tropas. Ao fazer isso, demonstrou os mesmos níveis de compaixão com os doentes e feridos que sua mãe manifestara durante a Guerra Franco-Prussiana (1870-71). Cuidar dos necessitados era uma válvula de escape, e quem sabe até mesmo uma terapia; algo que consolou o "coração dolorido" de Alexandra. Com esse trabalho ela conseguia superar todas as frustrações e suspeitas fazendo algo prático. Ela cuidava com muita dedicação de todos os filhos quando eles estavam doentes e demonstrou a mesma preocupação com Nicolau e ficou o tempo todo ao seu lado quando ele teve tifo em 1900. No início de 1917, ela estava exaurida de cuidar dos filhos em Tsarskoe Selo quando todos, um após o outro, contraíram sarampo. Vestida com seu uniforme da Cruz Vermelha, dignificada e corajosa, embora vivendo em um estado de constante preocupação com a segurança dos filhos e do czar, que estava longe de casa, no front, Alexandra também entrou em colapso físico ao cuidar das crianças, assim como de Ana Vyrubova, que também teve a doença. Ela fez o mesmo novamente em Tobolsk durante o inverno de 1917-18, quando todos os filhos contraíram rubéola. Essa foi sua qualidade que mais a redimiu. O conde Benckendorff, que até então achava o comportamento da czarina irracional e intratável, foi obrigado a admitir, ainda que de má vontade: "Ela é ótima, ótima (...) Mas eu sempre disse que ela era dessas pessoas que são sublimes diante dos infortúnios."

Em algum ponto entre as duas percepções polarizadas a respeito da czarina — a virago e a santa — estava a verdadeira Alexandra. Entretanto, suas reais qualidades e a força com que abraçou o sofrimento do país ao longo dos anos de guerra continuaram escondidas da maior parte das pessoas. O criticismo e a hostilidade para com ela eram implacáveis, tornando-se sulfúrico por volta de 1916, de tal forma que diversos membros da família Romanov e da aristocracia russa discutiam a possibilidade de removê-la do poder e colocá-la em um convento; até mesmo o desejo de assassiná-la foi manifestado. Quando por fim perdeu o poder, ela não enfrentou a situação com a mesma dignidade de seu marido. Alexandra não se conformava com a perda de autoridade, de títulos e do reconhecimento de seu status. Lutou com unhas e dentes contra as pequenas humilhações diárias por ela ser uma ex-czarina. Porém, o tempo e a saúde debilitada dela venceram. A aceitação profundamente cristã de seu destino entorpeceu seu sentimento de ultraje e, por volta do início de 1918, Alexandra estava ficando cada vez mais resignada, se não preocupada com o que a vida lhe reservava no futuro. Sua preparação para seu próprio destino começou ainda naquele mês de janeiro, em uma oração escrita em um cartão-postal que ela enviou de Tobolsk:

> Oh, Deus, envie-nos paciência
> Durante esses dias sombrios e tumultuados
> Para suportar a perseguição das pessoas
> E as torturas de nossos carrascos.

Ela levou a situação toda muito a sério, com um tipo estranho de calma exausta, garantindo por carta aos amigos que ela e a família estavam "se preparando mentalmente para a admissão no reino celeste".

Em Ecaterimburgo, enquanto Nicolau e Alexandra, ambos exauridos, resignavam-se ao destino deles, independentemente de qual fosse, em Moscou, o conde Mirbach monitorava de perto o colapso na ordem e a fragilidade do comando bolchevique. A Rússia, ele estava convencido, "caminhava para uma catástrofe ainda maior do que a imposta pelo golpe [bolchevique]" de outubro de 1917. "Estamos, de maneira inquestionável, de pé ao lado do leito de um homem perigosamente doente, que pode exibir uma aparente melhora de tempos em tempos mas que está perdido a longo prazo", observou Mirbach. Até mesmo o frio e confiante Lenin teve que admitir a Mirbach que estava cercado de inimigos por todos os lados e que era apenas a desorganização deles que os impedia de ser uma séria ameaça ao governo. Mirbach aconselhou o governo alemão a considerar uma troca de lado e apoiar os grupos políticos que defendiam a restauração da monarquia sob o comando do irmão mais jovem do czar, Mikhail. Entretanto, tal foi o sucesso dos bolcheviques no despistamento que ninguém sabia que Mikhail já tinha sido assassinado. A causa de Nicolau estava absolutamente perdida, como mostrava a reação um tanto indiferente na Rússia e no exterior às frequentes falsas notícias de que ele havia morrido. Se os alemães agora decidissem se colocar ao lado dos grupos de oposição, eles teriam que renegociar os termos do nada popular tratado de Brest-Litovsk e fazer concessões territoriais. A alternativa era apoiar os bolcheviques com grandes injeções de dinheiro — 3 milhões de marcos por mês, segundo estimativas de Mirbach — para mantê-los no poder. No caos daquele mês de junho, não seria muito difícil a Alemanha deslocar suas tropas, confiscar Petrogrado e Moscou e estabelecer um governo de marionetes. Mas por fim o kaiser vetou a ideia.

Enquanto isso, os revolucionários socialistas tornavam cada vez mais violentas as invectivas contra os aliados alemães dos bolcheviques no quinto Congresso dos Sovietes. A atmosfera no teatro Bolshoi em 6 de julho tinha esquentado, e o clima do lado de fora estava tenso. Os socialistas revolucionários, que tinham cerca de um terço dos delegados, estavam de novo tentando desesperadamente incitar protestos contra o governo durante os debates sobre o futuro das políticas doméstica e estrangeira da Rússia. Liderados por Mariya Spiridonova, eles foram extremamente sonoros ao condenar a redução da Rússia à condição de vassala da Alemanha em razão do tratado de Brest-Litovsk e denunciaram o governo de Lenin por trair a revolução em favor do militarismo alemão.

Na tarde do dia 6, na tentativa de forçar os alemães a romper o tratado ou os russos a cortar relações diplomáticas com a Alemanha, os socialistas revolucionários atacaram com um plano elaborado por Spiridonova. Dois de seus membros, Yakov Blyumkin e Nikolay Andreev, com falsas credenciais de agentes da Cheka e secretamente armados com revólveres e granadas, foram até a embaixada alemã e pediram para ver o embaixador Mirbach. Quando este apareceu, eles sacaram os revólveres de suas maletas e, num atentado totalmente caótico, depois que erraram os tiros, jogaram a granada no embaixador quando ele tentava fugir da sala. Mirbach morreu logo depois em decorrência dos ferimentos. À noite, cerca de mil socialistas revolucionários e simpatizantes estavam nas ruas em uma demonstração espontânea de força — era quase possível classificar o evento como uma insurreição — num momento em que a maior parte da combalida Brigada Armada Letã que guardava Moscou estava em seu dia de folga. Se tivessem desejado, os socialistas revolucionários poderiam ter atacado o Kremlin e assumido o controle do governo. Mas eles não eram revolucionários organizados. Embora contassem com o apoio dos mujiques graças à forte política agrária deles, faltava-lhes a estrutura dos bolcheviques. Eles eram um bando de dedicados fanáticos idealistas e revolucionários românticos que desejavam incitar as massas russas a se contrapor — sem uma natureza precisa ou objetivos claros — ao despotismo bolchevique e ao imperialismo alemão.

Fora de Moscou, um grupo de desafetos dos socialistas revolucionários liderado pelo ex-aventureiro Boris Savinkov tinha organizado a União para a Defesa da Terra Natal e da Liberdade e dado início a novas insurreições em defesa da sofrida Rússia. O Conselho de Comissários do Povo tinha levado o país à ruína, proclamavam eles, "em vez de pão e paz, trouxe fome e guerra". Agitações se espalharam por várias cidades russas importantes, as mais sérias delas sendo em Yaroslavl, 140 quilômetros a nordeste de Moscou pelo Volga, em Murom e Samara. A milícia local e os comissários bolcheviques em Yaroslavl foram mantidos alheios aos tumultos, enquanto estavam em Murom, graças à ajuda de um grupo de oficiais do Exército e de trabalhadores e mujiques locais, mas o sucesso dos insurgentes teve vida curta. Reforços bolcheviques logo recuperaram Murom e Samara, e os homens de Savinkov só conseguiram manter o domínio de Yaroslavl por duas semanas, até que os bolcheviques retomaram a cidade e deram início a prisões em massa. Trezentos e cinquenta "ex-oficiais, contrarrevolucionários e guardas brancos" foram escolhidos e fuzilados em represália.

No decorrer das poucas e confusas horas que se seguiram ao assassinato de Mirbach, com o qual os socialistas revolucionários dissiparam todas as suas chances políticas, a Brigada Armada Letã foi convocada e reagrupada. Nas primeiras horas da manhã de 7 de julho, ela iniciou um contra-ataque aos redutos dos socialistas revolucionários, o que resultou em quatro dias de batalhas pelas ruas antes de os bolcheviques afinal esmagá-los. Em sua declaração oficial, o governo de Lenin atribuiu a culpa pelo assassinato de Mirbach aos "agentes do imperialismo russo-anglo-francês" e outros contrarrevolucionários. Os alemães, por sua vez, agora requisitavam o direito de enviar um batalhão de infantaria a Moscou para proteger a embaixada deles e seus expatriados em solo russo. No Kremlin, Lenin e seus colegas trabalhavam para tentar minimizar os danos ao máximo, temendo represálias alemãs e possivelmente até uma invasão. Eles também deram início a uma resposta rápida e brutal ao levante dos socialistas revolucionários. Em alguns dias, socialistas revolucionários de sovietes regionais de toda a Rússia foram removidos de seus cargos; 13 dos cabeças do motim em Moscou foram fuzilados sem julgamento. Spiridonova foi detida e mandada para a prisão. O governo bolchevique, como Lenin mais tarde admitiu em um telegrama para Stalin, "esteve a um fio de cabelo de distância da guerra". Após derrubar toda oposição sem nenhuma misericórdia, Lenin resolveu arrochar o controle político central. A partir de então, o Comitê Executivo Central iria "carregar o fardo da revolução sozinho", o que significava fechar postos militares e impor o controle comunista sobre todas as instituições governamentais, em particular o Exército. Agora eles voltariam suas atenções para os brancos e os tchecos na Sibéria, e também para a resolução de como lidar de uma vez por todas com os vários Romanov em cativeiro.

Assim, uma nova ameaça vinda de fora poderia exacerbar a qualquer momento a precária situação política russa. Naquela tarde, a milhares de quilômetros dali, na Casa Branca, em Washington, o presidente Woodrow Wilson afinal decidiu, após muita pressão de seus aliados britânicos e franceses, demonstrar um apoio concreto às legiões tchecas na Rússia, assim como enviar uma missão de ajuda ao povo russo. Um conselho aliado de guerra realizado em Versalhes no dia 2 de julho pediu pela intervenção dos Estados Unidos para expandir a reconstrução do insuficiente front oriental e trazer os russos de volta à guerra contra "os boches". Mas este era um passo político muito grande para o democrático e idealista Wilson, que estava relutante em intervir desta maneira. Em março, ele tinha concordado com uma pequena e simbólica presença norte-americana em Murmansk para ajudar a proteger o investimento de um bilhão de dólares em armas e equipamentos que percorriam a ferrovia Transiberiana, enviados para auxiliar a Rússia na guerra contra os alemães. Contudo, agora, com a Rússia fora da guerra no front oriental e o governo bolchevique fazendo negócios de maneira contínua com os alemães, além do inesperado sucesso militar das legiões tchecas à medida que marchavam em direção ao Ocidente, Wilson resistiu a enviar 5 mil soldados norte-americanos para Arkhangelsk, no norte da Rússia, e 8 mil para Vladivostok, no Extremo Oriente. Ele gostava de pensar que sua ação era majoritariamente em ajuda da romântica luta dos tchecos para estabelecerem sua nação, porém mais tarde ele corrigiu sua visão, com a esperança de que as legiões pudessem se transformar na liderança de uma poderosa força de regeneração política na Rússia e dar início a um governo democrático. As tropas norte-americanas que agora estavam a caminho da Sibéria ofereceriam ajuda econômica para apoiar o direito de o povo russo determinar seu futuro diante da ditadura bolchevique. Notícias sobre os avanços das legiões chegaram a Murmansk em maio e junho, e as de uma possível invasão aliada, em julho, o que teve alguma influência na revolta dos socialistas revolucionários. Em resposta, temerosos com relação a uma grande intervenção aliada na Rússia, os bolcheviques intensificaram sua campanha de terror por intermédio da Cheka.

Em Ecaterimburgo, uma série de temporais no dia 6 de julho proporcionou um resfriamento muito bem-vindo nos abafados cômodos do primeiro andar da casa Ipatiev. O meticuloso Yurovsk devolveu o relógio de Nicolau em um estojo de couro. Tinha sido achado em um dos quartos de serviço no andar inferior, após ser furtado por um dos guardas. Uma colher de prata com o brasão imperial, achada no jardim, com certeza tendo sido escondida ali depois de ser roubada, também foi devolvida. O marasmo insuportável daquele dia fora parcialmente rompido por duas mulheres enviadas pelo soviete local para lavar o chão e os aposentos. Nicolau estava devorando o sétimo volume das obras completas de Mikhail Saltykov-Shchedrin; Alexandra havia se permitido o agora um tanto raro luxo de tomar banho. Estava tudo em ordem. A vida estava tediosa como sempre em Ecaterimburgo.

Porém, Yakov Yurovsk tinha outros planos. Apesar de toda a sua aparente preocupação com o bem-estar dos Romanov, ele havia tomado uma decisão importante: nesse dia ele recolocou a velha metralhadora Colt no posto de guarda nº 9, no sótão, e disponibilizou outra bem mais rápida e eficiente, a Maxim, uma arma aperfeiçoada pelos britânicos durante a Segunda Guerra dos Bôeres e que disparava quinhentas cápsulas por minuto. Sem dúvida uma medida de segurança necessária, tendo em vista a aproximação dos tchecos e os rumores sobre possíveis tentativas de resgate, mas também um sinal do endurecimento da situação pelos bolcheviques, que resolveram que não deveria existir qualquer esperança com relação a uma possível fuga da família Romanov.

5

Meninas de vestidos brancos

7 DE JULHO DE 1918, DOMINGO

Os Romanov acordaram para um dia ensolarado e brilhante em 7 de julho, um domingo. Na verdade, o clima estava tão bom, com o ar "agradável" e não muito quente, que, pela primeira vez em 15 dias, Alexandra se arriscou a ir para o jardim com a família. Foi o principal destaque de um dia movimentado, sobretudo para as quatro irmãs. A visão da mãe doente do lado de fora aproveitando o sol, em vez de estar fechada dentro de casa com dor de cabeça ou qualquer outro problema, provavelmente alegrou seus corações. Havia muito tempo que os sofrimentos de Alexandra — reais e imaginários — eram companheiros constantes da vida delas. As quatro irmãs nunca entenderam a mãe muito bem. "Oh, se você soubesse como é difícil conviver com as doenças de mamãe", Tatiana falou sem rodeios a Rasputin nove anos antes. Elas tiveram que conviver com isso desde muito pequenas, mas a situação piorou depois do nascimento do irmão e as muitas crises de sua frágil saúde. A dor que elas experimentavam por estarem sempre envolvidas com os sofrimentos da mãe foi um peso enorme que as jovens e carinhosas irmãs Romanov tiveram que carregar. Mas elas eram muito espertas e recorreram às suas próprias forças e ao profundo afeto que tinham umas pelas outras. Criaram seus próprios mecanismos de defesa ao se unirem para formar uma lealdade extrema entre elas e uma determinação de sempre dividir o fardo de ajudar a mãe e o irmão.

Uma após a outra, Olga, Tatiana, Maria e Anastasia se revezavam atentamente em torno de Alexandra, a todo instante por perto, sempre temendo ofendê-la ou perturbar seu frágil equilíbrio. Contudo, na condição de garotas em pleno crescimento, elas também ansiavam pela energia, pelo tempo e por um real envolvimento da mãe com elas. Alexandra as amava muito; elas sabiam disso, é claro. Mas se ela pudesse ficar bem e sã como todas as outras mães, as irmãs ficariam bastante felizes, era tudo que mais queriam. Já havia muitos dias que ela não se juntava às filhas no café da manhã, no almoço ou no jantar. O chá da tarde era sacrossanto: a czarina gostava de tomá-lo a sós com o marido, de forma que as meninas só participavam se fossem especificamente convidadas. Durante as frequentes crises de Alexandra e as inevitáveis preocupações de Nicolau com questões de Estado, as garotas eram deixadas por conta própria muitas e muitas vezes. Alexandra compartilhava da opinião de muitos de seus parentes vitorianos, que acreditavam que as crianças devem encontrar seus divertimentos.

A ausência de Alexandra da vista de todos era tamanha, mesmo no círculo familiar, que as irmãs diversas vezes se viam obrigadas a escrever bilhetes expressando o amor delas, pedindo desculpas por serem travessas, perguntando como a mãe se sentia — bilhetes repletos de anseios silenciosos. Havia sempre a esperança de que, no dia seguinte, talvez pudessem ver a mãe não na cama, mas na sala de estar e sem dor de cabeça. O sofrimento era a cruz de Alexandra, e tinha que ser aceito sem questionamentos ou reclamações. Este era um fato que a czarina sempre reforçava para as filhas; mas significava que elas também precisavam carregar a cruz da mãe, com suas mentes jovens ocupadas com o mórbido fatalismo dela sobre resistência, dever e submissão cristã.

Por um breve período, as irmãs Romanov tiveram uma preceptora, mas as opiniões de Alexandra sobre educação eram tão rígidas que ela abandonou a ideia, preferindo ela própria supervisionar a educação das filhas com a ajuda de duas criadas, uma russa e outra inglesa, e um grupo de tutores liderado pelo professor de francês, Pierre Gilliard. Assim como seus pais, as meninas foram submetidas a uma rígida programação de estudos e exercícios físicos, tudo monitorado de perto e aprovado por Alexandra, que insistia em impor seus valores morais e religiosos o tempo todo. As meninas aprendiam a costurar, tinham um professor de desenho, um de matemática e um instrutor religioso. A literatura e a língua russa também estavam incluídas no currículo, assim como as aulas de inglês com o tutor Sydney Gibbes. Como uma nobre vitoriana, Alexandra não achava nada bom mimar suas filhas: elas dormiam em camas de acampamento, assim como Nicolau enquanto era jovem, e eram educadas para que mantivessem suas coisas sempre arrumadas e para que nunca se sentassem ociosas, sem nada para costurar, tricotar ou bordar. Elas recebiam apenas uma pequena quantia em dinheiro por mês para gastarem com despesas miúdas e usavam as roupas que herdavam umas das outras. Os quartos delas continham somente a mobília necessária, a única indulgência eram as fotos da família que elas prendiam nas paredes e os vários ícones religiosos colocados acima de suas camas. Também eram treinadas para serem indiferentes ao frio; seus quartos eram muito bem ventilados e elas tomavam banhos frios de manhã. Os banhos quentes eram permitidos ao entardecer, com o único luxo que lhes era concedido: fragrâncias feitas pela Coty, de Paris. Rosa para Olga, jasmim para Tatiana, lilás — uma entre as muitas favoritas dela — para Maria e violeta para Anastasia. Quanto às joias, Alexandra presenteava cada filha, em seus aniversários, com uma pérola e um diamante, para que quando atingissem 16 anos tivessem pedras suficientes para dois colares simples.

Exceto pelas viagens ocasionais a São Petersburgo com a adorada tia Olga aos domingos durante os anos 1906-14, onde tomavam chá, jogavam e dançavam na casa dela, além de conhecerem os oficiais mais estimados do *entourage* imperial, as garotas tinham poucas oportunidades para fazer amigos. A mãe delas achava que a maioria das pessoas na corte oferecia uma influência perniciosa para as mentes das filhas e por isso deveriam ser evitadas; assim, só em algumas ocasiões as meninas podiam brincar com os filhos dos membros do *entourage* imperial. Entretanto, mesmo entre seus parentes mais próximos, elas não tinham amigos de verdade. Mas gostariam muito de tê-los, para trocar confidências e dividir risadas, assim como ansiavam por sinais de amor e calor de uma mãe que com muita frequência estava fisicamente incapacitada ou absorvida com o filho enfermo. Com poucos protestos, as irmãs Romanov cresceram acostumadas com o isolamento e a relativa austeridade de suas vidas, o que as tornou autossuficientes ao extremo, voltadas umas para as outras, para suas bonecas chinesas, seus cães de estimação e suas câmeras Box Brownie. Elas se fotografavam o tempo todo e compartilhavam tudo. Pareciam totalmente unidas, apesar das inevitáveis pequenas desavenças ocasionais e da rivalidade pela atenção dos parentes, algo valorizado naquele mundo limitado em que viviam. Eram meninas cheias de vivacidade e energia, curiosas a respeito da vida, que sempre desejavam seguir em novas direções. Contudo, acabaram vivendo dentro de uma bolha, o que aceitaram sem reclamar, como o conde Mosolov, chefe da Chancelaria Imperial, observou: "Honestamente, não creio que algum dia passou pelas cabeças das grã-duquesas que a vida poderia ser diferente do que era."

Tal isolamento inevitavelmente as deixou um pouco inocentes para suas idades e mais vulneráveis em termos emocionais. Isso significava que, quando tinham que sair para a sociedade, elas às vezes pareciam tolas e ingênuas e tendiam a conversar entre si como se fossem garotinhas. A submissão da individualidade nessa coletividade formada pelas quatro era tamanha que, quando as irmãs mandavam cartas para tutores ou parentes, muitas vezes faziam isso em conjunto e assinavam "OTMA" — a primeira letra do nome de cada uma —, um sinal de união e também, provavelmente, de uma aceitação passiva do anonimato individual delas. Mesmo na maneira nada controversa e elegante em que posavam para as fotos publicitárias, a identidade delas como um grupo foi reforçada quando o irmão nasceu e se tornou o centro das atenções. Seus diários registravam, na maioria das vezes, atividades coletivas. Com o início da puberdade, houve momentos em que as garotas resistiram ao controle da mãe sobre qualquer pensamento ou vontade. "Elas raramente entendem meu ponto de vista a respeito das coisas, mesmo as mais triviais", observou Alexandra exasperada. "Sempre se consideram certas, e quando falo como fui educada e como as pessoas devem ser educadas, elas não conseguem entender" — em outras palavras, elas estavam crescendo e buscando seus próprios caminhos como jovens mulheres.

MENINAS DE VESTIDOS BRANCOS 115

Se a revolução não tivesse ocorrido, talvez tivessem começado a afirmar suas personalidades individuais de maneira mais contundente. Mas agora, como prisioneiras em uma casa de Ecaterimburgo, as irmãs eram forçadas a se voltarem ainda mais umas para as outras, numa proximidade constante com o terrível declínio físico da mãe e sua religiosidade a cada dia mais obsessiva.

Mas é claro que houve dias felizes em que elas viram a mãe sorrir — os dias calmos e azuis de verão durante aquele período idílico antes de a Primeira Guerra Mundial mudar a Europa para sempre. Como toda família comum, eles tiveram muitos verões alegres entre 1904 e 1913, vivendo a vida de conto de fadas dos ricos e privilegiados: longas férias de verão na companhia de seus muitos primos reais, integrantes de uma extensa dinastia real que seria despedaçada pela guerra e pela revolução. Os verões a bordo do iate imperial, navegando pelos fiordes da Finlândia, ou no palácio deles todo feito de mármore italiano branco em Livadia eram sempre os melhores para as irmãs Romanov. Na Crimeia, elas viviam em um paraíso virtual, aproveitando o clima subtropical do estado imperial, cercadas por florestas de pinheiros, montanhas e vales, com penhascos escarpados que desciam até o lindo mar azul, o ar denso com o cheiro das *buganvílias*, das rosas e das madressilvas. Olga, a mais velha, não tinha nenhuma dúvida: "Em São Petersburgo, nós trabalhamos, mas, em Livadia, nós vivemos." Livadia exalava vida; não foi por acaso que eles escolheram esse palácio como local de exílio após a revolução, um desejo jamais atendido. Para as meninas, a vida em Livadia ou no iate imperial era uma grande diversão: saborear os prazeres dos piqueniques, de catar cogumelos, caminhar, tomar banhos de mar, jogar tênis, patinar, jogar bocha e de dançar no deque do *Shtandart* com os divertidos oficiais mais jovens — era tudo tão mágico em comparação com a vida desinteressante no Palácio de Alexandre.

Quando estavam na Crimeia, faziam visitas às suas primas Romanov na propriedade de sua tia Xênia, que ficava ali perto, em Ai-Todor, algo de que elas também gostavam bastante. As quatro jovens irmãs eram muito fotografadas durante esses períodos de férias, sempre vestidas de forma parecida, muitas vezes de vestidos de cambraia branca, musselina e rendas de Bruxelas, com seus cabelos presos para trás por laços azuis, ou usando lindos chapéus de verão com abas largas decorados com babados ou flores. Essas fotos eram utilizadas para promover esta suposta perfeição e inocência das jovens russas como o arquétipo da beleza feminina russa, descendentes modestas e charmosas de pais que viviam segundo os valores da vida da família cristã. Em sua simplicidade, sempre sorrindo e vibrantes, as irmãs Romanov e o lindo irmão mais novo transmitiam a fantasia de um mundo imperial em que o sol sempre brilhava e em cujo coração as quatro garotas seriam jovens e incorruptíveis para sempre — as fadas vestidas de branco que fariam companhia ao eterno Peter Pan que seria o czaréviche.

Em 1913, à época das celebrações do terceiro centenário da dinastia, quando as crianças Romanov desfilaram em público pela primeira vez para um povo fanático, as virtudes das filhas do czar foram muito exaltadas — de novo coletivamente, em livros comemorativos como a popular hagiografia do czar feita por Georgy Elchaninov —, dizendo-se que elas haviam sido "treinadas para serem donas de casa boas e cuidadosas", e que tinham prazer em ser gentis com os outros e que eram dotadas dos encantos sociais da pintura, de tocar piano e tirar fotos. Mas o que elas eram de verdade, como indivíduos?

A pequena diferença de idade entre Olga, Tatiana, Maria e Anastasia não correspondia à acentuada diferença de personalidade que a imagem pública delas atenuava. Havia apenas seis anos entre a mais velha e a caçula, mas uma distância suficiente para que elas naturalmente gravitassem em dois pares, ficando conhecidas na família como "o par maior" e "o par menor", dividindo seus quartos de acordo com essa separação. A divisão em dois grupos conforme as idades se tornou ainda mais evidente quando as duas mais velhas (entre as quais a diferença era de 18 meses), que já tinham alcançado os 16 anos, começaram a prender seus cabelos em ondas elegantes, enquanto as duas mais novas ainda usavam os cabelos soltos.

O czar e a czarina ficaram maravilhados quando Olga nasceu, no dia 15 de novembro de 1895 — mesmo com o fato de que por muitos anos o primeiro filho dos casais Romanov fosse sempre um menino. Ainda havia muito tempo para que tivessem um herdeiro masculino. De um bebê grande, gordo e cativante, Olga se transformou em uma menina comum e séria. Mas então, aos 15 anos de idade, de uma hora para outra ela voltou a ficar bonita. Não era de uma beleza como a de suas irmãs Tatiana e Maria, mas era um tanto feminina e delicada. Com o rosto redondo, nariz arrebitado ("minha humilde afronta", como ela o chamava), pômulos ressaltados, cabelos castanho-claros e olhos azuis, Olga Nikolaevna Romanova era a epítome da beleza eslava. Ela nunca teve consciência de seu charme e não prestava muita atenção à sua aparência. Desde o princípio, foi uma pessoa para quem a vida interior era mais importante, isso ficava evidente em seu rosto. É verdade que em seu exterior ela tinha um charme gentil e tímido e uma doçura toda própria — como a de seu pai, com quem ela mais se parecia. No entanto, de todas as irmãs ela era a mais séria e pensativa — uma sonhadora melancólica que amava poesia e música. Contudo, ao contrário de seu pai, ela jamais aprendeu a controlar suas explosões e seu temperamento às vezes violento, sendo em algumas ocasiões impetuosa e caprichosa. Sua inteligência feroz fazia com que de vez em quando ela fosse muito sincera no que dizia, de forma que seus comentários podiam ofender. Por ser a mais velha, esperava-se que ela fosse um exemplo para as outras, e com o passar do tempo ela ocasionalmente se desentendia com a mãe e ficava muito mal-humorada quando era repreendida. Alexandra tinha problemas para controlar o comportamento dela, exortando-a a "tentar ser um exemplo do que uma menina boa e obediente deveria ser" para as irmãs mais novas. Mas Olga tinha dificuldades para se manter na linha e, à medida que ficava mais velha, começou a tentar afirmar sua independência, tendendo a se refugiar em seu próprio mundo interior. Sempre houve, desde que era bem pequena, uma expressão profunda e às vezes perdida em seu rosto, e com os anos isso se tornava mais acentuado nas fotografias que tiravam dela.

É possível que alguém diga que sua testa alta fosse um sinal de sua inteligência e de sua esperteza natural. De todas as irmãs ela era a mais astuta e madura em termos intelectuais. Ela aprendia rápido, sendo uma ótima pianista, boa em idiomas e uma leitora ávida. E era absolutamente devotada a seu pai. Não existia nada que Olga gostasse mais do que fazer longas caminhadas com o pai sempre que uma oportunidade aparecia, muitas vezes segurando-o pelo braço; ela também o acompanhava com muita frequência à igreja, sentando ao lado dele. Não há dúvida de que ela, entre todos os filhos, era a que tinha mais noção da crueldade e das injustiças do mundo exterior. Depois que fez 20 anos, ocasião em que lhe foi permitido acesso à sua considerável fortuna (deixada para os netos por Alexandre III), passou a fazer doações regulares para os pobres e necessitados. Ela parecia profundamente incomodada com a situação da Rússia após o início da guerra e depois com a revolução em 1917. Era muito sensível com relação à posição do pai; lia os jornais regularmente e não conseguia entender por que o sentimento do país tinha se voltado tanto contra ele. Em 1915, com a mãe e com Tatiana, passou por treinamentos e depois cuidou de feridos de guerra. Mas Olga não conseguia suportar o estresse e a angústia, tampouco a visão da mãe se cansando até a exaustão, e então foi forçada a assumir tarefas mais leves. Sua saúde piorou durante os anos de guerra; ela ficou mais magra e pálida, tendo sofrido de anemia e sendo vítima de ataques de depressão. Olga estava visivelmente preocupada com o futuro da família depois que eles foram mandados para Tobolsk; ao deixar a casa do governador, falou à baronesa Von Buxhoeveden que eles tinham sorte de ainda estar vivos e unidos novamente. Agora, em Ecaterimburgo, até mesmo os guardas percebiam quão triste e cansada ela parecia na maior parte do tempo e como, durante os períodos de exercício no jardim, ela se mantinha à parte, com seu olhar melancólico voltado para o nada.

Para os padrões reais da época, Olga já deveria ter se casado havia algum tempo. Mas em termos emocionais e sexuais ela ainda era muito inocente aos 22 anos. A mãe se torturava ao pensar no futuro da filha: "Oh, se ao menos minhas filhas conseguirem ser felizes em suas vidas conjugais", escreveu ela a Nicolau. O casal tinha noção da sorte que teve por ter tido a oportunidade de se casar por amor, e é difícil acreditar que Alexandra estivesse preparada para sacrificar suas filhas a conveniências dinásticas ou políticas, como sua avó, a rainha Vitória, fizera. Em 1916, Alexandra apresentou suas ansiedades para a filha mais velha em uma carta: "Olho para minha já adulta Olga e meu coração se enche de emoção, imaginando o que estará reservado para ela — qual será a sorte dela." Rumores sobre alianças dinásticas oportunas com as famílias reais grega, sérvia e romena começaram a circular assim que Olga fez 16 anos, em 1911, em cuja ocasião ela teve seu baile de debutante — a única festa real organizada especialmente para as duas filhas mais velhas. Em 1912, houve algum falatório a respeito de um possível casamento com Dimitry, primo de seu pai, mas Alexandra vetou a ideia após ouvir relatos acerca da inaceitável vida particular dele. Por alguns meses no final de 1913, Olga teve uma paixão por Pavel Voronov, um oficial júnior do *Shtandart*. Contudo, é claro que jamais houve qualquer chance de ela se casar com um plebeu, e, em dezembro do mesmo ano, Pavel tornou-se noivo de uma dama de companhia. Por fim, no outono de 1913, ela foi apresentada ao príncipe Carol da Romênia quando o iate imperial fez uma visita real a Constança. Olga não foi muito receptiva ao príncipe e vetou sem rodeios qualquer sugestão de casamento. Ela jamais deixaria seu país ou abandonaria a Igreja Ortodoxa Russa. "Eu sou e desejo continuar sendo russa", disse ela de maneira enfática, e nada a faria mudar de ideia. Carol, como se revelou mais tarde, preferia a mais nova e mais bonita Tatiana, porém não conseguiu impressioná-la com seu comportamento grosseiro e sem tato. Encontrar um marido adequado para Olga na Rússia, isso sem mencionar as outras três filhas (que podiam muito bem compartilhar dos sentimentos da irmã), seria ainda mais difícil depois que todos os grão-duques russos foram desconsiderados. Enquanto isso, Olga continuava atraída pelos candidatos mais óbvios com os quais tinha contato nos anos de guerra — os soldados feridos dos quais cuidava.

Não existia qualquer dúvida de que uma união de grosso calibre seria o destino da segunda filha Romanov, Tatiana, nascida em 11 de junho de 1897. Ela era de uma beleza clássica, uma noiva perfeita para aqueles que procuravam casamentos dinásticos convenientes na Europa. Ainda mais alta do que a mãe, esbelta e com a cintura fina, era a mais elegante e "aristocrática" na aparência das quatro irmãs, e exalava de corpo inteiro um senso total de seu status. As pessoas observavam com frequência que ela se comportava "como a filha de um imperador". Ciente de sua beleza, sempre com uma expressão fixa e desafiadora no olhar, Tatiana parecia imperiosa sem precisar se esforçar para tanto. Seu perfil era delicado; com a pele clara, quase como o mármore, cabelos castanhos, uma aparência levemente mística e asiática e olhos verdes escuros, ela era naturalmente fotogênica. Adorava roupas e as usava de maneira graciosa e elegante, assim como com um ar ligeiramente coquete. Mas tinha muito da mãe em seu temperamento: era reservada, inescrutável, menos espontânea e aberta do que as irmãs e também menos inclinada a sorrir. Os guardas da casa Ipatiev às vezes a achavam "presunçosa"; Tatiana volta e meia dava olhares desaprovadores para eles quando se deparava com comportamentos rudes, embora ao dar um sorriso para pedir qualquer favor, ela desarmasse qualquer um deles.

Tatiana era por natureza romântica e sonhadora, mas nunca deixou que isso interferisse em seus talentos práticos ou em seu senso de equilíbrio, de modo que era bastante concentrada e de vez em quando obstinada com relação ao que desejava. Ainda que fosse mais nova do que Olga, era a mais forte das duas e sua irmã mais velha com muita frequência recorria aos seus julgamentos. Por trás dos traços frágeis de Tatiana havia uma força e uma energia física que ela manifestava constantemente em casa ou em suas habilidades organizacionais. Tinha o dom de cuidar de casa e de tomar decisões, assim como era muito boa em trabalhos manuais. Sua mãe viria a contar muito com ela como amiga, enfermeira e conselheira. Tatiana estava sempre pronta para cuidar dos irmãos menores quando a mãe estava doente ou indisposta. Yurovsky achava que ela era de longe "a mais madura" das quatro garotas e que era a líder natural delas, que volta e meia ia até seu escritório requisitar alguma coisa em favor da família. Estava sempre a postos para fazer o que lhe fosse pedido e perseverava para conseguir, tanto que suas irmãs a apelidaram de "a governadora" por sua determinação.

Qualquer um percebia que Tatiana era a favorita da mãe, e que era completamente dedicada a ela, ainda que também conseguisse favores do pai quando precisava. Apesar disso, há, em suas cartas para a mãe durante a infância, pedidos "corteses" de desculpas (um termo pouco usual para uma criança de sua idade escrevendo para a mãe) por alguma má conduta, sempre deixando transparecer grande ansiedade. Ela tinha um medo constante de enfrentar a desaprovação da mãe, estando sempre desesperada por seu amor e seu tempo, por isso aprendeu a se aproveitar dos humores e das demandas de Alexandra. Tatiana se tornou o "conduto para todas as decisões da mãe", e além disso se mostrava sempre mais alinhada do que as irmãs com as superstições e a religiosidade da mãe, sendo também mais rápida para internalizar os chavões dela.

Pobre pequena Maria. Quando ela nasceu, no dia 27 de junho de 1899, todos, inclusive sua avó, a imperatriz viúva, murmuraram intimamente lamentando o nascimento "da terceira menina para o país". A avó sabia muito bem, da mesma forma que o casal real, "que um filho seria mais bem-vindo do que uma filha". Porém, Mashka, como ela era afetuosamente conhecida na família, logo conquistou o coração de todos. Era encantadoramente bonita, e de uma maneira tipicamente russa, com uma compleição perfeita, uma boca grande e cabelos castanho-claros volumosos e brilhantes. Abaixo das lindas sobrancelhas negras brilhavam os maiores e mais luminosos olhos azuis acinzentados. Todo mundo reparava neles, o que lhes renderam o apelido de "os pires de Maria". Ela não se destacava particularmente nos estudos, mas tinha um dom para pintar aquarelas. Era meio desajeitada e também ganhou um divertido apelido da família: "totozinho gorducho" (*le bon gros tutu*). Simples, plácida e obediente, Maria permitia que sua irmã mais nova, Anastasia, a quem ela adorava, mandasse nela. De todas as irmãs, ela era a que mais tinha jeito para ser mãe, a de quadris mais largos, com um coração verdadeiramente doce. Não há dúvida de que seria uma das primeiras das irmãs a casar e que seria uma ótima mãe, pois amava crianças pequenas e tinha uma maneira instintiva de lidar com elas. Maria exalava saúde e energia, e parecia se contentar com pequenas coisas, de forma que tinha poucas reclamações a respeito da vida um tanto calma que a família levava em Tobolsk. Ela até mesmo disse ao comandante de lá, Vasily Pankratov, que agora a família estava mais saudável e ativa fisicamente do que durante todos os anos na corte.

Em razão de sua habilidade natural para cuidar dos outros, Maria era a irmã que com maior frequência ficava dentro de casa com a mãe enquanto os outros estavam do lado de fora — "minhas pernas", era como a czarina a chamava muitas vezes. Ela foi a escolha óbvia para acompanhar Alexandra quando ela e Nicolau foram transferidos para Ecaterimburgo. E Maria era igualmente paciente e cuidadosa com o irmão. Ela era estoica; tinha reservas incríveis de energia e era forte o bastante para carregar Alexei quando necessário. Mas houve vezes, quando mais nova, em que ela teve crises de insegurança e ansiedade por ser a terceira filha e se sentir pouco amada. Talvez tenha sido a preocupação cada vez maior da mãe com a própria saúde e com a de Alexei que tenha feito com que Maria passasse a puxar conversa e procurar companhia com os guardas que cercavam a família — primeiro em Tsarskoe Selo, depois em Tobolsk e Ecaterimburgo. Insegura e *naïf*, ela era muito inocente quando estava entre homens. Seu comportamento insinuante e brincalhão às vezes provocava indiretas injustificadas dos guardas em suas respostas; a curiosidade sexual era algo perigoso em garotas como as Romanov, que estavam muito mal preparadas para o mundo. E isso ficava cada vez mais evidente à medida que elas cresciam e experimentavam as mudanças hormonais da adolescência sem terem homens à sua volta que não os guardas. Os homens do Destacamento Especial na casa Ipatiev claramente gostavam mais de Maria do que de qualquer outro membro da família: ela tinha uma simpatia natural e um sorriso encantador. Mesmo Yurovsky mais tarde observou que "sua personalidade sincera e modesta" havia impressionado a todos eles. E Maria de fato adorava estar entre pessoas comuns, conversar com elas sobre suas vidas, suas casas e seus filhos; ela até mostrou seus álbuns de fotos para os guardas. Seus flertes com os guardas tiveram consequências cujos detalhes são muito superficiais, porém está claro que nas últimas semanas em Ecaterimburgo sua mãe e sua irmã mais velha pararam de falar com ela por causa de seu comportamento. Alexandra desaprovou a confraternização de Maria com os guardas da casa Ipatiev desde o princípio e constantemente sussurrava severas admoestações para ela. Mas aos 19 anos, Maria, agora consciente de sua sexualidade e de seu charme, estava apenas se comportando como a maioria das meninas de sua idade, uma vez que ela não partilhava mais do desinteresse de sua irmã mais nova por homens.

Em 18 de junho de 1901, no dia em que a sofredora Alexandra lutava para dar à luz outro bebê grande — e mais uma vez menina —, Nicolau acendeu um cigarro e saiu para uma caminhada pelo parque em Tsarskoe Selo. "Meu Deus! Que desapontamento!", sua irmã Xênia escreveu no diário dela. Sendo um mestre em esconder seus pensamentos, Nicolau conseguiu não demonstrar seus verdadeiros sentimentos e passou a amar sua travessa e geniosa quarta filha tanto quanto as outras três. Era evidente desde o início que Anastasia seria a criança rebelde da família. Embora fosse a filha mais nova, ela compensava isso sendo a mais imperiosa e desinibida. Era muito menos subserviente ao controle dos pais ou ao anonimato das irmãs, vivendo em seu próprio mundo com amigos imaginários, monstros e personagens cômicos. A curiosidade e a vivacidade irreprimíveis de Anastasia eram tamanhas que sua tia Olga, irmã do czar, a chamava de *shvybzik* (uma expressão carinhosa originária do alemão *Schwipsig* que significa "pequena alegre"). E pegou, pois era muito apropriado para a menina, que era desastrada, bagunceira, barulhenta e nada convencional. Seu amor pela vida era tão contagioso que sempre redimia suas intermináveis travessuras, embora às vezes ela pudesse ser áspera e maldosa durante brincadeiras com outras crianças — um fato ressaltado por alguns de seus primos.

De todas as irmãs, Anastasia talvez estivesse destinada a ter a vida menos convencional: ela sempre corria riscos e encarava tudo como se fosse uma aventura. Uma típica moleca travessa, ela era muito ativa e ignorava os avisos para ter cuidado com suas costas frágeis e subia todas as árvores com os meninos mais ágeis. Ela herdou os olhos azul-centáureos dos Romanov, exatamente como os do pai. Mais baixa do que as irmãs, faltava-lhe a graça natural delas, de modo que com o início da puberdade ela se tornou desajeitada e ficou cheia de espinhas. A família arrumou outro apelido para ela: *kubyshka* ("bolinho assado"); mesmo na casa Ipatiev, apesar do racionamento, ela era descrita com frequência como sendo rechonchuda. Na verdade, tudo a respeito de Anastasia era pouco gracioso e nada convencional, até mesmo sua postura, que carecia da elegância de uma grã-duquesa russa, o que fica evidente em uma série de fotografias com suas irmãs, que sempre apareciam de maneira muito mais nobre. Entretanto, algumas pessoas conseguiam enxergar a linda menina que um dia ela se tornaria quando perdesse as gordurinhas da infância.

A natureza extremamente viva e imprevisível de Anastasia fazia com que ela estivesse sempre inquieta; ela queria agarrar a vida pela garganta e detestava sentar para estudar. Seus pensamentos eram tão caóticos e indisciplinados que ela achava impossível se concentrar, mesmo quando escrevia uma carta — as para seu pai estão cheias de expressões engraçadas e peculiares e de piadas secretas compartilhadas somente por eles dois, refletindo uma personalidade nada convencional. "Eu apenas agarro tudo que entra na minha cuca", escreveu ela em maio de 1918.

Anastasia deve ter sido uma má aluna, mas não era desprovida de inteligência natural, e Sydney Gibbes, que a considerava muito imprevisível e difícil de ser ensinada, ficava impressionado com o autocontrole e a disposição dela. Provocadora e muito hábil para fazer imitações, Anastasia usava sua inteligência natural para observar os outros: ela olhava e absorvia as particularidades físicas e os maneirismos da fala das pessoas à sua volta, entretendo todo mundo com suas vozes e caretas cômicas ao longo do severo inverno que passaram na casa do governador em Tobolsk, fazendo apresentações teatrais amadoras e truques de circo com Jemmy, o cachorro de estimação de Tatiana. Ela era absolutamente destemida e se recusava a ser intimidada pela falta de sorte e pelas restrições do aprisionamento. Mesmo em Ecaterimburgo continuava irreprimível: botava a língua para fora quando Yurovsky virava de costas e divertia os guardas com suas quedas propositais e suas brincadeiras. Seu humor subversivo talvez fosse um mecanismo de defesa, um escudo para sua agitação interior e sua apreensão. Talvez fosse um sinal de algo mais profundo, mais altruísta. Sua tia Olga sempre dizia que Anastasia tinha um coração de ouro, e em seu espírito livre ela trabalhava duro para dissipar os medos e ansiedades em torno dela. Enquanto já fazia muito tempo que sua irmã Olga havia se retraído, a corajosa Anastasia permanecia sempre na ofensiva. Yurovsky observou que, de todas as irmãs, ela era a mais bem adaptada à vida em confinamento.

Ao longo de todos os anos que passaram distantes do mundo, trancadas no Palácio de Alexandre, as irmãs Romanov estiveram presas em uma espécie de distorção do tempo. Porém, os anos de guerra e a responsabilidade cada vez maior depositada sobre a mãe delas, assim como por causa da doença do irmão, depois que Nicolau partiu para o front em agosto de 1915 fizeram com que elas acordassem de repente para o mundo real. A partir desse momento, uma delas sempre dormia junto com a mãe no quarto dela — Alexandra não era forte, não podiam deixá-la sozinha. Então, instigado pela mãe, "o par maior", Olga e Tatiana, passou por treinamentos de enfermagem, enquanto "o par menor" foi recrutado para o trabalho de caridade e para visitar os hospitais que abrigavam os feridos. A guerra e depois a revolução afinal fizeram com que elas, em diferentes graus, se tornassem mulheres — corajosas, dignas e mutuamente prestativas diante das adversidades. O tio delas, o grão-duque Alexander, viu Olga e Tatiana pela última vez no inverno de 1916-17 em seus uniformes da Cruz Vermelha e com suas toucas de enfermeira, parecendo extremamente simples e sérias, com seus rostos fechados.

E agora, na casa Ipatiev, as quatro garotas estavam sendo forçadas a contemplar o próprio sofrimento e o futuro incerto da família. Elas se esforçavam bastante para esconder suas apreensões umas das outras e para levantar o astral cada vez mais baixo de toda a família. Suas roupas estavam puídas, os famosos cabelos longos e brilhantes agora mal chegavam à altura do queixo — suas cabeças foram raspadas na primavera de 1917, quando ainda se recuperavam do sarampo — e elas estavam longe de se parecerem com as idealizadas meninas de vestidos brancos da máquina propagandista imperial. Olga parecia particularmente envelhecida e preocupada, "como uma triste e jovem heroína com olhos de gazela em um romance de Turgueniev". A baronesa Von Buxhoeveden, que viajou com ela até Ecaterimburgo em meados de maio, observou que a "adorável e animada menina de 22 anos" se tornou "uma mulher de meia-idade triste e apagada". Ainda assim, alguns dos guardas se sentiam atraídos pelas garotas. Aleksandr Strekotin achava que "havia algo muito especial nelas", mesmo com aquelas roupas velhas e esfarrapadas, "algo especialmente doce". Ele acreditava que elas não pareceriam mais bonitas "nem mesmo cobertas de ouros e diamantes".

Naquele último Natal em Tobolsk, em 1917, as irmãs se mantinham valentes para o bem dos pais, mas sete meses depois, em Ecaterimburgo, eles ainda estavam encarcerados, sem qualquer visão do mundo exterior e com suas esperanças de um dia tornar a ver a amada Livadia desaparecendo. Olga parece ter recebido bem e com calma o que ela, em sua profunda fé, acreditava ser o destino deles — essa aceitação passiva era a única resposta possível. Foi o que os pais lhes ensinaram — oferecer a outra face — que talvez explique por que elas permaneceram quietas e sem reclamar, cuidando da mãe e do irmão e ajudando umas as outras a suportar a monotonia e às vezes o desespero de suas vidas com uma falsa bonomia e se protegendo mutuamente. Na ausência de qualquer possibilidade física de escapar à situação em que se encontravam, o amor era a última e única defesa que a família tinha. E não custava muito: apenas um momento de simpatia ou comiseração dos guardas, um deles disse mais tarde, para que as meninas recobrassem o equilíbrio e sorrissem.

Mas quantas vezes as quatro irmãs — de 22, 21, 19 e 17 anos — não devem ter se sentado e olhado para as janelas pintadas de branco, desejando poder ver o mundo além dela pelo menos mais uma vez. Elas ficavam sentadas por horas nos parapeitos das janelas em Tobolsk observando as pessoas passarem, sorrindo e acenando. Contudo, a Rússia que elas tanto amavam agora estava fora do campo de visão delas, um nada distante, tão incerto quanto seu futuro. Naquela noite de 7 de julho de 1918, enquanto uma tempestade violenta caía do lado de fora e limpava a poeira do verão das ruas da cidade e sacudia as já amareladas folhas das árvores do jardim da casa Ipatiev, tudo o que as irmãs Romanov podiam fazer era se sentar, ouvir o barulho da chuva e, quem sabe, refletir, como as três irmãs de Tchekhov fizeram quando depararam com um futuro incerto na pacata e provinciana Perm: "Por que vivemos? Por que sofremos? Se ao menos soubéssemos... ao menos isso."

Em seu desarrumado e enfumaçado escritório do outro lado do corredor, o novo comandante da casa Ipatiev, Yakov Yurovsky, sabia muito bem o que o futuro reservava para as irmãs Romanov. Ele já havia concluído os arranjos para substituir os cada vez mais amigáveis e menos confiáveis guardas internos, trocando os trabalhadores das fábricas locais por homens que ele escolheu pessoalmente entre os integrantes da Cheka de Ecaterimburgo. A partir de então, as três irmãs mais jovens, Tatiana, Maria e Anastasia, seriam proibidas de conversar com os guardas, algo que aliviava o tédio agonizante de suas vidas. Um muro de silêncio estava prestes a ser levantado e o isolamento da família ficaria ainda maior.

6

O garoto com trajes de marinheiro

8 DE JULHO DE 1918, SEGUNDA-FEIRA

Quando os Romanov apareceram para usar o banheiro e o lavatório na manhã de 8 de julho, depararam com estranhos. "Um grupo de letões estava montando guarda dentro da casa", observou Nicolau em seu diário. O frescor do chuveiro pela manhã era confrontado por uma nova e fria atmosfera. Essas novas e sombrias figuras iriam, a partir de então, supervisionar a vida da família na casa Ipatiev, juntando-se aos três guardas antigos da Sysert que integravam o destacamento original de Avdeev — Anatoly Yakimov, Konstantin Dobrynin e Ivan Starkov. Esses três, entretanto, foram designados para vigiar o vestíbulo, não tendo mais acesso aos aposentos dos Romanov, que agora eram uma província reservada aos homens de Yurovsky.

Yurovsky havia requisitado que os novos guardas fossem escolhidos entre integrantes da Cheka dos batalhões voluntários que estavam na fábrica Verkh-Isetsk; ele queria homens que fossem bolcheviques dedicados e que fariam qualquer coisa que lhes ordenassem. Além disso, os novos guardas foram admitidos sabendo que deveriam estar preparados para, se necessário, executar o czar, algo que juraram manter em segredo. Nesse momento nada foi dito sobre matar o restante da família. A fim de evitar a confraternização que ocorreu sob o comando de Avdeev, Yurovsky garantiu uma maior distância emocional entre os guardas e seus vigiados ao escolher principalmente estrangeiros, por isso Nicolau os descreveu como "letões", um termo usado na Rússia para definir alguém de origem europeia mas não russo. Os únicos russos entre eles eram Viktor Netrebin, um rapaz de 17 anos da fábrica Verkh-Isetsk que já havia lutado contra os brancos sob o comando de Dutov, e os irmãos Mikhail e Alexey Kabanov, este um ex-soldado da Guarda Imperial.

Adolf Lepa, o líder dos novos guardas, era lituano; um homem chamado Jan Tsel'ms, ou Tsal'ms, e que era, de acordo com Yurovsky, provavelmente letão, fora recrutado em um destacamento letão de fuzileiros comunistas que chegara a Ecaterimburgo no final de junho. Outro estrangeiro era Andras Verhas, que assim como Rudolf Lacher, servente de Yurovsky, era um ex-prisioneiro de guerra austro-húngaro. Verhas e Lacher, da mesma maneira que muitos do tipo deles, foram forçadamente recrutados para o esforço bolchevique de guerra e enviados para trabalhar nas fábricas de munições dos Urais; Lacher foi então mandado da fábrica Verkh-Isetsk para a casa Ipatiev durante o comando de Avdeev para executar algumas tarefas domésticas, como ajudar a manter os samovares cheios, e lá permaneceu.

O propósito de Yurovsky era manter os novos guardas sob seu total controle. Ele os tratava de igual para igual e muitas vezes falava com eles em alemão. Transferiu os antigos membros da guarda interna, exceto Lacher, que até então ficavam alojados no porão da casa Ipatiev para a casa Popov, do outro lado da rua, e os novos homens assumiram seus lugares, comendo as refeições nos aposentos destinados ao comandante. Ainda assim, extraordinariamente, em certa manhã quando estava no jardim se exercitando, Olga reconheceu um dos novos guardas: Alexey Kabanov. Por acaso ele não integrara um dos regimentos da guarda do pai dela? Kabanov, de má vontade, admitiu que sim mas não falou que agora seu posto era no sótão da casa portando uma moderna metralhadora Maxim.

A chegada dos novos guardas teria fascinado o sempre curioso Alexei, um menino cuja impossibilidade de correr de um quarto para outro como qualquer garoto era compensada pela capacidade de observar e capturar em detalhes tudo que acontecia à sua volta.

O foco e a dinâmica da família Romanov haviam mudado dramaticamente quando, às 13h15 do dia 30 de julho de 1904, uma sexta-feira, o quinto filho de Nicolau e Alexandra nasceu. A família afinal fora "visitada pela graça de Deus", Nicolau escreveu em seu diário. Ele respondera aos anos de orações fervorosas dele e de sua esposa, enviando um filho como um conforto "em tempos de provações dolorosas", uma vez que a Rússia estava em meio a uma guerra desastrosa com o Japão.

Em São Petersburgo, uma salva de 301 tiros transmitiu a notícia de que um herdeiro do trono havia nascido, enquanto o czar, sua mãe e as filhas dele se dirigiam para a igreja, onde haveria um grande Te Deum em agradecimento. Os sinos das igrejas soaram por toda a Rússia o dia inteiro para comemorar a notícia. Onze dias depois, o bebê foi levado em uma carruagem dourada puxada por seis cavalos brancos para o seu batismo no palácio Peterhof, escoltado por uma falange de cavaleiros da guarda imperial vestidos de branco e um destacamento de cossacos com fardas escarlates. Deitado em uma almofada de prata e parecendo uma oferenda sagrada, Alexei foi cerimoniosamente carregado para a igreja pela senhora de Robes, a princesa Maria Golitsyn. A corte imperial estava reunida com toda pompa — os homens em traje a rigor e ostentando todas as medalhas, e as mulheres com a tradicional *kokoshka* (uma tiara para a cabeça) e vestidos longos com brocados de prata e ouro com joias incrustadas — para uma cerimônia de quatro horas presidida pelo arcebispo Antônio de São Petersburgo. Como forma de demonstrar como estava grata, Nicolau aboliu os castigos corporais no Exército e na Marinha. Bem longe dali, na Manchúria, onde os russos lutavam contra os japoneses, o Exército russo inteiro foi designado padrinho do bebê. O pequeno czarévichе recebeu o nome Alexei — em homenagem a Alexei Mikhailovich, o humilde e apaziguador czar que reinou no século XVII — para simbolizar as esperanças dos Romanov na reconciliação entre o czar e o povo. Mas houve aqueles que balançaram a cabeça e consideraram que o nome era um mau agouro. Segundo uma profecia do século XVII, a dinastia Romanov iria começar e terminar com um Alexei.

A czarina não tinha dúvidas de que ela havia se redimido aos olhos do czar, de Deus e de sua nação adotiva ao finalmente gerar um herdeiro para trono. Suas muitas orações para o místico do início do século XIX, São Serafim de Sarov, haviam surtido efeito; seus anos de devoção religiosa e autopunição, de dor e tristeza por ser caluniada pela Corte — tudo isso ficara para trás. Agora a nação afinal passaria a amá-la. Seu filho Alexei chegou à família Romanov como um raio de esperança, um "raio de Sol", que era como ela o chamava. Ele era o "Bebê" dela, e para sempre o seria. Mesmo quando já estava na adolescência, Alexandra só o chamava assim.

Mas seu sentimento de triunfo teve curta duração. Pouco depois do nascimento, Alexei começou a sangrar pelo umbigo e a imensa alegria de Nicolau e Alexandra se transformou em uma aflição implacável. Foi o primeiro sinal inequívoco da letal hemofilia — transmitida inadvertidamente pela avó de Alexandra, a rainha Vitória, para as casas reais da Alemanha, da Espanha e da Rússia. Nicolau e Alexandra foram informados da verdade de maneira privada, mas não houve qualquer pronunciamento público, nem nunca haveria. Embora os médicos reais compreendessem algo da natureza da hemofilia, a ciência ainda não explicava as realidades do gene defeituoso que transmitia a condição, ou sua fisiologia. E foi só em 1936 que um agente coagulador foi desenvolvido para controlar os surtos de sangramento. A ameaça constante à vida do czaréviche seria um segredo guardado a sete chaves, mesmo dentro da própria extensa família Romanov. Um abatimento terrível atingiu o casal real e alguns cortesãos tinham medo até mesmo de sorrir na presença deles, portando-se como se estivessem numa casa em que alguém tivesse morrido. Contudo, Nicolau e Alexandra foram forçados a carregar o lamento pela doença do filho escondido dentro deles, pois nada que pudesse prejudicar uma eventual subida de Alexei ao trono poderia ser dito, tampouco algo que indicasse que ele não fosse fisicamente apto para comandar o país. Mas isso também eliminava todas as esperanças deles de recobrar a simpatia e a afeição da nação por meio da promoção pública do lindo filho deles após a desastrosa guerra contra o Japão e os danos políticos da revolução de 1905. O czaréviche era muito frágil para ser exposto ao público e cedo ou tarde as pessoas perceberiam que havia algo de muito errado com ele.

Para Alexandra, isso significou outra terrível cruz a ser carregada; pode até ter sido sugerido que eles tentassem ter outro filho, porém ela já estava muito desgastada em razão dos cinco partos que fizera, de forma que outra gravidez poderia muito bem matá-la. Perversamente, as pedras e flechas atiradas nela — e mesmo esse horrível fardo sobre seu único filho — representaram algo pelo qual ela arrumaria força para viver. Tudo isso fazia parte do caminho para a perfeição pessoal e para, por fim, atingir a redenção. Assim, ela envolveu Alexei em um sufocante casulo de amor e a família se retirou para o interior da bolha protetora que era seu palácio em Tsarskoe Selo. Por ordem de Alexandra, as paredes do quarto e o berço de Alexei foram enfeitados com ícones e imagens religiosas; dia após dia, seu fanatismo doentio pela saúde do filho crescia.

Mas como uma criança tão encantadora e com a aparência de um elfo podia ser tão enferma? Para aqueles que não sabiam da verdade, Alexei parecia a epítome do bebê bonito, com cachos castanho-dourados que se tornaram avermelhados à medida que ele crescia. Assim como o pai, ele tinha expressivos olhos azul-acinzentados e o rosto estreito, e eles ficavam ainda maiores e mais lamentosos quando atingidos pela dor e pelo sofrimento.

A partir do momento em que começou a engatinhar e depois a andar, a vida do czaréviche ficou ainda mais circunscrita. Embora pequenos cortes pudessem ser controlados por bandagens apertadas, a condição de Alexei a tornava tão frágil e qualquer pequena batida em suas juntas poderia dar início a uma grande hemorragia interna em razão de seu sangue não possuir um fator essencial de coagulação. Isso ainda era agravado por uma fraqueza genética de suas veias e artérias, que se rompiam com facilidade. Embaixo da superfície da pele, o sangue se acumulava nas articulações, o que inflamava a membrana vascular que as envolve e criava inchaços que deixavam a pele arroxeada. Os inchaços pressionavam os nervos e causavam dores tão excruciantes que Alexei ficava sem dormir por dias seguidos. Cada ataque também vinha acompanhado de uma degradação irreversível dos tecidos e das cartilagens que envolvem as articulações, fazendo-o mancar por semanas; sua perna esquerda era particularmente afetada pela doença. Isso significava que ele jamais poderia andar de bicicleta, subir em árvores, jogar tênis com as irmãs e o pai ou participar das brincadeiras brutas de que os meninos costumam gostar. Ele poderia se sentar em um pônei e ser conduzido por alguém, porém nunca poderia galopar livremente, e até mesmo as atividades mais simples, como subir ou descer de um barco, precisavam ser cuidadosamente monitoradas para que ele não escorregasse e batesse em algo. Isso fazia com que seus companheiros de brincadeiras fossem escolhidos a dedo, para assim garantir que não seriam brutos demais. Klementy Nagorny, da Marinha imperial, e Andrey Derevenko, marinheiro do *Shtandart*, o iate imperial, foram designados seus *dyadki* ("tios") permanentes quando ele tinha 5 anos. Ainda que fossem homens de extrema confiança, Alexandra tinha muito medo de confiar a segurança de seu filho a qualquer um. Ela o observava constantemente. Uma jovem princesa recordava-se de ter sido convidada para ir ao palácio e de como ela foi proibida de brincar de qualquer coisa que pudesse fazer Alexei cair. De vez em quando o czar colocava um deles nas costas para uma "volta a cavalo" pelo quarto, mas a czarina estava sempre por perto, rondando de maneira protetora, olhando, esperando, antecipando um possível desastre.

Esse cuidado excessivo por parte de Alexandra e o rebuliço das quatro irmãs em torno dele, todas permitindo que ele fizesse travessuras que jamais seriam permitidas a uma criança normal, inevitavelmente criaram um menino muito mimado. Alexei era sufocado por tanto afeto feminino, ele tinha uma natureza turbulenta, a qual tinha dificuldade para conter. Gostava de fazer brincadeiras infantis de mau gosto, como bater com a cabeça nos outros e engatinhar em baixo das mesas e tirar os sapatos das damas da corte. Debochava do marinheiro Derevenko dizendo que ele era "gordo" e com frequência exibia péssimas maneiras à mesa, lambendo seu prato e fazendo bolinhas de pão para jogar nas pessoas. Seu comportamento imaturo e teimoso às vezes levava os tutores ao desespero. O czar inclusive o apelidou de "Alexei, o Terrível", ainda que com uma ponta de orgulho por um antepassado, confessando isso em seu inglês antiquado e afetado para um oficial britânico, "Deus, ele ama vociferar".

Alexandra tentava, embora sem muito empenho, suprimir os caprichos do filho, mas Alexei só se continha diante da autoridade de seu pai. Ele havia herdado a imperiosidade da mãe e tinha consciência de sua realeza graças aos lembretes constantes dela. Além disso, era dono de um charme natural e de uma simpatia semelhante à de seu pai, o que muitas vezes fazia com que ele fosse o centro das atenções. Era uma criança brilhante e inquisitiva, com uma originalidade sutil de pensamento que nunca foi explorada, uma vez que seus estudos eram interrompidos com grande frequência pelos ataques de hemofilia. E sua inteligência natural, mesmo quando ele de fato se dedicava aos livros, carecia de concentração. Em um aspecto, no entanto, ele superou as irmãs; graças aos esforços de Pierre Gilliard, Alexei aprendeu a falar francês bem melhor do que as meninas e se vangloriava por conseguir escrever bilhetes para o pai nessa língua. Mas assim como Anastasia, a quem adorava, ele não gostava de se sentir sedentário e estava sempre inquieto, preferindo estar ao ar livre brincando com seus animais de estimação — um cocker spaniel chamado Joy, que ele amava, um burro já bastante velho chamado Vanka e um gato chamado Zubrovka; ele também tinha um ótimo ouvido para música e tocava balalaica muito bem.

Enquanto isso, a frágil saúde do filho se tornou uma cruzada diária para Alexandra, uma batalha pela sobrevivência do czaréviche e da dinastia. Isso a transformou de maneira irrevogável, deixando sua porta escancarada para as influências perniciosas de qualquer curandeiro, adivinho, vidente, charlatão ou milagreiro que fosse até ela oferecendo uma cura para seu filho. Entre eles estava o "homem santo" Rasputin, cuja aparição em 1905 e a subsequente dependência da czarina por seus conselhos colocou a já condenada dinastia em um caminho sem volta para a difamação e o aniquilamento. Presa a um estado perpétuo de negação ao fato de que seu filho estava destinado a morrer jovem, Alexandra se tornou refém de um tormento infindável por ter sido a transmissora da doença do filho. Seu desespero cada vez maior, chegando à histeria, para achar uma cura milagrosa fez dela uma pessoa perfeita para abraçar os poderes de Rasputin como um *bozhii chelovek* — um homem de Deus e curandeiro. Quando Alexei tinha ataques de sangramento, Rasputin demonstrava uma habilidade incomum para tranquilizá-lo por meio do hipnotismo ou de algum tipo de autossugestionamento, conseguindo diminuir o sangramento ao diminuir o estresse, que aumenta a pressão sanguínea. Ninguém conseguia explicar o poder de Rasputin, a não ser a czarina; ela o creditava à intervenção divina, e portanto defenderia o homem que ela chamava de "nosso amigo" na última esperança de cura do filho até o final, não importando o ódio que atrairia para ela e para a monarquia. Ela se recusava a ouvir os relatos sobre a devassidão, as bebedeiras e a ninfomania de Rasputin, tampouco dava ouvidos às acusações sobre a interferência dele em questões políticas, sob risco de destituir seus últimos poucos amigos e seus parentes mais próximos. Embora tivesse suas reservas com relação a Rasputin, o czar consentia com essa dependência neurótica de sua esposa: "É melhor um Rasputin do que dez ataques histéricos por dia", foi seu comentário resignado acerca da situação.

A hemofilia do czaréviche, é claro, também transformou as vidas de suas quatro adoráveis irmãs, colocando-as em um segundo plano no coração da mãe, pois Alexei consumia todas as suas preocupações. Caiu no colo das meninas a responsabilidade de cuidar tanto do irmão quanto da mãe, cada vez mais doente. Havia muitas ocasiões em que ambos estavam de cama — Alexandra por causa de alguma de sua vasta gama de reclamações; Alexei com hemorragias e inchaços nas articulações. O sofrimento físico se tornou algo constante no lar dos Romanov, e com ele veio a infindável apreensão pelo que poderia acontecer a Alexei na próxima vez que ele tivesse um ataque. Pois quando este vinha, havia pouco que se pudesse fazer pelo garoto além de aplicar bolsas de gelo para aplacar a dor e sua temperatura alta, e se sentar e conversar com ele para tentar distraí-lo, uma vez que os pais tinham vetado o uso de morfina. Para compensar, Alexandra permanecia sentada por horas a fio ao lado da cama de Alexei, acariciando sua cabeça e beijando seu rosto, atormentada pelos gemidos do filho e pelos espasmos causados pela dor. Para o menino, a mãe se tornou a luz constante nos momentos de escuridão, assim como ele fora o "raio de sol" que levara luz à vida dela.

Apesar de tudo, Alexei sofria por sua condição com um estoicismo extraordinário e nunca demonstrava pena de si próprio. Ele desenvolveu uma sabedoria precoce e uma maturidade incomum para sua idade, e isso, combinado com sua compaixão sincera diante do sofrimento dos outros, muitas vezes redimia seu comportamento terrivelmente mimado. Havia momentos em que seu rosto de criança parecia velho demais para sua idade, já muito exposto a sofrimentos intensos. Embora Alexei aceitasse sua própria mortalidade da típica maneira simples de uma criança, sua mãe, por causa da mórbida obsessão pela doença e pela morte, não se conformava. Enquanto Alexandra não conseguia encarar a possibilidade de seu filho morrer jovem, Alexei levava sua vida totalmente consciente de que poderia ser agarrado pela morte a qualquer hora. Mas isso não o impedia de querer assumir riscos e ser como os outros garotos. Às vezes a inquietude dele por viver de maneira tão restrita era tanta que ele parecia querer desafiar seu corpo de propósito e assumir riscos físicos escorregando pelos corrimãos do palácio, subindo em mesas, pulando de barcos e rolando na neve, mesmo sabendo que não deveria. Em outras ocasiões, quando doente, ele ficava mais reflexivo e contemplativo e deitava do lado de fora em um sofá e observava os pássaros e o céu, comentando que "gostava de pensar e de admirar e aproveitar" o sol enquanto sua saúde permitia. Certo dia, quando ele se tornasse czar, determinaria que "ninguém seria pobre ou desafortunado". Queria que todos fossem felizes como ele próprio era.

Os comentários em torno do palácio quando Alexei estava doente eram sobre o poder transformador demonstrado quando ele estava bem de saúde, e ele tinha sorte de permanecer sem ter crises por vários meses seguidos. Quando o czaréviche estava bem, como observou Pierre Gilliard, tudo e todos em Tsarskoe Selo "pareciam banhados pelos raios do Sol". Alexei assumiria o centro das atenções como o menino adorável e feliz em trajes de marinheiro — inocente, vibrante e cativante, a grande esperança da Rússia para o futuro.

Entretanto, as pessoas mais realistas do séquito imperial, como o médico do czar, dr. Evgeny Botkin, duvidavam seriamente que Alexei fosse viver o suficiente para se tornar czar. Eles faziam tudo o que podiam por ele, administrando massagens regulares e eletroterapia durante os longos períodos de descanso forçado que se seguiam aos ataques, que deixavam os músculos de suas pernas fracos e atrofiados. Porém, acreditavam que mais cedo ou mais tarde ele morreria de maneira prematura. Em outubro de 1912 em Spala, na Polônia, Alexei escapou por pouco da morte. Enquanto se exibia para seu criado Derevenko, pulando em uma banheira cheia, ele tropeçou e bateu com a virilha na borda. O inchaço resultante parecia estar diminuindo, porém, duas semanas depois, quando estava passeando com sua mãe de carruagem na casa de campo da família em Spala, onde o czar caçava, os solavancos da estrada o fizeram chorar de dor nas costas e no estômago. A hemorragia em sua coxa direita havia se espalhado, com o sangue do machucado indo para o abdômen e a pressão do inchaço sobre os nervos de sua perna causando dores lancinantes. Encolhido e deitado de lado com a perna esquerda comprimida contra o corpo, Alexei berrava à medida que os espasmos iam e vinham, seu choro reverberava pelos corredores escuros e úmidos da casa de madeira. Sua temperatura chegou a 40°; com o decorrer dos dias ele ficou tão exausto que não conseguia nem mesmo chorar e apenas gemia e murmurava sem parar: "Oh, Deus, tende piedade de mim." Como achavam que o filho estava morrendo, Nicolau e Alexandra cederam aos pedidos insistentes do filho por ajuda e afinal permitiram que lhe administrassem morfina. Com Alexei oscilando entre a vida e a morte, no dia 8 de outubro o primeiro de muitos comunicados foi liberado para a população informando sobre a delicada situação do czarévichе. Orações foram feitas por toda a Rússia e houve uma enxurrada de cartas, telegramas e santinhos com súplicas pela recuperação de Alexei.

Por 11 dias, Alexandra se recusou a sair do lado de seu filho, raras vezes se ausentando para descansar ou comer algo, ocasionalmente permitindo que o czar a substituísse. Quando estava sozinho, Nicolau chorava pelo filho. A única forma que ele tinha para lidar com a situação era internalizar sua agonia e seguir caçando. Ao longo de quatro dias, Alexei delirou de modo intermitente; em um momento de lucidez, dirigiu um suspiro à sua mãe: "Quando eu morrer, levante um pequeno monumento de pedra na floresta." Um padre ministrou os últimos sacramentos e todo o *entourage* imperial precisou se conter. Em uma atitude desesperada, Alexandra implorou para que Anna Vyrubova enviasse um telegrama a Rasputin na Sibéria. A mensagem retornou com o pedido de que os médicos não interviessem; "o menino não irá morrer". Em uma hora a crise estava terminada e a hemorragia havia cessado. A junta médica que cuidava do caso ficou estupefata, não conseguia encontrar explicações para a recuperação repentina. O ataque tinha sido tão severo que Alexei, agora extremamente magro e pálido, permaneceu na cama por mais um mês. Ele foi impedido de andar normalmente por um ano e precisou usar uma braçadeira de metal presa à sua perna para impedir que ele ficasse manco para sempre. Para Alexandra, o episódio em Spala foi a prova final que ela precisava para ter fé em Rasputin e também para silenciar os críticos dele. A partir daquele momento ela não toleraria nenhuma palavra sequer contra ele — de ninguém, inclusive sua própria irmã, Ella, cujos comentários a respeito da influência destrutiva de Rasputin fizeram com que Alexandra virasse suas costas para ela de maneira definitiva.

A lenta recuperação de Alexei após o ataque em Spala fez com que, durante a importante campanha publicitária do tricentenário da dinastia Romanov em 1913, ele precisasse ser carregado nas cerimônias públicas, de forma que as pessoas começaram a pensar se o futuro da Rússia deveria ser colocado nas mãos de um "aleijado". Circulavam rumores de que o czarévich estava seriamente doente, com tuberculose, mas a verdadeira causa de sua debilidade continuava sendo omitida. Algo mudou em Alexei depois de 1912; ele se tornou mais contido, menos infantil em seu comportamento e demonstrava mais consideração pelos outros. Parecia que afinal percebera a gravidade de sua situação. Em outubro de 1915, Alexandra permitiu que ele se juntasse ao pai no quartel-general do Exército em Mogilev. Alexei ficou maravilhado: estava feliz por se ver longe de todos os paparicos femininos em Tsarskoe Selo e da monotonia da vida absolutamente controlada que levava lá. A irrupção da guerra pelo menos possibilitou que o "raio de sol" de Alexandra — o "Bebê" dela — se livrasse do uniforme de marinheiro e colocasse um sobretudo de soldado. Ele queria se tornar homem. Tendo recebido a patente de um simples soldado raso (sendo promovido a cabo em junho do ano seguinte) e recebido uma farda feita sob medida e um rifle miniatura, Alexei amou a vida em Mogilev com seu pai. Eles dormiam juntos em camas de acampamento no mesmo quarto sem qualquer luxo; Alexei acompanhava Nicolau quando ele passava as tropas em revista e quando visitava os feridos, e tinha muito prazer em conversar com os oficiais que compunham o *entourage* do pai. Aquele ambiente completamente masculino o fez amadurecer, mesmo que tenha prejudicado sua educação; seus tutores foram com ele, mas ficaram desesperados por Alexei estar cada vez mais atrasado nos estudos. Contudo, o idílio em Mogilev não durou muito. Um surto de espirros em dezembro lhe causou um sangramento no nariz, e com este veio outro ataque de hemofilia. Alexei foi levado às pressas de volta a Tsarskoe Selo para ser submetido aos poderes curativos de Rasputin.

Depois da revolução e da jornada da família para o exílio, por sete meses ele ficou bem de saúde em Tobolsk. Mas então, num típico ato de desafio à enfermidade que assombrava sua vida, provocou outro ataque ao descer a escada da casa do governador em seu trenó, caindo e machucando sua virilha. Antes que sua mãe partisse para Ecaterimburgo, forçada a deixar o enfermo Alexei sob os cuidados das irmãs, ele disse a ela em um momento de dor: "Eu gostaria de morrer, mamãe; não tenho medo da morte, mas tenho muito medo do que eles podem nos fazer aqui." Quando por fim ele pôde viajar com as irmãs para se juntar aos pais em meados de maio, ainda estava muito frágil. Seu criado Nagorny o carregou para fora do trem na estação de Ecaterimburgo naquele dia. Ele estava bastante magro e pálido, com suas clavículas ressaltadas e sua mão fina abraçada ao pescoço largo e bronzeado de Nargony. Aqueles que o viram chegar ficaram tocados pela lealdade de Nargony e com poucas dúvidas sobre a resignação mortal expressa nos olhos grandes e tristes do czaréviche. Ele tinha a aparência de um mártir — um mártir que não permaneceria por muito tempo neste mundo. Foi uma visão que chocou até mesmo os corações mais duros, inclusive os guardas da casa Ipatiev. A aparência espectral e doentia de Alexei fez sua mãe se lembrar de Spala, o que a deixou apavorada.

Perto de completar 14 anos, Alexei tinha passado sua vida toda vigiado pela família e por criados, e agora era duplamente observado, sendo que em um espaço ainda menor. Era muito difícil para ele, ainda mais porque parecia pressentir que ele e a família estavam condenados. Nas primeiras três semanas após sua chegada a Ecaterimburgo, teve muitas dores em seu joelho torcido, de modo que se permitiu que o dr. Derevenko lhe colocasse um emplastro e um imobilização no local. Mais tarde, à medida que o joelho melhorava, o dr. Botkin lhe fazia eletroterapia com a máquina Fohn que a família trouxera para a casa Ipatiev. Seu único companheiro de brincadeiras agora era o jovem ajudante de cozinha Leonid Sednev, uma vez que Nargony foi obrigado a deixar a família em maio. Nicolau, ou às vezes Maria ou o dr. Botkin, carregava Alexei para baixo nos raros momentos em que ele ia para o jardim, mas ele nunca era deixado livre para correr sob o sol. Quando ia para o quintal, passava a maior parte do tempo sentado com sua mãe sob a varanda. Mais tarde, porém, ambos, muito debilitados, ficavam cada vez mais no quarto deles, fazendo, inclusive, suas moderadas refeições lá.

Alexei combatia o tédio crescente brincando com seus soldadinhos de estanho, com barquinhos de papel e enchendo seus bolsos com detritos que crianças adoram colecionar: moedas, pregos, pedras, botões, pedaços de barbante e tiras de papel. Ele jogava damas, besigue e xadrez com seus pais à noite. E de vez em quando ainda tinha os rompantes de menino travesso: certo dia ele causou um alvoroço ao disparar alguns fogos de artifício que Avdeev deu para ele e Sednev no jardim — o que enfureceu Yurovsky. Avdeev havia permitido que ele também brincasse com pedras e flechas, às vezes jogando-as pela janela e quase acertando os transeuntes. Mas tudo mudou com a chegada de Yurovsky. Ele não permitiria tais indulgências ao menino.

Aos poucos, o estado da perna de Alexei começou a melhorar em razão do confinamento, porém ele ainda estava bastante fraco e as visitas do dr. Derevenko se tornaram mais espaçadas; no dia 8 de julho, Alexandra observou em seu diário que de novo não foi permitido que o médico atendesse a uma das frequentes requisições para vê-lo. A ausência do dr. Derevenko foi uma das sutis mudanças na vida deles na casa Ipatiev depois de Yurovsky assumir o comando. Tanto Nicolau como Alexandra não pareciam ver grande importância nisso. Nesse dia, Nicolau registrou em seu diário que "nossa vida não mudou nada com Yu.[rovsky]" — a não ser pelas contínuas revistas matinais nos objetos de valor da família e o aumento da segurança de suas possessões no depósito do lado de fora. Alexandra escreveu que "nada de particular aconteceu". Até o relatório dos guardas observou que o dia 8 de julho passou "sem mudanças". Mas *havia* mudanças em andamento, propositais e sinistras. Naquele dia, Yurovsky, além de apresentar sua nova guarda interna, acrescentou mais dois postos de guarda na casa Ipatiev — o n° 11 nos fundos do jardim e o n° 12 na água-furtada no topo da casa. Durante grande parte do dia, alguns homens estiveram na casa "consertando" a eletricidade — como observaram o czar e a czarina, talvez pensando que para o bem deles, uma vez que a oferta da mesma vinha sendo intermitente. Na verdade, o objetivo fora instalar um sistema novo e mais confiável de alarme com sinos entre os postos de guarda, em substituição ao antigo e defeituoso.

Yurovsky estava transformando a casa Ipatiev em uma fortaleza impenetrável ao mesmo tempo em que a situação do país ficava ainda mais instável. A recente ameaça da insurreição dos Socialistas Revolucionários, que se espalhara por algumas regiões, havia deixado o governo à beira do colapso. Os sovietes regionais já haviam recebido ordens para reprimir qualquer possível atividade contrarrevolucionária. Em resposta, Aleksandr Beloborodov e Grigory Safarov, do Soviete Regional dos Urais, fizeram um comunicado exortando a população de Ecaterimburgo a "aumentar a vigilância e erradicar impiedosamente a insurreição contra o poder do soviete sem importar sua origem". Enquanto isso, durante todo aquele dia a Cheka de Ecaterimburgo esteve ocupada vigiando qualquer possível suspeito que pudesse estar envolvido em uma tentativa de resgatar os Romanov.

Fora de Ecaterimburgo, nos arredores sul e sudeste da cidade, uma força conjunta de quatro destacamentos tchecos com cerca de 10 mil homens, além de artilharia e dois aviões, estava se aproximando pela direção da base de Chelyabinsk. Outras forças tchecas estavam se espalhando pela ferrovia Transiberiana, de Samara, a oeste, a Irkutsk, no lago Baikal, a leste, com outro grande contingente de 14 mil soldados em Vladivostok. Como homens das legiões tchecas caçavam os bolcheviques de cidade em cidade com seus trens blindados, eles eram saudados como libertadores ao som dos sinos das igrejas. Os tchecos agora dominavam o maior front da guerra — 4.800 quilômetros ao longo da Sibéria. Nesta posição militar consolidada, eles receberam a notícia de que os aliados, após uma resolução decidida em Versalhes, tinham decidido encurtar a guerra, o que fariam tentando reconstituir o front russo contra os alemães enviando uma força de intervenção para apoiar os tchecos. Ao saberem dessa informação, os comandantes tchecos seguiram com a marcha na direção oeste, para o Volga, na vanguarda da intervenção aliada.

O GAROTO COM TRAJES DE MARINHEIRO

Enquanto isso, as forças centrais tchecas, sob o comando do general branco Sergey Voitsekhovsky, tinham sido designadas a conquistar Ecaterimburgo e estavam se aproximando a partir de sua base em Chelyabinsk em paralelo à linha ferroviária, em meio a floresta rumo ao sul. Logo elas estariam na Sysert, nos arredores da cidade. O cerco estava se fechando em volta de Ecaterimburgo; todo homem que tivesse uma arma e soubesse atirar estava se deslocando para o front, apinhando-se em qualquer trem disponível na estação da cidade. Em razão das necessidades revolucionárias e da defesa da Revolução de Outubro, aumentava a pressão para que os trezentos homens bem preparados que agora integravam o grupo de guardas na casa Ipatiev fossem liberados para lutar.

Sabendo que o jogo logo começaria, e preocupado com si próprio, Beloborodov perguntou a um colega, Gabriel Myasnikov, da Cheka de Perm, que estava ocupado evacuando as reservas de ouro e platina da cidade via Perm, se ele podia escolter sua mulher e os três filhos para um lugar seguro (uma semana depois eles se afogaram quando a balsa lotada na qual estavam atravessando o rio Vytchegda emborcou). Ecaterimburgo estava de fato desprotegida, contando apenas com alguns soldados desqualificados do Exército vermelho e os homens da Cheka na fábrica Verkh-Isetsk, sob o comando de Petr Ermakov, um comissário bolchevique. O momento para transferir o czar e a família para o norte em segurança ou de volta a Moscou para um julgamento, que era algo exequível durante todo o tempo em que os tchecos se aproximavam pelo sul, havia passado. É duvidoso que algum dia os bolcheviques tenham tido a real intenção de fazer isso, o mais provável é que fosse uma tática para manter todo mundo imaginando quais seriam os verdadeiros planos do governo para a família imperial. Cedo ou tarde, Yurovsky sabia, ele teria que assumir uma posição a respeito da "questão de liquidar os Romanov". Era para isso que seu colega Filipp Goloshchekin estava em Moscou naquele momento consultando Lenin e Sverdlov.

7

O bom doutor

9 DE JULHO DE 1918, TERÇA-FEIRA

O dr. Evgeny Sergeevich Botkin estava sentindo o peso da idade, assim como pressentia a morte chegando. Ele tinha 63 anos e, como todos na casa Ipatiev, a cada dia ficava mais cansado e desolado. Seu problema renal havia se manifestado no final de junho, deixando-o de cama por dias. A dor fora tão forte que Tatiana lhe deu uma injeção do precioso suprimento de morfina da família. Ele teve que ficar deitado em repouso por vários dias e não conseguiu se aventurar pelo jardim até 7 de julho. O tempo na casa Ipatiev se arrastava terrivelmente; ele tentava desviar sua mente de pensamentos sombrios lendo o satírico Mikhail Saltykov-Shchedrin — as mesmas obras reunidas com as quais o czar também vinha se entretendo — mas não conseguia se concentrar. Começava a divagar toda hora e cada vez mais era perseguido por pensamentos depressivos e visões de seus filhos, em especial Yuri, morto no front oriental durante a guerra.

Após a chegada de Yurovsky à casa e o arrocho na vigilância, Botkin julgou que finalmente tinha chegado o momento de colocar algumas coisas no papel. Em algum momento no início de julho, o doutor havia começado, de modo intermitente, a escrever uma carta — sua última carta, uma carta que ele sabia que jamais seria enviada nem recebida. Uma espécie de testamento — uma declaração de resignação e também de expectativa com o que estava por vir. Endereçada a seu irmão Sasha (Alexander), com quem havia estudado na faculdade de medicina, a carta começava com o típico pragmatismo de um médico:

> É minha última tentativa de escrever uma carta verdadeira — ao menos daqui —, embora acredite que essa cláusula seja completamente supérflua. Não creio que eu esteja destinado a escrever a partir de qualquer outro lugar — meu confinamento voluntário aqui não é tão limitado pelo tempo como o é minha existência terrena. Em essência, já estou morto, morto para os meus filhos, para os amigos, para o trabalho...

Encarando a realidade com tanta calma e sem se iludir, Botkin sabia não ser possível compartilhar suas reflexões com aqueles que estavam à sua volta, então ele serenamente cedeu à atmosfera geral de negação, ou mais precisamente uma aceitação pelo cansaço, que prevalecia nos quartos do andar superior da casa Ipatiev e guardou seus pensamentos para si.

Botkin era um médico da velha guarda e tinha orgulho disso: honrado, trabalhador, incorruptível, um homem que sempre colocava o dever acima de si próprio. Alto e robusto, tinha uma barba elegante, usava óculos com armações de ouro e lentes espessas, e mesmo no confinamento se vestia com formalidade, usando sempre uma camisa engomada e gravata. O criado pessoal de Nicolau, Chemodurov, observou, antes de deixar a casa doente em 24 de maio, que o doutor chegava a dormir sem tirar a gravata. Isso tudo lhe dava um ar de solidez e segurança. A medicina estava no sangue da família. O pai dele, dr. Sergey Botkin, havia sido um cientista muito respeitado e um médico pioneiro antes de ser designado médico da corte, tendo servido a Alexandre II e a Alexandre III. Três dos 13 filhos de Sergey o seguiram na profissão. Evgeny estudou em São Petersburgo e na Alemanha antes de se tornar professor da Academia Médica do Exército. Ele serviu na Guerra Russo-Japonesa em 1904, supervisionando o atendimento da Cruz Vermelha aos feridos em um trem hospital. Condecorado por seus esforços, em 1905 ele foi convidado a integrar a corte por Alexandra, que ficara muito impressionada com o trabalho dele na guerra. Em 1908, foi designado médico honorário da corte imperial. Mas a honra que advinha desse cargo era onerosa, pois as inúmeras crises da czarina e do czaréviche faziam com que ele ficasse de plantão por longos e exaustivos períodos, sem contar que ele continuava dando aulas e clinicando. Botkin era muito requisitado, sobretudo pelas batalhas com a czarina, que muitas vezes tinha uma visão bastante obstinada sobre aquilo que *ela* achava estar errado com ela — que frequentemente estava em discordância com o pronunciamento dos médicos. Ele era forçado a se render para não provocar um ataque histérico em Alexandra ao dizer a verdade. Pelo mesmo motivo ele prescrevia o Veronal e outros opiáceos que sustentavam a vida da czarina, assim como se mantinha longe de Rasputin e não emitia qualquer opinião sobre ele, permanecendo sempre leal e silencioso, jamais fazendo fofocas a respeito da família imperial. Ainda que às vezes acompanhasse o czar no quartel-general do Exército em Mogilev, Botkin passava a maior parte do tempo em Tsarskoe Selo atendendo a czarina e os filhos. Por conseguinte, sua própria família o via muito pouco. Seu casamento ruiu, sua mulher teve um caso com outro homem e então eles se divorciaram em 1911.

Tendo se comprometido a servir, o dr. Botkin era absolutamente dedicado ao seu monarca e aos princípios defendidos por ele, de modo que cada vez mais compartilhava das mesmas atitudes conservadoras do czar e da czarina com relação à política, à religião e aos princípios morais. Ao longo dos últimos anos do império, ele também começou a compartilhar do fatalismo religioso deles. Quando o czar abdicou e a família ficou confinada no Palácio de Alexandre, Botkin não hesitou em pedir ao governo Kerensky que o deixasse permanecer com os Romanov. Alguns dias depois ele seguiu com a família para o exílio em Tobolsk. Não foi uma decisão difícil, seu senso de dever o inclinava a isso. Em Tobolsk, Botkin disse ao conde Tatishchev: "Vim para cá sabendo muito bem que provavelmente não escaparei com minha vida. Tudo o que peço é que me permitam morrer com meu imperador." Até mesmo Yurovsky, para quem Botkin se tornou uma pedra no sapato com suas inúmeras requisições em favor da família, observou que o médico era "um amigo verdadeiro da família".

E foi por isso que o doutor de novo não hesitou — quando perguntado se deixaria seu filho Gleb e sua filha Tatyana, que tinham seguido com ele para o exílio, para trás em Tobolsk — em acompanhar o czar e a czarina até Ecaterimburgo. Na casa Ipatiev ele se tornou um intermediário essencial entre os Romanov e o comandante, sendo enviado para negociar quaisquer questões, fossem rotineiras ou mais sérias. Em todas as oportunidades ele defendia o bem-estar físico e espiritual da família, pedindo a Avdeev que permitisse que a família passasse mais tempo no jardim, apelando para que um padre fosse até lá rezar uma missa e solicitando inúmeras vezes que o dr. Derevenko os visitasse. Derevenko fora nomeado depois da crise hemofílica quase fatal de Alexei em 1912; ele havia seguido com a família até Ecaterimburgo mas teve sua presença na casa Ipatiev negada, permanecendo em um quarto alugado na cidade. Avdeev permitia que ele fosse até lá com bastante regularidade, porém a situação agora era outra e fazia cinco dias que a família já não o via. Yurovsky estava ficando irritado com as repetidas requisições de Botkin e sua insistência de que o czaréviche precisava ir para um hospital porque o suprimento de remédios e bandagens estava acabando. Botkin ficou muito frustrado, ainda mais porque em maio ele tinha escrito uma carta para o comitê executivo do Soviete Regional dos Urais descrevendo o frágil estado de saúde de Alexei e pedindo que Pierre Gilliard e Sydney Gibbes fossem autorizados a entrar na casa, pois assim ajudariam a manter o czaréviche distraído das "dores indescritíveis" que ele precisava suportar dia e noite, de forma que ele, Botkin, e a família pudessem ter algum descanso. Botkin estava completamente ciente da importância fisiológica de Derevenko e dos tutores para o czaréviche, e também para a czarina. Gibbes e Gilliard eram, afirmou ele, "insubstituíveis". Botkin implorou para que permitissem que eles continuassem a prestar seus generosos serviços a Alexei. A requisição foi negada. Avdeev explicou que Alexei já tinha adultos suficientes, incluindo suas irmãs, para cuidar dele.

Enquanto Botkin escrevia esta última carta, sua mente voltou ao ano em que ele e Sasha se formaram na faculdade — 1889. Na condição de um jovem e idealista estudante de medicina, ele não tinha preocupações religiosas e era decididamente liberal em seu pensamento, considerando a religião de um ponto de vista independente e até um pouco cético. Não é preciso ser religioso para ser médico, ao menos assim eles pensavam na época. Mas a morte de seu primeiro filho, Sergey, mudou tudo e seus anos seguintes de experiência médica o ensinaram a estar cada vez mais atento à "alma" dos pacientes — o bem-estar mental deles. Foi por isso que, escreveu ele em sua carta para Sasha, ele não hesitou em "deixar órfãos" os próprios filhos para seguir com seu compromisso para com a medicina "até o final, como Abraão não hesitou quando Deus exigiu que ele sacrificasse seu próprio filho". Em Tobolsk, com o auxílio das boas condições climáticas e com a presença dos filhos junto dele na casa do comerciante Kornilov (ele não ficava na casa do governador), ele aplicou todas as energias que lhe sobravam oferecendo assistência a qualquer um na cidade que precisasse. As condições eram complicadas, mas, todos os dias, entre 15h e 17h, ele realizava uma cirurgia para os moradores locais. À medida que a notícia se espalhava, mujiques chegavam de vilarejos que ficavam a até 80 quilômetros de distância em busca de atendimento médico — a distância era algo que não incomodava os siberianos. Botkin ficou bastante comovido com a confiança depositada nele e com a gratidão demonstrada pela maneira com que ele os tratava, não apenas como pessoas iguais a ele, mas como doentes que tinham direito aos cuidados dele como médico. As pessoas tentavam pagar pelos seus serviços, porém ele nunca aceitava. Quando podia, Botkin se ausentava da cidade e visitava aqueles que estavam doentes demais para viajar; e quando ele rejeitava o pagamento, tentavam pagar ao seu cocheiro.

O mesmo tipo de lealdade inquestionável à família imperial também foi demonstrada pelos serventes e pelo jovem ajudante de cozinha, que tinham ido voluntariamente para Ecaterimburgo com os Romanov e agora, em julho, permaneciam com eles. Era como se acreditassem que ao viajar com a família imperial eles pudessem de alguma forma protegê-la. Quatro dos sete criados originais continuavam lá: o católico lituano Alexei Trupp, um ex-oficial do Exército que tinha 61 anos e era o lacaio pessoal da czarina; a dama de companhia da czarina, Anna Demidova, que estava com 40 anos; o cozinheiro Ivan Kharitonov, de 48 anos, e o pequeno ajudante de cozinha Leonid Sednev, sobrinho de Ivan Sednev, criado pessoal das grã-duquesas. Leonid era dois anos mais novo do que Alexei, que contava muito com ele como colega de brincadeiras. Demidova, uma loura alta a quem a família chamava de Nyuta e os guardas, de modo brincalhão, de "Freylina", era dedicada e um tanto tímida, sendo provavelmente a mais sobrecarregada, pois cuidava das roupas de cama e de toda a lavagem de roupa da família. Mas não havia qualquer cerimônia nas refeições simples preparadas com as parcas rações enviadas pelo soviete na pequena e abafada cozinha por Kharitonov, que deixara a mulher e a filha para trás em Tobolsk. Depois, todos se sentavam à mesa de jantar e a família mal precisava de um servente como Trupp para servi-la.

Quando os Romanov chegaram a Ecaterimburgo, os bolcheviques tinham ordenado que a partir daquele momento os criados não mais se dirigissem à família por seus títulos, mas por seus nomes e patronímicos, algo que tiveram muita dificuldade em obedecer. A czarina reclamava bastante por causa da redução de seu séquito, mas é difícil imaginar como seria possível acomodar mais empregados em um espaço já totalmente lotado — apenas cinco quartos, enquanto em Tobolsk o *entourage* imperial ocupava 18 —, da mesma maneira que não é fácil imaginar com o que eles se ocupariam durante o dia todo. Alexandra também rejeitava a redução de seu status, reclamando constantemente a volta de Nagorny para ajudar o dr. Botkin a cuidar de Alexei durante a noite quando ele estava doente e também para carregá-lo de um cômodo para outro.

O fato de não saber o que tinha acontecido a Sednev, Nagorny Dolgorukov e Chemodurov — todos impedidos de continuar com os Romanov — assim como a Tatishchev, que fora preso do dia 23 de maio após chegar a Ecaterimburgo com os demais filhos do czar — angustiava a família, pois ela ficava sem saber se eles haviam sido enviados para casa em segurança ou se tinham sofrido algo terrível. Os Romanov eram enganados pelas mentiras de Avdeev e depois por Yurovsky, mas a falta de informações sobre o que estava acontecendo fora da casa Ipatiev e sobre quanto tempo eles ficariam em Ecaterimburgo estava esgotando todo mundo. O tédio era interrompido por momentos de irritação e períodos de estresse intenso; enquanto isso, a saúde de Alexei e Alexandra continuava a declinar. No dia 9 de julho, os olhos da czarina estavam incomodando tanto que ela não conseguia ler por mais de cinco minutos. Seus dentes também doíam. Alexandra registrou no diário que usou arsênico — utilizado com frequência na odontologia para aplacar as dores. Olga ficou com a mãe o dia inteiro, enquanto os demais saíram para o jardim. Mas em geral era sempre a mesma rotina: Alexandra ficava sentada jogando paciência com Alexei e com o dr. Botkin, ou fazendo rendas com uma lançadeira, enquanto os serventes circulavam sem nada para fazer, pois suas presenças eram desnecessárias, embora reconfortantes. Para Nicolau, as privações físicas tinham se tornado insuportáveis desde que ele fora proibido até mesmo de conversar com os guardas. A chegada de Yurovsky havia restringido ainda mais as poucas coisas que existiam para aliviar a monotonia, mas pelo bem de sua família, à qual protegia com todas as forças, Nicolau continha sua frustração. Quando não conseguia mais se distrair com as cartas nem com as leituras, começava a andar de um lado para outro na sala de estar, murmurando melodias militares e canções do Exército, tudo para conseguir se afastar do desespero. Depois disso ele muitas vezes costumava se sentar apaticamente em uma cadeira, folheando o livro da coleção da casa Ipatiev que mais lhe interessava: uma cópia de *A casa dos Romanov*, publicada para celebrar o tricentenário da dinastia em 1913. Nela Nicolau encontrava recordações de dias mais felizes e de ancestrais ilustres.

Enquanto isso, em Londres, outro monarca europeu, Alberto, o assediado rei dos belgas, e sua esposa continuavam sua visita em homenagem às bodas de prata do casal real, durante as quais ele buscava apoio para os "prolongados sofrimentos do honrado povo da Bélgica", que desde a invasão alemã em agosto de 1914 estava vivendo sob os "calcanhares do inimigo". O rei Alberto, um monarca popular e democrático, parecia completamente incorruptível. Ele tinha se recusado a sacrificar sua honra pelo preço que a Alemanha havia oferecido, insistindo que a "Bélgica é uma nação, não uma estrada", tinha mantido o país em uma posição neutra ao longo da guerra, apesar da invasão das tropas alemãs, e havia pedido tempo para permitir as preparações aliadas para o ataque crucial à Alemanha no rio Marne, que agora estavam em andamento. Ele conseguiu o respeito britânico por ser um homem que "não se dobrou nem com os infortúnios de seu reinado". As óbvias comparações com Nicolau, que para quem observava de fora do país tinha se curvado e abdicado sem oferecer resistência, não eram verbalizadas mas eram palpáveis. O "indômito" rei da Bélgica estava lutando enquanto Nicolau agora estava debilitado, um homem esquecido, fora das vistas e das mentes das pessoas.

Bem cedo na manhã de 9 de julho, enquanto ainda estava escuro, a pequena guarnição do Exército Vermelho comandada por Ensign Ardatov incumbida de proteger Ecaterimburgo percebeu que havia chegado a hora de abandonar seus postos. Os soldados podiam ouvir os estrondos da artilharia tcheca que se aproximava pelo sul, por isso decidiram debandar. Mais tarde naquela mesma manhã, na outra extremidade da rua em que ficava a casa Ipatiev, uma multidão irritada se reunia na praça em frente à catedral Voznesensky, temendo pela segurança de seus lares, de suas vidas e da própria cidade. Por toda Ecaterimburgo havia observadores escondidos avaliando o desmoronamento da situação política na cidade. Agentes tchecos disfarçados se adiantaram às forças armadas e estavam pedindo aos consulados estrangeiros que hasteassem suas bandeiras para que as forças tchecas, quando chegassem, evitassem atingi-los com sua artilharia. Espiões circulavam furtivamente pela cidade. Um deles, francês, escondeu-se no consulado britânico, que ficava mais abaixo da casa Ipatiev na Voznesensky Prospekt, tendo sido enviado para lá com o objetivo de verificar se os boatos de que o czar e algumas, se não todas, pessoas de sua família já tinham sido assassinados. Ele então conseguiu enviar um telegrama confirmando que os "rumores sobre os Romanov são falsos". Thomas Preston sabia que também existiam agentes britânicos na cidade observando o que se passava na casa Ipatiev; havia meses que a situação era essa. Tais figuras espectrais — espiões, monarquistas, possíveis resgatadores — iam e vinham, mas nada mudava para os Romanov.

Foram necessários homens de tipos inteiramente diferentes, calculistas, calmos e com objetivos políticos implacáveis, para planejar não o resgate dos Romanov, mas a aniquilação da dinastia. E a pessoa que mais tinha isso firme em sua mente era Yakov Sverdlov, um homem muito próximo a Lenin. Ele era pequeno e magro, um judeu com aparência exótica e sombria, com o cabelo negro e desordenado, olhos brilhantes e um elegante cavanhaque. Gostava de usar um sobretudo de couro, a vestimenta típica e preferida dos homens da Cheka, muitas vezes com uma gravata boêmia com o nó frouxo. Ele podia parecer frágil, mas tinha uma voz poderosa. Por trás de seu pincenê havia uma inteligência poderosa e calculista, e uma memória fotográfica. Ele carregava uma grande quantidade de informações em sua cabeça, como nomes e fisionomias de importantes ativistas e colaboradores do partido, uma vez que ele tinha construído uma rede de oficiais do partido por toda Rússia. Embora Lenin provavelmente tenha sido o grande planejador e teórico da Revolução, e Trotski seu brilhante orador, em Yakov Sverdlov os bolcheviques encontraram um brilhante organizador que supervisionava os aparatos do governo.

A falta de habilidade organizacional era o maior ponto fraco de Lenin, e Sverdlov soube capitalizar isso a seu favor com grande rapidez. Ele era "como um diamante", dizia o comissário Anatoly Lunacharsky, que havia sido "escolhido por sua absoluta dureza para ser o eixo rotatório de um mecanismo delicado e em constante movimento". Sverdlov tinha a mesma natureza política cristalina de seu grande amigo Lenin — com uma linha de pensamento impiedosamente racional e nada sentimental. Eles não se conheciam até 1917, mas logo que travaram contato estabeleceram uma relação muito próxima. Segundo a viúva de Sverdlov, "com apenas uma ou duas palavras eles já entendiam um ao outro"; seu marido concordou de imediato com todas as ideias e pensamentos de Lenin, acatando cada instrução, porque, insistiu ela, "eles tinham visões idênticas". Como todo bom revolucionário, Sverdlov era discreto e tinha a habilidade de um camaleão para se camuflar. Para Lenin ele era simplesmente indispensável, e foi por isso que Lenin o colocou no lugar do mais leniente Lev Kamenev como líder do Comitê Executivo Central, fazendo dele o primeiro presidente da Rússia soviética e do CEC o poder central do governo. Sverdlov usava o CEC cada vez mais para realizar reuniões abertas do partido e oprimir a oposição dos socialistas revolucionários e dos mencheviques, fortalecendo a si próprio nesse processo. Ele exercia um papel-chave na crescente tensão envolvendo a questão do destino dos Romanov. Sverdlov tinha boas conexões com os bolcheviques de Ecaterimburgo — ele fizera seu aprendizado como trabalhador de minas na cidade e nos arredores durante 1905-06, quando desenvolveu relações próximas com os líderes bolcheviques. Os campos de detenção da Sibéria também lhe eram muito familiares: ele havia passado três anos lá, de 1906 a 1909, tendo escapado de um segundo período em 1910 e sendo então enviado para Narym, onde passou algum tempo com Stalin, antes de mais quatro anos exilado em Turukhansk, onde se tornou grande amigo de Filipp Goloshchekin.

Sverdlov tinha o dom de avaliar as pessoas com grande precisão, e nesse momento ele sabia quem poderia ser encarregado de levar adiante a vontade de Lenin quando a decisão final sobre os Romanov fosse tomada. Goloshchekin era seu homem de confiança, eles estavam sempre em contato. Foi Goloshchekin que o informou do enfraquecimento da segurança em Tobolsk; depois disso, Sverdlov o encarregou pessoalmente de garantir a segurança do czar até que houvesse um consenso sobre seu destino. A partir de então, o controle sobre a vida da família imperial em Ecaterimburgo, embora parecesse emanar do Soviete Regional dos Urais, era monitorado de perto por Sverdlov e Lenin, que se mantinham em contato com Goloshchekin, que agora estava de novo em Moscou para novas consultas com eles, ficando hospedado no espaçoso apartamento de quatro quartos de Sverdlov no Kremlin.

Na sala de estar da "casa com propósito especial", enquanto acrescentava mais algumas linhas em sua carta para Sasha, o dr. Botkin não tinha dúvidas a respeito do futuro que os aguardava na casa Ipatiev:

> Estou morto mas não enterrado, ou enterrado vivo — seja lá o que for: as consequências são praticamente idênticas (...) Meus filhos talvez tenham esperanças de algum dia nos vermos de novo nessa vida (...) porém eu pessoalmente não me entrego a esta esperança (...) e olho a realidade nos olhos.

Naquele 9 de julho em Ecaterimburgo, outro médico esteve ocupado, embora sua missão não fosse nada altruísta. O dr. Kensorin Arkhipov, um médico local de boa reputação e cuja casa havia sido considerada pelo Soviete

Regional dos Urais como um possível destino para a família imperial, foi instruído, segundo testemunho de Thomas Preston, cônsul britânico, a procurar 200kg de ácido sulfúrico. O dr. Arkhipov, ao que parece, tinha servido como auxiliar no Hospital Militar de Ecaterimburgo em 1916; ele não havia concluído seus estudos, mas este fato foi ignorado e um diploma lhe foi dado em razão das necessidades urgentes da guerra. Seus colegas médicos eram desconfiados em relação a ele — achavam-no arisco, cheio de ideias loucas e até desequilibrado. Contudo, Arkhipov conseguiu fazer um grande amigo no exército — Yakov Yurovsky — e eles se mantiveram unidos como comparsas para sempre.

8

"Nossa pobre Rússia"

10 DE JULHO DE 1918, QUARTA-FEIRA

No salão oval da Casa Branca, em Washington, o presidente norte-americano Woodrow Wilson estava lidando com um problema: o que era mais correto e exequível a ser feito na Rússia? Como oferecer alívio a suas massas famintas e apoio às legiões tchecas sem interferir nas questões internas do país? Apenas dois dias antes, Wilson confidenciou ao coronel Edward House, um de seus conselheiros, que ele vinha "suando sangue" há muitas semanas por causa da questão, e que toda vez que pensava ter chegado a uma solução, "ela se esfarelava como mercúrio quando eu a tocava". Enquanto isso, a discórdia sobre a Rússia virava uma bola de neve na imprensa mundial e dominava a política externa dos Estados Unidos, com todo mundo tentando adivinhar qual seria o próximo passo do presidente. A meio planeta de distância e alheios às forças que consideravam a possibilidade de uma intervenção em seus país, os Romanov permaneciam impotentes diante daquilo que eles já conseguiam sentir estar ocorrendo do lado de fora — uma escalada de violência. Tudo que podiam fazer era rezar para que Deus interviesse no destino de sua adorada Rússia.

A opinião pública norte-americana a respeito da questão russa tinha sido inflamada desde o final de junho por uma série de artigos do jornalista Herman Bernstein, correspondente especial do *New York Herald* e do *Wa-*

shington Post (de quem muitas matérias enviadas da Rússia eram publicadas por todos os Estados Unidos e pela Europa). Bernstein, ele próprio um exilado russo-judeu que deixou a Rússia em 1893, havia chegado de volta aos Estados Unidos após seis meses analisando as condições em sua terra natal. Mesmo antes da revolução ele já era violentamente anticzarista e tinha feito campanha contra as perseguições aos judeus russos. Em 1913, ele escreveu uma carta aberta ao czar condenando a então recente onda de pogroms. Qualquer aspiração por liberdade e justiça na Rússia, escreveu Bernstein, "era cortada na raiz". O governo czarista não tinha nada além de repulsa pelas massas ignorantes, que para ele não passavam de "sujeira humana".

Tendo passado quatro meses na Rússia em 1917, Bernstein deu boas-vindas à revolução, considerando-a uma forma de a Rússia se libertar "dos espíritos sombrios do despotismo e da intolerância" que comandavam o país. A revolução desarraigou "o demônio medieval" da dinastia Romanov e era a grande esperança do país por um futuro melhor. O "sol da liberdade" afinal havia nascido para a obscura Rússia, ainda mais para seus oprimidos judeus. Mas o retorno de Bernstein ao seu antigo país um ano mais tarde para observar o que de fato estava acontecendo lá, como ele colocou, deixou-o estarrecido e ele logo deixou de ser um defensor da "nova ideia" na Rússia e passou a ser um de seus críticos mais severos no Ocidente. Ele não tivera medo de dizer a verdade sobre o czar e agora afirmava "não ter receios de dizer a verdade acerca da tirania de Lenin e Trotski". Lenin estava usando a Rússia como um laboratório, alegou Bernstein amargamente, e o povo como cobaias para seu grande experimento social. Ele agora clamava pela intervenção norte-americana: "A Rússia está quebrada, arrasada, desmoralizada e faminta, à espera de alguém mais forte do que ela própria para levantá-la." Acima de tudo, a maior necessidade era retomar uma forma "sensata" de governo. O povo russo havia perdido a confiança em si próprio e, desesperado, estava até mesmo olhando para a Alemanha para restaurar sua ordem. "Nove décimos da população russa", afirmava ele, "receberiam uma intervenção aliada de braços abertos".

Ao longo do mês de junho, o orgulhoso presidente americano foi assediado dia sim dia não por uma série de visitantes influentes com inúmeros argumentos morais e o mesmo pensamento final em mente: uma intervenção norte-americana na Rússia. Diplomatas franceses e britânicos acompanhavam tudo constantemente, assim como Tomas Masaryk, o respeitado líder exilado do movimento de independência tcheco; lady Muriel Paget havia recém-chegado de seu trabalho humanitário no Hospital Britânico de Petrogrado, e com ela um agrupamento de refugiados russos, ex-ministros czaristas e membros do malogrado governo provisório de Kerensky — todos empenhados em fazer lobby pelo apoio dos Estados Unidos e por uma ajuda econômica à Rússia. Até a senhora Emmeline Pankhurst, a formidável ex-rebelde sufragista que agora era uma convicta conservadora, estava na cidade, ansiando por oferecer seus valorosos comentários sobre a situação russa ao presidente. A impressão que se tinha é que os Estados Unidos eram a única esperança de salvação da Rússia. Wilson era um bom ouvinte, muito paciente, e não deixava de receber ninguém. O bolchevismo estava enfrentando seu pior momento, garantiram-lhe; o governo soviético estava politicamente isolado, diante da escassez e da anarquia que se espalhavam pelo país inteiro, e ainda por cima com um Exército inadequado para enfrentar as forças imperiais alemãs que estavam na soleira da porta do país e o avanço branco pela Sibéria. Muitas pessoas previam a iminente extinção do novo Estado soviético: "Ele foi um cadáver por quatro ou cinco semanas", relatou David Francis, embaixador dos Estados Unidos na Rússia, para Washington, "mas ninguém teve a coragem de enterrá-lo". Em uma festa improvisada que ele deu para os corpos diplomáticos norte-americano, britânico, francês e italiano em Vologda — uma junção ferroviária a meio caminho entre Moscou e o porto norte de Murmansk —, Francis declarou que os Estados Unidos "jamais ficariam sem fazer nada enquanto viam os alemães explorarem o povo russo, se apoderando dos imensos recursos russos para fins egoístas". Desde o dia 7 de julho, ele começou a pedir que Washington avançasse com os planos para que forças norte-americanas desembarcassem no norte da Rússia e na Sibéria. Uma vez que fossem hasteadas as bandeiras aliadas na Rússia, ao menos é o que parecia, o povo russo se juntaria à causa e deporia o governo soviético.

Wilson, entretanto, não queria pegar em armas e anunciou sua decisão, no dia 6 de julho, de enviar apenas uma missão norte-americana de ajuda para ampliar o trabalho que já vinha sendo feito pelos Estados Unidos com a Cruz Vermelha e a Associação Cristã de Moços norte-americana. Como acreditava na autodeterminação das nações e na força moral dos Estados Unidos para ajudar tais aspirações, ele queria fazer a coisa certa. Arkhangelsk agora estava nas mãos dos franceses e dos britânicos; os tchecos mantinham o domínio da ferrovia Transiberiana e uma pequena missão de intervenção japonesa havia desembarcado em Vladivostok e controlava a Sibéria Oriental a partir de Irkutsk. Tudo isso facilitou a chegada da missão dos Estados Unidos à Rússia, mas Wilson estava inflexível na determinação de que nenhuma ação norte-americana poderia envolver o uso de força, ainda que o progresso das legiões tchecas pela Sibéria tivesse alterado significativamente a situação ao "introduzir um elemento sentimental" na questão do dever norte-americano para com os povos eslavos.

Sendo um presbiteriano devotado e um homem de consciência e probidade, Wilson era movido pelo desejo de oferecer a solidariedade norte-americana aos povos russo e tcheco. Tudo isso fazia parte de um ambicioso plano de paz, ao qual havia dado início em janeiro, quando revelou seus 14 pontos para uma nova ordem mundial de paz e a criação de uma organização pacificadora para promovê-la: a Liga das Nações. Ele acreditava sinceramente que a presença americana e tcheca na Rússia pudesse provocar uma resposta democrática espontânea por parte do povo siberiano — cuja vasta maioria era anticomunista, que depois se espalharia por todo país. Em 10 de julho, o assediado presidente dos Estados Unidos podia esperar um cerco ainda mais persuasivo de apelos para ajudar a Rússia, uma vez que, após uma reunião com seu gabinete de guerra, ele se comprometeu a encontrar o emissário russo mais improvável e apaixonado: a tenente-coronel Mariya Bochkareva, que tinha 30 anos de idade e era a ex-comandante do voluntário 1º Batalhão da Morte feminino, tendo servido no front oriental. Pequena, orducha, com seios grandes, rosto redondo emoldurado em um cabelo curto e bem preto, Bochkareva era uma visão intimidante em seu uniforme masculino do Exército, com direito a botas compridas e muitas medalhas penduradas no peito. No Ocidente ela era vista como a Joana d'Arc russa, uma analogia feita pela senhora Pankhurst, que a chamava de "a maior mulher do século". Semi-iletrada e de um tipo camponês estoico, Bochkareva nasceu em uma família pobre e numerosa. Aos 15 anos ela se casou e se tornou vítima de um marido abusivo. Sempre teve uma vida dura, mas continuava uma patriota fervorosa que acreditava nas verdades mais simples da vida e, embora não tivesse desavenças com as teorias e aspirações sociais do bolchevismo, ficou horrorizada com o que vinha acontecendo: um domínio do terror. Em 1914, Bochkareva compartilhava da crença popular de que a deflagração da guerra tiraria a Rússia da beira do desastre político ao unificar sua população um tanto diversa em uma grande onda de nacionalismo. Determinada a fazer sua parte e a envergonhar os homens que estavam reticentes em se apresentar como voluntários para a guerra, em novembro daquele ano ela enviou um telegrama a Nicolau II contando a ele sobre seu propósito moral e seu desejo de defender a Rússia, e por fim pedindo permissão para se alistar. O czar concordou e a princípio ela se juntou ao 25º Batalhão de Reserva de Tomsk. Com a autorização do governo provisório de Kerensky, mais tarde ela organizou e comandou o Batalhão Feminino, que entrou em ação em junho de 1917 como uma resposta à crise moral e disciplinar do Exército russo. Ela e todas as suas tropas femininas carregavam frascos com cianeto de potássio para usarem em caso de captura ou possíveis estupros. Liderando a partir do front, Bochkareva foi exposta a gases tóxicos e ferida por estilhaços de bombas três vezes — importunada para sempre por uma dor causada por um pedaço de granada que ficou alojado na lateral de seu corpo. O governo russo depois lhe concedeu a cruz de São Jorge e muitas outras honras por sua bravura. Após ser surrada e ridicularizada por soldados russos, por pouco não sendo executada pelos bolcheviques, em 1918 ela deixou a Rússia por Vladivostok, graças aos quinhentos rublos que lhe foram dados pelo consulado britânico em Moscou, tendo como objetivo angariar apoio para as massas russas por intermédio da senhora Pankhurst. Depois de cruzar o Pacífico de navio, Bochkareva chegou a São Francisco em junho e fez algumas aparições públicas em Nova York antes de viajar para Washington D.C., onde foi patrocinada pelo dignitário Florence Harriman, um amigo íntimo do presidente norte-americano.

A todo lugar que ia, Bochkareva causava furor: ela parou o trânsito marchando pela Quinta Avenida com sua farda militar; as pessoas ficavam chocadas com os relatos de sua infância extremamente difícil, de suas experiências nas linhas de frente, de como comandara a última unidade a defender o governo provisório de Kerensky no Palácio de Inverno quando os bolcheviques assumiram o poder, e também, o que fora ainda mais sinistro, das atrocidades dos bolcheviques que ela testemunhou. Ela estava, segundo disse, cansada do "rio de palavras" sobre a Rússia nos jornais do Ocidente e queria ver uma ajuda efetiva a seu país, agora atingido por uma profunda desordem moral e social. Bochkareva já havia se encontrado com o ex-presidente Theodore Roosevelt, que a considerou uma "mulher formidável (...) dona de uma sabedoria natural e de determinação abundantes". No dia 25 de junho, ela requisitou uma reunião com o presidente Wilson, vendo nele, assim como muitos russos, a personificação da esperança e da salvação do país dela. Dias depois do encontro ela lhe enviou um presente: uma pequena medalhinha de Santa Ana que ela havia usado no front. Wilson ficou tocado e escreveu uma calorosa carta de agradecimento.

A reputação que Bochkareva tinha (de ser uma atriz e de ter uma personalidade magnética, apesar de sempre precisar usar um intérprete) a antecedia. Conduzida até Wilson às 16h30 daquele dia, ela não fez qualquer cerimônia. Ela era russa e russos falam sem inibição, com o coração. Bochkareva era muito articulada, e uma vez que começava com sua inimitável voz rouca, nada podia detê-la. Nem seu pobre intérprete conseguia acompanhar com a mesma velocidade a torrente de palavras à medida que a língua dela "parecia um cavalo desabalado", chegando à euforia num minuto e ao desespero alguns instantes depois, sempre com gestos espalhafatosos que deixavam o presidente e seus assistentes atônitos. Seus pedidos eram tão apaixonados que ela se ajoelhou no chão aos prantos e abraçou os joelhos de Wilson, implorando-lhe que ajudasse a pobre Rússia, que enviasse comida e tropas para lutar contra os bolcheviques. Suas demandas eram extravagantes: ela queria uma força conjunta de 100 mil homens, entre norte-americanos, franceses, britânicos e japoneses, que seriam enviados para ser o núcleo de um exército russo com um milhão "de filhos livres da Rússia", que ela acreditava que iriam se levantar contra a Alemanha sem importar divergências partidárias ou políticas. Um exército Aliado seria, afirmou Bochkareva, muito bem recebido pelos camponeses e pelos soldados russos. Se os aliados não conseguissem ajudá-la, ela então seria forçada a voltar para a Rússia e dizer ao povo que ela implorara em vão e que os aliados eram tão amigos da Rússia quanto a Alemanha.

Woodrow Wilson, um homem conhecido por seu comedimento e sua austeridade, não conseguiu resistir a este apelo extremamente emocional de Bochkareva. Ele ficou sentado com lágrimas escorrendo pelo rosto e fez o melhor que pôde para assegurar sua compaixão e seu apoio. Uma semana mais tarde, Bochkareva saiu de Washington e foi para Londres, a uma audiência com o rei Jorge V, deixando para trás dois "legados", como ela mesma os descreveu, aos seus amigos norte-americanos: a história da vida dela, que ditou ao jornalista americano Isaac Don Levine, que a traduziu e publicou em 1919; e sua irmã Nadya, de 15 anos, que ficaria com seus patronos "até que a Rússia estivesse segura para que ela retornasse". Bochkareva não queria que a inocente Nadya fosse exposta às ideias do amor livre "e a todas as coisas horríveis que os bolcheviques ensinavam". Um ano mais tarde, Nadya, morrendo de saudades de casa, voltou para a Rússia. Bochkareva claramente deixou uma impressão indelével nos sentimentos norte-americanos, pois, em agosto de 1918, Theodore Roosevelt deu U$ 1.000,00 de seu Prêmio Nobel para ela "como um sinal de meu respeito por aqueles russos que se negaram a seguir os bolcheviques em sua traição à Rússia e aos Aliados em favor da Alemanha, assim como à causa mundial da liberdade".

Em todos os seus discursos nos Estados Unidos, Mariya Bochkareva não fazia nenhuma menção ao czar que havia permitido que ela lutasse como um homem. Mas Nicolau e Alexandra, bem distantes dela em Ecaterimburgo, teriam ficado orgulhosos com sua força moral, seus sentimentos antigermânicos e sua defesa ardorosa da mãe Rússia naquele dia na Casa Branca. Pois assim como ela, eles amavam a Rússia com paixão e rezavam todos os dias para que Deus salvasse o país da destruição. Alexandra adotara tudo que era russo da maneira apaixonada e visceral com que uma mãe protege seu filho: "Como eu amo meu país, com todos os seus defeitos. Ele se torna cada vez mais querido para mim, agradeço a Deus todos os dias por nos permitir permanecer aqui, em vez de nos enviar para longe." Ela exortava constantemente o marido e os amigos a manterem a fé no povo: "A nação é forte, jovem e macia como cera", afirmou ela. Ainda havia esperança para a Rússia, "apesar de todos os seus pecados e horrores".

Contudo, a Rússia que Alexandra pensava conhecer era muito mais complexa e conflituosa do que ela poderia imaginar; a Rússia *dela* era uma quimera, um produto de sua imaginação, criada no isolamento em Tsarskoe Selo e no exílio. Essa Rússia idealizada, com seu povo leal a eles, simples e temente a Deus, nunca existiu de fato; era uma abstração. Mesmo quando Nicolau abdicou em março de 1917, foi com a crença sincera de que o sacrifício "em favor do verdadeiro bem-estar e pela salvação da nossa mãe Rússia" salvaria o país da violência e da anarquia em que estava caindo desde a revolução de fevereiro. Desde a infância ele foi ensinado a acreditar em uma relação mística entre o czar e o povo e também em seu direito divino de comandar o destino de um país que era seu patrimônio pessoal por escolha de Deus. No dia de sua coroação, assumiu o compromisso solene de agir como o "pequeno pai" de seu povo e prometeu trabalhar duro para o mesmo, porém seu perfil era completamente inadequado para o cargo.

Entretanto, a esperança de que a nação russa, teocêntrica, respondesse de forma positiva, segundo o espírito da "Rússia Sagrada", ao seu sacrifício foi esmagada. O problema da Rússia estava muito além das possibilidades de Nicolau, e a guerra, em vez de unir o povo e o czar, apenas intensificou as diversas dificuldades que o monarca enfrentava. Sua visão de longo prazo acerca de seu papel — como aquele que estava sendo talhado por Woodrow Wilson — como um apóstolo da paz mundial nos anos subsequentes à guerra desmoronou junto.

A nação Russa — exausta, faminta, marcada pela guerra e pervertida por séculos de crueldade, absolutismo e mentiras — não respondeu aos chamados do czar em 1905, 1914 e de novo em 1917, assim como, em sua maioria, à retórica bolchevique tempos depois. O desespero, a pobreza e os deslocamentos da guerra deram origem à ociosidade, à criminalidade e à indiferença depois que a primeira onda de fome incitou as massas a agir. As leis marciais, a supressão da imprensa livre, as cortes e, no verão de 1918, a introdução do alistamento militar compulsório não chegavam nem perto de representar uma liberdade maior. A autocracia foi substituída por uma nova e insidiosa "comissariocracia", como observou Herman Bernstein.

Mas a Rússia Sagrada — aquela fusão mítica entre o czar, a fé e o povo — tinha, sob o comando de Nicolau, desfrutado de uma breve ressurgência, primeiro durante as celebrações do terceiro centenário da dinastia Romanov em 1913, quando Nicolau e Alexandra fizeram uma rara aparição *en famille*, com o czar parecendo, como observou o britânico Bruce Lockart, "uma figura pequena no centro da procissão (...) mais para um ícone sagrado que deveria ser mantido escondido com uma exclusividade oriental pelos padres mais importantes e exibido ao público nos dias festivos". Esse mesmo senso de reverência na presença visível de um monarca que por muito tempo ficou escondido de seu público se manifestou de novo ao longo dos agitados dias de mobilização para a guerra em julho de 1914. Durante uma longa e sombria cerimônia realizada no dia 20 daquele mês, pareceu, ao menos por um dia, que o czar e a população estavam de fato unidos em torno de um único objetivo: repelir o invasor alemão. Bandeiras tremulavam em todas as janelas e varandas das duas maiores cidades da Rússia, São Petersburgo e Moscou. Procissões exibiram os retratos do czar e da czarina pelas ruas, e quando estes apareciam em público, muitas pessoas beijavam suas roupas e suas mãos. Grandes congregações se reuniam nas igrejas russas para rezar, acender velas e beijar os ícones numa euforia de solidariedade nacional que não era vista desde que a *Grand Armée* de Napoleão foi expulsa da Rússia em 1812. Ao menos naquele momento, o espírito de uma Rússia grande e invencível, descrita em *Guerra e Paz*, de Tolstoi, fora brevemente reencarnado.

Tendo proclamado sua intenção de prosseguir de maneira incansável com a guerra até que o invasor alemão fosse expulso do solo russo, Nicolau seguia em uma carruagem pelas encostas do rio Neva, em São Petersburgo, em meio à alegria desordenada da multidão. Mais tarde ele apareceu com Alexandra em uma varanda do Palácio de Inverno para declarar publicamente guerra contra a Alemanha e apreciar a lotada Praça de Alexandre abaixo deles. Embora fosse uma figura pequenina, que parecia ainda menor ao lado das imensas colunas do Palácio de Inverno, ele inspirou as dezenas de milhares de pessoas abaixo dele a se ajoelharem espontaneamente para entoar o canto nacional russo, "Bozhe, Tsarya Khrani":

> Deus salve o nobre czar!
> Que ele tenha vida longa, no poder,
> Com felicidade,
> Em paz com o reino!
> Frente aos inimigos,
> A fé com certeza o defenderá,
> Deus salve o czar!

Composto em 1833, a melodia se tornou parte da identidade nacional russa após ser incorporada por Tchaikovsky à sua "Abertura 1812" em 1882. Comovido por esse momento de comunhão com o povo, Nicolau permaneceu em pé ali e chorou. A Rússia o amava; a nação precisava de seu *batyushka-tsar*; a população jamais abandonaria seu monarca e a Rússia mais uma vez seria um grande país liderado pelo grande czar. Alexandra reiterava seguidas vezes: o reino do filho deles iria inaugurar uma nova era de ouro para a nação.

Pouco depois, um momento similar de epifania ocorreu em Moscou, no dia 23 de agosto, quando Nicolau compareceu a uma missa solene, na qual o ar estava denso pelo cheiro de incenso e pelas velas queimando, na histórica catedral Uspensky para orar pela vitória. Ele fez isso com "tanto fervor que seu rosto pálido ganhou uma expressão comovente e mística", segundo relatou o embaixador francês Maurice Paléologue, que observou que Alexandra parecia fisicamente intoxicada pela experiência, com seu olhar "magnético e inspirado". Depois da missa, o casal se juntou à multidão do lado de fora para ouvir os imensos sinos da catedral propagando uma mensagem russa de desafio através das antigas muralhas do Kremlin. Mais tarde naquele dia, Nicolau mostrou-se grato com a presença de outra multidão nos degraus do Pórtico Vermelho do Kremlin, decorado com seus leões de pedra

(Acima à esquerda) O jovem casal: Alexandra, empertigada e sem sorrir, como em todos os retratos oficiais, e Nicolau em trajes civis, por volta de 1895. (Popperfoto/Getty Images)

(Acima à direita) Meninas de vestidos brancos: as irmãs Romanov em foto produzida em larga escala para distribuição pública em 1915. A partir da esquerda em pé: Maria, Anastasia e Olga; Tatiana está sentada. (Popperfoto/Getty Images)

A família imperial pouco após o nascimento de Alexei, 1904: Tatiana, a favorita da mãe, apoia-se em Alexandra, Olga segura o braço de seu adorado pai, Maria está abaixada à esquerda e Anastasia à direita. (Hulton Archive/Getty Images)

O homem com o cigarro: Nicolau II fazendo o que mais gostava, relaxar em seu iate, o *Shtandart*. (Rex Features)

A mulher na cadeira de rodas: Alexandra, incapacitada por causa do nervo ciático, no Palácio de Alexandre em Tsarskoe Selo, primavera de 1917. (Underwood & Underwood/Library of Congress)

Uma fotografia de 1916 que ilustra a influência obsessiva e dominadora de Alexandra sobre seu marido. (Foto do livro *The End of the Romanovs*, de Victor Alexandrov, traduzido por William Sutcliffe – tradução inglesa publicada em 1966 pela editora Hutchinson)

"Os gêmeos elegantes": os primos Nicolau II e Jorge, príncipe de Gales, em Cowes em 1909, com Eduardo (mais tarde Eduardo VIII, embora por pouco tempo) à esquerda e o czaréviche Alexei – o encantador menino em traje de marinheiro. (Keystone/Getty Images)

Alexei no quartel-general do Exército em 1916, com sua gata Zubrovka e seu cocker spaniel Joy. O cão sobreviveu ao massacre em Ecaterimburgo e terminou seus dias em Windsor.
(Roger Violet/Topfoto)

Alexandra, ao centro, com Olga, à esquerda, Tatiana, à direita, e alguns dos feridos russos dos quais elas cuidaram durante a Primeira Guerra Mundial. Maria e Anastasia, nos extremos, à esquerda e à direita respectivamente, ainda eram muito jovens para trabalhar como enfermeiras.
(Coleção David King)

Membros da legião tcheca no obelisco nos arredores de Ecaterimburgo: o monumento marcava a fronteira entre a Europa e a Ásia. (Foto do livro *The Lost Legion 1939*, de Gustav Becvar – Stanley Paul, 1939)

Dr. Evgeny Botkin, que se manteve leal e seguiu com os Romanov para o exílio. (Foto do livro *Thirteen Years at the Russian Court*, de Pierre Gilliard – Hutchinson, 1921)

A casa Ipatiev com a paliçada colocada pouco antes da chegada do czar e da czarina em 30 de abril. (Instituto Yivo de Pesquisas Judaicas)

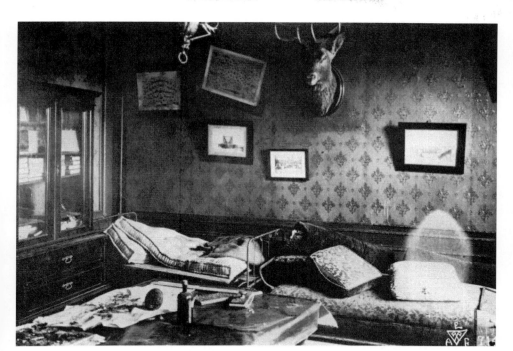

O gabinete de Nikolay Ipatiev, usado como escritório do comandante por Avdeev e depois por Yurovsky. Os guardas se deitavam aqui entre os turnos. (Instituto Yivo de Pesquisas Judaicas)

A sombria sala de jantar onde os Romanov comiam com os serviçais remanescentes. (Instituto Yivo de Pesquisas Judaicas)

Ecaterimburgo nos anos 1900. A extremidade norte da casa Ipatiev está à frente no canto esquerdo, com o rio Iset serpenteando a cidade. (Coleção da autora)

Vista com a torre do sino da catedral Voznesensky ao fundo, de onde uma metralhadora apontava para os aposentos dos Romanov. (Prokudin-Gorskii, Sergei Mikhailovich / Library of Congress)

Exilados políticos, Sibéria, 1915. O segundo à direita é Filipp Goloshchekin, com a jaqueta de couro bolchevique e quepe. Ele supervisionou o assassinato dos Romanov com seu amigo Yakov Sverdlov, à esquerda dele com uma camisa branca. Stalin é o terceiro em pé a partir da esquerda. (Coleção David King)

Lenin em seu gabinete no prédio do Senado do Kremlin. Dali ele mantinha o controle sobre o destino dos Romanov, embora tenha tomado providências para que seu nome não fosse associado ao assassinato da família em nenhum documento oficial. (AKG Images)

Pavel Medvedev, à esquerda, chefe da guarda da casa Ipatiev e uma das principais figuras na execução dos Romanov, posa com um companheiro bolchevique. Capturado pelos brancos em 1919, ele morreu de tifo na cadeia. (Coleção David King)

O rosto de um assassino, Ecaterimburgo, por volta de 1919. Yakov Yurovsky, atrás à direita, com os irmãos, a irmã, a mãe e a esposa. (Foto do livro *The Murder of the Romanovs*, do capitão Paul Bulygin – Hutchinson, 1935)

O quarto ocupado pelo czar e pela czarina, mais tarde dividido também com Alexei. No dia 23 de junho, depois de muitos apelos da família, o Soviete Regional dos Urais permitiu que uma das janelas seladas fosse aberta. (Foto do livro *The End of the Romanovs*, de Victor Alexandrov)

O convento Novo-Tikhvinsky, cujas freiras iam até a casa Ipatiev todas as manhãs oferecer leite, nata e ovos para a família imperial. (Sergey Prokudin-Gorskii/Library of Congress)

Testemunhas: Herman Bernstein (acima à esquerda), um dos baluartes do jornalismo norte-americano e um dos primeiros correspondentes a relatar a morte dos Romanov. (Instituto Yivo de Pesquisas Judaicas)

Sir Thomas Preston (acima) em 1968; em 1918, como cônsul britânico em Ecaterimburgo, ele perguntou diversas vezes às autoridades como estava a família imperial. (Telegraph Group)

A tenente-coronel Mariya Bochkareva (abaixo à esquerda) viajou para Washington em julho de 1918 e fez um apelo pessoal ao presidente Woodrow Wilson (abaixo) para que ele ajudasse a salvar a Rússia. (Coleção George Grantham Bain/Library of Congress)

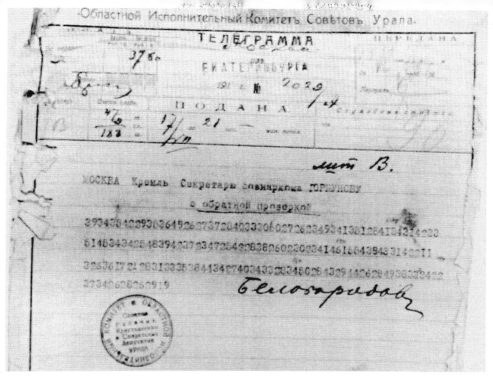

O telegrama cifrado enviado a Moscou na noite de 17 de julho pelo líder do Soviete Regional dos Urais, Aleksandr Beloborodov, confirmando que "a família inteira teve o mesmo destino de seu chefe". (Topfoto)

O quarto das grã-duquesas, revirado e saqueado. No chão estão as cinzas de uma fogueira em que os guardas queimaram objetos considerados sem valor. A luminária mais tarde foi dada a Sydney Gibbes, tutor de Alexei, e levada de volta para a Inglaterra. (Foto do livro *The End of the Romanovs*, de Victor Alexandrov)

(À esquerda) Petr Ermakov, que agiu com grande selvageria na noite do assassinato dos Romanov e depois se mostrou bêbado demais para supervisionar o enterro na mina Quatro Irmãos, na floresta Koptyaki (foto maior). (Coleção David King)

(Abaixo) Uma das sete igrejas feitas de madeira em homenagem a cada membro da família Romanov, construídas no local da mina Quatro Irmãos, hoje conhecido como Ganina Yama. (Foto da autora)

A abertura das escavações na clareira conhecida como Quatro Irmãos na floresta Koptyaki, onde os Romanov foram enterrados em 17 de julho de 1918. (Foto do livro *The End of the Romanovs*, de Victor Alexandrov)

A Igreja pelo Sangue, construída em 2003 no lugar em que ficava a casa Ipatiev, é um local de peregrinação de russos ortodoxos, integrando o caminho turístico da "Gólgota Romanov". (Foto da autora)

Duas imagens contemporâneas: a Catedral Voznesensky, no final da rua em que ficava a casa Ipatiev, e o Hotel Amerikanskaya, onde as principais decisões sobre o destino dos Romanov foram tomadas pela Cheka de Ecaterimburgo e pelo Soviete Regional dos Urais. (Coleção da autora)

(Acima) Canonizados pela Igreja Ortodoxa Russa como "Portadores da Paixão Sagrada", os Romanov estão imortalizados em inúmeros ícones religiosos à venda por toda a Rússia. A iconografia de uma família idealizada está de volta. (Coleção da autora)
(Abaixo) No local onde a família foi enterrada pela primeira vez na floresta Koptyaki, diversos lírios brancos florescem todos os anos no aniversário dos assassinatos de 17 de julho. (Foto da autora)

— o lugar onde, em momentos importantes da história, os governantes russos apareciam para se dirigir ao povo —, recriando uma cena quase medieval de uma idealizada mãe Moscou, a cidade sagrada com seus velhos domos em forma de cebola e as imensas torres de igrejas antigas.

Assim, com o conforto proporcionado por essa falsa imagem de unidade nacional, Nicolau e Alexandra permaneciam obstinadamente cegos para as mudanças dramáticas que estavam em andamento no país. Apenas alguns meses depois, esse crescimento da xenofobia e da união nacional foi dissipado pelas perdas devastadoras no front oriental. O povo russo, que tanto Nicolau como Alexandra haviam acreditado ter um amor sem limites pelo czar em razão de ele ser uma pessoa "de quem toda caridade e fortuna derivam", virou suas costas para ele, com sua devoção fatalmente minada pelas tensões políticas e econômicas que, tendo atingido um ponto crítico em 1905, transbordaram de vez com o escândalo Rasputin e com a desastrosa guerra. A partir de então, a monarquia, que Nicolau acreditava ser a única forma viável para governar a grande mistura de raças, classes e regiões da Rússia, perdeu com muita rapidez o apoio dos dois elementos mais poderosos que historicamente a sustentavam: os camponeses, sempre chamados para fazer os sacrifícios econômicos para fornecer comida e homens para o front; e o Exército, chamado para continuar lutando em uma guerra na Europa enquanto ocorria uma revolução em casa.

Nicolau e Alexandra, da mesma maneira que seus filhos, nunca deixaram de sofrer por causa do destino da "pobre Rússia" deles. A angústia permaneceu com eles mesmo nos meses finais em Tobolsk e Ecaterimburgo. Esse sentimento só aumentava por agora eles estarem completamente isolados da Rússia que eles achavam conhecer. A fé cega de Alexandra em milagres jamais deixou que ela aceitasse a finalidade da revolução e a retirada dos Romanov do poder. Era apenas um erro terrível, um pesadelo que certamente passaria. Bastava que eles rezassem mais e mais fervorosamente por uma intervenção divina. Mesmo quando o exílio para a família foi discutido nos primeiros dias após a abdicação, isso ocorreu nos termos de um arranjo temporário — até que a guerra estivesse terminada, depois da qual a família deixaria claro seu desejo de voltar para o país e viver retirada na

Crimeia. Ser obrigado a deixar a Rússia para sempre seria como uma morte espiritual para eles, o que outros russos, sobretudo artistas e escritores, também rejeitavam. Quebraria a "última conexão deles com o passado, que então estaria morto para sempre". O czar e a czarina deixavam claro que preferiam morrer na Rússia a serem forçados a viver de modo permanente em exílio, e os filhos deles compartilhavam desses sentimentos.

Mas em 10 de julho, uma nova e irrevogavelmente mudada Rússia soviética estava para ser inaugurada no grande teatro Bolshoi em Moscou, onde o auditório principal estava apinhado para assistir à ratificação da recém-criada Constituição da República Federativa Socialista Soviética Russa. Depois de mais de seis meses de preparação sob a direção de Sverdlov, o governo de Lenin estava pronto para apresentar uma constituição que, acreditava-se, seria a primeira do mundo "a expressar (...) os anseios dos trabalhadores, dos camponeses e dos oprimidos, e a abolir a desigualdade política e econômica de uma vez por todas". Essa constituição, junto com a Declaração dos Direitos das Pessoas Trabalhadoras e Exploradas, aprovada em janeiro de 1918, elaborada para destruir o velho regime burguês e a exploração de homens por homens, retirando o direito a voto daqueles que haviam explorado a Rússia com tanta ganância — os capitalistas, o clero e a aristocracia —, privando-os de seus direitos civis, criava uma forma de governo em que a riqueza produzida pelos trabalhadores do país seria repartida entre eles próprios. Despido de "todos os modos de força, coerção e opressão", o novo Estado estabeleceria um exemplo para o mundo todo e para os povos oprimidos de todos os cantos do planeta.

A realidade, contudo, era um tanto diferente: a erosão do poder dos recém-criados sovietes, e com isso a destruição dos partidos políticos independentes russos, tinha começado em junho com a marginalização de socialistas revolucionários, anarquistas e mencheviques. A criação da Cheka aumentou ainda mais a repressão a qualquer ação política independente em todas as regiões do país. Desde o assassinato de Mirbach no dia 6 de julho, prisões e execuções de oponentes políticos ocorriam em número cada vez maior nos sovietes regionais da Rússia, como em Kursk, Tambov, Kaluga, Tula, Vladimir e Nizhni-Novgorod. Um por um, os comitês dos socialistas revolucionários nas cidades foram dissolvidos, e seus representantes, e com eles a representação da maior parte dos camponeses russos, removidos. Os socialistas revolucionários em posições de responsabilidade estavam sendo retirados de seus cargos e excluídos das delegações do governo central, e muitos de seus membros mais comuns estavam sendo presos e interrogados. O processo foi intensificado ainda mais no dia 10: um telegrama enviado por Grigory Petrovsky, comissário do povo para Questões Internas, que trabalhava lado a lado com a Cheka, ordenou que os sovietes provinciais "tomassem imediatamente todas as medidas para apreender e deter" qualquer um que tivesse participado do levante dos socialistas revolucionários, levando-os para as cortes revolucionárias-militares. Caso resistissem, deveriam atirar neles.

Por um curto período, o messianismo da revolução e o ódio popular em relação a um velho sistema de classes baseado em privilégios foram a força motriz das mudanças na Rússia, mas por volta do verão de 1918, pouco importava aos famintos quem estava no poder agora. E o destino do ex-czar, agora sumido da vista de todos, importava ainda menos. A promessa de igualdade política garantida pela nova constituição era algo que os necessitados não conseguiam compreender, não mais do que o conceito de responsabilidade coletiva deles para com o Estado. Era tudo muito novo e desnorteante para camponeses sem um senso real de uma consciência nacional. Sim, era muito bom ter uma constituição e uma república, diziam eles, mas também havia uma espécie de czar, alguém para quem tinham que tirar seus chapéus como sempre fizeram. Nos velhos tempos, eles tinham sido ensinados a responder apenas ao czar e a Deus; a ideia de agora responder ao novo país recém-constituído, quando a maior parte deles residia em vilarejos, estava além de suas compreensões. A vasta maioria dos camponeses comuns (85% da população) estava confusa a respeito da natureza dessa nova democracia e bastante resistente com relação à requisição de seus grãos, pois achavam que a revolução lhes garantiria o direito de guardá-los só para si. Tudo isso era parte, disseram-lhes, da transformação socialista necessária das vilas. Mas todos os camponeses queriam paz, calma, independência e o direito de plantar os "três acres por alma" que a Duma prometera. Por algum tempo eles foram persuadidos a colocar sua fé na promessa que Lenin fez em 1917 garantindo "paz, pão e terra", que viriam assim que a burguesia fosse despojada de suas terras e de suas propriedades, que seriam transferidas para o Estado. Mas agora, de uma hora para outra, as massas trabalhadoras se viram diante da imposição de serem forçadas a trabalhar, em razão do lema funesto da constituição: "Aquele que não trabalhar também não comerá." Logo ficou claro que a terra não seria dividida igualmente entre os camponeses, e sim coletivamente trabalhada para a nação como um todo, com sua produção beneficiando as comunas locais. Um novo tipo de ideologia oficial, sumarizada na constituição, estava em vias de assegurar que o Estado, e não mais o czar, era tudo, e os indivíduos, mais uma vez, assim como no velho sistema feudal, estavam acorrentados à escravidão econômica, num sistema em que eles não importavam nem um pouco.

A implementação de mudanças tão rápidas e draconianas fez com que em julho de 1918 a infraestrutura do país estivesse entrando em colapso. A indústria estava paralisada e as fábricas fechadas por causa da falta de materiais; as lojas estavam vazias, e o suprimento de comida nos centros urbanos, severamente comprometido. O sistema ferroviário também estava em colapso, não havia crédito e, além de tudo, grande parte do território russo no Báltico e na Ucrânia estava ocupado pelos alemães. Não havia lenha, eletricidade, gás nem querosene para os lampiões. E em pouco tempo não haveria mais velas. Com as linhas de suprimentos obstruídas, nada podia ser obtido sem ser pelo sistema de cartão, e com esses suprimentos se esgotando com grande velocidade, as mercadorias cada vez mais eram encontradas apenas no mercado negro, com estoquistas realizando ganhos imensos com seus produtos.

Ao escrever da Rússia naquele dia para Geoffrey Robinson, seu editor no *Times* de Londres, o correspondente Robert Wilton não tinha dúvidas de que a situação era desesperadora:

> Desejo dizer enfaticamente que, a não ser que intervenhamos na Rússia com grande força (...) e estabeleçamos um governo russo (sem linhas partidárias) liderado por um virtual ditador, que deve ser apoiado com todas as forças, militares e morais, dos poderes aliados, os alemães estarão em Moscou antes

que a neve comece a cair e estabelecerão uma monarquia (Romanov ou Hohenzollern), e esta nova autoridade, representando a lei e a ordem, irá compelir e receber a adesão do povo russo. A Rússia (e a Sibéria) então se tornará um colônia alemã e nossa posição na Índia estará seriamente ameaçada.

Os interesses britânicos, como sempre, estavam menos preocupados com as conexões sanguíneas reais com os Romanov, ou com os anseios do povo russo, do que com a segurança de seu Império. Sessenta anos antes, a Grã-Bretanha se envolveu em uma guerra desastrosa na Crimeia por razões similares.

No estatuto número 23 de sua nova constituição, o governo soviético afirmava que, "Guiado pelos interesses da classe trabalhadora como um todo, [o Estado] destitui indivíduos ou grupos isolados de quaisquer privilégios que poderiam usar em detrimento da revolução socialista". Já fazia seis semanas que o conde Ilya Tatishchev e o príncipe Vasily Dolgorukov tinham sido presos pela Cheka como potenciais "inimigos da revolução socialista". A família Romanov perguntava repetidamente sobre o bem-estar deles, não tendo a menor ideia de que durante todo esse tempo Tatishchev estava cada vez mais debilitado na prisão de Ecaterimburgo. Dolgorukov, que a princípio pôde permanecer na cidade quando chegou no final de abril, fora preso após mapas comprometedores com todas as rotas fluviais da região serem achados em seus aposentos. Acusado de planejar a fuga da família Romanov, Dolgorukov, junto com Tatishchev, foi levado pela Cheka no dia 10 de julho para o local preferido por ela para cometer seus assassinatos, isto é, para depois do cemitério Ivanovskoe. Ali, um único tiro de revólver na parte de trás da cabeça — o método de execução favorito da Cheka — deu fim à vida deles, e depois disso seus corpos foram jogados em uma vala.

Na casa Ipatiev a tarde foi quente e ensolarada. Alexandra, embora ainda estivesse com muitas dores nas costas e nas pernas, havia saído para o jardim a fim de, por uma hora e meia, aproveitar o ar quente com os outros, sem saber que, do outro lado da cidade, o homem que hoje tinha puxado o gatilho para executar seu leal servente Vasily Dolgorukov era ninguém menos que Grigory Nikulin, o jovem e ansioso assistente do comandante Yurovsky.

9

"É tudo a mesma coisa"

11 DE JULHO DE 1918, QUINTA-FEIRA

Fazia seis semanas exatas que, dia sim, dia não, as dedicadas irmãs percorriam o caminho saindo do Convento Novo-Tikhvinsky mais ao sul de Ecaterimburgo até a casa Ipatiev para levar comida — ovos, farinha, nata, leite, manteiga — para a família Romanov. Elas tinham de entregar os produtos a um encarregado logo na entrada e nunca lhes foi permitido entrar na casa. Embora achassem a experiência intimidante, elas não abandonariam seu *batyushka-tsar*.

O convento tinha uma antiga e importante reputação por praticar filantropia; criado no final do século XVIII, ele era, desde 1822, um dos mais abastados da Rússia, com um complexo que continha oito igrejas construídas em um parque com lagos, um hospital que também era uma casa de caridade, e um orfanato para meninas. A alta qualidade dos produtos artesanais feitos pelas novecentas freiras da instituição era famosa: velas, ícones, costuras e bordados. A irmã Agnes, superiora das noviças que faziam aquela viagem diária até a casa Ipatiev, as instruía a ir com roupas civis — o que era aceitável porque elas ainda não tinham feito seus votos — para que não chamassem a atenção dos guardas bolcheviques, que gostavam de zombar de seus hábitos pretos. Antes de ser dispensado, Avdeev sempre reservava para si próprio grande parte da comida trazida por elas, dividindo-a apenas com os guardas mais próximos a ele. Foi só depois que ele se foi que Nicolau descobriu que a família vinha sendo enganada, ainda que essa prática continuasse. Na manhã do dia 11 de julho, Yurovsky deixou os Romanov esperando pela inspeção matinal enquanto se deliciava com o queijo trazido pelas freiras. Ele já tinha dito recentemente à família que ela não receberia mais a nata enviada pelo convento. A ração de carne dos Romanov também vinha sendo drasticamente reduzida — a última entrega, que supostamente deveria durar seis dias, não era suficiente nem mesmo, reclamou Alexandra, para a sopa.

Assim, quando, após a inspeção matinal, três trabalhadores chegaram e começaram a instalar uma pesada grade de ferro na única janela aberta no quarto do czar e da czarina, isso parecia outro indicativo do arrocho no regime de segurança da casa sob o comando de Yurovsky, um homem a quem Alexandra passou a chamar de "o boi" ou "o touro". Nicolau também estava apreensivo: "Gostamos cada vez menos desse homem", registrou ele em seu diário. A instalação da grade de ferro sem dúvida decorreu do fato de, apesar da paliçada dupla, Alexandra ter sido vista de pé muito perto da janela aberta, tentando chamar a atenção das pessoas na praça Voznesensky. Yurovsky tinha lhe dito para não fazer isso, mas ela o ignorou. O nervosismo dos guardas com relação a qualquer tentativa dos Romanov de fazer sinais para os transeuntes se intensificou com a mudança de regime na casa. O lugar parecia inexpugnável, porém ainda existia a ameaça de um ataque — ou mesmo de um resgate.

Em junho, Avdeev fora alertado de que talvez fosse necessário evacuar a família em razão dos rumores acerca de um possível ataque de extremistas anarquistas — a intenção deles, ainda que, é claro, Avdeev não revelasse — era assassinar a família caso a situação escapasse ao controle. Foi dito aos Romanov que fizessem suas malas e estivessem prontos para partir a qualquer momento, mas alguns dias depois a ameaça recuou. E então, apenas uma semana depois, no final de junho, veio a descoberta de uma carta escondida dentro de uma grande rolha de uma garrafa de nata enviada pelas freiras. Foi o dr. Derevenko que primeiro requisitou que a família tivesse acesso às comidas do convento, e essa entrega diária inevitavelmente foi usada

"É TUDO A MESMA COISA" 173

para transmitir mensagens para a família escondidas em pães ou garatujadas nos papéis utilizados para embrulhar a comida. Em algum momento Derevenko foi transformado em um importante intermediário nos planos para tentar resgatar os Romanov, mas ele próprio não podia passar os bilhetes por ser observado muito de perto quando ia até a casa tratar do czaréviche.

O coronel Ivan Sidorov, oficial monarquista e ex-assistente do czar, tinha, entretanto, procurado o doutor em Ecaterimburgo em meados de junho após viajar para o norte a partir de Odessa e por intermédio dele fez contato com as freiras do Convento Novo-Tikhvinsky, convencendo-as a transmitir bilhetes escondidos. Não se sabe se Sidorov ou um outro grupo de oficiais leais ao czar foi responsável pela carta na garrafa de nata recebida pela família por volta de 20 de junho. O fato é que Avdeev a interceptou e a entregou à Cheka. A carta dizia vir de um grupo de monarquistas da cidade — sem dúvida um de muitos que se reuniam com nomes falsos em hotéis locais ou em casas, onde tramavam seus descuidados planos, sozinhos ou em conjunto, enquanto tentavam encontrar formas de entrar em contato com a família imperial. Alguns chegavam a ir abertamente até a frente da casa Ipatiev ou a enviar cartas e presentes — tudo era confiscado.

Embora tais planos fossem um tanto descuidados, nenhum foi mais do que o criado por Oliver Locker Lampson, da Divisão de Carros Blindados da Marinha Real Britânica, enviado à Rússia com o objetivo de ajudar o Exército Imperial em 1916. Lampson conhecera o czar no quartel-general em Mogilev, e depois que Nicolau foi confinado em Tsarskoe Selo, ele julgou que seria muito fácil tramar um resgate. Subornando os já negligentes guardas com cigarros, vodca e carne enlatada britânica, Lampson planejou que um dos serventes do czar usaria uma barba falsa, se disfarçaria com suas roupas e assumiria seu lugar. Enquanto isso, Nicolau vestiria um uniforme britânico cáqui que Lampson conseguira, rasparia a barba e sairia caminhando para fora do palácio na cara dos guardas bêbados. Uma vez do lado de fora, uma ambulância o levaria até um trem militar que iria para o norte, até Arkhangelsk, e de lá pegaria um navio britânico que o conduziria até a Inglaterra. O mesmo plano, contudo, não poderia ser utilizado para Alexandra e os filhos. O czar se recusara terminantemente a ser resgatado a não ser que toda a família o acompanhasse, provando ser, aos olhos de Lampson, "um verdadeiro rei e um verdadeiro homem". A real possibilidade de fuga ocorreu durante as duas primeiras semanas de confinamento da família imperial em Tsarskoe Selo, em março de 1917. Esta era a convicção do adido militar britânico, general Wallscourt Waters, que na época disse ao Gabinete de Guerra que "se um torpedeiro rápido e algumas bolsas de soberanos britânicos fossem prontamente despachadas para o Golfo da Finlândia (...) havia uma boa perspectiva de a família ser resgatada". Mas tinha de ser a família inteira; depois disso, mesmo quando as oportunidades de fuga foram apresentadas a eles em Tobolsk, qualquer tentativa seria por fim rejeitada em razão do frágil estado de saúde de Alexei.

Em Tobolsk, os membros do séquito imperial tinham passe livre para entrar e sair da casa do governador, o que facilitava a transmissão de planos e mensagens, assim como a manifestação de apoio de um poderoso líder da Igreja, o bispo Hermogen de Tobolsk, e do ex-círculo de amigos de Rasputin em Petrogrado. Os ajudantes de ordens do czar, o conde Tatishchev e o príncipe Dolgorukov estiveram em contato com o emissário enviado a Tobolsk pelos líderes monarquistas do grupo Nacional de Centro (uma organização secreta de antibolcheviques liderada por políticos de centro-direita), que havia doado dinheiro para ajudar na fuga. Outros monarquistas colocaram suas esperanças nas mãos de um homem russo de caráter muito duvidoso: Boris Solovev. Filho do tesoureiro do Sínodo Sagrado e seguidor da mística madame Blavatsky, ele se casou com Mariya, filha de Rasputin, em 1917, numa manobra cínica para bajular os monarquistas, e assumiu o comando de um plano de resgate cuja base se localizaria nos arredores de Tyumen. Ele conseguiu enviar bilhetes para a czarina em Tobolsk e ela aprovou o esquema apresentado por Solovev e seus supostos trezentos oficiais da "Irmandade de São João de Tobolsk". Era necessária uma quantia considerável de dinheiro, afirmava Solovev, para financiar a trama, e esta foi obtida por meio da consignação de algumas joias da czarina contrabandeadas para fora da casa do governador. Mas nem todo mundo confiava em Solovev ou em suas motivações, e quando ficou claro que seu plano de resgate não iria se materializar, as pessoas começaram a fazer perguntas a respeito de onde o dinheiro tinha ido parar e do lado de quem ele estava: do czar, dos alemães ou dos bolcheviques? Será que seu plano de resgate era fictício — um simples ato de ganância ou a primeira de várias tentativas orquestradas pelos bolcheviques para provocar, angustiar e minar o ânimo da família Romanov?

No início de julho em Simbirsk, outro plano de resgate foi apresentado por um oficial sérvio, o tenente Kappel, que tivera um encontro secreto com monarquistas russos e ex-integrantes da Duma no hotel Troitse-Spasskaya. Eles tinham em mãos, alegaram, plantas da casa Ipatiev desenhadas pelo czar e entregues pelo dr. Derevenko, que, segundo disseram, estava cooperando com eles num plano de fuga para o dia 15 de julho. Kappel tinha enviado um capitão monarquista, Stepanov, dos montes Urais para Ecaterimburgo, a fim de iniciar os preparativos para invadir a casa Ipatiev à noite com um grupo de oficiais locais e com a ajuda de agentes secretos tchecos que primeiro criariam distúrbios em cidades vizinhas, como Perm, por exemplo. Mas a Cheka de Ecaterimburgo, bastante bem informada a respeito dos planos e intrigas monarquistas na cidade, prendeu Stepanov assim que ele colocou os pés para fora do trem. Outro plano um tanto implausível foi tramado em Kiev por Aleksandr Mosolov, um antigo membro do *entourage* imperial, pelo príncipe Kochubey e pelo duque alemão George de Leuchtenberg. Eles queriam levar os Romanov para Berlim. Um grupo de reconhecimento seria enviado a Ecaterimburgo com o objetivo de preparar o terreno para a fuga da família. Dois oficiais foram para lá, onde deveriam fazer contato com agentes alemães que já estavam escondidos na cidade, mas quando se falou para os Romanov sobre o plano, eles vetaram qualquer resgate empreendido pela Alemanha. Como havia insistido a czarina: "Prefiro morrer na Rússia a ser resgatada por alemães."

O mesmo destino de Stepanov recaiu sobre um jovem oficial da Guarda Imperial, o capitão Paul Bulygin, que no início de julho de 1918 fracassou em uma missão muito mal concebida, baseada no falso rumor de que os Romanov seriam transferidos a qualquer hora para Kotelnich, perto de Vyatka. Uma vez que a família chegasse lá, ele e seus companheiros conspiradores planejavam se apoderar das armas da pequena guarnição bolchevique da cidade, invadindo a casa em que estavam armazenadas, e levá-las num barco a vapor por rio até Arkhangelsk, no Ártico. Quando percebeu que os Romanov não chegariam a Kotelnich e os rumores de que o czar tinha sido assassinado começaram a aumentar, Bulygin decidiu viajar para Ecaterimburgo e verificar o que estava ocorrendo. Mas apenas chegou à estação de Ecaterimburgo foi reconhecido por um ex-oficial que o levou para a cadeia da cidade. Ali, vivendo à base de arenque salgado e pão sujo, sendo torturado pela sede em uma cela que dividia com muitos outros, ele assistiu horrorizado a todos os seus companheiros de cela, um por um, serem levados para fora para serem executados. Ele achava que a sua própria execução era inevitável quando, sem nenhuma explicação, foi escoltado de volta até a estação e colocado em um trem repleto de soldados feridos do Exército Vermelho que estavam sendo evacuados do front tcheco.

A possibilidade de um resgate planejado dentro de Ecaterimburgo não era tão improvável quanto pode parecer, pois a Academia Militar do Estado-Maior Geral do ex-Exército Imperial havia sido transferida de Petrogrado para lá em abril daquele ano. De seus trezentos oficiais, apenas uma pequena parcela demonstrava simpatia com relação aos bolcheviques. E de suas fileiras saiu um grupo de cinco conspiradores liderado pelo capitão Dmitri Malinovsky, que tinha 26 anos e discutia as possibilidades de um resgate. Como a Academia ficava muito perto do Convento Novo-Tikhvinsky, foram feitas aproximações para que as freiras agissem como possíveis intermediárias. Também solicitaram ao dr. Derevenko um desenho da planta do andar superior da casa — o que ele fez sem dificuldades por já ter estado lá algumas vezes. Com a rápida aproximação dos tchecos, Trotski ordenou que a Academia fosse transferida para Kazan, porém apenas metade do pessoal partiu para lá. O restante permaneceu em Ecaterimburgo e declarou "neutralidade". Filipp Goloshchekin, entretanto, não quis dar chance ao azar e ordenou que as atividades deles fossem vigiadas de perto, e além disso a Academia teve um comissário político designado pelo governo, um colaborador da Cheka chamado Matveev. Apesar de tudo, Malinovsky e seus quatro amigos continuavam tramando e recrutaram outros sete colegas da Academia para a conspiração. Contudo, assim como a todos os outros possíveis salvadores da família imperial, faltavam-lhes as duas coisas mais importantes para que pudessem botar seus planos em prática: armas e dinheiro. Eles não podiam envolver a aterrorizada população, de modo que as esperanças deles foram se extinguindo. No final, embora 37 homens da Academia estivessem envolvidos no esquema, o máximo que eles conseguiam fazer era enviar comida por intermédio das freiras, nada mais. Quando os tchecos chegaram a Ecaterimburgo no fim de julho, esses mesmos 37 oficiais desertaram.

Talvez nunca venhamos a saber ao certo a identidade do autor da primeira "carta de oficial" recebida pelos Romanov na casa Ipatiev por volta do dia 20 de junho. Tampouco se ela era genuína e se de fato veio do grupo de Malinovsky e foi interceptada por Avdeev e repassada para Goloshchekin, ou se foi a primeira de quatro maquinações da Cheka. Se era de fato verdadeira, então a Cheka foi rápida ao constatar seu potencial para testar a disposição dos Romanov para tramarem sua própria fuga — o que aos olhos dos bolcheviques representava um ótima desculpa para aniquilá-los. Então a carta foi devidamente copiada e emendada e passada para a família para que uma possível resposta escrita fosse interceptada. Como chegou pelas mãos das boas freiras do Convento Novo-Tikhvinsky, a carta pareceu confiável aos olhos do czar e da czarina, ainda que falhasse ao não usar os termos corretos empregados por um suposto monarquista ao se dirigir a um czar. E era, além de tudo, uma prova de que os amigos da família não tinham se esquecido dela. A carta chegou em um momento de grande melancolia e ofereceu a primeira esperança tangível de resgate após semanas sem receber cartas, visitas ou notícias no mundo exterior. Os "amigos" dos Romanov, como a carta, escrita com caneta vermelha, anunciava de maneira auspiciosa em francês, "não estavam mais dormindo"; a "hora a tanto tempo esperada havia chegado". Os bolcheviques eram um perigo claro e constante para a família imperial, mas com os tchecos — "o exército de salvação dos amigos eslavos" — a apenas 80 quilômetros de Ecaterimburgo, as tropas do Exército Vermelho na cidade logo se renderiam. A família foi avisada para ficar atenta a qualquer movimento do lado de fora, "esperar, torcer" e estar pronta para ser libertada a qualquer hora do dia ou da noite. Os Romanov deveriam esconder um mapa com o desenho de seus quartos na garrafa de nata. O bilhete foi assinado "por alguém que está pronto para morrer por vocês, oficial do Exército russo".

A resposta cautelosa da família, escrita por Olga também em francês um ou dois dias depois no espaço em branco no final da carta, avisava que todas as janelas estavam seladas e que Alexei estava muito doente e impossibilitado de andar. Eles se mostravam inflexíveis: "Nenhum risco deve ser assumido se não tiverem certeza absoluta do resultado. Estamos quase o tempo todo sob vigilância cerrada." Outra carta veio logo a seguir, no dia 25, supostamente escrita por este oficial leal ao czar. Ela falava de uma fuga a partir de uma das janelas do andar superior — uma impossibilidade até os bolcheviques, por coincidência ou de propósito, permitirem que uma janela fosse aberta um ou dois dias mais tarde. Seria possível tranquilizar "o pequeno" de antemão para que ele pudesse ser levado para baixo sem sentir dor?, perguntava a carta. Nesse mesmo dia, os Romanov responderam expressando dúvida e cautela, fornecendo detalhes da janela recém-aberta, da localização dos guardas, das inspeções regulares, do sistema de alarme, dos guardas na casa do outro lado da rua e do carro que o comandante tinha à disposição a qualquer momento do lado de fora. Eles também perguntavam sobre o dr. Botkin e os auxiliares: o que seria deles, também poderiam ir? "Seria ignóbil de nossa parte (...) largá-los sozinhos depois de eles nos terem acompanhado até o exílio", escreveu a família. Se eles deveriam fugir e deixá-los para trás, poderiam ao menos ter garantias de que nada lhes aconteceria? A família também estava preocupada com todos os seus documentos pessoais — sobretudo cartas e diários — guardados em caixotes no anexo. Ainda assim, os Romanov garantiram a seu suposto salvador: "Você pode contar com nosso sangue-frio." Uma terceira carta chegou no dia seguinte, dizendo que eles deveriam se preparar para um sinal durante a noite, depois do qual eles teriam de fazer uma barricada na porta dos seus quartos com móveis e — o que era um tanto ingênuo — subir até a janela aberta com algum tipo de corda. Os resgatadores estariam esperando ali embaixo.

O que veio a seguir parecia um plano mal-ajambrado que deve ter deixado o czar e a czarina assustados: sete pessoas, incluindo um garoto doente com uma perna estropiada, deveriam de alguma forma construir uma corda e dar um jeito de descer do andar superior para onde o transporte estaria esperando, em seguida uma fuga miraculosa ocorreria. E quanto aos guardas que vigiavam o circuito entre as duas paliçadas, e as metralhadoras apontadas em tempo integral para esta área? A família estava muito cética. Seja lá como tivesse que ser, na noite de 25 para 26 de junho, os Romanov se sentaram ansiosos, completamente vestidos — as mulheres com suas joias escondidas e em seus corpetes —, em antecipação para a fuga e prontos para serem resgatados. A espera e a incerteza foram, escreveu Nicolau em seu diário, "uma provação". De uma hora para outra, o plano começou a parecer suspeito, se não improvável, e, claramente alarmada por isso, a família respondeu de maneira muito enfática em uma carta escrita com lápis de desenho em torno do dia 27 de junho pela czarina: "Não queremos, nem podemos, *escapar*. Podemos apenas *ser levados* para fora daqui à força, assim como usaram força para nos tirar de Tobolsk." Os resgatadores não deveriam contar com qualquer ajuda da parte deles; a família também não queria que Avdeev e os guardas que tinham sido atenciosos com eles sofressem retaliações por causa da fuga. Os Romanov estavam sendo vigiados muito de perto nesse momento; se um resgate fosse tentado, então, "em nome de Deus, evitem sobretudo o derramamento de sangue".

Na noite seguinte, eles continuaram de prontidão mas nada aconteceu. Alguns dias se passaram até que a quarta e última carta de seus supostos salvadores chegou. Eles pediam desculpas pela demora para responder. A mudança de comandante e dos guardas da casa, somada à aproximação dos tchecos, tornaram as coisas duplamente mais difíceis. As vagas promessas de um resgate iminente pareciam ainda mais implausíveis agora, assim como a instrução um tanto cômica para que eles "esperassem um apito por volta da meia-noite". Os Romanov não responderam no espaço em branco que estava reservado para tanto, embora tenham devolvido a carta com uma curta mensagem quase ilegível escrita a lápis no envelope: "A vigilância sobre nós está cada vez maior por causa da janela aberta." Eles sabiam disso muito bem, pois, na noite do dia 28, ouviram a sentinela sendo especificamente instruída a vigiar qualquer movimento na janela. A possibilidade de um resgate não passava de uma quimera, como sempre fora. Cogitar uma fuga apenas garantia tormentos e desmoralização, da mesma forma que a falsa informação contida em uma das cartas dizendo que "D[olgorukov]" e "T[atishchev]" estavam em segurança. Ambos já tinham sido executados.

A primeira carta recebida pela família, que Avdeev afirmou ter interceptado, talvez fosse genuína. Algum tempo depois, Avdeev disse que ela tinha vindo de um oficial do Exército austríaco chamado "Mahitsch". É possível que na verdade ele estivesse se referindo ao major Migich, um oficial sérvio que fora membro do estado-maior do czar. Ele chegara a Ecaterimburgo em junho, integrando o *entourage* da princesa Helena da Sérvia quando ela foi procurar notícias sobre o seu marido, agora em Alapaevsk, e também dos Romanov. Migich havia sido preso junto com vários outros membros do séquito da princesa Helena. As outras três cartas, supostamente entregues à czarina por um dos guardas internos, eram claramente uma fraude arquitetada pela Cheka. Elas foram ditadas por um homem chamado Petr Voikov e receberam acréscimos pedidos por Aleksandr Beloborodov. Voikov era um bolchevique local que recentemente fora designado comissário do povo para o provimento de comida nos Urais. Intelectual de olhos azuis e mulherengo, ele viveu por muitos anos exilado em Genebra, onde estudou química e economia e desenvolveu o francês quase perfeito apresentado nas cartas. Mas sua caligrafia era muito ruim, então ele ditava o que deveria ser escrito para outro integrante da Cheka e guarda da casa Ipatiev, Isay Rodzinsky. Com essas cartas e as respostas dos Romanov a elas, os bolcheviques de Ecaterimburgo obtiveram uma prova definitiva de que existia um plano para resgatar a família imperial, sendo que esta se mostrava disposta a colaborar com uma fuga, o que poderia ser usado para justificar o assassinato da família durante uma "tentativa de resgate". (Yurovsky mais tarde observou que, ao responder às cartas, Nicolau "caiu em nosso plano impetuoso para emboscá-lo".) Também representaram uma importante alavanca para o Comitê Executivo Central em Moscou, que apoiava o Soviete Regional dos Urais na defesa do argumento que, com a aproximação dos tchecos e a ameaça contínua de fuga, estava na hora de dar um jeito nos Romanov antes que eles caíssem nas mãos erradas.

A situação desesperadora em Ecaterimburgo estava evidente para o cônsul britânico Thomas Preston, que, no dia 11 de julho, conseguiu enviar uma mensagem cifrada para um colega que estava no encrave diplomático em Vologda. Por vinte dias, ele e seus colegas cônsules que estavam na cidade estiveram proibidos pelas autoridades militares bolcheviques de enviar ou receber telegramas. A simpatia em relação aos tchecos — que agora se aproximavam da cidade num movimento de pinça vindo de sul, oeste e leste — estava crescendo, especialmente depois do assassinato de 18 reféns tchecos que estavam detidos na cidade no final de junho. Desde a revolução, mais de oitocentos homens de Ecaterimburgo foram relutantemente recrutados para o serviço militar, e agora existia uma oposição considerável a essa obrigação nos distritos rurais, com recrutas se recusando a lutar contra camaradas eslavos — os tchecos que avançavam com rapidez. Tampouco eles queriam lutar pelo Exército Vermelho, junto com prisioneiros de guerra austríacos e alemães forçados a servir pelos bolcheviques. Na fábrica Verkh-Isetsk, situada do lado de fora da cidade, 4 mil soldados veteranos do front estavam reunidos na praça pública clamando pelo fim das operações militares comandadas pelos comissários de Lenin. Esses novos homens, segundo eles, não tinham nenhuma simpatia pelas classes trabalhadoras russas. Os manifestantes foram rapidamente dispersados e muitos deles foram detidos pela Cheka e ameaçados de fuzilamento por "esse ato contrarrevolucionário". Para servir de exemplo aos demais, cinco dos manifestantes foram capturados e jogados vivos em uma caldeira onde a escória era queimada. Um ato brutal como esse apenas confirmava a visão de Preston, que dizia que os bolcheviques estavam se mantendo no poder "exclusivamente graças ao terrorismo imposto à população".

No verão de 1918, a estrada para a Floresta Koptyaki — uma densa área de bétulas muito antigas e pinheiros situada 14 quilômetros a noroeste de Ecaterimburgo — levaria uma pessoa calmamente até os subúrbios da parte baixa e plana da cidade e às fedorentas chaminés da imensa Verkh-Isetsk, ao largo de uma pequena estrada local que era cruzada pelas linhas ferroviárias que levavam a Perm e Nizhni-Tagil. Depois disso, o caminho se tornava bastante complicado. Com certeza não era um local fácil de se chegar com um veículo motorizado em julho de 1918, pois, excetuando-se os cruzamentos, a estrada era pouco mais do que uma trilha lamacenta para carroças, cheia de poças e buracos, cercada por florestas encharcadas e cobertas de turfa. Ninguém passava por lá a não ser que desejasse chegar até o pequeno vilarejo de Koptyaki, um local para se plantar e pescar, um aglomerado de cabanas de madeira que abrigavam camponeses nas margens do lago Iset. Houve uma época em que buscavam ouro ali — não em minas profundas, mas em escavações superficiais em pequenas cavernas. Com dez ou 12 dessas velhas minas localizadas nessa área e agora cobertas pela vegetação, era um lugar perigoso para se andar — os locais onde os trabalhos eram feitos a céu aberto estavam cheios de lodo e de água da chuva, e debaixo disso havia uma camada de terra permanentemente congelada. Ainda assim, às 17h daquele final de verão em 11 de julho, um técnico de minas, Ivan Fesenko, que estivera trabalhando na área prospectando minério de ferro, estava entalhando seu nome e a data de sua visita em uma imensa bétula. Ele estava sentado não muito longe de um lugar conhecido pelos habitantes locais como Quatro Irmãos — que recebera esse nome em razão de quatro grandes pinheiros que um dia existiram ali, dos quais apenas dois cepos continuavam de pé. Perto dali havia duas jazidas de minério de ferro desativadas, cercadas por montes de terras argilosas, não longe de um pequeno lago que os habitantes chamavam de Ganina Yama ("Cova de Ganin").

De repente, Fesenko avistou ao longe três homens se aproximando montados em seus cavalos. Conforme chegaram mais perto, ele reconheceu um deles de imediato, era o comandante Yurovsky, da casa Ipatiev; o outro era um homem chamado Ermakov, ele era da Verkh-Isetsk; o terceiro lhe pareceu um prisioneiro de guerra austríaco ou húngaro (é muito provável que fosse um companheiro muito próximo a Ermakov, um ex-marinheiro de Kronstadt, Stepan Vaganov). Ao verem Fesenko, perguntaram-lhe sobre as condições da estrada e o acesso ao vilarejo de Koptyaki: "Você consegue trazer um caminhão de carga até aqui?" Eles precisavam, foi o que alegaram, transportar "quinhentos *puds*" (cerca de oito toneladas) em grãos até a vila. Fesenko respondeu que achava que a estrada era boa; é possível conseguir chegar até aqui em um caminhão. Mas quando os homens se viraram e foram embora, ele também se fez uma pergunta: por que eles iriam querer transportar um carregamento tão pesado para um lugar tão remoto?

De volta à casa Ipatiev, o caderno de instruções para os guardas com relação àquele dia estava repleto, mas parecia não haver nada a ser dito por eles, a não ser o comentário recorrente: "*Vse obychno*" ("É tudo a mesma coisa."). Mas eles estavam absolutamente enganados. Na verdade, tudo estava para mudar.

10

"O que faremos com Nicolau?"

12 DE JULHO DE 1918, SEXTA-FEIRA

Na ensolarada manhã de 12 de julho, Alexandra voltou a acordar com muitas dores; estavam tão fortes que ela não conseguiu fazer nada a não ser continuar na cama o dia todo. Os medicamentos do dr. Botkin estavam acabando, de modo que ele podia fazer muito pouco para ajudá-la. Ele então apresentou uma requisição formal a Yurovsky com as prescrições que precisavam ser encomendadas a Pozner, o farmacêutico local. Maria se ofereceu para ficar ao lado da mãe enquanto os outros iam para o jardim e passou o dia inteiro lendo para ela — homilias mundanas cristãs escritas por Grigory Dyachenko, um autor religioso que Alexandra adorava e que muitas vezes tinha seus textos lidos para a família toda. A voz suave de Maria era interrompida ocasionalmente por barulhos que entravam pela janela, pois Alexandra lhe pedia para que fizesse uma pausa para que pudessem escutar. O mundo do lado de fora estava tentadoramente perto, embora inatingível. Mudanças dramáticas estavam em andamento na cidade; nas duas últimas semanas, Alexandra vinha ouvindo frequentemente o som de tropas em movimento, da artilharia sendo deslocada com o barulho metálico dos cascos dos cavalos nos paralelepípedos das ruas e os passos dos soldados em marcha, acompanhados em determinados momentos por bandas militares. O Exército Vermelho estava em marcha, com mais e mais tropas

— muitas delas "voluntárias", formadas por prisioneiros de guerra austro-húngaros — deslocando-se para um confronto com as legiões tchecas. Ecaterimburgo havia se tornado um caótico campo de trânsito, cheia de soldados feridos que chegavam durante o dia em trens lotados do front para receber as atenções médicas mais rudimentares antes de serem transferidos para oeste. Alexandra sabia muito bem disso tudo, tanto que registrou em seu diário, pois tinha escutado os guardas conversando sobre isso.

Mas e quanto à família? Por quanto tempo mais ela seria mantida ali? Com certeza algo iria acontecer logo e aquele interminável confinamento na casa Ipatiev chegaria ao fim. Alexandra deve ter alimentado suas últimas esperanças de que, se o muito esperado resgate planejado pelos monarquistas russos tinha fracassado, talvez fosse possível que os tchecos chegassem até a família a tempo. De qualquer forma, Deus iria intervir, disso ela não tinha a menor dúvida. Com a tarde sendo pontuada por sequências de trovões e tempestades que caíam do lado de fora da única janela aberta, ainda que gradeada, de seu quarto, os pensamentos de Alexandra agora estavam cada vez mais voltados para a preocupação a respeito de como e quando o destino se manifestaria. Ela estava preparada para tanto, até mesmo resignada, assim como toda a família Romanov.

Enquanto isso, o dia se tornava longo e exaustivo para os líderes bolcheviques de Ecaterimburgo que se reuniam no hotel Amerikanskaya. Um dia agraciado pelas visitas ilustres de pessoas como Tchekhov e o cientista Dmitri Mendeleev, o hotel agora parecia uma caserna, com seu piso de parquete enlameado e todo arranhado pelas botas e pelos equipamentos do destacamento do Exército Vermelho — cujo dever sinistro era repreender os "contrarrevolucionários" locais — alojado em seu andar térreo. A Cheka de Ecaterimburgo ocupava os quartos do primeiro andar, mas seus interiores de plush não eram mais um oásis onde os viajantes paravam para descansar em seu caminho para a Sibéria; estava mais para um centro político nevrálgico com homens em jaquetas de couro e quepes, nervosos e portando armas, com reuniões que cada vez mais entravam pela madrugada adentro. Todos os homens mais durões do partido já eram familiares às camareiras do hotel: Goloshchekin; Beloborodov; Fiédor Lukoyanov, ex-jornalista e líder da Cheka; Georgy Safarov, amigo íntimo de Beloborodov e membro do comitê executivo do Soviete Regional dos Urais; Isay Rodzinsky, que ajudara a forjar as cartas enviadas ao czar; Chutskaev, do soviete local; Yurovsky e seu assistente, Nikulin — todos eles tinham um quarto próprio no Amerikanskaya, embora nenhum deles vivesse lá. Alguns deles pareciam bem jovens — como estudantes com rostos pálidos, observaram as camareiras —, mas levavam suas mulheres junto para sessões de sexo e bebedeira, e uma das garçonetes, Fekla Dedyukhina, já havia inclusive dormido com o chefe do destacamento no andar térreo. Isso fez com que outra criada, Praskovya Morozova, tivesse uma discussão com ela. "Como pôde ir para a cama com um homem que acabou de matar várias pessoas?" Dedyukhina respondeu, dando de ombros, que não se importava, uma resposta sintomática do clima em Ecaterimburgo naquele momento. Ninguém se importava; sobreviver era essencial. Alguns dias depois, Morozova, acusada de comportamento "contrarrevolucionário", foi demitida de seu emprego.

Na manhã do dia 12, foi convocada uma reunião urgente no Hotel Amerikanskaya entre o comitê executivo do Soviete Regional dos Urais e a Cheka de Ecaterimburgo. Às 22h ela ainda estava em andamento no cada vez menos esplendoroso quarto nº 3 — o de Yurovsky. Os vasos de plantas, a mobília *fin de siècle* e as luminárias pareciam estranhamente incongruentes com a atmosfera espessa do quarto, com fumaça de cigarro, suor e debates políticos. A mesa de conferência já tinha visto dias melhores, pois agora estava cheia de restos de comida, pacotes de cigarros, garrafas de vodca e inúmeros copos de chá do samovar de Tula. Na cadeira, um magro Aleksandr Beloborodov, presidente do Soviete Regional dos Urais, parecia doente. Um ex-eletricista com muito pouco estudo, Beloborodov tinha todas as qualidades necessárias a um dedicado membro do partido: era ambicioso, trabalhador e inescrupuloso em termos morais e éticos. Ele havia sido despertado para a política bem jovem, aos 14 anos, quando atuava como agitador entre seus colegas na fábrica Nedezhdinsky e disseminava literatura *underground*. Preso em 1914, passou algum tempo exilado na Sibéria. Ele foi recompensado por seus serviços prestados à revolução quando tinha apenas 27 anos, sendo designado presidente do Soviete Regional dos Urais em abril de 1917. Hoje, não fazia muito tempo que ele tinha retornado de uma viagem exaustiva com as forças bolcheviques pelo front tcheco.

O objetivo dessa reunião era dar um ar de legitimidade revolucionária ao que agora estava sendo colocado em votação por Beloborodov e seus quatro colegas-chave no comitê executivo do Soviete Regional dos Urais. Filipp Goloshchekin, Boris Didkovsky, que era representante de Beloborodov, Nikolay Tolmachev, um comissário político local que havia ajudado a organizar a guarda da casa Ipatiev, e Grigory Safarov, um visitante frequente da casa.

Após cinco dias em um imundo e lotado trem de carga que veio de Moscou, um exausto Filipp Goloshchekin se dirigiu direto da estação de Ecaterimburgo para a reunião, a fim de apresentar aos colegas um resumo de suas conversas a respeito dos Romanov com o Comitê Central do Partido Comunista. Por causa das pressões da iminente guerra civil, apenas sete dos 23 membros do comitê estiveram em Moscou, os demais foram dispensados em razão de vários deveres militares e políticos por toda Rússia. Contudo, os três mais influentes compareceram: Lenin, Sverdlov e Feliks Dzerzhinsky, líder da Cheka. Goloshchekin, que estava com 42 anos de idade, não fora apelidado de "o olho do Kremlin" à toa. Filipp, ou Philippe, era o nome dele no partido, disfarçando sua origem judaica, que ficava evidente em seu nome, Isay, e em seu patronímico, Isaakovich. Depois de estudar para ser dentista em São Petersburgo, tornou-se um revolucionário profissional. Ele era da velha guarda, um dedicado integrante do partido desde que o ex-Partido Socialdemocrata Russo se dividiu em duas facções — bolchevique e menchevique — em 1903, tendo sido um agitador político vigoroso durante a Revolução de 1905. Assim como Lenin e Sverdlov, também passou um período exilado na Sibéria, sendo obrigado a suportar dois anos na terrível fortaleza de Schlüsselburg entre 1906-08, onde muitos revolucionários anteriores a ele foram encarcerados pela Okhrana — a polícia secreta czarista. Ele era bastante conhecido entre todas as lideranças comunistas russas e também do exterior, pois fugira para a Europa, onde passou algum tempo em Paris com Lenin em 1909 e em Praga em 1912, em cuja ocasião ele foi escolhido para integrar o Comitê Central. Com Lenin Goloshchekin aprendeu a arte de ser um agitador leal e profissional, preparado para agir impiedosamente se a situação exigisse. Ele era um típico "discípulo de Lenin (...) cruel, nascido para ser um carrasco", como um contemporâneo o descreveu. O cônsul britânico Thomas Preston o achou frio e insensível. Desde que fez amizade com Yakov Sverdlov no exílio na Sibéria, a carreira política de Goloshchekin não parou mais de ascender. E foi por recomendação de seu amigo influente que, na primavera de 1917, Lenin escolheu Goloshchekin para servir ao partido, primeiro em Perm e depois em Ecaterimburgo. Em troca disso, Goloshchekin receberia apoio, como membro do CEC, para retirar Kamenev da liderança deste mesmo órgão em novembro daquele ano e substituí-lo por Sverdlov.

Goloshchekin era "muito enérgico", informou Sverdlov aos camaradas dos Urais ao recomendar o novo comissário militar deles; e o que era ainda mais importante, ele "segue à risca a linha do partido" e iria, Sverdlov tinha certeza, fazer com que eles fizessem o mesmo. Na condição de um homem de Moscou nos Urais, Goloshchekin tinha uma poderosa influência na Cheka local e também no comitê executivo do Soviete Regional dos Urais: seu colega Beloborodov era um presidente-fantoche do órgão, que na verdade era comandado por Goloshchekin e Sverdlov.

As conversas realizadas em julho em Moscou foram a culminação de meses de negociação entre Ecaterimburgo e as lideranças bolcheviques com relação ao destino dos Romanov, sempre com Sverdlov como intermediário. Em novembro de 1917, Goloshchekin debatera com Lenin o fortalecimento do poder dos sovietes nos Urais e a necessidade de intensificar a luta contra os "insignificantes partidos burgueses" da região. Uma das primeiras tarefas após chegar a Ecaterimburgo foi liderar um grupo armado de trabalhadores da fábrica Sysert contra as forças contrarrevolucionárias do líder cossaco Aleksandr Dutov; alguns desses homens mais tarde passaram a integrar a guarda da casa Ipatiev. Goloshchekin logo deixou sua marca na cidade; ele manteve-se firme nas reuniões políticas mais duras e contenciosas e deu início à repressão à burguesia e a outros antibolcheviques, a quem ele classificava no típico tom leninista como "apoiadores da ralé Branca mostrando suas presas venenosas". No Congresso do Partido Comunista realizado em fevereiro de 1918, ele disse a Sverdlov, seu defensor fiel, que a transferência dos Romanov para Ecaterimburgo seria uma recompensa por sua lealdade e pelo impopular tratado de Brest-Litovsk. Em março de 1918, as conversas com Moscou sobre a questão se tornaram mais específicas, quando Goloshchekin, que estava na capital para o 7º Congresso do Partido Comunista, teve um encontro com Lenin na condição de comissário militar para os Urais para tratar da pouca segurança em Tobolsk e das ameaças contínuas de um resgate monarquista. Aleksandr Avdeev e dois colegas de Ecaterimburgo foram enviados mais tarde a Tobolsk por Goloshchekin para que observassem a situação e enviassem um relatório por um mensageiro especial. Ele tinha retornado a Moscou para uma nova rodada de conversações sobre o destino dos Romanov. A partir de então, ele se manteve constantemente em contato com a capital, sendo responsável pela disposição das forças do 3º Exército no front oriental contra os tchecos e os brancos. Na primavera, enfatizou de novo sua preocupação com a falta de medidas eficientes de segurança em Tobolsk, deixando claro o desejo (nascido durante um encontro do Soviete Regional dos Urais) de ter a família imperial em Ecaterimburgo sob um controle muito mais rigoroso (Tobolsk agora estava sendo comandada por um rival político, o distrito regional de Omsk). Goloshchekin havia se comprometido a cuidar pessoalmente da segurança e Sverdlov pressionava Lenin mais do que nunca a respeito do caso. A última rodada de conversações, realizada em julho, entre Goloshchekin e a liderança do partido, a fim de discutir a defesa dos montes Urais contra o assalto dos tchecos, foi dominada pela discussão sobre o futuro dos Romanov.

Enquanto isso, os membros do Soviete Regional dos Urais já tinham chegado à conclusão, em uma tensa reunião realizada no dia 29 de junho no Hotel Amerikanskaya, de que a família imperial deveria ser liquidada — na verdade, os socialistas revolucionários extremistas da cidade insistiam para que isso acontecesse o mais rápido possível, dizendo que os bolcheviques em Moscou estavam titubeando e sendo inconsistentes. Assim que o czar chegou à cidade, trabalhadores mais radicais da planta industrial de Verkh-Isetsk anunciaram a intenção de removê-lo a força da casa Ipatiev e linchá-lo durante as comemorações do Dia 1º de Maio; a ameaça de justiça sumária em Ecaterimburgo não se dissiparia. "Por que vocês fazem tantas objeções com relação a Nicolau?", os trabalhadores da Verkh-Isetsk berravam raivosos nas reuniões. "É hora de fazermos algo a respeito!" Do contrário, ameaçavam eles, deixariam o Soviete Regional dos Urais "em pedaços". Os anarquistas vociferavam no mesmo tom: "Se vocês não aniquilarem Nicolau, o Sanguinário, nós o faremos!"

A votação realizada no dia 29 que decidiu pela execução do czar foi unânime e foi pedido que os membros do Soviete Regional dos Urais transmitissem sua intenção para Moscou e pressionassem o governo para que chegasse a uma decisão com relação à missão urgente de Goloshchekin. Ele chegou à capital em 3 de julho com uma mensagem que insistia pela execução de Nicolau. Os trabalhadores dos montes Urais, disse ele, se ressentiam do fato de o czar e sua família estarem vivendo confortavelmente na casa Ipatiev, como se estivessem passando férias em uma dacha no campo. Também é possível que Goloshchekin tenha usado a "evidência" das cartas interceptadas para mostrar a Moscou que os planos de resgate ao czar eram uma ameaça real, o que justificaria a necessidade de executá-lo. De qualquer maneira, planos contingenciais de emergência precisavam ser feitos para a família inteira, caso a situação mudasse dramaticamente e a cidade tivesse que ser abandonada devido à invasão tcheca. Era tarde demais para que uma evacuação segura fosse feita para algum lugar: as linhas ferroviárias para o oeste, na direção de Moscou, não eram mais seguras em razão do avanço tcheco, e o território ao norte estava sob controle dos brancos.

Entretanto, Moscou continuava sustentando uma rede combinada de segredo, mesmo dentro do próprio partido, em torno da decisão a respeito do que seria feito com Nicolau. Lenin e Sverdlov eram manipuladores muito hábeis; em público mantinham a posição oficial de trazer Nicolau de volta a Moscou para apaziguar os alemães, que queriam manter o czar onde pudessem observá-lo de perto. Mas quanto a um julgamento, isso causou uma onda de consternação na Rússia: será que os bolcheviques ousariam julgar por violação aos direitos humanos um homem cujo despotismo era brando perto daquele praticado por eles? Se Nicolau fosse levado para Moscou, muitos acreditavam que ele seria assassinado no decorrer do percurso. Na verdade, não existia nenhum precedente jurídico para justificar um processo por supostos "crimes contra a humanidade" — um termo cunhado ainda em 1915 pelas forças aliadas mas posto em prática de modo efetivo apenas em 1945-46, nos julgamentos de Nuremberg dos crimes de guerra nazistas. Havia a possibilidade de se processar o czar por trair o Manifesto de Outubro de 1905, no qual ele estabeleceu a criação do Duma (que ele depois dissolveu), mas levá-lo a julgamento seria um jogo muito perigoso para os bolcheviques. Ao tentar imitar a justiça da Revolução Francesa, o tiro deles poderia muito bem sair pela culatra.

No exterior, ainda se falava em um possível exílio da família imperial. Herman Bernstein, que estava na Rússia no final de junho, recebeu a informação de que Nicolau não seria mais levado a juízo, ele seria "exilado fora da Rússia"; ele relatou isso no *New York Herald*. O ex-czar estava tão desacreditado na Rússia que ninguém temia seu retorno ao trono, muito menos os bolcheviques. Ainda assim, em outros cantos a história era que, em razão da situação militar cambiante, um julgamento seria realizado no final de julho em Ecaterimburgo, com Trotski indo de Moscou para lá a fim conduzi-lo. A mentira ficou ainda maior e mais complexa e contraditória à medida que julho avançava. Talvez a cortina de fumaça de um "julgamento" para o czar fosse sustentada para manter o ímpeto das ambições de Trotski em xeque. Dentro do partido existia uma grande rivalidade entre Sverdlov e Trotski, de forma que em seu íntimo Sverdlov gostaria muito de ver os planos ambiciosos de Trotski, que desejava um julgamento ao estilo da Revolução Francesa, destruídos.

Com rumores e contrarrumores circulando por todos os lados, de forma que todo mundo ficava imaginando o que aconteceria, enquanto Sverdlov e Goloshchekin continuavam discutindo uma estratégia final para a questão dos Romanov. O comitê executivo do Soviete Regional dos Urais deveria organizar os detalhes práticos da execução da família e decidir o dia em que, de acordo com as necessidades militares, ocorreria. Mas também deveria entrar em contato com Moscou para obter a aprovação final. A confiança de Sverdlov na lealdade de Goloshchekin era tanta, e por sua vez a de Lenin na capacidade de Sverdlov para lidar com a questão, que mais tarde alegou-

"O QUE FAREMOS COM NICOLAU?"

se que Sverdlov teria dito a Goloshchekin que, quando a situação exigisse, ele deveria "fazer aquilo que julgasse adequado".

Nesse meio-tempo, Lenin era mantido informado constantemente a respeito da instável situação de Ecaterimburgo. Em seu gabinete no terceiro andar do prédio do Senado do Kremlin, o líder bolchevique estava muito ocupado, trabalhando numa jornada de 16 horas por dia. O terceiro andar desse lindo prédio neoclássico do século XVIII, classificado por Catarina, a Grande como o foro de seu conselho consultivo, agora era o centro do governo soviético. O escritório de Lenin ficava em um dos finais do corredor que saía de seu apartamento privado — por conseguinte, o trabalho nunca esteve muito longe de seus modestos aposentos, que ele dividia com a esposa e com Mariya sua irmã mais nova. Uma porta de seu gabinete levava diretamente à sala de conferências usada pelo Conselho de Comissários do Povo, o órgão principal na tomada de decisões do país, agora controlado pelos bolcheviques, e o outro dava para a "caixa", o centro nevrálgico de telecomunicações, de onde Lenin se mantinha em contato com os lares e escritórios de integrantes do Comitê Central e de outros oficiais do governo com quem ele trabalhava constantemente. Para lidar com a grande quantidade de papéis que recebia todos os dias ele contava com a ajuda de sua leal e abnegada secretária Lidiya Fotieva e por um exército de subsecretários, que circulavam discretamente para cima e para baixo pelos corredores ecoantes do Senado.

O local de trabalho de Lenin era um escritório simples para um homem simples que não ligava para sua aparência e tinha um estilo de vida abstêmio — não bebia nem fumava. Ele era tão moderado que o chamavam de "o bolchevique que continuou pobre". Ele tinha poucos bens pessoais e cultivava poucos prazeres além de ouvir Beethoven. Não gostava de indulgências emocionais de nenhum tipo, e nem mesmo para a música ele vinha tendo muito tempo naqueles dias. A revolução e a causa bolchevique eram suas verdadeiras paixões, e sua falta de dedicação por seus interesses pessoais era tamanha que nos últimos 25 anos, desde que se formou em Direito, ele havia dedicado toda a sua energia e talento político para promover sua visão socialista. Nada, a não ser sua já combalida saúde, poderia detê-lo.

Em sua mesa de trabalho, ele se sentava numa cadeira de madeira com o encosto e o assento de vime. A mesa estava sempre arrumada, com seu caderno de notas sempre à mão, onde fazia suas observações meticulosas, elaborava suas instruções e escrevia o nome das pessoas com as quais se reunia. Perto da mesa havia duas estantes móveis com todas as atas necessárias dos congressos do partido e das conferências, assim como outros materiais de referência política que ele precisava consultar com frequência. Todo espaço disponível nas paredes de seu gabinete era preenchido por estantes que abrigavam outros 2 mil volumes essenciais — mapas e atlas, livros de economia e tecnologia, panfletos políticos e revistas em diversas línguas, tudo em ordem alfabética, incluindo os trabalhos seminais de Marx e Engels, que eram as principais influências políticas de Lenin, e de outros pensadores políticos franceses, alemães e russos que o inspiraram, como Hegel, Saint-Simon, Plekhanov, Pisarev e Belinsky.

Durante esses dias de julho, Lenin tinha um monte de pressões políticas para administrar, e o dia 12 de julho não foi uma exceção. Ele seguiu sua apertada agenda diária: havia cartas a serem escritas, decretos a serem esboçados, inúmeros telegramas para ler e responder, documentos e minutas de reuniões para assinar, relatórios da Cheka sobre as atividades dos socialistas revolucionários e dos mencheviques para monitorar, e uma delegação de Arkhangelsk com a qual ele iria se reunir para conversar sobre a situação militar no Norte da Rússia. E às 20h ele discutiria com Stalin a questão das nacionalidades, antes de presidir sua reunião diária com o Conselho de Comissários do Povo. Foi um típico dia de trabalho que entrou pela noite adentro para o homem cujos poderes excepcionais e cuja personalidade forte permitiam que ele centralizasse o controle do vasto aparato que ele próprio criara.

O destino de 11 pessoas trancafiadas em uma casa em Ecaterimburgo estava no final de sua lista de prioridades, embora houvesse grande pressão para que uma decisão fosse tomada logo acerca da questão dos Romanov. Com a rebelião instaurada entre os socialistas revolucionários e os anarquistas, com os quais o governo tinha, na primavera, encerrado sua breve e conturbada colaboração, e com a guerra civil contra os brancos se espalhando

"O QUE FAREMOS COM NICOLAU?"

pela Sibéria, a revolução perigava entrar em colapso. Lenin estava ficando cada vez mais impaciente; seus ataques de raiva eram imprevisíveis e assustadores, e quando se tratava de atos de insurreição que ameaçavam seu plano para remodelar a Rússia pós-revolucionária, ele sempre exigia as respostas mais severas possíveis. Ele era incansável em seu desejo de resolver de uma vez por todas as questões de classe e políticas relacionadas ao antigo regime, e a esse respeito Lenin era absolutamente indiferente ao sofrimento humano e não hesitava em ordenar as medidas mais selvagens para se vingar. Ele, é claro, não sabia nada sobre as massas russas cujo futuro ele agora comandava; após anos exilado no exterior, ele era um estranho na Rússia e conhecia os homens comuns tão bem quanto o czar. Contudo, havia uma força irresistível na lógica revolucionária implacável de Lenin que fazia com que as pessoas acreditassem que ele *sabia* o que era o melhor para o país, e que era manifestada em sua famosa frase: "Não é possível fazer uma revolução sem abrir fogo contra esquadrões." Em um panfleto recém-publicado, Lenin exigia "As tarefas imediatas do governo soviético" e uma "disciplina proletária de ferro" para salvar o bolchevismo. Mas ele também era um estrategista muito esperto que conheceu as artes maquiavélicas da conspiração ao longo de anos de atividades políticas secretas no exílio, e ele gostava da *schadenfreude* de subverter as intenções dos poderes ocidentais que, desde a abdicação de Nicolau, vinham fazendo lobby por notícias do czar. "Os ocidentais são pensadores racionais", ele comentou com Dzerzhinsky, chefe da Cheka. "Daremos a eles o que eles querem pensar." Prevaricação era o nome do jogo.

Lenin nunca se apressava quando se tratava de tomar uma decisão; ele era uma máquina de pensar fria e cínica, com uma mente sofisticada e flexível. Ele adorava colocar seus inimigos uns contra os outros. Enquanto os Romanov fossem úteis a algum propósito político, seriam mantidos vivos. Por algum tempo ele chegou a esperar que fosse possível usá-los para barganhar com os alemães, quem sabe até reduzindo a dívida de 300 milhões de rublos contraída pela Rússia no Tratado de Brest-Litovsk. Mas com o Soviete Regional dos Urais e outros sovietes regionais linhas-duras, como os de Omsk e Kolomna, continuando a bombardeá-lo com telegramas que exigiam a execução do czar, ele sabia que o tempo estava contra ele.

A ideia de regicídio como um ato de vingança nacional por crimes contra o povo não era algo novo na Rússia. Havia nascido entre a *intelligentsia* russa nos tempos do primeiro grande radical russo do século XVIII, Aleksandr Radichev, que criticou severamente o regime de Catarina, a Grande e escapou por pouco de ser executado por falar demais. A tradição de protestos intelectuais contra o czarismo esteve presente na poesia de Pushkin, que foi exilado no Cáucaso em 1820 por publicar "Ode à liberdade", e na de Lermontov, que foi mais aberto ao fazer alusão a um dia de avaliação popular:

> Um ano chegará, o ano da Rússia, final,
> Quando a coroa do monarca será retirada;
> A turba esquecerá seu antigo amor e sua fé,
> E a comida de muitos será sangue e morte...

Atingiu um ponto muito elevado durante a revolta decembrista de 1825, quando o líder republicano Pavel Pestel defendeu a aniquilação da dinastia real, incluindo todas as crianças. Entretanto, sua forma mais extrema foi manifestada nos escritos do niilista Sergey Nechaev, que se tornou o modelo de Lenin para o conspirador ideal, e cujo "Catecismo de um revolucionário", publicado em 1869, tornou-se a bíblia do movimento russo. O nechaevismo, que tinha como pedra angular a crença de que os fins justificam os meios, era levado muito a sério e deu origem a atos extremos de terrorismo político durante os anos 1880, culminando no assassinato do czar Alexandre II. O próprio irmão de Lenin, Aleksandr, esteve envolvido em uma conspiração para assassinar Alexandre III, pai de Nicolau II, e foi enforcado na fortaleza Schlüsselburg em 1887. Portanto, Lenin tinha boas razões para desprezar os Romanov e querer se vingar deles. Suas referências a Nicolau em conversas ou em seus escritos eram sempre repletas de veneno. O monarca era "o inimigo mais diabólico do povo russo", "um carrasco sanguinário", "um gendarme asiático", "um ladrão coroado" que derramou o sangue de trabalhadores e revolucionários russos. Na cabeça de Lenin, o regicídio e a aniquilação dos Romanov à moda do jacobinismo da Revolução Francesa mostraria, como seu colega Trotski afirmou mais tarde, que "não haveria volta. À nossa frente está a vitória total ou a ruína absoluta".

A primeira vez que Lenin debateu o destino de Nicolau II foi logo após a revolução, em novembro de 1917, com membros do Comitê Executivo Central do Conselho de Comissários do Povo. Em 29 de janeiro de 1918 ele presidiu uma reunião do conselho na qual a possibilidade de "transferir Nicolau Romanov para Petrogrado com o objetivo de levá-lo a julgamento" foi discutida. Isso se repetiu no dia 20 de fevereiro, de novo com Lenin presidindo o encontro, mas sem haver uma localização estabelecida para um possível julgamento. O líder bolchevique manteve um interesse contínuo e controlador na questão ao longo da primavera de 1918, ainda que os planos para um julgamento parecessem cada vez mais enredados numa confusão burocrática que esperava por uma decisão final de Lenin. No final de março, o líder do Soviete da Sibéria Ocidental enviou um telegrama para ele e para Sverdlov expressando suas preocupações acerca da pouca segurança apresentada em Tobolsk e insistindo que um destacamento do Exército Vermelho deveria substituir os guardas responsáveis por vigiar os Romanov. Em 1° de abril de 1918, Sverdlov já sabia que a questão estava ficando séria e presidiu uma reunião da diretoria do Comitê Executivo Central em que membros do destacamento especial em Tobolsk relataram a situação na cidade. Por volta dessa mesma época, Sverdlov chegou à conclusão de que era necessário transferir a família imperial com urgência de Tobolsk para os montes Urais e controlar efetivamente a situação. Quatro dias mais tarde ele foi ainda mais categórico: os Romanov deveriam ficar sob a vigilância cerrada de seu colega Goloshchekin em Ecaterimburgo. Entretanto, durante todo esse tempo Lenin continuou postergando a decisão, de forma que Sverdlov podia apenas emitir ordens para reforçar a segurança em Tobolsk, enquanto preparava Ecaterimburgo para se tornar a próxima prisão do czar.

Em 6 de abril uma nova resolução foi transmitida pela diretoria do Comitê Executivo Central ordenando a transferência dos Romanov para os Urais. Três dias depois, Sverdlov, na condição de líder do comitê, enviou um telegrama para Goloshchekin confirmando que um comissário especial, Vasily Yakovlev, estava sendo enviado de Moscou para transferir Nicolau para os montes Urais: "Nossa opinião é que você deve estabelecê-lo em Ecaterimburgo por enquanto", escreveu ele, sugerindo que isso ocorresse em uma casa privada que seria requisitada para este propósito. Até onde Sverdlov sabia, Ecaterimburgo seria a etapa final da jornada dos Romanov, mas em público ele ainda precisava agradar os alemães e dizer que o czar seria levado de volta a Moscou.

Para manter todas as opções em aberto, Sverdlov se esquivava muito bem: Yakovlev seria ordenado a levar o czar de volta a Moscou, o que combinava com o discurso oficial do governo, anunciado nos jornais em abril, de que Nicolau seria julgado na capital. A interceptação do trem especial que transportava a missão de Yakovlev por renegados bolcheviques nos Urais e seu desvio final para Ecaterimburgo — agindo de acordo com uma dica de Sverdlov — seriam necessariamente vistos como um ato unilateral. Essa aparente insubordinação dos bolcheviques de Ecaterimburgo deixaria o governo central livre das reprimendas alemãs. Uma vez que os Romanov estivessem em Ecaterimburgo, Sverdlov sabia que não haveria volta; Lenin, que ainda permanecia hesitante, teria que aceitar as exigências deles. A transferência de quase todos os Romanov mantidos em cativeiro pelos bolcheviques para locais nos montes Urais naquele verão reforça o fato de que Moscou confiava que Goloshchekin e seu braço direito, Beloborodov, agiriam com uma eficiência impiedosa e manteriam a família em segurança até que Lenin decidisse que o momento de se livrar deles tinha chegado. Se houvesse alguma ameaça à segurança do czar no caminho para Ecaterimburgo, eles tinham a permissão de Moscou, Beloborodov depois afirmou, para matá-lo. O círculo interno dos bolcheviques dos montes Urais sabia do íntimo relacionamento entre Goloshchekin com Lenin e Sverdlov e acatava suas decisões. Se não fosse assim, Sverdlov não confiaria os Romanov a eles.

À medida que a situação ficava mais clara, o próprio Yakovlev, percebendo o jogo duplo de Moscou e preocupado com a segurança de sua carga, ficou incomodado com o comportamento extremamente ameaçador dos bolcheviques dos Urais em Tobolsk e ao longo da ferrovia Transiberiana, e por isso não agiu conforme o combinado. Tendo sido ordenado a transferir os Romanov em segurança, ele decidiu assumir o controle da situação, ignorar as ordens de Moscou e conduzir o trem mais para o leste, para Omsk. Ali ele entrou em contato com Sverdlov e pediu permissão para levar o czar e a czarina ainda para mais longe, para o remoto distrito de Simsky Gorny, na província de Ufa, onde ele os esconderia nas montanhas. Alguns pesquisadores sugeriram que, nesse momento, Yakovlev, numa crise de consciência, pode até mesmo ter decidido tentar levar seus prisioneiros para Vladivostok, ainda mais a leste, e depois para fora da Rússia.

Os uralianos, enquanto isso, estavam furiosos; tendo pressentido uma traição quando Yakovlev contornou Ecaterimburgo e levou o trem para Omsk, eles entraram em contato imediatamente com Moscou e exigiram a completa subordinação dele. Como tinham recebido a promessa de que receberiam os Romanov, eles agora queriam uma resposta direta a respeito do que estava acontecendo e pediram garantias de Sverdlov e Lenin de que Nicolau seria conduzido para Ecaterimburgo. A detalhada narrativa biográfica da vida política de Lenin mostra que primeiro Lenin (entre as 18h e as 19h) e depois ele e Sverdlov juntos (entre 21h30 e 23h50) entraram em contato direto por telegrama com Beloborodov e Safarov para tratar da mudança de rota de Yakovlev. Por fim, Sverdlov instruiu Yakovlev (apesar de seus avisos conscienciosos de que "a bagagem" seria destruída se ele fizesse isso) a entregar sua carga em Ecaterimburgo.

Com a família imperial presa na casa Ipatiev, Sverdlov vinha aumentando a pressão desde maio, discutindo regularmente sobre o destino final dos Romanov com Lenin. No dia 9 de maio, em uma reunião do Comitê Executivo Central, Sverdlov afirmou que o governo sabia das várias tramas que estavam em andamento quando o czar estava em Tobolsk. Uma "massa de documentos" tinha sido achada, mostrando que "a fuga de Nicolau Romanov estava sendo organizada", alegou ele. A questão do destino final do ex-czar, ele prometeu, "logo seria resolvida". Em uma plenária do Comitê Executivo Central em 19 de maio, mais uma vez Sverdlov enfatizou que era essencial o partido decidir "o que fazer com Nicolau", pois era sabido que os uralianos estavam tendo suas próprias discussões acerca do "futuro dele". Mas é provável que Lenin tenha permanecido na dúvida, até que Goloshchekin foi a Moscou no início de julho. Ele queria que o czar fosse mantido vivo até que eles conseguissem espremer a última gota de vantagem política dele. Independentemente de quaisquer discussões importantes que foram realizadas ou das ordens diretas dadas por Lenin, o registro oficial — os protocolos e memorandos do Comitê Executivo Central, assim como a cronologia diária dos compromissos oficiais de Lenin — é previsivelmente omisso com relação ao tema. A rede de despistamento bolchevique assegurou que assim permanecesse. Os debates inevitavelmente chegavam até a questão da família imperial, o suficiente para que houvesse mudanças no regime da casa Ipatiev a pedido de Goloshchekin antes de ele partir, estas sendo confirmadas por Beloborodov por telégrafo quando Goloshchekin já estava em Moscou. O ineficiente Avdeev foi substituído por Yurovsky no dia 4 de julho, dando início aos preparativos do que agora era uma "aniquilação" planejada.

"Aniquilação": uma palavra tão desprovida de emoção e sem sentido. Primeiro ela foi usada para se referir à aniquilação das instituições czaristas, da propriedade privada, da religião e dos costumes e hábitos de tempos antigos. Depois se tornou um eufemismo cada vez mais popular empregado pelos bolcheviques quando se referiam a reprimir e assassinar seus oponentes políticos; agora seu significado estava sendo ampliado para cobrir uma extensa limpeza social. Limpa, silenciosa, eficiente, até mesmo científica, essas seriam as principais características dos métodos da recém-criada Cheka. Em meio ao caos da guerra civil e ao esfacelamento das redes de comunicações por toda Rússia com o terror se tornando cada vez mais organizado, os ideais da revolução perderiam de vista, e de maneira irrevogável, todos os limites de comportamento humano. Não haveria tempo para atos de misericórdia, de executar uma vítima enquanto demonstrava pena de outras. O assassinato do czar sozinho simplesmente não era prático nem viável nesse ponto do jogo. O que os uralianos fariam depois com as mulheres e o menino em meio àquela situação política conturbada, num momento em que os bolcheviques mal tinham assumido o poder? Aqueles que tinham escolhido acompanhar o condenado monarca até o exílio agora teriam que compartilhar do destino dele. Era uma questão de conveniência.

É possível que as lideranças soviéticas originalmente tivessem a intenção de debater abertamente o destino do czar no 5º Congresso dos Sovietes, iniciado no dia 4 de julho em Moscou, mas o assassinato de Mirbach e a rebelião dos socialistas revolucionários pôs fim à ideia. Na nona edição do

"O QUE FAREMOS COM NICOLAU?"

encontro, ainda se falava a respeito de um julgamento do czar, segundo Moisey Uritsky, líder da Cheka de Petrogrado. Entretanto, tudo isso era parte de uma política sistemática de desinformação — mesmo dentro do próprio partido. Um julgamento emprestaria um ar de falsa legalidade aos procedimentos, mas Lenin queria colocar um fim na dinastia. O tempo em que era possível fazer um julgamento adequado já tinha passado havia muito e ele sabia disso. Porém, ele queria ter certeza de que seu nome não seria de maneira alguma manchado pelo assassinato dos Romanov — judicialmente ou de qualquer outra forma. O que é evidente é que foi o enigmático Sverdlov — o homem que realmente comandava a máquina do partido — que mexeu os pauzinhos para selar o destino final da família imperial em conversas diretas com os bolcheviques dos Urais. Estes eram homens totalmente alinhados com Sverdlov, guiados pela disciplina e pelo fanatismo, obedecendo nos mínimos detalhes os ditames e dogmas do partido. E o homem que deveria cuidar do trabalho já havia sido designado: Yakov Yurovsky, comandante da casa Ipatiev. Ele seria ajudado por seu assistente Grigory Nikulin, um homem jovem que apenas alguns dias antes não teve o mínimo remorso por puxar o gatilho contra o príncipe Dolgorukov.

No fim, foi o argumento de que os tchecos estavam avançando que fez este ato de oportunismo político ser sancionado. Não era apenas uma questão de impedir que os Romanov caíssem nas mãos do inimigo, mas uma resposta à pressão contínua dos alemães: se o czar caísse nas mãos dos tchecos e se tornasse motivo de manifestações antigermânicas na Rússia, o tratado de Brest-Litovsk, e com ele os sustentáculos do governo soviético, estaria arruinado. E ainda havia uma complicação a mais. Tudo bem, eles decidiram matar o czar, mas a política estrangeira do país afirmava ser essencial manter a aniquilação da *família* Romanov como segredo de Estado. Seria muito ruim em termos políticos que o governo fosse visto como responsável pelas mortes de mulheres e crianças inocentes, e o derramamento do sangue alemão da czarina, e por conseguinte o de seus filhos, iria se voltar contra o kaiser.

A revolução de Lenin era diferente, ela não podia mostrar misericórdia. Não deveria haver manifestantes vivos — nem na família Romanov nem entre seus parentes imediatos em Alapaevsk, ao redor de quem um movimento formado por brancos ou contrarrevolucionários conseguiu colocar russos comuns contra os sovietes. Considerações humanísticas não faziam parte do pensamento de Lenin e dos bolcheviques, só a lógica política. Como Trotski afirmaria mais tarde: "A família do czar foi vítima do princípio que compõe o próprio eixo da monarquia: a herança dinástica." Essa razão sozinha já implicava que a morte dela fosse necessária.

Lenin sempre viu a Casa Romanov como uma inimiga de um tipo muito particular, uma "imundície monarquista". Para ele, a dinastia não passava de "uma desgraça de trezentos anos de idade". A revolução exigia que os Romanov fossem exterminados, junto com outros "sanguessugas" indesejáveis: especuladores, burgueses e *kulaks*. Não seria suficiente cortar apenas a cabeça do rei, como fizera a revolução de Cromwell na Inglaterra em 1649 com Carlos I; a revolução na Rússia, de acordo com Lenin, exigia que fossem cortadas "uma centena de cabeças Romanov" para que uma nova democracia fosse alcançada. Lenin sempre era a favor de medidas draconianas; ele nunca pensava em termos individuais, só em termos mais amplos — classes inteiras e grupos. Para começar, era mais rápido e mais eficiente; ele estava impaciente para se ver livre de todos esses inimigos de classe de uma tacada só, cortados na raiz. Não propriamente um genocídio, mas uma espécie de assassinato ideológico em defesa do bem maior do proletariado. O sucessor dele, Stalin, aperfeiçoaria esse método para matar em grande escala. Erradicar os Romanov, destruir o czarismo e tudo que este representava era uma parte fundamental da política de Lenin para "limpar" a Rússia de tudo que tinha alguma ligação com o regime antigo.

Contudo, o registro escrito ligando Lenin à cadeia de comando e à responsabilidade final pelo destino dos Romanov nunca foi, desde o início, feito ou então foi muito bem escondido. O mais provável é que a decisão tenha sido tomada verbalmente. Quando se tratava de ordenar qualquer medida draconiana, Lenin era um covarde. Ele sempre agia com extrema cautela. Seu método preferido para transmitir as instruções nesses casos eram os telegramas cifrados (e insistia para que o original e mesmo a fita do telégrafo em que a mensagem foi enviada fossem destruídos). Em outros lugares mais distantes era por meio de bilhetes confidenciais ou diretivas anônimas feitas em nome do Conselho de Comissários do Povo; é muito provável que ele também desse instruções verbais via seu homem de confiança, Sverdlov. Assim, um exército de "garotos de recados" do partido era designado regularmente a fazer o trabalho sujo por ele, e em todas as decisões desse tipo ele exigia que nenhuma evidência escrita fosse preservada, como provam os documentos recém-descobertos no Arquivo n° 2 (Lenin) e no Arquivo n° 86 (Sverdlov), assim como nos arquivos do Sovnarkom (Conselho de Comissários do Povo) e do Comitê Executivo Central. Com isso em mente, os 55 volumes com os trabalhos reunidos de Lenin foram escrupulosamente censurados; as memórias das pessoas envolvidas nos eventos em Ecaterimburgo também são suspeitosamente silenciosas e enfatizam os papéis fundamentais de Sverdlov e Goloshchekin. (Não foi por acidente que eles, como judeus, foram mencionados na virulenta literatura antissemita ocidental sobre o tema depois de 1918 por Solokov, Wilton e Diterikhs — todos estes condenavam o infortúnio dos judeus da Rússia.) É como se o papel de Lenin no destino dos Romanov tivesse sido apagado de todos os registros. A tarefa da historiografia russa ao longo dos 73 anos de comunismo seria proteger a reputação dele a todo custo e assim garantir que nenhum descrédito recaísse sobre o arquiteto da Revolução. E, para tanto, os bolcheviques de Ecaterimburgo, que dançavam segundo a música de Sverdlov, foram muito importantes. Ainda que fossem conhecidos por serem muito temperamentais, os líderes de Ecaterimburgo eram dedicados ao partido e sabiam muito bem que o centro bolchevique em Moscou não tolerava e não toleraria ações autônomas. Eles mostravam submissão à hierarquia claramente definida do partido e às sanções de seu incontestável líder despótico, Lenin, por intermédio de seu braço direito, Sverdlov. As pessoas de Ecaterimburgo não tinham qualquer dificuldade em assumir a responsabilidade pelo que estava por vir e assim manter limpas as mãos do reverenciado líder. Na verdade, isso era até um orgulho, e continuou sendo por muitos anos. Ecaterimburgo conduziria a necessária aniquilação e, na ausência de documentos que provassem o contrário, também carregariam a culpa perante os olhos do mundo. Dentro da nova União Soviética, os louros por este ato histórico de vingança seriam enormes.

O Soviete Regional dos Urais e a Cheka de Ecaterimburgo já sabiam desde o início de julho que o extermínio dos Romanov ficaria sob a responsabilidade deles — era apenas uma questão de quando, o que estavam para decidir agora. Ao longo do dia 12 de julho, num abafado quarto do Hotel Amerikanskaya, eles pediram que os comandantes do Exército Vermelho relatassem com exatidão qual era a situação militar no front. Por quanto tempo mais Ecaterimburgo conseguiria aguentar? Os tchecos pretendiam cortar caminho pela cidade para chegar à Rússia europeia. As forças do Exército Vermelho na área eram insuficientes. Enquanto esperavam por uma resposta do front, Yurovsky foi formalmente encarregado dos preparativos finais para a execução, que recebeu o codinome um tanto improvável de *trubochist* — "limpador de chaminé". Tudo o que ele tinha a fazer agora, como lhe garantiu Goloshchekin, era esperar pelo sinal de Moscou.

11

"Não tivemos nenhuma notícia lá de fora"

13 DE JULHO DE 1918, SÁBADO

O sábado 13 de julho levou alegria à casa Ipatiev, ainda que em pequena dose. Foi um dia marcante para o czaréviche Alexei e para sua mãe. Embora Alexandra tivesse sido forçada a passar outro dia deitada na cama com uma terrível dor de cabeça, ela ao menos pôde ficar feliz com o fato de seu filho afinal conseguir tomar um banho — seu primeiro desde que deixara Tobolsk nove semanas antes. Que alegria ela teve por seu adorado "bebê", cuja perna estivera engessada na maior parte do tempo em Ecaterimburgo e que ainda não conseguia esticar o joelho muito bem, ter "conseguido entrar e sair sozinho". Tais eram os cada vez mais triviais melhores momentos da família na casa Ipatiev: pequenos e insignificantes, enquanto o caos crescia o tempo todo não muito distante da porta deles. No mercado de Ecaterimburgo, a escassez de produtos era tanta que o comércio de sapatos e couro foi proibido; estes seriam requisitados para o Exército Vermelho empenhado na luta com os tchecos. Protestos contra o cada vez mais opressivo governo bolchevique em Ecaterimburgo ainda eram feitos esporadicamente. Do outro lado da rua, em frente à janela do quarto do czar e da czarina, uma manifestação de "invalidados pela guerra" foi realizada na praça Voznesensky por uma mistura de soldados do Exército Vermelho, socialistas revolucionários e anarquistas que tentavam se aproveitar do fato de que a maior parte dos soldados da guarnição Vermelha estava fora da cidade, no front. Eles clamavam pela dissolução do soviete de Ecaterimburgo e pela transferência do controle da cidade para eles. Os poucos guardas vermelhos que permaneciam na cidade foram suficientes para suprimir rapidamente essa minirrebelião; um destacamento de assassinos bolcheviques da fábrica Verkh-Isetsk, liderado por Petr Ermakov, foi chamado para cuidar da situação e abriu fogo contra os manifestantes. Uma série de prisões e execuções de supostos contrarrevolucionários se seguiu naquela noite — Alexandra mesmo escutou vários disparos enquanto estava deitada em sua cama. Os líderes da cidade mais tarde usaram esse episódio para insinuar que fora uma rebelião liderada por monarquistas que ameaçavam a segurança de seus prisioneiros na casa Ipatiev.

Em Londres, enquanto isso, o *Times* estava cheio de matérias sobre a "Perturbada Rússia", como um líder descreveu o país. As notícias eram "fragmentadas" e com frequência pouco confiáveis, mas no Ocidente as reportagens afirmavam que a influência dos bolcheviques estava esmorecendo; Lenin e Trotski estavam "sofrendo um eclipse" e perdendo o controle em todas as regiões. O conluio deles com a Alemanha era vergonhoso; o alistamento militar forçado deu origem a um exército mambembe com muitos prisioneiros de guerra alemães "cuja disciplina era uma farsa e cuja única ideia que tinham em mente era evitar qualquer luta a todo custo". Enquanto isso, os alemães ainda tinham 47 divisões ocupando a Rússia, desde a Finlândia, no norte, até o mar Negro, na fronteira sul da Rússia — o objetivo deles em todas as regiões era extrair todos os recursos econômicos, sobretudo nos ricos campos de grãos do vale do Don, no sul. Havia uma força aliada sendo reunida em Murmansk e os tchecos estavam a apenas 560 quilômetros de Moscou, sendo que agora eles se intitulavam um "novo poder na Rússia e na Sibéria". Eles mostraram "o que a coragem de tomar decisões e a coerência podem conseguir em uma Rússia despedaçada por divergências e saqueada pela ganância de seus líderes temporários". Tendo dominado a maior parte das ferrovias ao longo da Sibéria, os tchecos criaram postos de reorganização, de onde podiam observar a invasão alemã. Agora tudo dependia de os Estados Unidos enviarem suprimentos para repor os estoques e materiais ferroviários. O presidente Wilson, assegurava o *Times* a seus leitores, "tem observado a situação da Sibéria mais de perto do que em geral se supõe".

Na página cinco do jornal as informações endossavam ainda mais a ideia de um país que estava para implodir. Havia um silêncio ameaçador na capital, Moscou, uma atmosfera de sentimentos calados, com os rostos dos transeuntes quase sempre emoldurando um olhar de ódio profundo e inflamado. A um dia esplendorosa cidade neoclássica de São Petersburgo, agora rebatizada como Petrogrado, estava lotada de refugiados. Tinha se tornado, segundo o diplomata britânico William Gerhardie, uma "cidade selvagem, deprimida e anárquica". Herman Bernstein percebia a mesma situação desesperadora em todos os lugares que ia. Não havia mais alegria nas ruas da Rússia. Um relato anônimo de uma enfermeira inglesa que retornara para seu país fazia pouco tempo, após servir por mais de três anos na Cruz Vermelha russa trabalhando no front, usava o mesmo tom e falava de uma população cansada e apática, "muito passiva e indiferente à escassez e ao conflito fratricida em torno dela". "Uma espécie de estupor" atingia a população russa, observou ela, o povo "acenava com a cabeça e se sujeitava", enquanto diariamente os poderes soviéticos sancionavam inúmeros decretos "ordenando, demandando, ameaçando", todos eles "sendo acatados com resignação". Em todos os cantos havia um desprezo tácito pelos direitos humanos. Com as forças elementares da fome e do ódio se espalhando pelo país, o povo estava a ponto de explodir. Os proprietários de terra tinham sido retirados de suas propriedades, as casas no campo foram pilhadas e queimadas — não só pelos bolcheviques e pelos camponeses famintos e sem terras para cultivar, agora agindo de acordo com o ditado bolchevique de "roubar aquilo que foi roubado". O vulcão da questão agrária, que há muito estava adormecido, afinal entrou em erupção. As antigas famílias nobres da Rússia estavam deixando suas vidas para trás e procurando refúgio nas cidades, onde eram forçadas a varrer as ruas ou vender jornais ou suas últimas possessões nas esquinas pelo preço de uma bisnaga de pão. Em Moscou, Trotski circulava no carro favorito de Nicolau II, enquanto por todos os cantos da Rússia as estações de trens e até as igrejas estavam lotadas de refugiados desabrigados, com os olhares sombrios e abatidos de quem estivera rodando a esmo por semanas à procura de comida e que continuaria acampado indefinidamente. Famílias inteiras viviam em condições precárias, excelentes para a proliferação do tifo.

Os bolcheviques anunciaram que havia chegado a hora de fazer "a burguesia passar fome", assim como os filhos dela. Enquanto os trabalhadores recebiam uma saudável libra de pão todos os dias, a ração destinada àquelas pessoas classificadas como inimigas de classe era de quatro onças. Com tamanho desespero a atingindo, a ex-nobreza e *intelligentsia* da Rússia se referia abertamente à invasão alemã como a única forma de ela ser salva da degradação sistemática que os bolcheviques impunham. Os alemães ao menos, quem sabe, a livrariam do próprio Exército russo, que parava viajantes ordinários em estações de trem e roubava as bagagens e comidas deles, ou revistava lares e confiscava tudo que encontrava, para depois vender nas ruas de Moscou. "Com um aceno um soldado pode lhe vender um arenque por um rublo, um par de galochas por trinta rublos ou uma arma Maxim por 75 rublos." Herman Bernstein concordava: não existe nada que alguém não consiga "subornando um comissário, de um passaporte a um navio de guerra". Com a indústria aos pedaços, apenas as prensas que imprimiam o desvalorizado papel-moeda soviético continuavam funcionando. As pessoas se perguntavam por que os aliados não vinham ajudar os russos nessa hora em que eles tanto precisavam. "Como a Inglaterra pode parecer tão calma quando a existência do nosso país está em risco?"

Como, também, podia o rei inglês ficar tão sereno sabendo que seu primo Nicolau estava encarcerado na Sibéria à espera de um futuro incerto? Com a imprensa britânica quase totalmente alheia ao destino dos Romanov, na ocasião do aniversário de 50 anos de Nicolau, em maio de 1918, o *Washington Post* havia sido o único jornal ocidental a comentar a situação desesperadora do czar, "negligenciado por seus aliados e com sua vida em perigo", e isso deve ser uma fonte de "grande arrependimento e vergonha para a Grã-Bretanha e os outros poderes aliados a ela. Nenhuma medida foi tomada para a segurança pessoal dele ou dos membros de sua família". "Hoje", concluiu o correspondente do *Post*, "já é muito tarde para salvar a família daqui, do lado de fora". Era muito tarde para Nicolau e também para seus filhos. O rei Jorge V, primo de Nicolau, preocupado com o front ocidental, estava ocupado com gestos diários de solidariedade para com a nação, como comparecer à partida de críquete em ajuda ao Fundo Rei Jorge para Marinheiros e, ao entardecer, acompanhar a rainha Maria a uma missa especial para os trabalhadores da fábrica de munições Woolwich na catedral de St. Paul. A questão da família Romanov e, mais especificamente, da czarina nascida na Alemanha, era uma batata quente política que ele não queria segurar.

Desde o começo da guerra contra a Alemanha em 1914, o rei Jorge vinha pisando em ovos por causa do sangue germânico de sua própria linhagem por parte de seu avô, o príncipe Albert de Saxe-Coburg, e da descendência germânica de sua esposa, sem contar seus estreitos laços familiares com o kaiser, seu primo de primeiro grau. Por causa disso, ele parecia demonstrar uma estranha indiferença com relação à difícil situação de seu primo "Nicky" e de sua esposa alemã, embora considerasse Nicolau "um perfeito cavalheiro que amava seu país e seu povo". Após a abdicação do czar no mês de março do ano anterior, Jorge prometeu continuar sendo um leal e dedicado amigo, "como sempre fui", em um telegrama para Nicolau enviado ao quartel-general do Exército em Mogilev mas (uma vez que Nicolau já havia retornado a Tsarskoe Selo) encaminhado para o governo provisório. Esse telegrama, a única expressão de solidariedade de um parente real próximo, jamais chegou às mãos do czar (nem o telegrama que o felicitava por seus 50 anos, enviado pelos Scots Greys, de quem ele era comandante-em-chefe honorário — o censor britânico o interceptou e o ministério das Relações Exteriores o considerou "imprudente" para ser transmitido).

O impulso natural e imediato de Jorge depois da abdicação foi oferecer asilo aos Romanov por intermédio do embaixador britânico, sir George Buchanan, sem dúvida influenciado parcialmente pelos despachos urgentes de Buchanan enviados da capital russa para o Ministério das Relações Exteriores. Desde janeiro de 1917, Buchanan, um homem magro, nobre, com um bigode elegante e que realizava suas tarefas à maneira dos diplomatas vitorianos da velha guarda, vinha insistindo urgentemente para que o czar, com quem ele tinha ótimas relações, liberalizasse suas políticas antes que fosse tarde demais. Em um telegrama após o outro ele avisava Londres a respeito de suas reiteradas tentativas de "conscientizar o imperador da gravidade da situação". A dinastia seria, Buchanan disse ao czar de forma uma tanto cândida, exposta ao perigo se a presente tensão política continuasse. A

Rússia estava, previu ele em 7 de janeiro, "à beira de uma revolução". Enquanto Nicolau se mantinha firme com seu jeito fatalista e se recusava a responder aos avisos, ninguém em Londres se deu conta do perigo que a família imperial corria, ainda que diplomatas relatassem conversas com russos que ocupavam posições importantes sobre um possível assassinato do czar e da czarina.

Enquanto isso, Buchanan havia iniciado conversações urgentes com Pavel Milyukov, ministro de Assuntos Estrangeiros do governo provisório de Kerensky. Milyukov tinha lhe garantido que estavam sendo adotadas medidas especiais para afiançar a segurança da família real em Tsarskoe Selo; ele próprio estava ansioso para que o czar deixasse o país assim que fosse possível. Buchanan relatou isso tudo no dia 21 de março; o governo provisório ficaria "muito grato se o nosso rei e o governo convidassem o czar a se refugiar com eles" na Inglaterra enquanto a guerra continuasse. O governo britânico concordou, insistindo que a proposta de asilo deveria vir do governo russo, e não do rei Jorge. Com o domínio do governo provisório a cada dia se tornando mais precário, Milyukov e seus colegas estavam muito preocupados, não sabiam por quanto tempo mais conseguiriam proteger Nicolau contra os extremistas que ameaçavam atacar Tsarskoe Selo. Eles queriam se ver livres do czar, embora esses grupos viessem pressionando para que o monarca não fosse libertado. Buchanan entrou em contato com Londres em caráter de urgência, insistindo que o governo desse autorização para que fosse oferecido asilo ao czar na Inglaterra, afirmando que não ficaria feliz até que os Romanov estivessem em segurança fora da Rússia. No dia 22 de março, após a questão ser discutida pelo Gabinete de Guerra britânico, Buchanan enviou uma confirmação por telegrama de que o rei ficaria feliz por receber seu primo em Londres. Em seu íntimo, no entanto, Jorge teria preferido que outra pessoa lidasse com a questão — como o neutro governo da Suíça. A Dinamarca também foi sugerida, mas foi considerada muito próxima à Alemanha para que a família não corresse mais risco.

Nesse meio-tempo, foram colocados em andamento planos para transportar os Romanov em um trem especial para Porto Romanov (que logo ficaria conhecido como Murmansk), um porto de águas não congeláveis no Ártico, estabelecido pelos aliados em 1915. Uma vez lá, o plano era que um navio de guerra britânico com a bandeira imperial hasteada levasse a família para fora em segurança através das águas de territórios alemães ocupados, o tempo todo escoltado por torpedeiros. A tragédia é que tal plano de evacuação poderia ter sido colocado em prática rapidamente e antes que o rei Jorge tivesse tempo de mudar de ideia se as crianças não estivessem se recuperando de sarampo, sendo que Maria tinha sucumbido a uma pneumonia quase fatal. Quando ela se recuperou, o governo provisório, que agora colocara vários impedimentos burocráticos a uma partida rápida, não tinha mais o poderio militar para retirar a família do país — fosse para o norte, via Ártico, ou para o sul, pela Crimeia. Buchanan avisou diversas vezes que a rede jogada em torno da família imperial estava cada vez mais apertada em Tsarskoe Selo, mas nesse momento o rei Jorge estava com sérias dúvidas.

O problema era Alexandra: o rei Jorge não gostava dela e não titubeava em afirmar que ela tinha "grande responsabilidade pelo caos agora instaurado na Rússia". A interferência dela no governo e sua relação com Rasputin levaram a monarquia russa a tamanho descrédito que até mesmo Buchanan tinha a opinião de que ela havia sido "o gênio do mal do imperador desde que eles casaram". Com a hesitação do rei Jorge, o próprio embaixador começou a ter dúvidas quanto a levar os Romanov para a Inglaterra. O brigadeiro-general Waters, um ex-adido militar na Rússia, observou na época que os moderados do governo provisório estavam "cambaleando", mas se bem subornados ainda conseguiriam tirar os Romanov do país; contudo, se isso não ocorresse imediatamente, "a vida deles certamente estaria condenada".

A partir do momento em que abdicou, o czar com certeza esperava ir para o exílio — embora temporariamente. Ainda que ele e Alexandra estivessem muito relutantes em partir, eles certamente estavam preparados para ficar na Inglaterra enquanto a guerra durasse, pois o rei Jorge e Nicolau eram bastante próximos. Na verdade, eles eram muito parecidos e muitas vezes se referiam a eles como "os gêmeos elegantes". Eles se tornaram amigos leais desde que Jorge compareceu ao casamento de Nicolau e Alexandra em São Petersburgo em 1894; tendo se tornado monarcas em 1894 e 1910, compartilhavam do mesmo senso de dever nada imaginativo, eram defensores ferrenhos da monarquia hereditária e igualmente trabalhadores e meticulosos ao lidar com os negócios do governo. Ambos não gostavam dos cerimoniais reais e eram quietos, típicos homens de família que gostavam de ficar em casa com os filhos ou de sair para caçar. Assumindo que iria para a Inglaterra, onde esperava poder realizar "o desejo de comandar uma fazenda", Nicolau gostaria de dividir com seu primo tais atividades rurais. Ele organizou seus livros e documentos, queimando qualquer coisa que pudesse ser comprometedora em termos políticos. Anotou em seu diário no dia 23 de março que tinha separado "tudo que desejo levar comigo caso tenha que ir para a Inglaterra". Ele também enviou um pedido para o governo provisório logo após sua abdicação, solicitando que pudesse ir para Murmansk assim que seus filhos estivessem curados do surto de sarampo.

Jorge, entretanto, embora tivesse declarado estar "desesperado" quando Nicolau abdicou, ficou, em apenas uma semana, extremamente cansado por ter de lidar com o dilema político de oferecer asilo aos Romanov. Ele temia por sua própria posição como monarca, pois muitos artigos republicanos vinham sendo publicados na imprensa britânica. Com as notícias sobre uma oferta de asilo vazando, ele recebia uma quantidade considerável de cartas que transbordavam ódio diante da possibilidade de a czarina, com suas assumidas simpatias pró-Alemanha, refugiar-se na Grã-Bretanha. Contudo, ele foi alertado que agora poderia ser difícil retirar o convite feito ao governo provisório russo, ainda que tenham surgido perguntas acerca de quem pagaria pelo sustento deles na Grã-Bretanha e de onde eles viveriam. No dia 6 de abril, o secretário particular do rei, lorde Stamfordham, transmitiu as apreensões do monarca para o secretário de Relações Exteriores, Arthur Balfour: a classe trabalhadora e os membros trabalhistas do Parlamento estavam "expressando opiniões contrárias a respeito da proposta". O fato era que o clima social e político na Grã-Bretanha durante a Primeira Guerra Mundial era bem mais severo do que a insatisfação que a rainha Vitória teve que enfrentar nos anos 1870, e a influência da monarquia sobre a política havia diminuído ainda mais desde então. Com o proletariado em marcha, a aristocracia retraída e problemas constantes na Irlanda, Jorge foi convencido de que a coroa estava menos segura do que no reinado de sua avó. Uma série de disputas trabalhistas e greves logo no início de seu reinado o convenceram, e também à rainha Maria, que uma "ameaça socialista estava por vir". Com o passar dos anos, as preocupações reais foram aumentando à medida que as demandas dos trabalhadores e as greves foram crescendo e as condições de vida dos pobres se deterioravam. Conforme a guerra progredia, o casal real aumentou muito suas doações e seus trabalhos de caridade entre a população pobre, numa tentativa de conter o moral baixo do povo em razão do beco sem saída em que a nação se encontrava no front ocidental. O início da Revolução Russa em 1917 foi um aviso salutar para o rei Jorge com relação aos dias sombrios de distúrbios sociais que ainda chegariam à Grã-Bretanha; as monarquias da Europa estavam sob ameaça: Portugal, Grécia, Áustria-Hungria e até mesmo a Alemanha. Jorge temia que a queda de Nicolau marcasse o colapso iminente de todo o sistema dinástico europeu. Já havia inclusive rumores de uma vitória do Partido Trabalhista na Grã-Bretanha após a guerra, e com isso o advento de uma administração socialista que "levantaria a bandeira republicana".

Atuando de maneira muito protetora com relação a seu monarca, o lorde Stamfordham pegou o touro pelos chifres e assumiu o controle da crise, apresentando relatórios ao rei sobre a situação na Rússia (propositadamente inflado por Basil Thomson, líder do Departamento Especial, para pressionar o rei e centralizar o controle sobre o trabalho de inteligência doméstica no próprio Thomson); os níveis de ansiedade do rei chegaram ao céu quando ele prometeu asilo à família imperial russa. Stamfordham continuou elevando a tensão com uma sucessão de memorandos para o Escritório Estrangeiro e para a residência oficial do primeiro-ministro britânico, afirmando que a opinião pública se voltaria contra o rei. Enquanto isso, o governo britânico ficava cada vez mais preocupado em como se livrar dessa situação política delicada — retirando sua oferta ao governo provisório russo mas, ao mesmo tempo, mantendo suas ligações amigáveis com um valioso aliado militar.

Assim, em 10 de abril, graças à insistência do rei, um telegrama chegou à embaixada britânica em Petrogrado, enviado pelo governo de Lloyd George, advertindo que não seria uma boa alternativa a família imperial ir para a Inglaterra. "O governo britânico não mais insistia em sua antiga proposta"; na verdade, estava ansioso ao extremo para retirar sua oferta, sugerindo que a França fosse encorajada a oferecer asilo. (Maurice Paléologue, embaixador francês em Petrogrado, tinha, em seu diário repleto de fofocas, pouco mais do que observações de passagem sobre "o triste estado atual do czar" e as "perspectivas assustadoras para seu futuro próximo" — em nenhum momento expressou qualquer aspiração por uma intervenção francesa a favor de Nicolau.) Enquanto isso, uma variedade de desculpas era apresentada pelos britânicos a Buchanan, a mais premente sendo a ameaça de manifestações de trabalhadores em indústrias britânicas cruciais — mineração, naval e de munições — por causa da oferta de asilo. Havia, Buchanan foi informado, "discursos revolucionários" no Speakers' Corner do Hyde Park e muito hostilidade em relação à czarina, assim como também havia na França, onde Alexandra não seria bem-vinda, com o embaixador britânico afirmou, pois era uma "boche não só de nascença, mas de sentimento". Até o *Times* estava intransigente em sua hostilidade para com ela, perguntando em um artigo de destaque: "Como podemos tolerar esta amiga da Alemanha entre nós?" Segundo um membro trabalhista do governo, o que mais tarde também foi observado por Meriel, filha de Buchanan, a atitude na Grã-Bretanha era: se o czar não era bom o bastante para a Rússia, "então não é bom o bastante para nós".

Por volta de 16 de abril, a ansiedade do rei era tamanha que Stamfordham foi obrigado a enviar uma segunda carta para Balfour, afirmando de forma categórica que a chegada de Nicolau e Alexandra à Grã-Bretanha "seria muito sentida pelo povo e sem dúvida comprometeria a posição do rei e da rainha". Lloyd George foi obrigado a concordar. Suas convicções como um liberal à esquerda do partido estiveram o tempo todo com a Revolução, mas ele teria mantido a oferta de asilo aos Romanov se o rei tivesse insistido. Por muitos anos depois disso, tanto Lloyd George como Buchanan seriam difamados pelo suposto fracasso no resgate da família Romanov. Buchanan foi obrigado a esconder a verdade até mesmo em suas memórias, sob pena de perder sua pensão. Preso ao Ato de Segredos Oficiais, ele não poderia revelar a verdade sobre os passos diplomáticos na época e teria que sustentar a versão oficial de que alguns extremistas de esquerda do governo, incluindo o primeiro-ministro Lloyd George, tinham pressionado o rei para retirar a oferta de asilo à família imperial russa. Meriel Buchanan nunca teve qualquer dúvida de que foi tudo culpa de Lloyd George. Ao transferir a culpa de seu pai para o primeiro-ministro, assim como grande parte de seus contemporâneos, ela fez com que Lloyd George se tornasse o grande vilão da história. Teria sido ele a impor suas simpatias de esquerda a um rei infeliz que, como um monarca constitucional, precisou se curvar aos desejos do primeiro-ministro. Os registros oficiais, porém, não apoiam as acusações de que Lloyd George teria sido decisivo para impedir que os Romanov fossem para a Inglaterra. Na verdade, ele também foi pressionado, enquanto escrevia suas *War Memories* em 1934, para encobrir o abandono ignominioso do czar pelo rei Jorge. Foi forçado a retalhar um capítulo inteiro sobre as discussões acerca da oferta de asilo e a substituir um breve comentário por outro dizendo que o governo provisório foi, ao colocar vários obstáculos, o responsável por arruinar as chances de os Romanov deixarem a Rússia. Em razão dos protocolos diplomáticos, a oferta britânica jamais foi oficialmente retirada; foi simplesmente esquecida num canto, pois sabiam que o governo provisório de Kerensky estava rapidamente se tornando incapaz de promover a evacuação da família imperial diante da oposição imposta por soldados militantes e representantes camponeses do Soviete de Petrogrado.

Publicamente, portanto, Jorge parecia ter lavado suas mãos no que dizia respeito à questão em abril de 1917. Além disso, no verão ele já estava muito preocupado com os arranjos para a democratização de sua própria monarquia a fim de salvá-la, fazendo concessões a demonstrações fanáticas de antigermanismo na Grã-Bretanha. Em 1914, ele retirou a bandeira honorária do kaiser da Capela de St. George em Windsor e, desapontado, aceitou a resignação de seu First Sea Lord,* o almirante príncipe Louis Battenberg (um parente próximo da czarina pela Casa de Hesse), ainda que nesse momento Battenberg já tivesse se naturalizado britânico, trocando seu nome logo depois para Mountbatten. Mesmo assim as pessoas não ficaram satisfeitas: "Uma vez huno, sempre huno", bradava a imprensa marrom. Jorge ficava irritado por seu patriotismo ser colocado em dúvida: ele se considerava "completamente britânico". Contudo, as pressões políticas

---
*Líder da Marinha Real Britânica. (N. do T.)

eram tantas que em 17 de julho de 1917 o Palácio de Buckingham anunciou que a família real britânica estava abandonando seu nome de Saxe-Coburg e com ele todos os títulos honoríficos alemães, tornando-se "conhecida como a Família de Windsor". Foi lorde Stamfordham que, num golpe de mestre, veio com o sobrenome Windsor. A escolha simboliza uma conexão muito óbvia e emotiva com a história britânica antiga.

Mas o rei Jorge abandonou de fato todas as esperanças de salvar seu querido primo Nicolau? Em 4 de junho de 1917, ele confidenciou ao seu diário, após ouvir rumores de que Nicolau e Alexandra talvez fossem confinados na Fortaleza de S. Pedro e S. Paulo em São Petersburgo, que se isso acontecesse mesmo ele temia "que eles não conseguissem sair de lá vivos". Entretanto, os registros oficiais britânicos eram e continuam sendo silenciosos a respeito da questão; na verdade, não há nenhuma correspondência oficial perguntando sobre a difícil situação de Nicolau II e sua família durante o período crucial de 1917-18, embora seja sabido que a outra irmã de Alexandra, Victoria, casada com lorde Battenberg e estabelecida na ilha de Wight, também escreveu para Balfour expressando sua apreensão quanto à segurança de suas duas irmãs e sugerindo a mediação de dois países neutros, Suécia e Alemanha. Tendo falado também com Jorge e Maria em particular no Palácio de Buckingham, ela ainda entrou em contato com o rei Alfonso da Espanha, inserindo outra coroa europeia nessa dinâmica política. Os laços entre a casas reais da Europa, habitadas em grande parte pelos filhos e netos da rainha Vitória e do príncipe Albert, eram muitos e complexos. Reservadamente, o rei Jorge — e a rainha Maria, que agora estava fazendo suas próprias representações para que o rei Alfonso interviesse — pode muito bem ter tido uma crise de consciência (como teve mais tarde por causa do perigo que corriam outros parentes seus na Austro-Hungria e na Grécia). Pressionado por seus parentes, ele pode ter, numa mudança de última hora, procurado conselhos a respeito de um possível resgate não oficial feito pelos agentes do serviço secreto britânico, ignorando a necessidade de um aval do governo. Ele podia ser um monarca constitucional, mas, como líder dos serviços armados, ele estava, durante a guerra, em contato regularmente com o Ministério da Guerra e os membros de seu serviço secreto. Michael Occleshaw, Tom Mangold e Anthony Summers sugeriram, ainda que sem grande embasamento, que agentes britânicos tiveram reuniões privadas com o rei na primavera de 1918, nas quais se teria discutido a possibilidade de um plano de resgate aos Romanov. Isso talvez possa explicar também um telegrama enviado por intermédio do Ministério de Relações Exteriores em 3 de maio de 1918 para Bruce Lockhart, um agente britânico sediado na embaixada britânica em Moscou, que com termos um tanto formais e velados dizia que "o rei está bastante angustiado com os relatórios que chegaram até ele sobre o tratamento dispensado à família Romanov [em Tobolsk]" e que, "se na maioria as pessoas aqui acreditam que eles são vítimas de uma crueldade desnecessária, a impressão produzida seria muito dolorosa". No entanto, foi deixado para o discernimento do serviço secreto avaliar se um resgate seria viável; empreendê-lo publicamente poderia causar um grande embaraço para o rei Jorge e o governo britânico.

Um fato curioso é que, por volta de novembro/dezembro de 1917, foram achadas evidências em arquivos canadenses que mostram que os britânicos gastaram dinheiro contratando a Hudson's Bay Company em Murmansk para construir uma casa para acomodar os Romanov em um terreno perto do consulado britânico da cidade, caso a evacuação da família pelo Ártico fosse concretizada. Isso sugere que tentativas particulares, comandadas pelas Forças Armadas britânicas ou pelo serviço secreto, para tirar os Romanov da Rússia ainda estavam em andamento. Os registros da Hudson's Bay Company mostram que membros do serviço secreto dos aliados em Murmansk estiveram envolvidos na construção de uma casa grande o bastante para acomodar sete pessoas. Ainda foi dito que, em março de 1918, um reparador de defeitos da Hudson's Bay chamado Henry Armistead, que também trabalhava para o serviço secreto britânico e cuja família tinha muitos comerciantes bastante conhecidos em Riga, havia organizado um resgate dos Romanov em colaboração com Jonas Lied, um negociante naval norueguês. O objetivo era tirar a família imperial de Tobolsk pelo rio Enisei e levá-la para Murmansk. Esse plano continuou sendo levado em consideração mesmo depois que os Romanov já estavam em Ecaterimburgo, o que talvez explique por que o major Stephen Alley, um agente britânico, enviou uma missão disfarçada à cidade em maio para fazer o reconhecimento da casa

Ipatiev. O plano de resgate que ele arquitetou, que seria posto em prática por agentes britânicos e oficiais monarquistas da cidade, fracassou porque o governo britânico não iria desembolsar o dinheiro para custeá-lo, e também porque a casa Ipatiev se mostrou inexpugnável e os comparsas de Alley em Ecaterimburgo estavam sendo observados de muito perto pela Cheka.

Apesar da aparente desistência do rei Jorge em oferecer ajuda, tentativas diplomáticas feitas por outros reinos europeus buscavam obter asilo no exterior para os Romanov, como na ocasião do Tratado de Brest-Litovsk em 3 de março de 1918, quando o rei Cristiano da Dinamarca entrou em contato com o kaiser insistindo por uma intervenção dele no caso. As pressões continuaram vindo da neutra Copenhagen. A família real dinamarquesa tinha laços muito estreitos com a imperatriz viúva Maria Feodorovna (Alexandra, a mãe da rainha britânica, era irmã dela e portanto, é claro, também era tia do rei dinamarquês), por isso o lobby dela foi reforçado pelo irmão da czarina, o grão-duque Ernst Ludwig de Hesse. No dia 17 de março de 1918, o kaiser respondeu à requisição mais recente do rei Cristiano e afirmou que entendia as preocupações e que, apesar de tudo que ele e o povo dele tinham sofrido nas mãos dos Romanov, não conseguia deixar de sentir compaixão pela família imperial russa. Entretanto, disse que precisava pensar com muita calma, pois qualquer tentativa que fizesse de interceder a favor dos Romanov poderia ser mal interpretada por seus aliados bolcheviques como uma tentativa de reintegrar o czar. Por razões similares, Guilherme negou asilo na Alemanha para o grão-duque Kyrill Romanov e sua esposa, que depois de fugirem para Coburg foram obrigados a se mudar para a França. A opinião de Guilherme era que a melhor rota de ação diplomática estava nos neutros estados nórdicos, como a Suécia.

De Ecaterimburgo, Thomas Preston, cônsul britânico, continuava pedindo que seu Ministério das Relações Exteriores tentasse retirar os Romanov do país, pois se caíssem nas mãos dos alemães, eles "seriam um trunfo para uma futura orientação monástica germanófila" na Rússia. O novo cônsul-geral britânico em Petrogrado, Arthur Woodhouse, seguia a mesma linha argumentativa. A opinião majoritária entre os inimigos da Alemanha era que se o kaiser escolhesse tentar derrubar o governo bolchevique, o que era perfeitamente possível no verão de 1918, ele poderia muito bem restaurar uma monarquia de marionetes numa Rússia reduzida a estado-satélite da Alemanha — embora não com Nicolau (que, de qualquer forma, jamais concordaria) mas com outro grão-duque Romanov ou quem sabe até com uma regência de Alexei sob o comando do irmão de Alexandra, o duque de Hesse.

Os alemães foram claramente muito ativos em suas exigências com relação à segurança dos Romanov, por boas razões. O kaiser Guilherme sempre teve muito ciúme da relação bastante próxima entre o rei Jorge e Nicolau, tornando-se ainda mais paranoico quanto a isso quando os dois se aliaram contra ele na guerra. Como Jorge não conseguiu interceder a favor de Nicolau, seria uma grande satisfação para o espalhafatoso kaiser se ele fosse bem-sucedido na tarefa em que seu primo tinha falhado, sobretudo porque ele acreditava que Jorge tinha sido conivente com a deposição do czar, evitando assim que este selasse a paz com a Alemanha e saísse da guerra. No exílio durante os anos 1930 após ter perdido seu trono, Guilherme continuava exaltando seu alto padrão moral. Ele confidenciou ao general Wallscourt Waters, seu velho amigo, sua presteza em 1917-18 para ajudar o czar, tendo ordenado que o chanceler alemão Von Bethmann e seu embaixador na Rússia, o conde Mirbach, pressionassem os bolcheviques nessa questão. Antes de ser assassinado no dia 6 de julho de 1918, Mirbach garantiu repetidas vezes aos monarquistas russos que os alemães tinham a situação dos Romanov sob controle. Ele esteve em contato frequente com o Conselho de Comissários do Povo, reiterando no dia 10 de maio a expectativa de que as princesas alemãs fossem tratadas "com toda a consideração possível"; ele assegurou aos ansiosos parentes dos Romanov que a família permanecia sob a proteção deles e que, "quando a hora chegasse, o governo imperial alemão tomará as medidas necessárias".

O kaiser Guilherme com certeza deu sua bênção à oferta britânica de passagem segura por mar para a Inglaterra e ordenou que sua Marinha e seu Exército não atrapalhassem tal evacuação. No verão de 1918, com o rei britânico fora do jogo, os alemães pareciam os únicos em posição de salvar a família imperial russa. Desde que o Tratado de Brest-Litovsk foi assinado, os rumores de que um codicilo secreto garantia que os Romanov seriam entregues aos alemães eram de fato abundantes. O problema era que o czar e a czarina não aceitariam ser salvos pela Alemanha de jeito nenhum. Com a família agora em Ecaterimburgo, as intenções alemãs não mais eram salvar o czar, com quem Guilherme nunca teve uma boa relação (a ligação entre eles era muito mais pelo casamento do que de sangue). Não. O destino do czar agora era uma questão do povo russo; no final, o que contava eram os impulsos cavalheirescos que o kaiser ainda nutria de fazer por seus amigos e parentes o que julgava ser correto — Alexandra e sua irmã Ella, de quem o kaiser gostava bastante, ambas da Casa de Hesse, e por conseguinte as quatro jovens Romanov. A questão de Alexei como czarévich e herdeiro do trono Romanov era delicada em termos políticos. A família imperial não era a única com nobres alemães a que o kaiser deveria oferecer proteção: Maria, a viúva do grão-duque Vladimir, uma princesa da Casa de Mecklenburg, e Elizavieta, viúva do grão-duque Konstantin, uma princesa da Casa de Saxe-Altenburg, ainda residiam no país e os três filhos de Konstantin e Elizavieta — filhos de uma mãe alemã, como as crianças Romanov — estavam encarceradas em Alapaevsk.

Em maio de 1918, o sentimento de urgência aumentou quando as legiões tchecas começaram a se dirigir para Ecaterimburgo e algumas reportagens enganosas que noticiavam a morte do czar foram publicadas. Depois do assassinato de Mirbach, o substituto dele, dr. Kurt Riezler, foi oficialmente designado para manter as pressões sobre o governo bolchevique, mas, durante os dias cruciais de julho, ele esteve doente e ficou fora de combate, de modo que foi impossível para o governo alemão obter qualquer informação independente a respeito da situação na casa Ipatiev, ficando à mercê da rede bizantina de prevaricação e desinformação propagada pelos bolcheviques. Nos bastidores, agentes alemães, convencidos de que o governo de Lenin dava seus últimos estertores, continuavam se juntando a grupos monarquistas para fomentar uma contrarrevolução na Rússia. Mas se o kaiser tinha desistido da ideia de os Romanov aceitarem asilo alemão, restava apenas uma opção se ele não queria perder o prestígio e ser visto como uma pessoa que abandonou seus parentes: sequestrá-los. Havia o boato de que a seção suíça da Liga para a Restauração do Império Russo tinha recebido um plano arquitetado em Berlim para sequestrar o czar e levá-lo para a Alemanha. Membros do departamento de inteligência alemão estavam atuando por todo os montes Urais e outros estavam sediados especificamente em Ecaterimburgo, na época sob o disfarce de estarem trabalhando para uma missão da Cruz Vermelha. Contudo, não há nenhuma prova conclusiva que indique que existisse um plano alemão viável para uma última tentativa de resgatar os Romanov.

No fim, todas as inúmeras iniciativas alemãs de libertar os Romanov perderam força por falta de uma vontade verdadeira, por desunião, por questões políticas internas e também internacionais, assim como por um conflito de lealdades e agendas políticas. Os arquivos oficiais alemães sobre os Romanov são, da mesma maneira que os britânicos, quase silenciosos a respeito do verdadeiro papel do kaiser na questão; os arquivos dinamarqueses ainda precisam revelar o papel da família real do país nesse cenário. Seja lá quais tenham sido essas iniciativas finais, o fato é que foram insuficientes e tardias. A inabilidade dos governos estrangeiros para agir de forma a intervir no destino dos Romanov fez deles todos vítimas das mensagens contraditórias e das garantias falsas dos bolcheviques. No meio de tudo isso, a família imperial foi reduzida ao status de peões indefesos de um jogo político que não levava em conta o destino pessoal deles como seres humanos, apenas como participantes de acontecimentos políticos maiores.

Naquela noite, enquanto uma tempestade caía e açoitava as janelas, Nicolau e Alexandra se retiraram para o quarto deles a fim de escrever seus diários antes de irem dormir. Alexandra registrou que, em resposta aos seus repetidos pedidos, eles afinal souberam que Nagorny e Sednev, que foram levados em maio, "haviam sido mandados para fora deste governo", isto é, para fora da jurisdição de Ecaterimburgo e da província de Perm. Era, é claro, uma típica mentira bolchevique; os dois estavam mortos, fuzilados pela Cheka local junto com um grupo de reféns em represália à morte de um herói bolchevique local chamado Ivan Malyshev, que foi capturado e executado pelos brancos em 23 de junho.

Do outro lado da cidade, Aleksandr Beloborodov, do Soviete Regional dos Urais, esteve em contato direto com Moscou e com o presidente do Conselho de Comissários do Povo — o próprio Lenin. A edição de Ecaterimburgo do *Izvestiya* observou no dia seguinte que a discussão deles se tornou um relatório da tensa situação militar nos Urais e da segurança do ex-czar. Yurovsky e vários outros integrantes do esquadrão da morte estiveram na floresta Koptyaki de novo naquela tarde, só que dessa vez de carro; os camponeses de lá os viram. O plano para a execução dos Romanov estava quase pronto.

Na Casa Branca, o presidente Woodrow Wilson estava desapontado por ter deixado de jogar golfe por causa da chuva. Mas depois de estar na ponta receptora de um lobby incansável de simpatizantes russos, ele estava aproveitando um dia livre de compromissos oficiais. A guerra no front ocidental estava em sua fase final; agora ele tinha tempo para, junto com seu assistente, o coronel House, começar a esboçar seus planos ambiciosos para uma convenção que visaria estabelecer uma Liga das Nações no mundo pós-guerra. O objetivo dela seria preservar a integridade e a independência política de pequenas e grandes nações. Ainda que, o que era intrigante, não dissesse nada sobre a importante defesa dos direitos humanos, em particular com referência aos prisioneiros de guerra, caso dos Romanov naquele momento. Seriam necessárias muitas outras mortes, sobretudo na Rússia, e outra guerra mundial, e com ela o holocausto do povo judeu, para que, em 1945, a carta régia das Nações Unidas e, em 1949, a Convenção de Genebra se voltassem para essa questão de extrema importância.

Em Moscou, um decreto que nacionalizava todas as propriedades dos Romanov foi aprovado pelo Conselho de Comissários do Povo, porém, Nicolau, é evidente, não iria saber nem teria se importado com isso. Sua única preocupação naquele momento era com sua família, e apenas acontecimentos corriqueiros e aparentemente insignificantes em um ritual diário tedioso tinham algum significado para ele. Sentado à escrivaninha sob a luz da lâmpada de mesa, anotou que seu filho esteve ativo o bastante naquele dia, após semanas de repouso forçado na cama, para tomar um banho; o clima esteve quente e agradável — depois de anos cultivando esse hábito ele não poderia deixar de registrar isso. Mas a realidade é que não havia mais cartas de oficiais leais que desejavam resgatá-los; nenhum apito à meia-noite foi ouvido. Os verdadeiros sentimentos de Nicolau finalmente irromperam: "Hoje não tivemos nenhuma notícia lá de fora."

Ele manteve um diário por 36 anos, porém agora, após quase 11 semanas aprisionado em Ecaterimburgo, Nicolau Alexandrovich Romanov redigiu sua última frase. As esperanças tinham acabado.

12

"Algo aconteceu com eles lá dentro"

14 DE JULHO DE 1918, DOMINGO

Quando o padre Ivan Storozhev — um dos dois padres que moravam na catedral Ekaterininsky, situada na Glavny Prospekt, com vista para o rio Iset — se levantou de sua cama para preparar a liturgia de domingo, ele deparou com uma linda manhã de sol. Ele então ouviu uma batida repentina na porta. Ao abri-la, viu-se diante de um dos guardas da casa Ipatiev. O homem, cujo nome era Anatoly Yakimov, não tinha a aparência nada atraente, com a cara marcada pela varíola e olhos pequenos e evasivos. Ele estava desarmado e vestia uma velha jaqueta acolchoada, com um chapéu militar de dois bicos igualmente velho e sujo. O padre Storozhev estava sendo requisitado na casa Ipatiev, Yakimov informou, para conduzir uma missa para os Romanov. Storozhev ficou surpreso, pois no dia anterior o seu colega de catedral, padre Meledin, foi requerido para o mesmo serviço. Mas o homem parado em sua porta disse que houve uma mudança de plano. Storozhev concordou em chegar à casa Ipatiev às 10h e se dirigiu imediatamente para a catedral a fim de reunir o material que ele precisava para a liturgia.

Já fazia três semanas que tinha sido permitido que um padre fosse esporadicamente até a casa rezar uma missa para os Romanov, que eram uma família profundamente religiosa e frequentadora da igreja. Ter o ritual litúrgico negado em seu dia a dia foi uma grande agonia para os Romanov — mas eles ajudaram uns aos outros lendo regularmente as Escrituras e outros textos sagrados, pois como russos a vida espiritual era tão importante quanto a vida física. Exaustos pela privação que enfrentavam, obtinham força no consolo religioso e na devoção a Deus; isso os ajudou a transcender a incerteza do mundo perigoso e instável no qual eles agora viviam.

Essa última missa foi permitida graças a uma requisição por escrito feita em 11 de julho pelo dr. Botkin para que um padre celebrasse a *obednitsa* (liturgia sem comunhão) com a família. A missa anterior rezada para os Romanov no Domingo da Trindade fora conduzida pelo padre Anatoly Meledin, da Catedral Ekaterininsky, assistido pelo diácono Vasily Buimirov. O próprio Storozhev, que desistiu da carreira de promotor público para estudar as ordens sagradas, havia conduzido a primeira missa, em 19 de maio, e o padre Meledin oficiou as duas subsequentes, nos dias 2 e 23 de junho. Ao chegar à casa Ipatiev naquela primeira vez, Storozhev ficou atormentado com o número de guardas fortemente armados, inclusive com granadas penduradas em seus cintos, tanto dentro como fora da casa. A sala do comandante Avdeev estava uma completa bagunça e dois homens estavam ali bem relaxados — um dormia enquanto o outro fumava, as armas estavam jogadas de qualquer jeito em cima do piano. Storozhev deduziu que um dos homens, que usava uma túnica de soldado, calças amarradas abaixo do joelho e um cinto largo em que se destacava um grande revólver pendurado, era o comandante, mas nenhuma apresentação ou saudação foi feita. A única troca de palavras entre eles se resumiu à instrução para que Storozhev não entabulasse qualquer tipo de conversa com a família. Tempos depois, Storozhev lamentou ter sido apenas uma testemunha passiva da situação dos Romanov e tentou se lembrar de todos os detalhes que pôde observar. O próprio comandante abriu as portas da sala de estar, onde a missa deveria ser realizada. Ali, perto da arcada que conectava as duas metades da sala, os Romanov tinham preparado uma mesa coberta por uma toalha de seda e ícones religiosos — alguns novos, outros velhos, alguns simples, outros luxuosamente ornados em prata, todos organizados de maneira meticulosa para a ocasião. O ícone preferido da czarina, a Feodorovsky Mãe de Deus em uma moldura simples de ouro, ocupava o lugar de honra.

Na época, em meados de maio, Storozhev ficou chocado com a palidez de Alexei, que estava quase transparente. O garoto era bem alto e estava muito magro, tão doente que não conseguia ficar de pé, permanecendo deitado em sua cama de acampamento coberto por uma colcha. Mas ainda existia luz e vida em seus olhos penetrantes, que seguiam cada movimento de Storozhev com uma curiosidade infantil. Alexandra, embora aparentasse estar doente e precisasse se sentar e descansar com grande frequência, parecia "majestosa" — Storozhev não pôde negar. Ela estava vestida com simplicidade, sem joias, e a czarina que existia nela ainda estava muito aparente e participou bastante da missa. O czar, que parecia estar calmo e bem-humorado, vestia seu traje militar com a cruz de São Jorge pregada em sua túnica. Storozhev reparou que todas as quatro garotas estavam de cabelos curtos. Durante a missa inteira o comandante Avdeev permaneceu de pé no canto da sala, perto da janela, observando tudo. O profundo respeito que a família demonstrou ao se curvar e exibir gratidão por um padre estar lá rezando uma missa impressionou muito Storozhev, assim como a voz grave do czar soando as respostas e o fervor calmo com que todos recitavam as orações.

Hoje, desde o momento de sua chegada, Storozhev estava de novo sendo observado de perto. Ele, contudo, conseguiu reparar em duas coisas que estavam diferentes na casa desta vez. A primeira era a quantidade de "fios elétricos" saindo pela janela do escritório do comandante (parte do aperfeiçoamento do sistema de segurança da casa, uma evolução do esquema de sinos que vinha sendo realizada desde que Yurovsky assumiu, e também do melhoramento das telecomunicações). A segunda era o fato de haver um carro bem em frente à porta principal da casa. A sala do comandante estava suja e bagunçada como sempre — se não mais. Yurovsky estava sentado em sua escrivaninha tomando chá e comendo pão com manteiga. Um outro homem — seu assistente Nikulin, que praticamente morava no escritório de Yurovsky — estava esparramado dormindo inteiramente vestido em uma cama de acampamento. Quando Storozhev perguntou qual missa queriam que ele rezasse, Yurovsky pediu que fosse a *obednitsa* (liturgia sem comunhão), em oposição à *obednya*, completa e muito mais longa. A *obednitsa* era a versão compacta rezada com muita frequência para as tropas em campanha, quando não havia tempo para mais. Storozhev ficou muito desapontado com isso: a família imperial teve, na opinião dele, seu direito ao importante "sacramento da eucaristia" negado, um direito de qualquer cristão. Enquanto ele e o diácono colocavam suas vestimentas para dar início à missa, Yurovsky, que usava uma camisa escura e uma jaqueta, sentou-se, bebendo seu chá e ficou observando. Em voz baixa, Buimirov começou a insistir com Storozhev para que a família fosse contemplada com a *obednya*; a sugestão irritou Yurovsky, que lançou olhares furiosos na direção do diácono. Foi para isso que os Romanov solicitaram a presença deles, insistiu o comandante; o dr. Botkin tinha colocado isso por escrito. Talvez o pedido pela versão mais curta fosse em razão da péssima saúde da czarina e do czaréviche; talvez Yurovsky, um homem que corria contra o tempo, não quisesse conceder-lhes mais.

Na superfície, ele se mostrava bastante agradável com relação a Storozhev. Ao perceber que o padre estava esfregando as mãos, que eram muito sensíveis ao frio (para o mês de julho aquele foi um dia frio), ele perguntou o porquê disso e recebeu a resposta de que havia pouco tempo que Storozhev sofrera um ataque de pleurisia. Yurovsky então começou a se mostrar solícito, oferecendo sugestões para combater o problema e informando o padre que ele próprio já havia passado por uma operação nos pulmões por causa da tuberculose. Enquanto falavam sobre isso e Buimirov se preparava para a missa, Storozhev não teve nada a criticar no comportamento meticuloso de Yurovsky. Quando o padre adentrou a sala de estar, observou que Alexei estava sentado na cadeira de rodas da czarina, e que, embora continuasse pálido, parecia mais animado do que na vez anterior. A mãe do menino estava logo ao lado dele em uma poltrona; ela parecia bem, mas na verdade estava exausta, tendo passado a noite em claro com dores ciáticas terríveis. Ela vestia as mesmas roupas que usara na primeira missa; as garotas estavam mais uma vez de saias pretas e blusas brancas, mas seus cabelos tinham crescido e já batiam nos ombros. Elas e Nicolau pareciam abatidos e subjugados desta vez. O dr. Botkin e os serventes, inclusive Sedenev, o menino que ajudava na cozinha, juntaram-se à família para a missa, como também havia acontecido na primeira ocasião, com o alto e respeitável Trupp vestindo seu paletó de mordomo com botões de prata e segurando o turíbulo. A mesa, como da vez anterior, estava precisamente arrumada com os ícones. No canto mais distante da sala, Yurovsky não tirava os olhos deles.

Yurovsky pode ter imaginado que a missa transcorreu sem nenhum incidente, mas a verdade é que houve diferenças consideráveis, cujo significado Storozhev logo percebeu. A família imperial não participou das respostas da liturgia cantada, como todos os russos em geral faziam. Ainda mais perturbador foi o fato de que no momento em que, como parte da missa, o diácono Buimirov começou a recitar a tradicional oração para os mortos — "Com os santos dê descanso, ó Cristo, à alma de seu servo onde não há dor, tristeza nem sofrimento, só a vida eterna" — o instinto fez com que ele começasse a cantá-la, e com isso os Romanov silenciosamente se colocaram de joelhos. Nesse momento Storozhev percebeu o grande conforto espiritual que lhes foi oferecido quando eles recitaram essa oração particular juntos. A mesma unidade religiosa da família foi manifestada de novo no final da missa, quando Storozhev fez uma oração para a Mãe de Deus, na qual um homem que está sofrendo implora pela ajuda dela e ela lhe dá a força e a dignidade para carregar a cruz do sofrimento enviada para a terra por Deus. Ao final da missa, Yurovsky permitiu que o czar e a czarina recebessem o pão sacramental de Storozhev enquanto a família e todos os serventes se dirigiam ao altar improvisado para beijar a cruz. Quando ele se virou para ir embora, as garotas aproveitaram a proximidade para balbuciarem um muito obrigado para Storozhev. Ele observou que elas tinham lágrimas nos olhos.

Enquanto ia para o escritório do comandante trocar as vestimentas, Storozhev soltou um suspiro profundo; ao ouvi-lo, Yurovsky riu e perguntou o motivo. O padre deu uma resposta trivial, disse que não estava se sentindo bem, e então Yurovsky falou em tom de brincadeira que ele deveria manter as janelas fechadas para não pegar um resfriado. Mas então seu tom de voz mudou subitamente: "Bem, eles fizeram suas orações e tiraram um grande peso de cima deles." Tais palavras inesperadas foram ditas, ao menos pareceu a Storozhev, com a maior seriedade. Instigado pela observação do comandante, o padre respondeu que aquele que acredita em Deus sempre terá sua fé fortificada por meio das orações. "Nunca menosprezei o poder da religião", disse Yurovsky com acidez, olhando diretamente nos olhos do padre, "falei isso com toda honestidade". Foi um comentário extraordinário para sair da boca de um homem como ele; Storozhev respondeu dizendo a Yurovsky que estava muito feliz por a família ter tido a oportunidade de orar. "Mas por que os impediríamos?", cortou Yurovsky. Aquela, é claro, fora um observação especial; as autoridades de Ecaterimburgo não haviam impedido a família de rezar mas restringiram bastante seu acesso aos ofícios de um padre. Yurovsky sabia muito bem que aquele tinha sido o último culto religioso dos Romanov, a *panikhida* deles. É possível que em algum lugar da mente desse bolchevique severo e judeu apóstata o poder de suas próprias raízes religiosas tenham aflorado, fazendo com que ele lembrasse dos momentos há muito esquecidos em que sua família rezava em torno da mesa de jantar nas sextas-feiras à noite, assim como da profunda significância da Kadish — as preces para os mortos — para o seu povo judeu.

Ao deixar a casa Ipatiev, o padre Storozhev fez isso com o coração extremamente angustiado. Havia um senso, intangível porém esmagador, de juízo final pairando sobre a família; nesse momento ela estava muito mudada. O czar parecia muito magro e abatido, ele se lembrou tempos depois enquanto conversava com um oficial britânico em Ecaterimburgo. Os bolcheviques privaram Nicolau de suas dragonas ainda em Tobolsk e não permitiam mais que ele usasse sua cruz de São Jorge — uma honra da qual ele tinha muito orgulho e que ele fazia questão de sempre exibir. Alexandra tinha cortado o cabelo dele e sua barba estava em seu menor tamanho em vinte anos.

Buimirov, o diácono de Storozhev, também sentiu uma mudança profunda na família. Os dois caminharam juntos em silêncio pela Gravny Prospek até chegarem à catedral, e então, em frente ao prédio da Escola de Arte, Buimirov parou de repente e se virou para Storozhev. "Sabe, padre, algo aconteceu com eles lá dentro." O diácono tirou as palavras da boca de Storozhev. O que o fez pensar isso? A família toda parecia de alguma forma diferente, disse Buimirov; o fato de ninguém ter cantado as respostas chamou a atenção dele. E ele sabia do que estava falando, pois, como diácono, ele auxiliou todas as missas rezadas na casa Ipatiev para os Romanov. Ninguém do mundo externo, exceto o dr. Derevenko, tinha tido mais acesso à família imperial do que ele.

Existem muitas explicações possíveis para essa mudança de humor entre os Romanov, e noventa anos de especulação ainda não foram suficientes para que se chegasse a uma explicação definitiva. O testemunho de Storozhev é um dos mais valiosos. Tendo em mente a esporadicidade das missas que lhes eram permitidas, a incerteza acerca de quando voltariam a ouvir uma liturgia era algo que claramente tomava conta dos Romanov, despertando essa resposta melancólica deles. Isso pode muito bem ter sido parcialmente colorido pelo conteúdo da última carta que a família tinha recebido dos supostos "oficiais leais" que estavam ansiosos para resgatá-los. E as movimentações militares em Ecaterimburgo também eram muito intimidantes, o que indicava que algo importante estava para acontecer. "A hora da deliberação está chegando", entoava no mesmo estilo bíblico das cartas anteriores, "os exércitos eslavos estão avançando para Ecaterimburgo (...) O momento está se tornando crítico e o derramamento de sangue não pode ser temido." A família certamente ficou alarmada com o comentário que veio a seguir: "Não se esqueçam que os bolcheviques estarão, no final, prontos para cometerem qualquer crime." Mesmo sem ter acesso a jornais, os Romanov podiam sentir a tensão militar crescente na cidade; eles ouviam tudo que era dito em volta deles. Se um resgate de última hora ocorresse, eles sabiam quais eram os riscos e os temiam. Se não se materializasse, é muito provável que eles também soubessem que, caso os bolcheviques não os transferissem para um lugar mais seguro, a vida deles corria grande perigo. Os tchecos poderiam ir até eles e salvá-los; por outro lado, era bastante provável que os bolcheviques os matassem antes disso. Esse pensamento deve ter passado pelas cabeças deles, pois eles ficaram muito tempo confinados, o suficiente para que pensassem em todos os desfechos possíveis. Sendo assim, no dia 14 de julho eles agarraram a preciosa oportunidade de uma reconciliação final com Deus, e com suas mortes, que possivelmente estavam se aproximando — não importa que tais pensamentos tenham permanecido tácitos, trancados dentro da cabeça de cada um.

Esse último presságio e a necessidade de reconciliação e aceitação não surgiram repentinamente entre a família. Segundo a fé cristã dos Romanov, eles precisavam estar sempre preparados para a vida da alma no além-mundo.

Existe um ditado popular, cunhado nos anos 1940, que ilustra muito bem a situação: "A família que reza unida permanece unida." Em retrospectiva, nada mais adequado poderia ser dito a respeito dos Romanov. A religião foi a liga que manteve a família imperial unida durante todos os anos de angústias, primeiro por causa da péssima saúde da czarina, depois com os ataques quase fatais de hemofilia de Alexei, e por fim ao longo dos 16 meses de prisão, incertezas e isolamento. No final de sua vida, Sydney Gibbes, tutor do czaréviche, disse que aquilo que mais o impressionava na família era a harmonia religiosa, a força que ela obtinha por causa de sua fé ortodoxa.

Um oficial britânico que estava na Rússia, o tenente Patterson, da Brigada de Carros Blindados, falou do poder e do evangelismo da Igreja Ortodoxa Russa e do quanto ela fazia parte da vida cotidiana da nação:

> Para cada religião *Ruski* [sic] não havia só uma convenção ou uma novidade passageira, mas o *tecido da vida*. Velhos e jovens, ricos e pobres, bons e maus. Era uma revelação e um consolo diários. Não me refiro apenas a se curvar perante ícones, cantar para a cruz e respirar incenso. Refiro-me ao fato de que no coração deles uma lâmpada foi acesa e mantida aprumada e sagrada (...) eles atingiram uma profundidade de emoções que os ocidentais mal conseguem imaginar.

Contudo, enquanto Nicolau havia sucumbido a um estado negativo e quase doentio de aceitação, resignado com o desastre e preparado para o sacrifício que lhe fora imposto no dia de seu nascimento, Alexandra estava mais calma e preocupada em preparar a alma para o céu e o caminho para a redenção cristã, no qual ela tinha a certeza de estar seguindo. Em março de 1918, escrevendo em Tobolsk, ela observou o grande sentimento de reconciliação que vinha crescendo na família: "Vivemos aqui na Terra mas já estamos metade no próximo mundo." Há muito tempo ela cultivava a resignação para com o sofrimento com um "russianismo" que superava suas origens alemãs e sua criação luterana. A ortodoxia, em sua forma tradicional, mística e ritualística do século XVI, invocava a religiosidade compulsiva de Alexandra, assim como fez com a também devota irmã dela quando se casou com um Romanov em 1884. Maurice Paléologue ficou fascinado com a "nacionalização moral e religiosa" de Alexandra. Ela parecia uma reencarnação de uma daquelas antigas czarinas da Moscovo bizantina e arcaica de Ivan, o Terrível. Em sua terrível propensão para a exaltação religiosa, sua crença em milagres e sua imensa superstição, Alexandra tinha, por meio de "um processo de contágio mental", absorvido as características mais antigas da alma russa, "todos aqueles elementos obscuros, emocionais e visionários que encontram sua máxima expressão no misticismo religioso". Desde o momento de sua conversão, ela própria se designou a missão de salvar a sagrada Rússia ortodoxa. Mas agora essa ambição já havia sido perdida. No confinamento, sem acesso aos rituais da Igreja, tudo que Alexandra podia fazer era parar e se persignar todas as vezes que os sinos da Catedral Voznesensky soassem anunciando os momentos sagrados para as orações durante os dias.

Se a czarina pudesse ter lido o Artigo 13 da nova constituição soviética, teria ficado horrorizada: dizia que a Igreja e o Estado haviam se separado, assim como a escola e a Igreja, supostamente em uma medida para garantir "uma verdadeira liberdade de consciência" aos trabalhadores. A partir de agora, todo cidadão soviético tinha o direito de participar da propaganda antirreligiosa, desde escrever slogans nos muros das igrejas até retirar ícones sagrados de suas preciosas molduras e queimá-los, expulsando os padres de suas congregações e supervisionando a conversão das antigas igrejas russas para os novos tempos. Era o começo de uma política de ateísmo militante. Porém o governo Lenin, assim como o regime repressivo stalinista que veio a seguir, falhou ao subestimar o grande poder visceral da religião na Rússia. No fim, destruir o velho império czarista se mostrou mais fácil do que erradicar o intangível poder da fé. Isso foi algo que tanto Nicolau como Alexandra compreenderam, apesar de toda a falta de simpatia deles por outras raças e religiões dentro do império e do antissemitismo implacável e endêmico que infectava a Rússia. Para eles e para a multidão de observadores russos, a palavra *pravoslavnost'* — ortodoxia — era, e seria para sempre, um repositório dos últimos vestígios do sentimento nacional espiritual. Era um dom místico transmitido de Deus para o czar — Nicolau compartilhava essa "ligação espiritual invisível" com o povo. O agente britânico Sydney Reilly, que estava na Rússia para conduzir negociações secretas com a Igreja Ortodoxa Russa, tendo como objetivo angariar o apoio dela a uma intervenção aliada, não tinha dúvidas de que a ortodoxia era "um fator moral na vida russa que poderia ser temporariamente obscurecido, mas que nem os bolcheviques nem os alemães conseguiriam destruir". A opressão bolchevique nos primeiros anos após a revolução trouxe um retrocesso — um frenesi de observância religiosa, com as pessoas desesperadas atrás de bíblias e de outras literaturas religiosas —, mas logo o velho idealismo religioso russo foi transformado em uma forma pervertida de idealismo messiânico socialista. Onde um dia as pessoas que frequentavam as igrejas clamavam pelo "Lorde Deus" delas, agora a multidão subvertia isso para "presidente Deus da república celestial". Muitos sentiam que apenas um reflorescimento poderia salvar a Rússia dos dias sombrios que estavam por vir.

Enquanto isso, tudo que os Romanov podiam fazer no confinamento era aceitar o destino e perdoar seus inimigos. Ao escrever para uma amiga de Tobolsk no início daquele ano, Olga expressou muito bem os sentimentos da família:

> O pai pede para que seja repassado a todos que permanecem leais a ele, e àqueles sobre os quais estes possam ter influência, que eles não se vinguem por ele; ele perdoou e reza por todo mundo; e que não se vinguem por si próprios, e que se lembrem que o mal que agora assola o mundo se tornará ainda mais poderoso, e também que não é com o mal que se combate o mal, e sim com o amor.

O poder redentor de aceitação e sofrimento há muito tinha sido inculcado nas crianças Romanov por seus pais. Alexandra sabia que o sofrimento da família nesse mundo era uma preparação para o próximo mundo e incutiu isso em seus filhos. Era como se em seus meses finais ela estivesse se colocando como mártir, com seu marido há muito tempo já resignado com este papel. A família Romanov agora buscava transcender as forças da irreligião que estavam destruindo a Rússia. Deus estava voltando sua cólera para uma

"ALGO ACONTECEU COM ELES LÁ DENTRO" 231

nação pecadora e estava punindo os filhos dela. Nesses últimos dias, os Romanov talvez sentissem que o sacrifício era uma parte necessária disso tudo. E talvez também o czar, em seus 16 meses de aceitação passiva do destino, tivesse de alguma forma se redimido dos pecados de sua própria monarquia repleta de defeitos.

Consolada e tranquilizada pela missa do padre Storozhev, além de confiante na ressurreição, Alexandra passou o resto do dia deitada em sua cama fazendo rendas e tendo as Escrituras lidas para ela quando todos os demais iam para o jardim caminhar. Os excertos que ela escolhia dos 12 livros dos Profetas Menores apresentavam parábolas apropriadas ao então estado da Rússia. Olga e Tatiana as leram para ela no livro de Oseias — um livro com uma profecia sombria e melancólica sobre os pecados de Israel que trouxeram grandes desastres nacionais para o país. O tom apocalíptico do capítulo 4 parecia espelhar o que estava acontecendo naquele momento na Rússia — um lugar onde não havia "verdade, misericórdia ou conhecimento de Deus". Na Rússia, como em Israel, "o sangue gerava mais sangue" à medida que o país se enredava em lutas mortíferas. A Rússia era uma terra de luto em que o povo tinha rejeitado o "conhecimento" — ou seja, a religião — e agora estava sofrendo por causa disso. Um abatimento maior veio a seguir com as leituras do Livro de Joel, que profetizava um cataclismo sobre a terra de Israel, que se veria diante do desolamento, da praga e da fome como uma punição por seus pecados. Deus logo desceria em vingança e varreria tudo: "Soprem as trombetas em Sião, soem um alarme em minha montanha sagrada: deixem todos os habitantes dessa terra estremecidos: pois o dia da vinda de Deus chegou, a noite é esta."

Todos os vestígios da vida comum que resistiam em Ecaterimburgo pareciam não levar em conta que o Dia do Julgamento Final estava para chegar a qualquer momento. Ainda era possível caminhar pelos jardins de verão em torno do lago Iset e assistir à apresentação da peça *A floresta*, de Ostrovsky, ir às corridas de cavalo às 14h no hipódromo ou ao jogo de futebol às 18h. Mas a implacável realidade era que o Soviete de Ecaterimburgo estava anunciando a mobilização de todos os comunistas da cidade: dois terços dos integrantes do Partido Comunista dos Urais tinham se alistado e estavam a caminho do front para enfrentar os tchecos e os brancos. Praticamente todos os trabalhadores das maiores fábricas e plantas industriais, assim como aqueles de Nizhe-Tagil e Alapaevsk, estavam deixando seus empregos para lutar.

Yurovsky, após supervisionar a *obednitsa* dos Romanov naquela manhã, tinha coisas mais importantes em mente: decidir onde os corpos da família imperial seriam descartados depois da execução e como destruir o máximo de evidências possível. Nos últimos seis dias, ele havia consultado diversas vezes Petr Ermakov, que estava no comando do esquadrão de remoção, para decidir qual seria a localização mais apropriada da floresta para tal propósito. O local conhecido como Quatro Irmãos parecia ser o melhor, em meio às minas. Eles tinham que decidir a localização nesse dia, não poderia demorar mais, porém ele precisava ter certeza que o lugar era remoto o bastante e que não seria descoberto. Como era um homem criado na região, Ermakov disse conhecer cada centímetro da afastada zona campestre e Yurovsky confiou nele.

Petr Voikok foi com Yurovsky verificar as duas clareiras escolhidas, onde os corpos seriam destruídos em uma imensa pira funerária. As cinzas, anteciparam eles, seriam jogadas num poço de alguma das minas. Voikov estivera ocupado tentando conseguir o ácido sulfúrico e a gasolina necessários para a tarefa na cidade, mas o dr. Arkhipov não teve como obter tal quantidade de ácido sulfúrico para seu velho amigo Yurovsky por meio de suas próprias conexões.

Outros peixes grandes bolcheviques locais, incluindo Goloshchekin, Beloborodov e Safarov, também estiveram na floresta naquele dia — fazendo um piquenique. Levaram até as esposas com eles. De acordo com evidências apresentadas por um inspetor de minas local, M. Talashmanov, eles estavam às gargalhadas e fazendo piadas a respeito do que seria feito com o ex-czar e sua família. Goloshchekin foi demasiado sonoro, tanto que foi ouvido, ao insistir que a família toda fosse assassinada. Mas nem todos concordaram; não havia necessidade de matar o czar, disseram, era uma perda de tempo. A czarina, sim, era a culpada. Era tudo culpa dela.

De volta à cidade, enquanto Alexandra saía de seu banho quente às 22h, as luzes do quarto n° 3 do primeiro andar do hotel Amerikanskaya estavam acesas e assim continuariam até bem tarde. Mais uma vez a Cheka de Ecaterimburgo e o comitê-executivo do Soviete Regional dos Urais estavam trancados em uma reunião urgente presidida por Yurovsky. Um relatório dos comandantes que estavam no front havia chegado, confirmando que eles não conseguiriam conter os tchecos que se aproximavam pelo sul por muito tempo. Na melhor das hipóteses, Ecaterimburgo tinha apenas mais alguns dias. Enquanto isso, Yurovsky começava a ter sérias dúvidas acerca da confiabilidade de alguns dos guardas da indústria Zlokazov. Eles não eram dignos de confiança e Yurovsky tinha medo que abrissem a boca. Depois que a família estivesse fora do caminho, alguns deles também teriam de ser eliminados para que o segredo fosse assegurado. Beloborodov protestou no mesmo instante; era uma sugestão louca, que causaria uma revolta na cidade.

Em Moscou, sabendo que a situação estava bem encaminhada por estar sob o controle do cuidadoso Sverdlov, Lenin deixou a cidade em um carro dirigido por um motorista e foi com sua mulher e sua irmã aproveitar 24 horas de descanso e relaxamento em sua dacha oficial em Kuntsevo, a 25 quilômetros de distância. Se o destino dos Romanov já não estivesse selado, por qual outro motivo o líder bolchevique, um homem que gostava de estar sempre no controle de todas as questões, deixaria a cidade nesse momento crítico?

13

"Pessoas comuns, como nós"

15 DE JULHO DE 1918, SEGUNDA-FEIRA

Ao chegarem à casa Ipatiev às 7h do dia 15 de julho com a remessa diária de leite, as freiras do Convento Novo-Tikhvinsky receberam uma requisição oficial do comandante Yurovsky. Ele queria ter certeza de que, na manhã seguinte, elas levariam uma grande quantidade de ovos — ao menos cinquenta, em um cesto — e um litro de leite. E ainda tinha um pedido por escrito de uma das grã-duquesas: algumas linhas de costura. Como ele confiou o bilhete a elas, Yurovsky logo se retirou. Os ovos seriam os alimentos de homens famintos na floresta, isso se tudo saísse de acordo com o plano.

Yakov Yurovsky estava ocupado com uma execução que não saía de sua cabeça; ainda bem cedo naquela manhã ele esteve de novo na floresta Koptyaki com Petr Ermakov a fim de discutir os planos para a destruição e o enterro dos corpos dos Romanov depois que eles fossem assassinados; haveria outra reunião naquela noite no Hotel Amerikanskaya para finalizar todas as combinações. Petr Ermakov parecia o arquétipo do revolucionário charmoso, com seu cabelo preto até os ombros, nariz aquilino e boca sensual, porém ele tinha uma longa ficha de crimes e violência, um clássico vândalo bolchevique. Na condição de um jovem assassino e ladrão que agia a favor do partido, foi detido três vezes pela polícia czarista, sendo enviado para a Sibéria na quarta vez em que foi preso. Ele tinha um grande ódio da autocracia, o que fazia com que ele tivesse ataques de fúria contra o regime. Os czares o mantiveram na prisão por nove de seus então 34 anos de vida. Ele queria vingança. Ermakov se considerava um homem duro: ele já tinha visto muitas pessoas serem assassinadas e já havia matado várias outras, lembrou-se ele mais tarde, incluindo a ocasião, naquele mesmo verão, em que ele, como agente da Cheka, participou de um cerco a contrarrevolucionários nos arredores de Ecaterimburgo. Ele era um carrasco impiedoso e tinha o apelido de "camarada Mauser",* mas mesmo assim ele se considerava "suave" quando comparado a Yurovsky.

Ermakov tinha visto o czar na noite que este chegou à estação de Ecaterimburgo: "Não havia nada digno de um rei nele." Ele gostaria de ter segurado e torcido o pescoço de Nicolau ali mesmo. A czarina, na opinião dele, parecia uma "dona de casa alemã com a língua afiada", que, mesmo na casa Ipatiev, tentou comandar tudo. "Porém, nós logo *a* consertamos", lembrou-se Ermakov com grande alegria. Ele também se satisfazia ao pensar que a insolente ex-imperatriz estava comendo rações como todo mundo. Ela fora a única a causar um rebuliço por causa da prisão da família. O czar, falou Ermakov, permanecia quieto fumando cigarros o dia inteiro.

O dia amanheceu cinza e mais tarde começou a cair uma chuva torrencial, transformando as estradas de terra em volta de Ecaterimburgo em um verdadeiro atoleiro conforme Yurovsky e Ermakov retornavam para a casa Ipatiev. Do lado de dentro, os Romanov seguiam a mesma rotina: alguma das irmãs lia para Alexandra enquanto os demais iam para o jardim, apesar da chuva. Entretanto, naquela manhã ao menos teve uma nova distração quando quatro mulheres da cidade apareceram inesperadamente, enviadas pela União das Empregadas Domésticas Profissionais, para lavar o chão da casa Ipatiev. Fazia parte de um jogo que Yurovsky estava jogando com suas vítimas, uma tática psicológica óbvia para criar um senso de normalidade e de rotina contínuo (não era a primeira vez que uma mulher lavava o chão da casa), de modo que a já condenada família não estimasse o que estava por vir.

---

*Nome de uma empresa alemã que fabrica armas. (N. do T.)

"PESSOAS COMUNS, COMO NÓS"

Mariya Starodumova, Evdokiya Semenova, Varvara Dryagina e uma outra cujo nome é desconhecido foram as últimas pessoas de Ecaterimburgo, excetuando-se militares, a ver a família Romanov viva. Ainda bem cedo naquela manhã elas tinham lavado o chão da casa Popov, onde os guardas externos se aquartelavam, tendo observado que estava tudo imundo e bagunçado, com cascas de sementes de girassol espalhadas por todos os lados. Foi um trabalho duro, lembrou-se mais tarde Evdokiya Semenova; "os guardas transformaram seus alojamentos em um estábulo com suas botas enlameadas", de forma que as mulheres tiveram que "raspar e esfregar" para conseguir limpar tudo. O líder da guarda externa, Pavel Medvedev, depois as conduziu até a casa Ipatiev. Elas repararam que alguns dos guardas eram estrangeiros; primeiro elas tiveram que limpar o piso do porão, onde esses homens dormiam, mas havia algumas mulheres com eles em alguns quartos e elas não puderam fazer o serviço completo.

Quando as mulheres da limpeza foram levadas para o primeiro andar, a família imperial estava toda sentada na sala de jantar, "como se estivessem fazendo uma reunião" — na verdade, estavam jogando um dos intermináveis jogos de bezique, com o czaréviche sentado na cadeira de rodas. A família inteira as cumprimentou com sorrisos, ao que elas responderam com um silencioso acenar de cabeça. Elas só podiam balançar a cabeça e sorrir, pois, assim como os padres no dia anterior, foram proibidas de falar com a família imperial. Yurovsky — aquele homem "fuinha", como Semenova o chamava — passava para cima e para baixo pela porta aberta, observando tudo. As grã-duquesas, ela e Starodumova se lembraram mais tarde, pareciam muito animadas e alegres, tendo inclusive as ajudado a arrastar as camas do quarto delas para que o chão fosse devidamente limpo. Evdokiya Semenova, conhecida por sua amiga Starodumova pelo apelido "Avdotyushka", estava muito excitada por essa oportunidade única de ver a família imperial tão de perto. Uma simples camponesa com um coração honesto, já doente de tuberculose (morreu não muito depois dessa ocasião), ela foi uma dos muitos habitantes de Ecaterimburgo que continuaram devotados ao czar e que enviaram tortas e presentes para a família imperial na Páscoa, mesmo temendo que os guardas os guardassem para si. Ela cultivou por muito tempo sonhos ingênuos e românticos com a família, sobretudo com as quatro lindas filhas do czar: uma se casaria com o rei da Inglaterra, outra com o rei da França, a terceira com o rei da Alemanha. Como a maior parte da população comum russa, Semenova fora enganada pelas imagens publicitárias das meninas com vestidos brancos. Mas ali na casa Ipatiev, Olga, Tatiana, Maria e Anastasia não se pareciam mais com as princesas de contos de fadas que ela imaginava; elas vestiam simples saias pretas e blusas brancas de seda — como lhes sobravam poucas roupas, usavam as mesmas dias seguidos. Ainda assim, Semenova ficou surpresa com a felicidade delas, os olhos brilhavam, os cabelos curtos estavam "desordenados", as bochechas estavam "rosadas como maçãs". No quarto das meninas, as mulheres se arriscaram a trocar algumas palavras com elas em voz baixa. Quando Yurovsky deixou momentaneamente o quarto, a irreprimível Anastasia colocou a língua para fora e fechou o nariz com os dedos, insinuando que ele fedia. Foi uma experiência preciosa para Semenova; cada olhar que as meninas lhe dirigiam era como "um presente", ela afirmou depois. Apesar de toda a humilhação que elas estavam sendo obrigadas a suportar, as grã-duquesas lhe pareceram muito animadas e naturais. Elas "exalavam um amor pela vida" e até mesmo se ajoelharam para ajudar as mulheres a limpar o chão do quarto delas. Na verdade, elas estavam gostando dessa oportunidade de fazer algo mais físico, foi o que deixaram escapar, acrescentando que o pai delas era quem "mais estava sofrendo" com a falta de exercícios físicos. "Costumávamos nos divertir com os trabalhos mais duros, tínhamos um grande prazer com eles", contaram as grã-duquesas. Elas adoraram cerrar lenha com o pai em Tobolsk e depois empilhar as toras — "Lavar a louça não é o suficiente para nós." Embora Olga estivesse magra e doente, Maria ainda tinha forças para trabalhos mais pesados e era tão forte quanto um homem, disseram as mulheres. Em uma atmosfera leve e de amizade, as quatro garotas tiveram grande prazer em dividir algumas piadas com essas mulheres comuns do mundo exterior.

Antes de terminarem o trabalho, Semenova sussurrou para uma das irmãs mais velhas: "Por Deus, vocês não vão ter que sofrer com o jugo destes monstros por mais muito tempo." "Obrigada por suas palavras gentis, minha querida", respondeu a grã-duquesa. "Também temos muitas esperanças..." A fé lhes dava esperança mesmo num momento como aquele, porém o peso de constantemente uma levantar o moral das outras, assim como o do irmão e o dos pais, estava claramente se fazendo sentir. Naquela manhã, diante de uma incerteza tão desesperadora, as quatro grã-duquesas demonstraram uma natureza boa e simples, além de uma profunda lealdade entre elas, a grande virtude delas, inculcada pelos pais. Isso permitiu que elas contivessem seus próprios medos e que fizessem de um evento mundano um momento de diversão — e até mesmo de alegria.

Porém, Semenova ficou bastante desapontada quando viu o czar e a czarina: "Todos os meus sonhos evaporaram num instante", disse ela. Ela havia crescido com uma visão completamente ilusória do casal imperial, imaginando-o sempre com roupas de ouro, com uma música sendo tocada ao fundo e cortinas coloridas tremulando com o vento, como se pétalas de flores flutuassem em volta deles e sinos de igreja soassem. O czar tinha sido "uma figura divina" para ela, um gigante entre os homens; ela também imaginava a czarina com uma beleza tipicamente russa e com a voz "como uma flauta do paraíso". Agora, subitamente, Evdokyia Semenova descobria que seus ex-monarcas tinham pés de barro. O czar não era o ser que se parecia com Deus que ela havia imaginado: o que ela viu naquela manhã foi "um homem pequeno e pálido, bem menor do que a própria esposa dele, e muito mais simples [nas maneiras] do que ela". Ele se comportava como um homem do povo; era como todo mundo e estava longe de ser o modelo de perfeição física, seu cabelo estava rareando — ela já tinha uma careca considerável — e suas pernas eram curtas demais para seu corpo. Alexandra, apesar de toda a palidez e da fragilidade de sua saúde, ainda mantinha o velho ar orgulhoso de czarina, mas seus olhos disseram a Semenova o quanto ela estava sofrendo. À medida que as mulheres mudavam de um quarto para o outro para darem prosseguimento à limpeza do chão, Nicolau pegou Alexei cuidadosamente no colo e o levou da cama para a cadeira de rodas e depois de novo para a cama. A visão do frágil e doente czarévich fez com que Semenova fizesse uma pausa para refletir: ali à sua frente estava o garoto que a propaganda czarista a fez acreditar ser a esperança da Rússia, "um querubim forte e florescente", como ela colocou; mas em vez disso, ela via uma criança magra e delicada com dois grandes círculos escuros em volta dos olhos e a cara pálida como cera. E ainda assim ele ria com frequência, embora seus olhos parecessem repletos de tristeza.

Tanto Starodumova como Semenova se lembravam muito bem de que em determinado momento Yurovsky sentou-se perto do czaréviche e perguntou sobre a saúde dele, e depois perguntou também a opinião do dr. Botkin. Para elas, pareceu um gesto de grande solicitude, o que provavelmente pensaria qualquer pessoa que assistisse a esta cena. Tudo isso fazia parte, é claro, de um processo de suavização, mas foi particularmente cruel por ter vindo de um homem que servira como ordenança de hospital e que sabia de tudo que estava para acontecer. Será que Yurovsky tinha prazer ao fazer isso — sabendo que apenas ele tinha controle sobre as últimas horas daquele garoto doente na Terra? Como ignorava este fato, Semenova foi embora uma hora e meia depois convencida de uma coisa: o menino, em comparação com suas irmãs vibrantes, "não pertencia mais a este mundo". A experiência deixou-a bastante comovida; ela saiu da casa Ipatiev com um amor profundo pela família imperial, um sentimento que não a abandonaria até o dia de sua morte. Eles não eram os seres divinos que ela sempre imaginou; "eles não eram deuses, na verdade eram pessoas comuns como nós, simples mortais."

As mulheres que foram até a casa Ipatiev naquela manhã jamais receberam pelo serviço; quatro dias depois, quando elas foram ver Medvedev na casa Popov para receber o pagamento, não havia ninguém lá exceto alguns guardas do Exército Vermelho que estavam se preparando para ir lutar no front. Então, um Medvedev muito bêbado apareceu em uma troika. Não havia ninguém na casa Ipatiev, ele disse para elas, a casa estava fechada. "Foram todos para Perm."

14

A casa com um propósito especial

16 DE JULHO DE 1918, TERÇA-FEIRA

Era mais um dia quieto sem nenhuma novidade, o 78º dos Romanov na casa Ipatiev. O "bebê" tivera um leve resfriado e ainda estava fraco, mas ainda assim ele saiu com os demais para o jardim de manhã. E depois de uma semana sem nenhuma remessa das freiras, chegaram alguns ovos de presente para Alexei — a última refeição do garoto, ainda que ele não soubesse disso. O restante da requisição de cinquenta ovos feita por Yurovsky seria devorado mais tarde na floresta pelos assassinos da família, que deixariam as cascas despedaçadas como prova para os investigadores.

Por volta das nove da manhã, enquanto a família bebia o chá sem graça e comia pão preto, o mesmo café da manhã que todos os cidadãos soviéticos eram obrigados a tomar, Beloborodov chegou à casa Ipatiev em um carro oficial que pertencia à Cheka de Ecaterimburgo. Pouco depois, partiu com Yurovsky para ir a mais uma reunião do Comitê Central do Soviete Regional dos Urais, que seria seguida por novas conversas com a Cheka no Hotel Amerikanskaya. Yurovsky estava ficando muito nervoso, e parecia ainda mais quando retornou às 11h e deu início ao ritual diário de verificar a caixa com os objetos de valor dos Romanov para conferir se algo tinha sido roubado. Pouco depois, na privacidade de seu escritório, ele informou a seu assistente Nikulin que a "aniquilação" seria realizada naquela noite. Não podia haver mais adiamentos e era fundamental se assegurar que a família não suspeitasse de nada até que chegasse a hora.

Mas será que eles tomaram a decisão correta quanto ao modo de matar todos que estavam ali confinados? O fato era que Yurovsky, embora fosse absolutamente impiedoso rumo ao cumprimento de sua tarefa, não sabia qual seria a melhor opção para matar 11 pessoas, tampouco tinha certeza sobre a logística adequada para se livrar com eficiência de tantos corpos. Executar o czar era uma coisa, porém matar a família inteira e seus serventes e ainda conseguir, como ordenado, manter segredo era outra bastante diferente. E depois haveria a pressão extra de garantir que nenhum resto fosse achado pelos monarquistas, que se aproveitariam da ignorância dos mais devotos entre os camponeses e usariam qualquer achado como uma "miraculosa relíquia sagrada" para angariar apoio contra os bolcheviques.

O método preferido de execução da Cheka era levar as vítimas para a floresta e atirar na parte de trás da cabeça delas; Petr Voikov sugeriu que eles fizessem isso depois da planta da Verkh-Isetsk e que então amarrassem pesos de ferro nos corpos e os jogassem no lago Iset. Esse método podia funcionar quando era uma única vítima por vez, mas tentar promover uma execução eficiente de 11 pessoas aterrorizadas e ainda, Yurovsky foi obrigado a levar isso em conta, impedir os envolvidos de estuprar as garotas ou vasculhar os corpos em busca de joias, o que poderia provocar lesões corporais, era algo muito difícil. Além disso, sempre existia a possibilidade de que um camponês aparecesse na cena do crime — mesmo em um ponto tão remoto quanto aquele. Não, as execuções tinham que ser *in situ*, na casa. Os comparsas de Yurovsky haviam sugerido que a família fosse morta à noite, enquanto dormia — tanto fazia se fuzilada ou a punhaladas. Alguém chegou a propor que as vítimas fossem colocadas todas num quarto para que se jogassem granadas nelas. Mas isso seria muito barulhento e causaria muita confusão, o que poderia fazer com que eles perdessem o controle da situação. A única maneira viável era levar a família para um cômodo pequeno de onde eles não teriam como fugir e de onde o som das armas poderia ser minimizado. Os quartos do porão da casa Ipatiev eram a única opção. Estes vinham sendo usados pelos guardas internos, e seja lá qual fosse o quarto

A CASA COM UM PROPÓSITO ESPECIAL

escolhido ele teria que ter toda a mobília retirada. Yurovsky optou por um dos dois quartos localizados mais perto da encosta na qual a casa havia sido construída. O cômodo estava sendo ocupado pelo esquadrão de metralhadoras da casa Ipatiev, liderado por Mikhail Kabanov, que foi obrigado a se transferir com suas camas para outro quarto.

Com a cidade sendo evacuada pela estação de trem principal, situada a não mais que 800 metros da Voznesensky Prospekt, havia um grande tráfego em frente à casa. A execução teria que ser realizada à noite, depois que o fluxo cessasse. O quarto ao lado da encosta abafaria o som, apesar da grande janela arqueada, que possuía grades e ficava de frente para a alameda Voznesensky; a dupla paliçada também ajudaria a conter o barulho. A janela do quarto e sua luz não seriam vistas da rua. O quarto escolhido tinha 7,5 por 6,5 metros, com o teto em abóbada e grande o bastante para 11 prisioneiros, pensou Yurovsky; as paredes de pedra eram cobertas de estuque, com papéis de parede listrados colados por cima, provavelmente seria um bom amortecedor para os tiros que não atingissem o alvo. Assim como seriam os rodapés de madeira. O piso de madeira seria fácil de ser lavado depois que tudo terminasse. Uma porta dupla dava acesso ao quarto; os homens fariam pontaria nas vítimas a partir da porta; outra porta dupla no lado oposto do quarto levava a um depósito lotado com mobílias, mas estava firmemente trancada. Em outro quarto que ficava perto havia sempre um guarda a postos com uma metralhadora Colt. Não existia outro ponto de saída que não fosse pela linha de tiro.

Por volta das 11h30, enquanto Yurovsky e Nikulin finalizavam os planos para uma "aniquilação" eficiente e a posterior destruição dos corpos com ácido e fogo nas clareiras escolhidas para este propósito, os Romanov saíram para a caminhada matinal no jardim. Tendo permanecido dentro de casa com a mãe, Olga ajudou a "organizar nossos remédios". Este era o código da família imperial para costurar as joias delas nas roupas, talvez uma indicação de que, por causa da situação instável de Ecaterimburgo, elas imaginavam ser transferidas de novo e por isso queriam ter certeza de que as joias que não tinham sido entregues a Yurovsky — de longe as mais valiosas, como cordões de pérolas, rubis, safiras e outras pedras preciosas — continuariam bem escondidas.

Enquanto os Romanov se sentavam para almoçar às 13h, no Kremlin, em Moscou, Lenin, que acabara de retornar de Kuntsevo, recebeu um telegrama do jornal dinamarquês *National Tidende*. O periódico pedia que ele comentasse os últimos rumores que circulavam no exterior dizendo que o czar estava morto; havia algo de verdadeiro nesta história? Lenin rascunhou uma resposta negando os rumores; era tudo, garantia ele, "mentira da imprensa capitalista" — uma típica desinformação bolchevique que seria propagada por Moscou ao longo das semanas e meses seguintes. Ainda que a resposta ao telegrama não tenha sido enviada, pois a conexão com Copenhagen não pôde ser feita, a evidência permanece nos arquivos russos. Durante a tarde, Tatiana ficou dentro de casa e leu os textos dos profetas Amós e Obdias enquanto Alexandra fazia rendas. Por volta das 15h, o czar, Olga, Anastasia, Maria e Alexei saíram para o pequeno e maltratado jardim da casa Ipatiev pela última vez. Um dos guardas, Mikhail Letemin, os viu retornando da caminhada por volta das 16h. Ele não notou "nada fora do comum com eles", recordou. Enquanto a família entrava em casa, Beloborodov e Yurovsky estavam saindo novamente de carro. Um morador da zona campestre viu o carro na floresta Koptyaki por volta das cinco da tarde. Ele e outros camponeses do moinho Verkhistskavo estavam na estrada Koptyaki ceifando capim sob os raios de sol daquele final de verão. Havia outro homem com Yurovsky mas o camponês não o conhecia e não conseguia se lembrar de nenhum detalhe a mais, pois os homens no carro ordenaram que os trabalhadores saíssem dali. Um garoto da região também encontrou um dos guardas internos da casa Ipatiev na floresta naquela tarde. Este se chamava Vaganov, como o identificou mais tarde o menino (tratava-se do marinheiro Stepan Vaganov, assistente de Petr Ermakov e comandante do esquadrão de metralhadoras da guarda interna). O garoto também teve que dar meia-volta e retornar para casa. Sim, havia homens na floresta, ele se lembrou tempos depois, e vários carros, uns dez. Ele foi testemunha da verificação final do local pelos chefões do Soviete Regional dos Urais e da Cheka de Ecaterimburgo para a execução.

De volta à casa Ipatiev, dois dos guardas externos, Filipp Proskuryakov e Igor Stolov, que assim como os outros tinham recebido seus salários no dia anterior, apresentaram-se para o turno deles às 17h, após passarem a tarde inteira bebendo na casa de um policial de Ecaterimburgo. Ao ver que os dois estavam cambaleando de tão bêbados e sem condições de trabalhar, Medvedev os levou até a casa de banho da casa Popov do outro lado da rua e os trancou lá para que ficassem sóbrios.

Ao retornar a Ecaterimburgo após a inspeção na floresta, o Comitê Central do Soviete Regional dos Urais teve uma reunião final no hotel Amerikanskaya, na qual Yurovsky mais uma vez argumentou, como fizera mais cedo com Goloshchekin, que ele não via qualquer razão para matar o garoto Sednev, ajudante de cozinha, a quem ele queria retirar da casa antes das execuções. Durante a reunião, um relatório vindo do front foi discutido; o prognóstico era desanimador, disse Goloshchekin: os combalidos destacamentos do Exército Vermelho não conseguiam conter as mais bem equipadas legiões tchecas e estavam recuando em todas as direções. Ecaterimburgo seria tomada nos próximos três dias. Um "silêncio doloroso" se seguiu, depois do qual se decidiu que as execuções não podiam mais ser adiadas. Era necessário entrar em contato com Moscou para obter o aval final. Um telegrama cifrado foi então enviado por Goloshchekin e Safarov por volta das 18h, endereçado a Lenin. Estava tudo pronto; eles agora esperavam o último sinal para que a operação *trubochist* pudesse seguir em frente.

Contudo, as linhas estavam fora do ar e eles não conseguiram se conectar com a capital. Não havia nada a fazer exceto enviar um telegrama pela linha direta para Petrogrado — endereçado a Grigory Zinoviev, líder do soviete da cidade, sediado no Instituto Smolny — e pedir a ele que o repassasse para Sverdlov com uma cópia para Lenin: "Faça Moscou saber que, por razões militares, o julgamento acordado com Filipp [Goloshchekin] não pode ser protelado; não é mais possível esperar", dizia o telegrama. A palavra "julgamento" era um código para a já combinada execução. "Se a sua opinião for diferente, então nos notifique imediatamente. Goloshchekin, Safarov." Zinoviev encaminhou o telegrama para Moscou, observando que era 17h50 no horário de Petrogrado (18h20 em Moscou e 19h50 em Ecaterimburgo). A mensagem, entretanto, não foi recebida em Moscou antes das 21h22, pois as linhas continuaram com problemas por um bom tempo. Uma resposta demoraria pelo menos umas duas horas para chegar a Ecaterimburgo, mas não há nenhum registro de algo da capital ter chegado à cidade, embora Yurovsky, mais tarde, tenha insistido que uma ordem do Comitê Executivo Central em Moscou para que eles fossem em frente havia sido passada para ele por Goloshchekin em torno das 19h, quando ele chegou à casa Ipatiev. Na verdade, Yurovsky devia estar se referindo ao esboço anterior do decreto para a execução, o qual Goloshchekin trouxe com ele de Moscou, pronto para ser transmitido no momento apropriado e ao qual ele acabara de acrescentar a data e sua assinatura.

No final dos anos 1960, um ex-integrante da guarda do Kremlin, Aleksey Akimov, afirmou que Sverdlov o instruiu pessoalmente a levar um telegrama para o posto telegráfico confirmando a aprovação das execuções, mas com ordens estritas para que tanto a forma na qual foi escrito quanto a fita do telégrafo deveriam ser levadas até ele assim que a mensagem fosse enviada. Por causa da pane nas linhas telegráficas, teria que ser enviada via Petrogrado e depois via Perm na rota de retorno. Em Perm, os homens de Goloshchekin já estavam no comando; tudo que eles precisavam é que a palavra final chegasse de Moscou, fosse por telefone ou por telegrama, com a reposta codificada, que poderia muito bem ser muito curta, quem sabe até simplesmente a própria palavra *trubochist*.

Ainda que não se saiba se um telegrama de Lenin de fato foi enviado e mais tarde destruído, o fato é que os bolcheviques de Ecaterimburgo já tinham, desde o começo de julho, permissão do líder russo para as execuções; esta última mensagem para a capital foi uma tentativa final, e talvez nervosa, de informar Lenin que eles julgavam que o momento havia chegado e que desejam a sanção dele. O que eles queriam, Yurovsky afirmou depois, era resolver uma questão "de grande importância política", o que ele estava ansioso para que fosse feito com muita "habilidade". Entretanto, a pergunta permanece: os bolcheviques de Ecaterimburgo tinham a aprovação para matar a família *inteira*? As evidências não são conclusivas e a única coisa que podemos fazer é seguir a lógica política que movia Lenin e Sverdlov, os homens que comandavam o país. Além disso, também se pode perguntar se os bolcheviques de Ecaterimburgo, que agora estavam ansiosos ao extremo para pôr a aniquilação em andamento, não enviaram propositalmente o telegrama final deles pedindo aval no final da tarde por saberem que não chegaria a Moscou a tempo para que recebessem uma negativa. Se as linhas diretas estavam paralisadas, o telegrama teria de ir pela rota Ecaterimburgo-Petrogrado-Moscou e depois Moscou-Perm-Ecaterimburgo, e havia duas horas de diferença no horário das duas cidades. De qualquer forma, Moscou não reclamaria, pois assim não teria qualquer associação direta com este ato político equivocado.

Às 18h10, a reunião no hotel Amerikanskaya terminou e Yurovsky retornou à casa Ipatiev. Tudo parecia normal até que, enquanto os Romanov jantavam, algo inesperado e muito desconcertante para eles aconteceu. Yurovsky entrou na sala de estar para informá-los que o garoto Leonid Sednev, ajudante de cozinha, deveria arrumar suas coisas — ele deixaria a casa para encontrar seu tio Ivan, que retornara à cidade pedindo para vê-lo (é claro que Ivan estava morto, executado pelos bolcheviques). A família ficou bastante chateada, pois Leonid era o quinto membro de seu entourage que era levado embora, sendo que nenhum deles tinha retornado. O dr. Botkin, que também atuava como porta-voz da família, dirigiu-se ao escritório de Yurovsky seguido por Tatiana, que estava muito aflita, perguntando para onde Leonid seria mandado e por quanto tempo — Alexei já estava sentindo muita falta dele; as coisas ficariam muito mais difíceis para ele sem a companhia do garoto. Yurovsky lhes garantiu que Leonid voltaria em breve. A família pareceu acreditar nisso, ainda que com certa relutância, disseram os guardas mais tarde, porém Alexandra não acreditou em Yurovsky. Pouco depois ela registrou em seu diário que, "se aquilo for verdade, logo teremos o garoto de volta". Leonid Sednev foi, na verdade, apenas levado para o outro lado da rua, para a casa Popov, onde foi mantido durante aquela noite e de onde poderia ouvir o que estava para acontecer.

Agora eram oito horas da noite e o toque de recolher estava soando por Ecaterimburgo, uma cidade que se encontrava oficialmente em estado de sítio. O cônsul-assistente britânico Arthur Thomas, ao caminhar de volta para o consulado e passar em frente à casa Ipatiev, foi parado por uma sentinela muito nervosa que ordenou que ele atravessasse a rua e depois abriu fogo por ele não ter obedecido com a rapidez esperada. Nenhum dos habitantes tinha então permissão de passar em frente à casa; mais tarde, Thomas e o cônsul Preston notaram que as metralhadoras tinham sido posicionadas na praça Voznesensky, no final da rua em que ficava a casa, assim como no telhado desta. Dentro da casa Ipatiev, Yurovsky finalizava os preparativos para as execuções. Estava tudo dependendo do caminhão; mais cedo naquele dia, ainda de manhã, ele havia ordenado que seu motorista, Lyukhanov, um homem que obteve seu emprego graças à influência de seu cunhado Aleksandr Avdeev, conseguisse um caminhão na Garagem Militar de Ecaterimburgo para levar os corpos embora. Também solicitou rolos de lona para embrulhar os corpos. A intenção era estacioná-lo o mais perto possível da entrada do porão, dentro da dupla paliçada, com o motor ligado para mascarar o som dos tiros. Quanto mais barulhento o motor, melhor. Quando a mudança regular de guardas aconteceu às 22h e novos homens chegaram, os Romanov estavam sentados lendo e jogando cartas. Nicolau e Alexandra estavam jogando a última partida de bezique da vida enquanto os homens que seriam seus carrascos se reuniam nos quartos do porão.

Mais cedo naquela noite, entre 19 e 20hs, quando Medvedev havia acabado de iniciar seu turno, Yurovsky ordenou que ele pegasse todas as armas dos guardas externos. "Temos que fuzilar *todos eles* hoje à noite", Yurovsky lhe disse. As armas que os guardas portavam eram as velhas Nagant czaristas, as armas oficiais do Exército Imperial desde 1895. Mas era um tanto improvável que fossem todas necessárias para a execução da família. Na condição de membros da Cheka, os novos guardas internos que foram trazidos especialmente para aquela tarefa tinham suas próprias Nagant. Yurovsky, contudo, não queria dar chances ao azar: era melhor ter o maior número possível de armas para o caso de algumas delas emperrarem. Por fim, alguns dos assassinos tinham duas armas; e algumas outras foram entregues para as testemunhas do Comitê Executivo Central do Soviete Regional dos Urais — Goloshchekin e possivelmente Beloborodov e Safarov — para evitar qualquer imprevisto. Outro motivo para o confisco talvez tenha sido o fato de que Yurovsky estava tão ansioso que temia que alguns integrantes da guarda externa — homens que tinham trabalhado dentro da casa e por isso já conheciam a família muito bem, e cuja confiabilidade ela já havia contestado abertamente em uma reunião no hotel Amerikanskaya — pudessem demonstrar simpatias de última hora pela família e tentassem interceder. Ele não queria facilitar e disse a Medvedev que embora os guardas externos viessem a ser avisados de antemão sobre as execuções, isso não deveria acontecer até o último momento possível.

O uso de rifles no fuzilamento estava fora de questão, pois fariam muito mais barulho e não seria possível escondê-los da família nos instantes antes da execução. Entre as 14 armas que Yurovsky e Medvedev escolheram no arsenal inteiro deles para serem usadas naquela noite, havia duas pistolas Browning, duas Colt e duas Mauser 7.65. As Mauser, portadas por Yurovsky (que também tinha uma Colt) e Ermakov, eram modelos relativamente novos, lançadas em 1914 e de longe as mais poderosas de todas as pistolas, com seus pentes tendo capacidade para dez balas cada, enquanto as outras comportavam apenas sete. As outras armas eram revólveres: um Smith & Wesson e sete Nagant. Os Nagant, produzidos na Bélgica, operavam no velho sistema de pólvora, a menos causticante e fumacenta nitropólvora ainda estava sendo testada neste tipo de arma. A velha pólvora preta produziria uma boa quantidade de fumaça. Mas Yurovsky ainda tinha que se decidir a respeito de uma questão fundamental: quem iria matar quem. Ele queria ter um carrasco por vítima — em um momento de falsa humanidade, mais tarde os assassinos diriam que desejavam que as mortes fossem simultâneas para que nenhum membro da família ou servente visse os outros morrendo. Originalmente, Yurovsky designou 11 homens para o trabalho: ele próprio, seu assistente Nikulin, Ermakov, Mikhail Kudrin, Pavel Medvedev e outros seis, escolhidos entre os novos guardas que integravam a Cheka e eram coletivamente classificados como "letões". Estes últimos continuam anônimos e suas identidades já geraram grande controvérsia tanto entre os homens que participaram dos eventos naquela noite quanto entre historiadores. Ao menos uma coisa é sabida: no último momento Yurovsky enfrentou um problema. Pelo menos dois dos "letões" — um prisioneiro de guerra húngaro chamado Andras Verhas e Adolf Lepa, que estava no comando do contingente "letão" — não tiveram coragem de participar do massacre. Eles disseram que não queriam atirar nas meninas. Yurovsky então mandou eles voltarem para a casa Popov; ele não podia arriscar que alguém falhasse "naquele momento importante do dever revolucionário deles". O esquadrão de execução estava reduzido a oito ou nove homens.

Nos jardins de verão às margens do lago Iset, no final da alameda Voznesensky, a apresentação de *Violinos de outono* havia terminado e as ruas estavam vazias quando, depois das 22h, a família imperial, o dr. Botkin e os serventes se reuniram para as usuais orações antes de irem se deitar. Era uma noite amena de verão e o sol estava apenas começando a se pôr. Ainda estava quente do lado de fora — 15° C, observou Alexandra meticulosamente. Era a última página do diário dela.

Na sala de estar, o dr. Botkin não se deitou imediatamente; ele sentou-se para tentar terminar sua carta para Sasha. De tempos em tempos vinha o som de artilharia da ferrovia Transiberiana. Os tchecos estavam bem próximos, a apenas 30 quilômetros, na linha ao sul que levava para Chelyabinsk. Estava tudo quieto no primeiro andar da casa Ipatiev quando as luzes dos quartos da família Romanov se apagaram. Mas no escritório do comandante, que ficava logo ao lado, Yurovsky encontrava-se em estado de pânico e as luzes continuavam acesas enquanto pessoas entravam e saíam e o telefone tocava. Petr Ermakov, que no dia anterior tinha levado várias latas de gasolina para as clareiras na floresta, assim como dois baldes de ácido sulfúrico e um carregamento de lenha, e que parecia ter tudo sobre controle, ainda não tinha aparecido. Dois dos guardas-noturnos estavam bêbados e incapacitados de fazer qualquer coisa; dois homens do esquadrão de execução tinham desistido e ele ainda não havia decidido como os corpos seriam carregados para fora da casa e colocados no caminhão, que deveria chegar à casa Ipatiev à meia-noite.

Conforme a hora se aproximava e o caminhão não aparecia, Yurovsky caminhava de um lado para outro em seu escritório, olhando o relógio e fumando sem parar. Ele sabia que o Sol apareceria de novo pouco depois das cinco da manhã. As noites de verão nos montes Urais são muito curtas para esse tipo de operação e os nervos de todos estavam à flor da pele. Eles corriam contra o tempo a fim de terminar a aniquilação ainda ocultos pela escuridão, mas a palavra final ainda não havia chegado de Moscou. Será

A CASA COM UM PROPÓSITO ESPECIAL 251

que o comandante, apesar de toda a sua atenção obediente e pragmática para com o dever revolucionário, teve algum tipo de crise passageira de consciência quanto ao que ele iria fazer nestes últimos momentos? Em suas memórias dos eventos ocorridos na casa Ipatiev, escritas em 1922, Yurovsky se recorda que, embora desprezasse os Romanov por aquilo que eles representavam e "por todo o sangue do povo que foi derramado em favor deles", eles eram pessoas fundamentalmente simples, despretensiosas e "em geral agradáveis". Se a aniquilação deles não lhes tivesse sido confiada ele não teria nenhum motivo para fazer qualquer coisa contra eles.

Enquanto isso, o caminhão Fiat de uma tonelada e meia estava sendo reabastecido. Graças à ineficiência crônica e à péssima condição das comunicações que começavam a caracterizar a operação inteira, o caminhão foi erroneamente enviado para o Hotel Amerikanskaya, e não para a casa Ipatiev. Percebendo que algo tinha saído errado, Lyukhanov, motorista de Yurovsky, desceu até o hotel, assumiu o comando do veículo e então ligou para o comandante para informá-lo do atraso.

Depois de outros empecilhos e de uma sucessão de telefonemas urgentes para a Cheka, o caminhão Fiat de caçamba aberta afinal começou a chocalhar pelas ruas silenciosas da cidade. A operação *trubochist* finalmente começou a evoluir. O caminhão estava a apenas alguns minutos da casa Ipatiev, arrastando-se na subida da Voznesensky Prospekt, quando Yurovsky se levantou de sua cadeira, saiu para o corredor e tocou o sino na porta da sala de estar dos Romanov.

Era uma e meia da manhã do dia 17 de julho de 1918. A casa Ipatiev agora iria justificar o "propósito especial" para o qual foi sumariamente requisitada três meses antes.

15

"A vontade da Revolução"

17 DE JULHO DE 1918, QUARTA-FEIRA

Um dr. Botkin cansado e desgrenhado foi até a porta e a abriu. Qual era o problema, perguntou ele. Yurovsky respondeu que a situação em Ecaterimburgo estava muito instável naquele momento; os brancos estavam se aproximando e a qualquer instante poderiam iniciar um ataque com artilharia pesada à cidade. Seria perigoso a família continuar no andar superior da casa; ela teria que descer ao porão para ficar mais segura. Pediram então que o dr. Botkin acordasse seus companheiros de confinamento. Yurovsky se retirou para seu escritório, de onde, pela janela aberta, ouviu o caminhão Fiat entrar pelos portões das paliçadas e parar na entrada da casa. Ele desceu e falou para que Lyukhanov levasse o caminhão para o outro lado da praça Voznesensky e esperasse lá.

Embora o czar tenha levantado da cama imediatamente, ainda que eles tivessem se preparado para a eventualidade de uma fuga repentina, o restante da família e os serventes perderam algum tempo se lavando e se vestindo, sendo que as meninas botaram suas roupas íntimas repletas de pedras preciosas e pérolas costuradas, as quais prepararam cuidadosamente sob a supervisão da mãe. No corredor, Yurovsky ouvia a família caminhando de um lado para outro e falando, o que só aumentava a impaciência dele. Por quarenta minutos ele ficou ali escutando atrás da porta, com os nervos em frangalhos, tentando captar a reação da família enquanto ela se aprontava. O que eles estavam dizendo? Será que tinham alguma ideia do que estava por vir? Ele estava quase entrando nos aposentos dos Romanov para apressá-los — algo que ele queria evitar para não alarmá-los — quando eles, um por um, apareceram no corredor, todos "asseados e arrumados", como Aleksandr Strekotin, um dos homens das metralhadoras, observou. O czar vinha à frente com Alexei no colo, ambos vestidos com suas túnicas de soldados e com chapéus de dois bicos. As meninas vinham a seguir com suas simples blusas brancas e saias, carregando travesseiros, bolsas e outros itens menores. A czarina também estava plenamente vestida. Nenhum deles estava com roupas de sair ao ar livre. Eles começaram a fazer perguntas mas não pareciam muito assustados com a transferência de andar; já tinham passado por outros falsos alarmes antes e sabiam que a aproximação dos tchecos devia estar ditando aquela mudança. Na verdade, ouviu-se o czar dizendo aos serventes: "Bem, vamos sair deste lugar." Isso seria um alívio para todos eles. Será que Nicolau estava sendo falsamente otimista para tranquilizar sua família ou ele ainda não tinha noção do que iria acontecer? A segunda alternativa é a correta, pois as questões levantadas eram todas triviais. E quanto aos objetos pessoais deles, perguntaram. "Não serão necessários neste momento", Yurovsky lhes garantiu, esforçando-se bastante para permanecer calmo e educado enquanto os escoltava até a escada. "Nós os pegaremos mais tarde e os traremos aqui para baixo."

Era cerca de 2h15 da manhã quando Yurovsky e Nikulin, acompanhados por dois guardas internos portando rifles, levavam a família na semiescuridão pela escada íngreme e estreita que levava ao porão. Os Romanov, por instinto, obedeciam à ordem de precedência inculcada neles. O czar ia à frente, recusando qualquer ajuda enquanto lutava para carregar Alexei, que estremecia de dor em sua perna enfaixada; depois vinha Alexandra, que usava um bastão e se apoiava no braço de Olga, seguidas pelas outras três garotas. Nikulin e Kudrin mais tarde se lembraram de que, quando começaram a se dirigir para as escadas, a família parou e se persignou olhando para as estátuas da mãe urso e de seus filhotes que ficavam no corredor — um sinal de respeito pelos mortos, pois pensavam que deixariam a casa.

Naquele momento, os três cães da família — Joy, Jemmy e Ortino — devem ter instintivamente tentado seguir os donos, mas foram enxotados. Os cães são muito sensitivos e é provável que tenham percebido o nervosismo de Yurovsky e dos guardas. Também é provável que um dos cachorros tenha conseguido descer com eles até o porão: o pequeno pequinês de Tatiana, Jemmy, a quem Anastasia era bastante ligada. As pernas dele eram tão curtas que ele não conseguia subir e descer as escadas por conta própria e Anastasia tinha o hábito de carregá-lo para todos os cantos. Se Yurovsky tentasse tirá-lo do colo dela, teria uma grande possibilidade de haver uma cena que poderia alertar para a família. Logo após a família imperial vinha o dr. Botkin, e por fim vinham Trupp, carregando uma colcha, Demidova levando duas almofadas (em tese para o conforto da czarina, porém repletas de joias em duas pequenas caixas) e o cozinheiro Kharitonov fechando a fila. Todos deixaram a casa pela porta que levava ao pequeno jardim e reentraram por outra, adjacente, que dava acesso ao porão. Eram 23 degraus, um para cada ano do desastroso reinado de Nicolau, até o destino coletivo da família. À medida que os Romanov entravam nos quartos do porão, um dos guardas, Viktor Netrebin, mesmo àquela hora, observou que a czarina lhes dirigiu um olhar de desprezo, "como se esperasse que fôssemos acenar com a cabeça enquanto ela passava". Tanto ela como Olga estavam, ele se lembrou, "pele e osso", sendo que o cabelo da czarina estava todo desarrumado por ela ter sido acordada inesperadamente. As outras três garotas, porém, estavam sorridentes e alegres, como sempre confiando na juventude e na ingenuidade delas.

Mas com certeza os Romanov ficaram intrigados com a cena com a qual depararam: um depósito vazio e mal iluminado por uma única lâmpada dependurada no teto de estuque. Eles não demonstraram ficar alarmados, exceto Alexandra, que reclamou no mesmo instante. Por que não havia nenhuma cadeira? Não seria permitido que eles se sentassem? Ela não podia ficar muito tempo de pé por causa de seu problema no nervo ciático, e o enfermo Alexei também precisava de uma cadeira. Ouvindo o pedido dela com educação e sem mostrar nenhum sinal de impaciência, Yurovsky pediu que o guarda Aleksandr Strekotin fosse buscar duas, mas Nikulin sussurrou para si próprio um comentário ácido, dizendo que o "herdeiro queria morrer em uma cadeira. Muito bem, deixem ele se sentar". Nicolau colocou Alexei cuidadosamente na cadeira que trouxeram para ele e permaneceu à frente do filho de forma protetora — seria um instinto ou algum medo não expressado? A czarina se afundou grata na outra, as meninas, atenciosas como sempre, tinham dado seus travesseiros para acomodar melhor a mãe e o irmão. O guarda Viktor Netrebin percebeu, mesmo naquele momento, a irreprimível curiosidade do garoto enquanto ele estava sentado observando tudo "com grandes olhos curiosos" que seguiam cada movimento dos guardas. Em um momento passageiro de compaixão, Netrebin, que mais tarde admitiu estar extremamente nervoso naquela noite, torcia para que "os tiros fossem dados corretamente". Com a voz suave, Yurovsky pediu que os demais ocupassem lugares determinados, aos quais ele indicou, atrás do czar e da czarina. Como um fotógrafo profissional que um dia fora, ele parecia estar posicionando suas vítimas como fazia com seus clientes, mas para algo muito mais sinistro.

Consciente de sua condição de czar e chefe de família, Nicolau se posicionou no centro do quarto. Colocou-se de frente para a porta aberta, com Alexei à sua esquerda numa cadeira, ambos praticamente na frente de todos os outros. O meticuloso Botkin, de camisa engomada e gravata mesmo àquela hora da noite, postou-se atrás, do lado direito do czar. A czarina sentou-se em sua cadeira, à esquerda de Alexei — nas sombras perto da janela gradeada. Ela havia sido selada especialmente para abafar o som dos tiros e dos possíveis gritos. Maria, Tatiana e Olga ficaram em pé bem perto da mãe e em silêncio. Ainda mais atrás, Demidova, segurando seus travesseiros, estava ao lado das portas que davam para o depósito. Elas foram trancadas porque Yurovsky temia que as vítimas entrassem em pânico e tentassem escapar de qualquer maneira que pudessem. A direita de Demidova, Anastasia, que encontrava-se destacada dos demais, estava em pé tipicamente sozinha e, como sempre, Trupp e Kharitonov estavam bem na frente de Anastasia, atrás do dr. Botkin e recostando-se na parede.

Yurovsky olhou calmamente para eles e então deu prosseguimento às mentiras: a família teria que esperar ali até o caminhão chegar para levá-los a um lugar mais seguro. Após deixá-los esperando por mais ou menos meia hora, ele saiu do quarto para ver se estava tudo pronto. A família estava apreensiva por causa do atraso, e sem dúvida preocupada com suas coisas, que tinham deixado em seus aposentos. Mas após 16 meses passando por momentos difíceis e tensos, eles trocaram poucas palavras para um não assustar os outros. Alexandra, porém, rompeu as regras sussurrando algumas frases em inglês, e não em russo, para as meninas.

O que o astuto dr. Botkin estava pensando naquele momento, tendo em vista a carta pessimista que estava escrevendo em antecipação à sua inevitável morte, não podemos saber, mas mesmo no próprio momento da morte as vítimas com frequência negam o fato. Se uma daquelas 11 pessoas reunidas naquele quarto em circunstâncias tão ameaçadoras tinha ideia do perigo que todos estavam correndo, essa pessoa era ele. Mas o pensamento de que o seu czar de fato fosse *assassinado*, sem mencionar a inocente família dele, isso era impossível de se contemplar.

No quarto dos guardas que ficava ao lado, os assassinos se agacharam no chão e ficaram verificando as armas ininterruptamente, fumando um cigarro após o outro. Os nervos deles estavam se despedaçando, as têmporas se dilataram. Com a adrenalina já circulando nas veias, e sendo russos, fizeram o que todo russo faria naquele instante: tomaram uma dose ou duas de vodca.

Apenas os nomes de cinco dos 11 assassinos são conhecidos com certeza. Entre eles estavam o arrogante e alcoólatra Ermakov com três revólveres na cintura; o jovem e frio Nikulin; Kudrin, o mecânico que era um assassino dedicado da Cheka; Medvedev, um soldado de 28 anos da Sysert e guarda da casa Ipatiev; e, é claro, Yurovsky.

Pesquisas sugerem que os outros carrascos tenham sido Alexey Kabanov, que ocupava um dos postos com metralhadoras na casa; Viktor Netrebin, um jovem e inexperiente integrante da Cheka (embora sua participação seja contestada por alguns historiadores); Stepan Vaganov, companheiro de Ermakov na fábrica da Verkh-Isetsk, um substituto de última hora para um dos letões que se recusou a matar as garotas; e o mais sombrio de todos eles, Jan Tsel'ms, que, assim como Kabanov, fora designado a um dos postos com metralhadoras. De maneira significativa, muitos dos "letões" levados para a casa por Yurovsky para integrar o esquadrão da morte perderam o controle sobre seus nervos quando chegou o momento das execuções, porém uma lenda nasceu naquela noite e persiste desde então: "Letões e judeus" foram figuras-chave nos assassinatos dos Romanov. Mas a verdade não é bem essa; só um dos carrascos não era russo e Yurovsky era judeu apenas de nascença.

Quando tudo ficou pronto, Yurovsky mandou que o caminhão Fiat que estava do outro lado da rua se dirigisse para a casa. O caminhão chegou, com Lyukhanov, o "motorista oficial" da casa Ipatiev ao volante. Ele deu marcha a ré no veículo, que rangia suas engrenagens durante a manobra, por entre as paliçadas, de forma a garantir que ele poderia subir a ladeira para fora da casa quando estivesse carregado. Como eles próprios observaram, alguns dos guardas chegaram a pensar se um veículo em ruínas como aquele conseguiria carregar 11 corpos e suas escoltas até a floresta Koptyaki.

Com o caminhão do lado de fora da casa com o motor ligado e os assassinos se reunindo atrás dele, Yurovsky se preparou para entrar novamente no quarto. Estava tudo silencioso, a não ser pelo ronco do motor Fiat que fazia os vidros das janelas tremerem. Com Nikulin à sua esquerda e Kudrin e Ermakov à direita, Yurovsky abriu a porta dupla e entrou, com o resto do esquadrão se aglomerando atrás dele na entrada do quarto. O que era isso? Um novo destacamento especial para escoltar a família até o próximo refúgio? Nicolau, Alexandra e Botkin pareceram registrar Kudrin como sendo novo na casa e não ficaram nervosos com sua presença enquanto os carrascos se posicionavam em frente à família.

"Bem, aqui estamos", disse Nicolau, dando um passo à frente e encarando Yurovsky, crente que o caminhão cujo motor eles podiam ouvir no lado de fora tinha chegado para levá-los para um lugar seguro: "O que vocês farão agora?"

Tendo sua mão direita suavemente pousada sobre o Colt que estava no bolso de sua calça, e com a mão esquerda segurando um pedaço de papel, Yurovsky pediu que a família ficasse de pé. Alexei, é claro, não poderia se erguer e por isso permaneceu do jeito que se encontrava, enquanto a czarina, que murmurava reclamações, levantava-se com dificuldade. De repente o quarto pareceu encolher e Yurovsky deu um passo à frente, brandindo seu pedaço de papel. A diretoria do Soviete Regional dos Urais havia escrito uma fala e Goloshchekin a entregou ao comandante da casa Ipatiev. Foi o momento pessoal de Yurovsky na história. Ele tinha ensaiado aqueles dizeres muitas vezes e levantou sua voz a fim de ser ouvido com maior clareza.

"Em vista do fato de que seus parentes europeus continuam a atacar a Rússia Soviética", começou ele, olhando diretamente para Nicolau, "a diretoria do Soviete Regional dos Urais decidiu que vocês devem ser mortos...".

O czar não compreendeu nada; após dar as costas a Yurovsky para olhar sua família, ele então gaguejou de maneira incrédula — "O quê? O quê?" — enquanto aqueles em volta dele estavam petrificados de pavor.

"Então vocês não vão nos levar a lugar nenhum?", arriscou-se Botkin, também sem conseguir entender o que acabara de ser dito.

"Não compreendo. Leia de novo..." interrompeu o czar, com o rosto branco de pavor. Yurovsky continuou de onde havia parado:

> ...em razão do fato de o tchecoslovacos estarem ameaçando a capital vermelha nos montes Urais — Ecaterimburgo — e porque o carrasco coroado talvez escape da corte do povo, a diretoria do Soviete Regional, atendendo à vontade da Revolução, decretou que o ex-czar Nicolau Romanov, culpado de incontáveis crimes sangrentos contra o povo, deve ser morto...

Instintivamente, a czarina e Olga fizeram o sinal da cruz; algumas poucas palavras incoerentes de protesto foram ditas pelos demais. Ao terminar de ler o decreto, Yurovsky sacou seu Colt, deu um passo à frente e atirou no peito do czar à queima-roupa. Ermakov, Kudrin e Medvedev, que não queriam ficar para trás e, como o comandante, buscavam seus momentos pessoais de vingança e glória, também miraram suas armas e dispararam em Nicolau, seguidos por quase todos os outros, dando um banho de sangue e tecidos em seu aterrorizado filho.

Por um momento, o corpo do czar ficou estrebuchando no chão, com os olhos fixos e arregalados, as cavidades torácicas, expostas pelos buracos das balas, espumando com sangue oxigenado, coração acelerado, tudo em uma vã tentativa de bombear sangue para o seu corpo repleto de traumas. Logo depois, ficou paralisado no chão.

Nicolau foi ao menos poupado de ver o que aconteceu à sua esposa e à sua família. Ermakov se virou e disparou sua Mauser contra a czarina, que estava a apenas dois metros dele, enquanto ela tentava fazer o sinal da cruz, atingindo-a no lado esquerdo do crânio, o que fez com que pedaços de seu cérebro voassem para todos os lados, ao mesmo tempo em que uma rajada de balas dos outros assassinos atingiam o torso dela. Alexandra entrou em colapso no chão, com seu sangue quente e pegajoso e pedaços de cérebro espalhando-se em meio a uma névoa de fumaça. Ao lado dela, o pobre e estropiado Alexei, tão debilitado que nem mesmo conseguia se levantar para tentar correr, permaneceu sentado atônito, aterrorizado em sua cadeira, com seu rosto extremamente pálido todo respingado de sangue do pai.

Enquanto isso, as demais vítimas primeiro caíram de joelhos e então no chão, numa tentativa instintiva de se protegerem, algumas delas completamente abaladas com as feridas causadas por tiros endereçados ao czar e à czarina que erraram o alvo, outras rastejavam desesperadas pela fumaça impenetrável, tentando encontrar uma saída. Trupp caiu logo, com as pernas despedaçadas, e recebeu um tiro de misericórdia na cabeça. Kharitonov, com o corpo frisado de balas, caiu e morreu ao lado dele.

Em poucos minutos o caos no porão da casa Ipatiev era tamanho que Yurovsky foi forçado a parar o massacre por causa das condições asfixiantes; e fez isso com grande dificuldade, pois os homens estavam ansiosos para que o trabalho fosse terminado. O ar estava espesso, com um coquetel nauseabundo de sangue e outros fluidos corporais — as fezes, a urina e o vômito se precipitam dos corpos em momentos de trauma extremo. Os assassinos estavam sufocados e tossindo por causa da fumaça provocada pela pólvora queimada e também pela poeira que se desprendia do reboco do teto com a reverberação dos tiros.

Enquanto os homens de Yurovsky cambaleavam para fora do quarto, tremendo e desorientados, a fim de respirar o ar fresco da noite, alguns deles vomitavam. Mas não havia acabado. Quando o barulho ensurdecedor das armas cessou e a fumaça se dispersou um pouco, os gemidos e lamúrias que vinham de dentro do quarto deixaram claro que o trabalho não estava terminado. Muitas das vítimas ainda estavam vivas, terrivelmente feridas e sofrendo em agonia.

O dr. Botkin já tinha sido atingido duas vezes no abdômen quando um tiro que visava suas pernas acertou sua patela e o jogou no chão. Dali ele se levantou sobre o seu cotovelo direito e tentou chegar até o czar em um último ato protetor. Ao entrar novamente no quarto e ver que Botkin ainda estava vivo, Yurovsky mirou sua Mauser e o atingiu na têmpora esquerda enquanto o médico, aterrorizado, virava sua cabeça para o lado contrário.

Nenhuma das jovens Romanov — aquelas lindas meninas que nenhum dos guardas gostaria de matar — teve uma morte rápida ou pouco dolorosa. Maria tinha sido atingida na coxa por uma bala disparada por Ermakov quando ela tentou histericamente abrir a porta trancada que levava ao depósito, e agora estava no chão gemendo. Suas três irmãs sofreram terrivelmente, seus gritos ecoavam pelo quarto enquanto se desesperavam com a morte da mãe. Olga e Tatiana agiam por instinto, abraçando-se no canto escuro em busca de proteção. Ao perceber que as duas irmãs mais velhas ainda estavam vivas, Ermakov investiu contra elas com a baioneta de vinte centímetros que ele havia prendido em seu cinto e começou a golpeá-las nos torsos. Contudo, bêbado e descoordenado como estava, teve dificuldades para perfurar as caixas torácicas delas.

Foi o frio e calmo Yurovsky que penetrou na fumaça e deu um tiro na parte de trás da cabeça de Tatiana enquanto ela lutava para ficar de pé ao vê-lo se aproximar. Os miolos e o sangue de seu cérebro destroçado voaram em sua irmã histérica. Um Ermakov com os olhos arregalados deu um tiro que atravessou a mandíbula de Olga quando ela também tentava ficar de pé para correr; em seus estertores ela caiu sobre o corpo de Tatiana.

Anastasia tinha se refugiado perto da ferida Maria. Ao ver que as duas irmãs mais novas ainda estavam vivas no canto do quarto, Ermakov mais uma vez recorreu à sua baioneta e atingiu Maria diversas vezes no torso, mas esta arma não estava sendo suficiente e Yurovsky foi obrigado a se aproximar e dar o golpe de misericórdia com um tiro na cabeça. Anastasia também sofreu terrivelmente: Ermakov investiu contra ela como um animal selvagem, de novo tentando perfurar seu tórax com a baioneta, até por fim dar-lhe um tiro na cabeça.

Yurovsky e os demais assassinos mais tarde disseram que as balas dos Nagant ricochetearam nas pedras que estavam costuradas nos corpetes das garotas, que teriam agido como coletes à prova de balas primitivos. As estocadas da baioneta também não conseguiram penetrar. É mais provável, entretanto, que a força dos tiros, disparados a esmo, simplesmente tenha encravado as joias nos torsos das garotas, causando inúmeras feridas, ou estilhaçado as muitas pérolas com o impacto.

Incrivelmente, Yurovsky viu que o czaréviche ainda estava vivo (como se descobriu depois, ele também estava vestindo roupas de baixo com joias costuradas). Ele não conseguia compreender a "extraordinária vitalidade" daquele garoto doente, por isso ficou olhando incrédulo enquanto um nervoso Nikulin descarregava um pente inteiro de balas de sua pistola Browning nele.

Mas o sangue fatalmente defeituoso daquele menino hemofílico continuava circulando por seu corpo e mantendo-o vivo. Como tinha disparado todas as balas de sua Mauser, Yurovsky não poderia fazer melhor do que Nikulin. As investidas frenéticas de Ermakov com a baioneta de novo não conseguiam penetrar a camada de joias em volta do tórax do menino. Por fim, Yurovsky sacou uma segunda arma, sua Colt, de seu cinto para dar um golpe de misericórdia enquanto o garoto estava deitado ao lado da cadeira caída no chão. O corpo de Alexei então afinal sucumbiu e rolou silenciosamente para junto do cadáver de seu pai.

Por milagre, Demidova permanecia viva até esse momento, com a perna ferida, tendo desmaiado enquanto todos em volta dela eram executados. Quando os tiros cessaram, ela recobrou os sentidos, ficou de pé atordoada e gritou: "Obrigada, Senhor, estou salva!"

No mesmo instante, Ermakov se virou para ela com sua baioneta enquanto Demidova encontrava forças sobre-humanas ao se deparar com a morte iminente. Ela temia o que os bolcheviques de Ecaterimburgo poderiam fazer com eles todos; Demidova disse isso ao deixar Tobolsk. E agora ela resistia com todas as forças, virando-se de um lado para o outro, defendendo-se dos golpes de baioneta com suas almofadas reforçadas — as joias da czarina que ela protegera com tanto cuidado, agora a estavam protegendo — até que um dos assassinos as tirou dela. Em desespero, Demidova fez uma última tentativa de se defender da baioneta, golpeando histericamente com as mãos livres até receber uma estocada fatal.

Yurovsky já tinha visto inúmeras mortes e mutilações durante o tempo em que fora ordenança médico na guerra. Ele tinha um estômago mais forte para aquele horrendo espetáculo ocorrido em um quarto do porão do que o de quase todos os homens que estavam ali, e agora o enfermeiro que havia nele começou a circular pelo cômodo a fim de verificar os pulsos e ter certeza de que as vítimas estavam todas mortas. Enquanto isso, Ermakov, com seu cérebro embriagado ainda mais confuso com aquela orgia assassina, cambaleava, trombava e tropeçava conforme caminhava para cima e para baixo pelo quarto, golpeando os corpos com a baioneta, descarregando seu ódio pessoal nos corpos rajados de balas do czar e da czarina e quebrando as caixas torácicas deles.

Foram necessários vinte minutos de atividades frenéticas para matar os Romanov e seus serventes. Atiradores profissionais teriam demorado trinta segundos para cumprir a mesma tarefa. O que deveria ter sido uma execução limpa e rápida se transformou em um banho de sangue. Antes da execução, Yurovsky tinha determinado quem deveria matar quem e instruiu que todos mirassem nos corações. Assim haveria menos sangue e eles morreriam mais rápido, disse ele. Depois Ermakov diria que todos eles sabiam com exatidão o que deveriam fazer "para que não houvesse erro nenhum"; ele era o único que tinha dois alvos: a czarina e o dr. Botkin. Mas quando Yurovsky disparou o primeiro tiro contra o czar, os outros homens abriram fogo e deram início a um fuzilamento ruidoso e fumacento, tornando impossível saber quem havia atirado em quem; os relatos posteriores são confusos e contraditórios. Uma vez que os assassinos quebraram o combinado, o fuzilamento se tornou cada vez mais selvagem e impreciso, com os homens atirando a esmo nas vítimas. Muitos dos tiros teriam errado os alvos por completo ou causado apenas ferimentos não fatais; ao contrário do que pensava Yurovsky, nenhum dos disparos foi absorvido pelas paredes de madeira revestidas de estuque. Com as vítimas em pânico, berrando e rastejando pelo chão, o frenesi descoordenado dos assassinos provavelmente aumentou. É um tanto fácil que atiradores que nunca passaram por treinamentos de tiro errem seus alvos, mesmo quando as distâncias são relativamente curtas. Além da falta de expertise, o estresse da espera e o álcool ingerido contribuíram para a falta de precisão. Tempos depois, Yurovsky admitiu "a falta de domínio de Nikulin sobre a arma, e seus nervos fracos". A visibilidade também deve ter sido um grande problema: a quantidade de fumaça produzida pelas armas logo deixou o quarto enevoado e nublou a luz da única e débil lâmpada elétrica, deixando o quarto tão escuro que era quase impossível para qualquer um ver o que estava fazendo, exceto pela luz momentânea dos disparos. Além disso, com oito ou nove matadores aglomerados na entrada do quarto em três filas, um atirando por sobre os ombros do outro, em vez de se espalharem pelo quarto, muitos deles podem ter errado o alvo por causa do coice da arma da pessoa que estava à sua frente. Outros foram chamuscados pelos resíduos das armas. Todos os assassinos, em poucos segundos sob grande adrenalina, teriam sido atingidos pelo estranho fenômeno que deixa tudo em câmera lenta e não teriam conseguido perceber a situação real no quarto como um todo e agir de acordo. Suas vítimas também teriam entrado em estado de choque, vendo apenas os canos das armas à frente deles, até que a clássica resposta de fuga-ou-luta fosse acionada.

Algumas das velhas Nagant podem muito bem ter emperrado e se mostrado inúteis por trem sido carregadas com as balas erradas e porque os homens que as usavam não tinham prática com elas, o que explicaria o número relativamente baixo de projéteis achados no quarto e nos três locais onde os corpos foram enterrados: cerca de 57 em setenta possíveis — mais ou menos sete balas por assassino, que na maioria portavam armas calibre 32, como determinaram as investigações subsequentes. Também foi sugerido que, quando o momento chegou, após se vingar de Nicolau, a maior parte dos assassinos perdeu a coragem de matar as garotas e atirou principalmente nos homens ou por cima das cabeças das vítimas, deixando os mais fanáticos — Yurovsky, Nikulin e Ermakov — matarem os demais.

No andar de cima, nos aposentos ocupados pelos Romanov, os dois cães deixados para trás pressentiram o perigo por não terem seguido com a família para o andar de baixo e começaram a chorar no momento em que os donos foram levados. Quando o fuzilamento começou no porão, eles teriam latido nervosos; e o som deles teria sido ouvido a uma boa distância dali. Alexey Kabanov, que havia deixado seu posto no sótão para participar das execuções, correu à rua para verificar como estava o barulho do lado de fora. Ele ouviu os cachorros latindo e também o som dos tiros, ainda que o motor do caminhão estivesse ligado; muitos dos vizinhos mais tarde também relataram ter escutado os disparos. Kabanov voltou correndo e disse aos companheiros que parassem de atirar e terminassem o serviço a coronhadas ou usando baionetas; e também falou que deveriam matar os cachorros.

Conforme a fumaça se dissipava em meio à pilha de corpos contorcidos, o horror deixado na cena do crime afinal foi completamente revelado. Todos os mortos estavam desfigurados, com os rostos contorcidos pela agonia final e cobertos de sangue. Os corpos tinham diversas feridas de balas — algumas fatais, nos tecidos moles, causadas pelos disparos à queima-roupa das Mauser —, assim como ossos fraturados devido aos tiros. O que havia sobrado de suas roupas carbonizadas estava coberto de sangue e de vísceras.

Sem perder tempo, Yurovsky ordenou que todos os objetos de valor que estavam nos corpos fossem coletados. Os assassinos escorregavam e deslizavam naquela bagunça pegajosa enquanto procuravam pateticamente em bolsas de mão, sapatos, travesseiros e chinelos ensopados de sangue, que tinham caído das vítimas e agora estavam esparramados pelo chão, tendo engulhos com o cheiro estranho e terrível de morte concentrado no quarto. À medida que viravam os corpos para cima, lutavam com membros retorcidos para pegar as joias. Os braceletes de ouro da czarina, que ela nunca retirava e que se recusou a entregar a Yurovsky no dia da chegada dele à casa Ipatiev, foram arrancados aos puxões dos pulsos dela, e os das garotas também. Quando Petr Voikov, que testemunhou os crimes (e que depois admitiu ter participado), virou o corpo de uma das grã-duquesas, houve um terrível som de gorgolejo e uma golfada de sangue emergiu de sua boca. Foi uma visão que chocaria até pessoas com estômagos fortes. A ganância inevitavelmente tomou conta de alguns dos homens, que guardavam nos próprios bolsos um ou outro dos objetos de valor que encontravam — uma cigarreira aqui, um relógio de ouro ali — enquanto arrastavam os corpos até a porta. Yurovsky logo colocou um fim nisso, reunindo os homens para dizer que atiraria naqueles que não levassem os itens para cima e os deixassem sobre a mesa. Logo formou-se uma pilha de "broches de diamantes, colares de pérolas, alianças, grampos de diamantes e relógios de ouro".

O comandante Yurovsky, o agente da vingança proletária, tinha cumprido seu dever revolucionário e estava exausto. Ele subiu para o andar de cima a fim de se deitar um pouco em seu escritório para se recuperar. Agora era Petr Ermakov que deveria fazer a parte dele e assegurar que os corpos seriam despejados na floresta. Mas Ermakov havia se apresentado tarde, e estava bêbado (como os outros guardas, ele torrou o salário quase todo bebendo no dia anterior), permanecendo assim por horas, com os olhos extremamente vermelhos e o cabelo desgrenhado. Será que ele conseguiria se lembrar do lugar exato naquela escuridão, e estava ele em condições de comandar essa tarefa àquela hora da madrugada? Parece que ninguém pensou de antemão em como carregariam os 11 corpos sangrentos até o caminhão, ou em como fariam com o corpo pesado do dr. Botkin, que escorregava para o chão quando tentavam pegá-lo. O pior veio ao colocarem o corpo de uma das garotas, provavelmente o de Anastasia, na padiola, pois ela de repente gritou e se colocou sentada com as mãos cobrindo o rosto. Ermakov pegou o rifle de Strekotin e começou a tentar matá-la com a baioneta. Porém, ao ver que era impossível perfurar o tórax dela, sacou outra pistola de sua cintura e atirou.

Do lado de fora, o caminhão Fiat esperava no jardim criado entre as duas paliçadas na extremidade norte da casa. Isso significava que os corpos teriam que ser carregados por uma boa distância, atravessando os quartos interconectados do porão, que ficavam na extremidade sul, até o lado de fora e depois para o caminhão. Apesar das tentativas dos guardas de embrulhar os cadáveres em lençóis dos próprios Romanov, ficou um rastro de sangue desde o porão até o jardim enquanto os homens os transportavam em uma maca improvisada com as hastes de um trenó que estava no jardim.

Dali os corpos eram jogados de qualquer jeito na caçamba de madeira do caminhão, que fora coberta com roupas militares que ficavam guardas no depósito. Como o espaço era de 1,80m por 3m, não foi fácil colocar os 11 cadáveres no veículo, mas ao menos alguém tinha colocado uma camada de serragem ali para absorver o sangue.

Durante todo esse tempo, Goloshchekin e outras testemunhas oficiais esperavam ansiosos nos bastidores; os guardas depois falaram de homens do "soviete local" ou da Cheka que estiveram lá, mas não sabiam dizer com exatidão quem eram eles. Beloborodov, como líder do Soviete Regional dos Urais, quase com certeza estava por perto, na casa ou no final da rua, no quartel-general da Cheka no hotel Amerikaskaya. Contudo, havia outras testemunhas essenciais, ligadas ao centro de comando em Moscou: Aleksandr Lisitsyn, da Cheka, designado para providenciar o comunicado imediato das mortes do czar e da czarina para Sverdlov. Este seria publicado na Rússia assim que fosse possível. Goloshchekin, embora fosse, junto com Sverdlov, um dos mentores das execuções, não parece ter tido estômago para presenciar os assassinatos, tendo deixado o porão quando estes tiveram início e se dirigido ao jardim, onde ficou andando de um lado para o outro ao longo do perímetro da paliçada para verificar se alguém podia ouvir o que estava acontecendo. Quando os corpos começaram a ser levados para o caminhão, ele parou e olhou o cadáver do czar. Pensou por um momento e então se virou para Kudrin, que estava encarregado de colocar os corpos no veículo, e disse: "Este é o final da dinastia Romanov, é..." Não, não exatamente; ainda havia muito trabalho pela frente na floresta antes que o czar e sua família afinal pudessem ser obliterados da história. Enquanto isso, o último remanescente da vida da família imperial na casa Ipatiev foi levado para fora por um guarda dependurado numa baioneta — era o corpo do cãozinho Jemmy — e jogado sobre a pilha de cadáveres na caçamba do caminhão. "Cães têm morte de cães", sussurrou Goloschekin enquanto ficava de pé observando tudo.

Nesse momento, Yurovsky estava muito preocupado com o comportamento descontrolado do claramente bêbado e incompetente Ermakov. Mais cedo, por saber que Yurovsky estava com tuberculose, Goloshchekin tinha dito que ele não precisaria ir até a floresta testemunhar o "enterro". Porém

Yurovsky sabia que teria que ir com Ermakov e os outros para ter certeza de que o trabalho seria feito de modo adequado, para que os corpos não caíssem nas mãos das cada vez mais próximas forças brancas. Enquanto Ermakov, Kudrin e Vaganov subiam no caminhão, Yurovsky e Goloshchekin, deixando Nikulin no comando da casa Ipatiev, entraram em um carro para segui-los. É possível que Beloborodov e Voikov os acompanhassem. Outros três guardas seguiam com espingardas na caçamba do caminhão, com os corpos rolando sob os pés deles conforme o velho Fiat descia pela alameda Voznesensky, margeava o lago Iset e depois pegava a estrada Verkh-Isetsk na direção da floresta Koptyaki. Mas o caminhão estava com sua capacidade de carga estourada em mais de meia tonelada; movia-se vagarosamente e o dia já estava quase raiando.

Quando o massacre terminou, as portas que davam para o jardim foram completamente abertas para que o ar entrasse enquanto os homens do esquadrão de Yurovsky tropeçavam para fora engasgados e tossindo. Um por um, os homens da guarda externa que estavam de serviço iam até a cena do crime dar uma olhada, muitos deles reagindo com horror e raiva, outros chorando. Vários dos integrantes da guarda interna que estavam alojados no porão e que ouviram os tiros mas não participaram se recusaram a dormir lá naquela noite e foram acampar na sala de Yurovsky. Até mesmo os homens da Cheka estavam nauseados e chocados com o que tinha acontecido.

Enquanto isso, Medvedev foi para a casa Popov arregimentar alguns guardas para limpar a sujeira. Havia tanto sangue, agora já espesso, pegajoso e aglomerado em poças, que, como disseram depois a Gibbes, tutor do czaréviche, foi necessário "esfregar com vassouras". O ar também estava pesado com o cheiro de pólvora enquanto os homens iam para cima e para baixo com baldes de água fria, lavando e escovando tudo com areia, sendo que primeiro jogaram serragem para ajudar a absorver as poças de sangue e tecidos; sem dúvida algumas balas foram varridas enquanto eles limpavam o chão. Havia também sangue espirrado nas paredes, o que eles tentaram limpar de maneira ineficaz com panos molhados. Nem mesmo uma operação eficiente de limpeza conseguiria evitar pistas, que hoje seriam verificadas com testes de DNA, sobre quem tinha sido morto ali naquele porão. Mas como essa tecnologia ainda não existia, passaram-se 80 anos de especulações e alegações infundadas acerca de supostos sobreviventes.

Demorou duas horas para que o caminhão atravessasse os lentos 14 quilômetros até Koptyaki. O motor era barulhento e suas marchas rangiam a cada mudança. Yurovsky estava com medo de chamar muita atenção, mesmo àquela hora. Para tornar as coisas piores, ele tinha descoberto que o incompetente Ermakov só tinha levado uma pá e nenhuma picareta ou qualquer outra ferramenta para os enterros na floresta. "Talvez alguém tenha trazido algo mais", Ermakov disse com indiferença. Estava evidente que o momento mais importante da história revolucionária russa estava à beira de se tornar uma farsa.

Após cruzar a linha de trem de Perm, o sobrecarregado caminhão mal conseguia subir um aclive antes de finalmente chegar à estrada Koptyaki. A jornada ficou ainda mais lenta quando eles guinaram para uma estreita estrada enlameada que seguia por dentro da floresta. Depois de quase um quilômetro, perto do cruzamento nº 185 da linha que servia à Verkh Isetsk, um grupo de homens em cavalos e carroças com lampiões estava esperando por eles. Eram os batedores de Ermakov, 25 companheiros trabalhadores e sicários bolcheviques do 2º Esquadrão de Ecaterimburgo que iriam ajudar no enterro. Eles todos estiveram bebendo a noite toda e queriam se divertir um pouco com as jovens Romanov, que eles imaginavam que chegariam à floresta ainda com vida. Houve um grande descontentamento quando descobriram que as vítimas já estavam mortas. Um exausto Yurovsky teve muita dificuldade para manter o controle da situação e por fim convenceu os homens a transferir alguns corpos para as carroças. Um dos homens depois disse que conseguiu pôr a mão dentro da saia da czarina e apalpar a genitália dela; agora ele "poderia morrer em paz". Com o grupo montado vindo logo atrás, o Fiat continuou sua jornada.

Cerca de um quilômetro e meio mais para dentro da floresta, não longe da linha de trem Gorno-Uralsk, o caminhão atolou em uma área pantanosa, num lugar em que a mata ficava mais densa; Yurovsky ordenou que os homens colocassem todos os cadáveres na grama molhada para tentar pôr o caminhão em movimento novamente, porém não obteve êxito. Lyukhanov acelerava com tudo e o motor logo superaqueceu e ele foi forçado a ir despertar a guarda da ferrovia em sua cabine no cruzamento 184 para conseguir resfriar o motor. Ela mostrou uma pilha de madeiras velhas e disse para colocarem sob as rodas do caminhão para formar uma espécie de ponte. Deslizando e escorregando em suas tentativas de ganhar terreno sobre a lama, os homens empurraram o caminhão com toda força que puderam e por fim o colocaram em movimento de novo, mas a estrada esburacada ficava ainda mais pantanosa dali em diante por causa das tempestades de verão. Quando Ermakov pediu que Lyukhanov saísse da estrada e pegasse um caminho alternativo cercado por árvores altas, o veículo guinava para os lados sem parar e depois ficou preso entre duas árvores. Eles teriam que desistir do caminhão; todos os corpos deveriam ser colocados nas carroças dos homens de Ermakov para serem levados até o local combinado. O caminhão seria recuperado mais tarde. Yurovsky deixou seus homens guardando o veículo, com instruções de afastar qualquer pessoa que passasse por ali, e pegou emprestados dois cavalos do destacamento de Ermakov para que ele e Ermakov cavalgassem na frente a fim de identificar o lugar exato em que os corpos deveriam ser enterrados. O cérebro de Ermakov ainda estava confuso por causa da bebida enquanto ele tentava se lembrar da localização precisa dos Quatro Irmãos, em algum lugar no meio da floresta densa que os envolvia por todos os lados naquela escuridão. Eles não tiveram sorte e então um outro grupo seguiu pela trilha para tentar achar as minas. Por fim, com todos os corpos já fora do caminhão e colocados nas frágeis carroças, o cortejo funerário demoníaco partiu pela floresta em direção àquele que todos esperavam ser o lugar onde os Romanov descansariam para sempre.

O sol já estava brilhando quando a longa fila de carroças chegou às minas no local conhecido como Quatro Irmãos. Um grupo de testemunhas oficiais da Cheka e do Soviete Regional dos Urais, assim como "um homem não identificado de Moscou com barba preta", como declararam algumas testemunhas mais tarde, chegaram de carro pouco depois. Mas enquanto o cortejo se aproximava da mina, Yurovsky começou a ver um novo problema: um grupo de camponeses locais estavam exatamente no prado para o qual eles se dirigiam, sentados em volta de uma fogueira, tendo passado a noite acampado ali para cortar o mato ao longo da estrada Koptyaki. Como fariam agora para enterrar os corpos em segredo? A farsa tinha se transformado em uma catástrofe. Era dia de feira em Ecaterimburgo e os camponeses do vilarejo Koptyaki iriam até a cidade vender seus peixes, de forma que passariam justamente pelo prado enquanto os homens de Ermakov trabalhavam em sua nefasta tarefa. Yurovsky mandou os camponeses que estavam ali para capinar guardarem suas coisas e eles então voltaram para a vila com uma expressão de terror nos olhos. Ele fez o melhor que pôde para isolar a área, enviando alguns dos homens de Ermakov até Koptyaki para alertar os habitantes a não se aventurarem fora do vilarejo, sob a alegação de que as legiões tchecas estavam muito próximas.

Com o sol já acima das copas das árvores e outro dia quente de julho começando, Yurovsky dividiu com seus famintos companheiros os ovos cozidos que vieram do convento. Aquela seria a única refeição que fariam durante o dia todo. Os homens comeram com voracidade, espalhando as cascas por todos os lados e se esquentando em torno da fogueira deixada pelos camponeses — as noites na floresta siberiana são frias, mesmo no verão. Yurovsky não queria que os gananciosos camaradas de Ermakov do Esquadrão de Ecaterimburgo participassem do que iria acontecer a seguir; eles causariam muita confusão tentando botar suas mãos nos objetos de valor que ainda permaneciam escondidos pelos corpos. Então ele ordenou que voltassem para a cidade. Seus próprios subordinados da casa Ipatiev desceram os corpos das carroças e começaram a despi-los e vasculhá-los. As roupas deles foram amontoadas e queimadas em duas grandes fogueiras que jogavam fumaça no céu azul daquela manhã.

Foi só nesse momento que Yurovsky teve certeza de algo que ele já suspeitava. Havia uma grande quantidade de joias escondida nas roupas íntimas de três das garotas, assim como disfarçada sob os botões e nos fechos; até o czarévich usava roupas de baixo com joias escondidas, e seu chapéu de dois bicos também tinha pedras preciosas costuradas por dentro. (Maria, curiosamente, não tinha joias com ela, então Yurovsky julgou que a família tinha deixado de confiar nela desde que se tornou muito amiga de um dos guardas, isso ainda em maio.) Foi algo extraordinário ver aquela quantidade de diamantes naquela manhã congelante — um de oito quilates já valia uma fortuna — assim como outras pedras preciosas que caíam das roupas destruídas e ensopadas de sangue dos Romanov no chão enlameado. Os homens as apanhavam com suas mãos imundas, puxando-as das roupas e jogando os corpos de qualquer maneira enquanto procuravam freneticamente por qualquer coisa que pudessem encontrar e deixando muitas gemas caírem durante o processo (estas seriam achadas primeiro por camponeses curiosos que vasculhavam o lugar, e mais um resto ainda seria encontrado pelos investigadores). Para o espanto de quase todos, o cadáver da czarina revelou várias fileiras de pérolas grandes, suas joias prediletas, escondidas dentro do cinto em volta de sua cintura, e também um espesso espiral de cordões de ouros enrolados com firmeza na parte superior de seu braço. Cada uma das crianças tinha em volta do pescoço um amuleto que continha a foto de Rasputin e o texto de uma oração que ele lhes ensinara. Era difícil resistir à tentação de se apoderar de um ou outro souvenir, mas os olhos de águia de Yurovsky estavam atentos e ele ia fazendo um inventário das joias enquanto os homens seguiam com o trabalho.

Os cadáveres, muitos deles com feridas medonhas na cabeça e com ossos quebrados e deslocados, estavam desfigurados e horrendos, com seus cabelos emplastrados com sangue coagulado. Era quase impossível associar aqueles corpos esfacelados com as cinco crianças charmosas e vibrantes das propagandas oficiais do czarismo. Nem mesmo as meninas continuavam bonitas, recordou um dos homens depois; "não havia beleza a ser vista naqueles mortos". Então chegou o momento de descer os cadáveres da família imperial e de seus serventes para a mina, um sobre o outro. Ao menos na morte não havia precedência. Foi só nesse momento que Yurovsky descobriu, para seu desespero, que a mina era muito mais rasa — tinha apenas 2,7 metros de profundidade — do que ele supunha e que a quantidade de água no fundo, na qual ele esperava que os corpos submergissem, mal os cobria. O cheiro de carne putrefata estava terrível enquanto eles derramavam ácido sobre o amontoado de corpos no fundo do poço, e depois disso Yurovsky jogou duas granadas de mão lá dentro na esperança de que houvesse um desabamento que soterrasse os cadáveres. Mas não funcionou porque as laterais eram muito bem escoradas com vigas de madeira. Então eles cobriram a abertura do poço com terra fofa e galhos de árvores. Contudo, fragmentos dos corpos foram deixados para trás caídos pelo chão. Alguns foram encontrados mais tarde por investigadores, mas alguns devem ter sido achados por animais da floresta, o que explica a ausência de muitos dos ossos menores.

Estava tudo muito aparente; as suspeitas dos moradores locais logo foram despertadas, e o lugar, com o solo cheio de rastros de carroças e pegadas de botas e de cascos de cavalo, seria achado sem grandes dificuldades. Pior, não havia um plano de contingência. Yurovsky sabia que teria de começar tudo de novo com seus "cadáveres impertinentes"; ele e seus homens precisariam voltar mais tarde, equipados com picaretas, pás, enxadas e cordas para puxar os corpos de volta para fora da mina e levá-los para outro lugar. Após deixar seus próprios comandados vigiando o local e mantendo os homens da Verkh-Isetsk, que continuavam ansiosos para saquear tudo que pudessem, longe dali, Yurovsky retornou para Ecaterimburgo. Entretanto, seus homens estavam exaustos; a maioria deles dormiu um sono encharcado e intermitente sobre a grama alta e úmida naquele dia, enquanto outros foram até o vilarejo conseguir leite.

Naquele mesmo dia na casa Ipatiev, os guardas que lá permaneciam sob a supervisão de Beloborodov e Nikulin ocuparam-se revistando os aposentos dos Romanov e recolhendo todos os objetos pessoais da família — ícones religiosos, diários, cartas, fotografias, joias, roupas, sapatos, roupas de baixo. Os itens mais valiosos eram colocados sobre a mesa do escritório de Yurovsky, enquanto as coisas consideradas irrelevantes e sem valor eram queimadas nos fogareiros. Tudo deveria ser colocado nos próprios caixotes dos Romanov que estavam no anexo e mandados para a estação ferroviária de Ecaterimburgo, de onde seria despachado para Moscou sob escolta de comissários bolcheviques; Lisitsyn, da Cheka, já estava a caminho da capital com os diários e as cartas da família imperial. Enquanto os homens seguiam com o trabalho, as freiras chegaram, como era usual, aos portões da frente da casa com um litro e meio de leite para a família. Elas bateram e ficaram esperando. Ninguém apareceu. Elas perguntaram aos guardas onde estava o comandante. "Vão embora", responderam, "e não tragam mais nada".

Não muito antes disso, Thomas Preston soube dos acontecimentos na casa Ipatiev lá no seu consulado, embora não com todos os terríveis detalhes. Naquela manhã, enquanto os homens ainda estavam na floresta enterrando os Romanov, ele correu para a agência telegráfica da cidade na esquina da Voznesensky com a Glavny para enviar "provavelmente o relatório mais breve e com certeza mais dramático de sua carreira" para o secretário de Relações Exteriores, Arthur Balfour, na Inglaterra. O texto era simples: "O czar Nicolau II foi baleado ontem à noite." Enquanto ele permanecia na agência telegráfica, um homem baixo e atarracado se aproximou dele e arrancou a mensagem da mão dele. Era Filipp Goloshchekin, que começou a reescrever as palavras do texto de Preston com um lápis vermelho: "O carrasco Nicolau II foi baleado hoje — um destino que ele muito merecia." Preston contou depois que ele não teve outra alternativa a não ser deixar a versão de Goloshchekin ser enviada, ainda que seja improvável que a mensagem tenha algum dia chegado a Londres. O agente secreto britânico Bruce Lockhart foi o primeiro a escutar a "informação oficial" da morte do czar naquela noite em Moscou, que lhe foi transmitida pelo comissário do Ministério das Relações Exteriores Soviético, e, acreditava ele, "a primeira pessoa a comunicar a notícia para o mundo".

Na sede do Soviete Regional dos Urais, os membros da diretoria se sentaram por volta do meio-dia para elaborar o primeiro comunicado de suma importância para Moscou sobre a realização bem-sucedida daquela importante tarefa histórica; assim que a capital o aprovou, uma cópia foi repassada ao editor do jornal da cidade, o *Uralskiy Rabochiy*, para ser publicada. Às 14h, um telegrama formal foi enviado a Lenin e Sverdlov, informando-os que, em função da aproximação dos tchecos e da descoberta de uma "grave conspiração da guarda branca" para raptar o czar e sua família (eles tinham os documentos para comprovar a trama — as cartas do suposto oficial, respondidas pela família), "Nicolau Romanov foi baleado na noite de 16 de julho por decreto da diretoria do Soviete Regional". A esposa e os filhos dele, dizia o texto, "foram transferidos para um lugar mais seguro". O telegrama pedia a aprovação da capital para que esta declaração fosse difundida para o público e para a imprensa em Ecaterimburgo, seguindo as instruções de Moscou para que não houvesse qualquer menção ao destino da família. Às 21h, um comunicado não oficial chegou logo após um telegrama cifrado de Beloborodov, endereçado ao secretário do Conselho de Comissários do Povo, Nikolay Gorbunov (os bolcheviques de Ecaterimburgo estavam cientes de que nada relacionado à morte do czar deveria ser comunicado diretamente a Lenin): "Informe Sverdlov que a família inteira teve o mesmo destino de seu líder." "Oficialmente", Ecaterimburgo garantia a Moscou, "a família irá morrer durante a evacuação" para fora da cidade, com suas mortes entrando para as estatísticas como mais seis baixas entre as muitas daquela crescente guerra civil. As mãos de Lenin e Sverdlov estavam limpas. A Revolução também. Era o começo de uma mentira longa e elaborada.

Depois que Yurovsky voltou para Ecaterimburgo com uma bolsa cheia de objetos de valor — só de diamantes eram 8 quilos — encontrados nos corpos lá na clareira dos Quatro Irmãos, sua primeira tarefa foi fazer um relatório para Beloborodov e Goloshchekin em uma reunião de emergência da diretoria do Soviete Regional dos Urais. Tendo deixado de confiar no bêbado Ermakov e em suas afirmações de que conhecia muito bem seu feudo na floresta Koptyaki, Yurovsky havia decidido, junto com Goloshchekin, que os corpos primeiro seriam desfigurados com ácido e queimados o máximo que fosse possível antes de serem enterrados novamente. Chutskaev, integrante do soviete da cidade, disse a Yurovsky que tinha ouvido falar de algumas minas de cobre bastante profundas a cerca de cinco quilômetros depois da velha Moscou-Sibéria Trakt (a estrada que os exilados percorriam), a oeste da cidade, que poderiam ser um local adequado para abrigar os 11 cadáveres. A área era remota e pantanosa, de forma que seria bem difícil descobrir um túmulo ali. Ninguém, entretanto, abordou a logística de como eles conseguiriam reduzir 11 corpos a cinzas; tampouco refletiram que isso era praticamente impossível.

Às oito da noite do dia 17 quando Yurovsky, que estivera fora a cavalo para inspecionar esse novo local com um companheiro de Cheka chamado Pavlushin, que iria ajudá-lo a queimar os corpos, retornou a Ecaterimburgo. Enquanto estava a caminho das minas de cobre, seus cavalos escorregaram e caíram no chão enlameado, e Yurovsky machucou a perna. Foi só uma hora depois que ele conseguiu se pôr sobre o cavalo de novo. Ele relatou sua experiência à Cheka no Hotel Amerikanskaya e depois saiu para ordenar que mais caminhões fossem enviados até Koptyaki e que Petr Voikov providenciasse barris de gasolina e querosene, além de novos frascos de ácido sulfúrico, 15 galões no total, e muita lenha seca. Ele também requisitou que várias carroças da prisão fossem mandadas, conduzidas por homens da Cheka, para ajudar na remoção dos corpos para o novo local. Mas então Pavlushin disse que não poderia ir com ele por também ter machucado a perna ao cair com o cavalo. Impossibilitado de recorrer a um carro oficial para levá-lo, Yurovsky solicitou um cavalo e uma carroça e se mandou para a clareira dos Quatro Irmãos da maneira mais lenta. Era meia-noite e meia do dia 18 de julho.

16

"O mundo nunca saberá o que fizemos com eles"

18 DE JULHO DE 1918, QUINTA-FEIRA

Quando chegou novamente à floresta Koptyaki por volta das quatro da manhã do dia 18, Yurovsky descobriu que um novo destacamento tinha ido até lá na sua frente para oferecer seus serviços revolucionários para a tarefa. Eles eram da indústria Kusvinsky e tinham sido enviados por comissários bolcheviques locais; Yurovsky não gostou nada dos homens e não queria a cooperação deles na operação. Ele então ordenou que alguns vigiassem a estrada e mandou outros até a vila para avisar à população que qualquer um que tentasse penetrar naquela área seria morto.

Nas sombras da floresta, que ainda estava na escuridão, sob a luz de tochas, dez homens amarfanhados, parecendo ladrões de tumbas do século XIX, deram início ao laborioso processo de retirar os corpos do fundo do poço alagado. Goloshchekin e alguns outros homens da Cheka, incluindo Isay Rodzinsky, foram até lá de carro para terem certeza de que dessa vez o trabalho seria benfeito. Vladimir Sunegin, do destacamento da Kusvinsky, foi designado para a horripilante tarefa de descer pelo frio e alagado poço para separar os corpos. Tateando no escuro em meio à água gelada que ia até a sua cintura, ele encontrava dificuldades para desemaranhar os corpos, então Grigory Sukhorukov desceu para ajudar. Eles finalmente conseguiram segurar uma perna que eles descobriram ser de Nicolau, amarraram cordas nela e os homens que estavam do lado de fora puxaram o cadáver. Ali, jogado na grama molhada à frente deles, estava o corpo sem vida e nu do ex-czar de todas as Rússias. Os homens não conseguiam resistir àquela oportunidade única de dar uma olhada no antigo soberano, admitindo que Nicolau tinha uma ótima compleição física, com músculos bem desenvolvidos nos braços, nas costas e nas pernas — além de nádegas firmes, observaram eles.

Um por um, aos poucos os corpos foram revirados e puxados para a superfície por cordas, sendo, depois disso, cobertos por um pano alcatroado. A água da mina tinha lavado o sangue de seus rostos e alguns deles continuavam reconhecíveis. Estavam todos brancos como mármore, deitados sob a luz do amanhecer, mas seus corpos estavam bem destruídos, com feridas *post-mortem* causadas pelos maus-tratos e partes de membros faltando por causa da explosão das granadas jogadas por Yurovsky. O trabalho de retirá-los do poço era demorado e difícil; os homens estavam ficando cansados, aborrecidos e famintos, e Yurovsky já se preocupava com a possibilidade de eles não terem tempo de levar os corpos para uma mina mais profunda. Ele pensou em cavar uma cova ali mesmo, mas quando tentaram fazer isso, descobriram que o solo era muito duro. Nesse momento, um camponês, amigo de Ermakov, chegou ao local. Yurovsky estava farto de Ermakov e seus "malditos amigos", pois tinham causado um problema após o outro. Ele teria que retornar a Ecaterimburgo para mais uma vez fazer uma conferência com a Cheka no Hotel Amerikanskaya.

De volta à cidade, ele fez uma ligação urgente para a garagem militar solicitando um carro para levá-lo de novo até a floresta, mas este se mostrou tão pouco confiável quanto o caminhão Fiat e quebrou no meio do caminho. Yurovsky passou uma hora tentando desesperadamente consertá-lo, porém não houve jeito. Percebendo que era essencial ter mais veículos de apoio, ele, mesmo mancando por causa da queda que havia sofrido, começou a longa caminhada de volta a Ecaterimburgo. Por sorte, encontrou dois homens e os convenceu a usar seus cavalos para rebocar o carro dele até a cidade. Em Ecaterimburgo, solicitou outro carro e um caminhão leve, que ele ordenou que fosse carregado com equipamentos, comida e blocos de concreto, que seriam usados para afundar os corpos na nova mina que iria abrigá-los. Mas, por fim, ele obteve um segundo e mais pesado caminhão que levaria o destacamento de homens da Cheka para ajudar na remoção dos cadáveres.

Eram 22h da noite quando Yurovsky, há três dias sem dormir, partiu mais uma vez para a floresta. Lyukhanov e o caminhão Fiat ainda estavam parados perto do cruzamento 184; o veículo não estava mais atolado na lama, mas Yurovsky não queria arriscar de novo levando-o até a mina, então mandou que o comboio de carroças em que os corpos agora estavam empilhados se encontrasse com o Fiat no cruzamento.

Enquanto caía uma tempestade no dia 19, a procissão de carroças e um quase catatônico Yurovsky, acordado há setenta horas, seguiam vagarosamente sobre o traiçoeiro chão lamacento até o caminhão Fiat, para colocarem mais uma vez os corpos nele, antes de pegarem de novo a estrada para Ecaterimburgo. De vez em quando, os homens precisavam parar e empurrar o caminhão para desatolá-lo. Então, pouco antes de virarem à direita na Moscou-Sibéria Trakt, o Fiat derrapou e mais uma vez atolou em um buraco enlameado, perto do lugar conhecido como Tronco Porosenkov (Prado dos Porcos), pelo qual tinham passado a caminho da floresta. O outro caminhão, que carregava os homens, também ficou preso na lama não muito atrás.

Yurovsky acabou desistindo. Agora eles teriam que enterrar todos os corpos, e rápido, ali mesmo sob a estrada. E teriam que fazer isso antes de o sol raiar e de algum batedor dos tchecos ou dos brancos, que eles sabiam estar na área, os visse. Enquanto jogavam os cadáveres para fora do caminhão, Yurovsky decidiu separar os dois menores (Alexei e Maria) do resto e queimá-los a cerca de 15 metros dali, numa débil tentativa de despistar alguém que pudesse descobrir o túmulo coletivo com apenas nove corpos. As forças dos homens estavam sendo completamente consumidas à medida que resmungavam e lutavam para cavar uma cova de 1,80m por 2,50m para abrigar os corpos já intumescidos. A tumba tinha pouco mais de meio metro de profundidade e já estava cheia de uma água preta que surgia conforme eles cavavam. Mas por fim, às 19h, os Romanov e seus leais empregados receberam seus terríveis últimos serviços funerários, supervisionados pelo homem que havia orquestrado suas mortes. Foram jogados uns em cima dos outros, sendo Trupp, o primeiro, seguido pelo czar, todos eles nessa cova rasa, com seus corpos mergulhados em ácido sulfúrico, que chiava e borbulhava sobre a pele deles, e seus rostos eram espatifados com as soleiras das espingardas para que não fossem reconhecidos. Depois disso, os corpos foram cobertos com cal virgem e uma camada superficial de lama antes que o solo fosse calcado sobre eles e que galhos quebrados fossem espalhados para disfarçar o chão remexido.

A alguns metros dali, os cadáveres torrados de Alexei e Maria sibilavam e fumegavam numa pira funerária improvisada. Mas eles estavam apenas parcialmente queimados, pois Yurovsky não fazia ideia de que são necessárias cinquenta horas para se queimar um cadáver por completo ao ar livre. Os poucos e deploráveis ossos carbonizados de Maria e Alexei que não estavam queimados foram esmagados com as pás e jogados na própria cova deles, e as cinzas que sobraram foram espalhadas a chutes pelos homens em todas as direções, "a fim de apagar todos os vestígios". Por fim, para despistar a localização da cova principal, os homens pegaram a pilha de dormentes podres da ferrovia que eles tinham colocado ali perto quando o caminhão atolou no dia anterior e puseram sobre o local. Depois Lyukhanov passou sobre elas com o caminhão para frente e para trás, de forma que ficasse parecendo que as madeiras já estavam ali fazia muito tempo para reforçar a estrada.

Por volta das seis horas da manhã de 19 de julho, o longo e tortuoso sepultamento dos Romanov e de seus empregados afinal chegou ao fim. Yurovsky estava satisfeito ao deixar a floresta Koptyaki e voltar para Ecaterimburgo. Ele havia feito o melhor em um trabalho terrivelmente difícil. O "carrasco imperial" fora entregue ao esquecimento e ele tinha cumprido seu dever para com a Revolução. Pavel Ermakov mais tarde reivindicaria, em suas memórias lúgubres e autopromocionais, um papel grandioso nas execuções e na remoção dos corpos, afirmando de maneira um tanto não convincente que estes tinham sido destruídos em uma grande pira funerária no meio da floresta. Depois disso, disse Ermakov, ele próprio pegou uma pá e "arremessou as cinzas para o ar. (...) O vento os pegou como poeira e os carregou através das árvores e dos campos".

Se tivesse sido este o poético destino final dos corpos dos Romanov, a profecia de Petr Voikov de que "O mundo nunca saberá o que fizemos com eles" poderia muito bem se concretizar. O Destacamento Especial da casa Ipatiev pode ter deixado os corpos horrivelmente violentados de suas vítimas apodrecendo, da mesma forma que ocorreria com um ladrão — na beira da estrada, sem uma cruz ou uma lápide para marcar o lugar de descanso dele —, mas, sessenta anos depois, a história finalmente começou a ser revelada. Uma cova rasa no Prado dos Porcos não seria o lugar onde os Romanov descansariam para sempre.

De volta a Ecaterimburgo, as notícias viajaram com rapidez. Naquela quinta-feira, trabalhadores da Verkh-Isetsk conversaram com entusiasmo sobre a suposta execução secreta dos Romanov. As línguas daqueles que estiveram na floresta com Ermakov não se aguentavam quietas. Não demorou muito para que os rumores chegassem à cidade. Na Casa de Ópera, situada na Glavny Prospekt, naquela tarde, Goloshchekin convocou uma reunião com os cidadãos de Ecaterimburgo, na qual orgulhosamente anunciou que, por ordem do Soviete Regional dos Urais, "Nicolau, o Sanguinário" tinha sido morto e que sua família fora levada para outro lugar. Os bolcheviques dos montes Urais viviam seu momento de glória. Mas a multidão estava com raiva e completamente incrédula; alguns lamentaram. "Mostre-nos o corpo dele", gritavam.

No entardecer do dia 18 de julho, Lenin estava presidindo uma reunião do Comitê Executivo do Conselho de Comissários do Povo no Kremlin quando Sverdlov interrompeu os procedimentos, sentou-se atrás dele e sussurrou algo em seu ouvido. "O camarada Sverdlov pediu a palavra", Lenin declarou aos colegas. "Ele tem um anúncio a fazer." Sverdlov se levantou e leu o comunicado enviado de Ecaterimburgo na tarde do dia 17 dizendo que Nicolau fora executado. Uma votação foi feita e uma resolução foi passada aprovando a ação do Soviete Regional dos Urais e instruindo Sverdlov a supervisionar a elaboração de um comunicado adequado à imprensa, que foi publicado no dia seguinte na edição moscovita do *Izvestiya*. Entretanto, Lenin não fez nenhum comentário; era tudo uma formalidade e ele logo retomou sua agenda. Pouco depois, Sverdlov entrou em contato com Beloborodov em Ecaterimburgo para informá-lo da resolução feita em Moscou e permitindo que o jornal da cidade publicasse as notícias sobre a execução do czar com o seguinte encerramento: "A esposa e a família de Nicolau Romanov foram enviadas para um lugar seguro", deixando o destino das garotas deliberadamente ambíguo.

De volta à casa Ipatiev, o guarda Anatoly Yakimov, que havia testemunhado os assassinatos na madrugada do dia 17, apresentou-se um tanto relutante para o serviço às 14h do dia 18. Ele estava muito apreensivo por entrar na casa após os horrores da noite anterior. Havia um silêncio terrível no andar superior, com os quartos bagunçados com lembranças fragmentadas de uma família que agora estava destruída: fivelas e fechos, escovas de dentes queimadas, dedais e grampos de cabelo, dominós de porcelana e agulhas de gramofone espalhados por todos os cantos, assim como dúzias de imagens carbonizadas de santos, ícones e uma mistura de Bíblias e livros de orações — A escada para o Paraíso, Letras de uma vida cristã, Sobre a paciência no sofrimento. No meio destes estava aquele que talvez fosse o item mais comovente, um livro com uma capa azul brilhante que ostentava a letra "A" — era a cópia do Método para tocar a balalaica, que Alexei tanto adorava.

O único sinal de vida naquela manhã veio do escritório do comandante. Ali, Yakimov encontrou Pavel Medvedev e mais dois guardas sentados, melancólicos e mal-humorados, de frente para a pilha formada na mesa com os objetos de valor que os Romanov mais amavam, seus ícones mais valiosos, joias e porta-retratos ornamentados, tudo pronto para ser embalado e enviado para Moscou.

Então ele escutou um choramingo queixoso. Do lado de fora, em frente à porta dupla que levava aos aposentos dos Romanov, o cocker spaniel castanho e branco do czaréviche, chamado Joy, a companhia constante do garoto no exílio, olhava em expectativa para a porta, com as orelhas atentas, esperando pacientemente que lhe deixassem entrar.

EPÍLOGO

O perfume dos lírios

Os comissários bolcheviques de Ecaterimburgo não conseguiram esconder o orgulho revolucionário deles por muito tempo após o assassinato da família imperial. No dia 19 de julho, o jornal da cidade anunciou a "Execução de Nicolau, o Assassino Coroado e Sanguinário — baleado sem formalidades burguesas, porém em acordo com nossos novos princípios democráticos". Embora o anúncio visasse apenas a população de Ecaterimburgo, logo se espalhou. O diplomata francês Louis de Robien, que estava no encrave em Vologda, ouviu as notícias da morte do czar no dia 20 de julho por intermédio de uma fonte confiável de Moscou, que acrescentou que o centro bolchevique estava nervoso para "que ninguém soubesse". Os corpos diplomáticos em Vologda iniciaram, na medida do possível, um período de luto pelo czar, assim como os burgueses locais, mas foi só em setembro que Robien soube de alguns dos detalhes, graças a um oficial tcheco que esteve em Ecaterimburgo, porém mesmo assim a história continuava truncada, dizendo que o czar tinha sido morto "por um certo Goloshchekin [sic], um dentista judeu..." Os nomes Beloborodov e Safarov também eram mencionados, mas nada de Yurovsky. As notícias sobre as descobertas iniciais dos investigadores nos Quatro Irmãos, como ouviu Robien, pareciam indicar que a família toda tinha sido assassinada, mas ele sentia que "ainda existia uma ponta de esperança".

O embaixador holandês William J. Oudendyk, que permaneceu em Petrogrado em vez de se refugiar em Vologda, viu o comunicado oficial publicado no *Izvestiya* no dia 19 de julho, reportando o anúncio feito na véspera — o mesmo dia em que os bolcheviques informaram estar nacionalizando todas as propriedades dos Romanov — por Sverdlov sobre a execução do czar para o Conselho de Comissários do Povo. Oudendyk sabia que a reportagem estava repleta de inverdades, mas a notícia já havia sido afixada nos prédios de toda cidade. Quando Oudendyk entrou em um bonde lotado, um garoto que vendia jornais anunciava a morte do czar, porém "nenhum passageiro prestou atenção". Mais tarde, no trem para Oranienbaum, o mesmo silêncio amedrontado prevaleceu: "Era evidente que todo mundo estava muito ocupado com seus próprios pensamentos, e talvez com sua consciência."

A poetisa Mariya Tsvetaeva se lembra de passar pela mesma experiência. Ela também escutou meninos que vendiam jornal gritando "Nicolau Romanov morto!", depois do que ela olhou em volta no bonde em que estava, ao lado de trabalhadores, membros da *intelligentsia* e mães com seus filhos. Alguns compraram o jornal em silêncio, deram uma olhadela na notícia e depois continuaram olhando pelas janelas. Todos estavam muito amedrontados; havia espiões por toda parte. Com os bolcheviques no poder, as pessoas aprenderam a não expressar suas opiniões em público, o que poderia custar suas vidas. Além disso, o assassinato do czar não era diferente de nenhum outro assassinato; naquele momento existia muita brutalidade pelas ruas da Rússia. Mas nas igrejas a história era diferente. Os fiéis silenciosos iam até as igrejas aos milhares para lamentar, acender velas e rezar pelas almas do ex-monarca e de sua família.

Nos Estados Unidos, a notícia da morte do czar chegou no dia 21 de julho pelo *New York Times* e o *Washington Post*, com o *Times* de Londres publicando-a no dia seguinte, sendo que todas as reportagens reproduziam a mentira bolchevique de que a czarina e as crianças tinham sido poupadas e "enviadas para um lugar seguro". A resposta ocidental a este ato histórico foi tão submissa e sem ímpeto quanto a encontrada na própria Rússia; os

EPÍLOGO

jornais estavam preocupados com a cobertura da segunda Batalha do Marne, que havia começado no dia 15. "Ex-Czar Morto por Ordem do Soviete dos Urais", esta manchete brigava por atenção na capa do *New York Times* com a matéria principal, que informava: "Alemães são empurrados para trás, Aliados ganham cinco quilômetros e agora têm 20 mil prisioneiros"; a longa e terrível guerra na Europa finalmente estava chegando ao fim. Quase nenhum jornal ocidental tinha correspondentes na Sibéria e na Rússia para tratar da questão, num tempo em que a obtenção de notícias vinha sendo muito dificultada pela guerra civil, e o rompimento das linhas telegráficas ainda piorou a situação. O *Times*, em seu obituário do dia 22, só conseguiu elogiar a "resistência ferrenha" do czar à opressão alemã durante a guerra, ao mesmo tempo em que observava que ele "não era dotado de muita originalidade ou iniciativa". O *Daily Telegraph* tinha pouco a acrescentar: Nicolau sofria de uma "instabilidade mental e de falta de resolução moral". O *Daily Mail* seguiu a mesma linha: Nicolau era "um pobre pequeno czar" e sua vida e sua morte foram "desprezíveis". Mas foi o semanário ilustrado *Graphic* que se mostrou mais crítico; sob a manchete indiferente "O Czar Morto", observava que Nicolau havia sido vítima de "um destino que ele muitas vezes impôs aos outros por seus motivos" e que a conduta dele durante a guerra deixara claro uma "completa falta de todas as qualidades de um estadista". Agora ele "seguia o mesmo caminho de todas as figuras de cera", para o cadinho da história.

No domingo 21 de julho, a princesa Helena, tia do rei Jorge, e sua família foram almoçar com o rei e a rainha em Windsor e ficaram esperando por uma hora e meia na antessala. Isso não era nada comum; o rei e a rainha costumavam ser muito pontuais. Eles afinal apareceram, pálidos, para cumprimentar Helena e transmitir a notícia de que Nicolau fora assassinado. A rainha escreveu uma pequena nota em seu diário no dia 24 de julho, dizendo que "as notícias foram confirmadas, o pobre Nicky foi executado por aqueles bolcheviques brutos". Foi tudo, disse ela, "demasiado horrível e impiedoso". Naquela tarde ela exprimiu suas condolências por Alexandra para a rainha-mãe e para a princesa Victoria de Hesse — tia e irmã da czarina —

enquanto tomavam chá em Windsor, mas em todas as suas reações escritas ou faladas a realeza britânica permaneceu muito fechada e retesada, o que fez suas respostas parecerem profundamente inarticuladas e contidas.

O assassinato de Nicolau foi um golpe duro para o rei; a sra. Asquith, esposa do líder do Partido Liberal, recordou que o pesar de Jorge era palpável quando ele falava da morte vingativa e desnecessária "do pobre czar". Foi, disse ele, um ato "abominável", mas isso era o máximo que ele conseguia expressar. Sua resposta depois disso foi silenciar, exceto pelo decreto de luto oficial na corte por quatro semanas e pelo comparecimento a uma missa para poucas pessoas em memória dos Romanov, rezada no dia 25 de julho na capela da embaixada russa, na Welbeck Street. Em seu íntimo ele sentia-se culpado. Foi um "erro o assassinato dele", escreveu em seu diário. "Eu adorava Nicky, que era o mais gentil dos homens." Jorge se censurou pelo resto da vida por não ter salvado a família imperial russa, porém isso não o impediu de assegurar que seu governo suprimisse todos os horríveis detalhes da investigação que mais tarde foram repassados para o Ministério das Relações Exteriores quartel-general aliado na Sibéria. Não era só uma questão de poupar a sensibilidade da nação, mas de preservar o seu próprio profundo senso de responsabilidade.

Assim que o governo alemão soube da morte do czar, o embaixador Riezler protestou que o "mundo inteiro condenaria severamente o governo bolchevique". Os soviéticos lhe garantiram que a execução tinha sido necessária para impedir que o czar caísse nas mãos dos tchecos, mas no que dizia respeito à czarina e aos filhos? Sim, eles também conseguiriam encontrar uma desculpa com bases humanitárias. Com os alemães agora ocupando vastas fatias do território russo e ameaçando o precário poder bolchevique, era essencial que os bolcheviques continuassem com a prevaricação. A czarina havia sido levada para Perm, disseram eles a Riezler, mas este não acreditou. Depois circularam rumores de que a família Romanov estava refugiada em um monastério na Sibéria. Enquanto isso, os bolcheviques começaram a sugerir várias negociações fictícias: os Romanov em troca de prisioneiros de guerra russos ou de Leo Jodiches, um líder social-democrata polonês que estava preso em Berlim. Mas como

EPÍLOGO

estavam em novembro, já era tarde demais; o império alemão também havia desmoronado e o kaiser foi obrigado a abdicar e ir para o exílio. Até o dia de sua morte, Guilherme negou ter falhado em não agir prontamente em favor de seus parentes Romanov, e sempre fazia alusão ao fracasso abjeto de seu primo Jorge: "O sangue do infeliz czar não está na *minha* porta; tampouco em *minhas* mãos", insistia ele.

A tarefa de fazer as últimas representações diplomáticas a favor da família Romanov foi deixada para os reis Alfonso e Cristiano, das neutras Espanha e Dinamarca, que não sabiam que todos eles já estavam mortos. Os bolcheviques brincaram de gato e rato com Alfonso, e não cooperariam nem mesmo se o rei também oferecesse refúgio para a imperatriz viúva e as duas irmãs do czar, Olga e Xênia, ainda detidas na Crimeia. Alfonso também fez lobby para que outros quatro grão-duques — Pavel, Nikolay, Georgy e Dmitry — fossem libertados. De acordo com os bolcheviques, eles estavam presos "para a própria segurança deles" na Fortaleza Pedro e Paulo em Petrogrado. (Em 28 de janeiro de 1919 eles foram fuzilados no pátio da prisão.) A última tentativa do rei Alfonso foi recorrer ao Vaticano. Em agosto, o papa Benedito XV apresentou seus próprios apelos em favor da czarina e de seus filhos, apoiados por uma mensagem pessoal da rainha Maria (os detalhes da iniciativa nunca foram completamente divulgados). Após serem alimentados com muita desinformação e mentiras deliberadas, as iniciativas da Espanha e do Vaticano já haviam minguado por volta do final de agosto. Foi então que o diretor do departamento de inteligência militar britânica no norte da Rússia enviou um telegrama para Londres e disse que fontes confiáveis na Sibéria indicavam que a família toda estava morta; essa notícia foi oficialmente transmitida ao Gabinete de Guerra Britânico no dia 1º de setembro.

Nos dias imediatamente após o assassinato da família imperial, Ecaterimburgo cambaleava à beira do precipício. Thomas Preston corria sérios perigos no consulado britânico, pois o Soviete Regional dos Urais estava se tornando cada vez mais hostil com relação à interferência dele em assuntos locais. Com os tchecos prestes a tomar a cidade, ele foi avisado que todos os estrangeiros, incluindo ele e sua família, seriam feitos reféns para ajudar em possíveis negociações. Tendo recebido a dica de que uma multidão estava indo pegá-lo, Preston deixou sua família no consulado e saiu para confrontar a massa. Várias latas de cigarros Virginia pareciam cercar tudo; as pessoas não viam uma coisa daquelas fazia meses. Preston distribuiu centenas delas enquanto falava a respeito da "Grã-Bretanha, da política e da Revolução", até que ouviu berros dizendo que os brancos estavam nos subúrbios da cidade e todos desapareceram.

Ecaterimburgo afinal foi tomada pelos tchecos na noite de 25 para 26 de julho, após uma batalha relativamente curta na principal estação ferroviária da cidade, localizada no topo da Voznesensky Prospekt. Depois de dois dias de lutas esporádicas nas ruas e uma segunda escaramuça no cemitério Mikhailovsky, situado na fronteira sul da cidade, os bolcheviques fugiram. Mas não antes de esvaziar os bancos e o tesouro público de Ecaterimburgo, levando vastas quantidades de mercadorias saqueadas em um grande comboio de caminhões que Thomas Preston podia ouvir passando ruidosamente em frente ao seu consulado até tarde da noite.

À medida que os tchecos e os brancos desfilavam pelas ruas da cidade, eles eram saudados por acenos com bandeiras e flores jogadas pela população exultante, ao som dos sinos das igrejas. Preston estava sentado na varanda de seu consulado, de onde ele berrava o mais alto que podia: "Vida longa à Assembleia Constituinte!" (o slogan dos socialistas revolucionários anticomunistas). Logo depois disso, a bandeira vermelha foi substituída pela branca e verde do novo governo siberiano do almirante Kolchak. A libertação da cidade foi, Preston escreveu posteriormente, "como a abertura de uma porta para o sol entrar em uma imensa caverna na qual ficamos aprisionados por quase nove meses".

Agora, ao menos as pessoas se sentiam seguras para ir até a casa Ipatiev, enquanto as paliçadas eram postas abaixo, para ficar lá olhando e suspirando incrédulas com o que tinha acontecido ali. Oficiais das forças brancas foram até lá inspecionar o quarto do porão onde ocorreram as execuções e examinar as últimas possessões remanescentes dos Romanov, todas carbonizadas e estragadas, deixadas espalhadas nos aposentos da família no andar superior. Em poucos dias foi iniciada uma investigação sob os auspícios do

EPÍLOGO

Estado-Maior geral da Academia Militar de Ecaterimburgo, comandada pelo capitão D. Malinovsky. Mas logo esta investigação seria substituída por outra que também teria vida curta, comandada pelo oficial das forças brancas Aleksandr Namektin. No dia 7 de agosto, uma nova investigação liderada pelos brancos foi estabelecida, sendo comandada por Ivan Sergeev, juiz da Suprema Corte de Ecaterimburgo.

Em outubro de 1918, a casa Ipatiev foi designada o QG do general Gaida, líder tcheco. Em janeiro do ano seguinte, o almirante Kolchak nomeou outro investigador, o general Diterikhs, para dar prosseguimento às investigações do assassinato da família imperial. E foi só em abril que o investigador especial Nikolay Sokolov, da Corte Regional de Omsk, iniciou sua histórica e exaustiva investigação, que duraria cinco anos e acumularia fotografias e testemunhas oculares que dariam origem a oito volumes de evidências. Ela foi publicada em francês pouco após a morte dele em 1924, sob o título *Enquête judiciaire sur l'assassinat de la famille impériale Russe*. Sokolov foi extraoficialmente "assistido" nos primeiros estágios por Robert Wilton, correspondente do *Times* na Rússia desde 1909, que, após um período longe do país, pôde retornar via Sibéria em outubro de 1918 e que, em 1920, escreveu sua própria série de relatos virulentamente antissemita dos assassinatos dos Romanov em seu jornal.

Enquanto isso, a euforia da liberação deu origem a uma orgia de anarquia e retaliação nos Urais, promovida pelos bolcheviques que batiam em retirada e deixavam um rastro de tortura e assassinatos por onde passavam. Por um período curto, Ecaterimburgo, o braço forte dos Urais vermelhos, tornou-se o centro da atividade antibolchevique na Rússia, porém o regime branco de Kolchak se mostrou igualmente repressivo e brutal. Cerca de um ano depois, os bolcheviques retomaram o controle da cidade, enquanto o caos da guerra civil continuava.

O catálogo de assassinatos de Romanov não terminou em Ecaterimburgo. A grande reunião em Moscou no início de julho não tratou somente do destino da família imperial, mas também de seus parentes próximos, como parte de uma destruição sistemática da dinastia. Apenas um dia após as execuções na casa Ipatiev, na noite de 18 para 19 de julho, a quase 50 quilômetros dali, em Alapaevsk, Ella, irmã de Alexandra, Barbara, a freira que lhe fazia companhia, e os cinco grão-duques e príncipes Romanov que estavam detidos tiveram uma morte ainda mais horrível nas mãos da implacável Cheka dos Urais. Naquela noite, homens foram até os prisioneiros no prédio da escola em que eles estavam presos, os levaram de carroça até a floresta que ficava próxima e os forçaram a andar até a boca de uma mina desativada. Ali as vítimas tomaram uma pancada na cabeça com as soleiras das armas e então foram jogadas para dentro do poço alagado. Só o grão-duque Sergey, que havia lutado na superfície e recebido um tiro na cabeça, morreu rápido. A grã-duquesa Ella e seus companheiros tiveram uma morte lenta e agonizante, causadas por uma combinação de ferimentos pela queda, sede e fome. Mas ao menos os corpos deles foram encontrados, ainda que só três meses depois.

O assassinato dos Romanov marcou, em toda Rússia, o início de uma orgia de terror, assassinatos e represálias sangrentas que iria caracterizar a guerra civil russa — uma guerra que custaria 13 milhões de vidas. O sinal para arrochar as medidas repressivas contra as atividades contrarrevolucionárias veio em agosto, primeiro com o assassinato do líder da Cheka de Petrogrado, Moisey Uritsky, e depois com uma tentativa fracassada de matar Lenin no dia 30. A Cheka, que crescia com muita rapidez, agora dava liberdade total para atos de vingança; famílias inteiras de reféns, tais como esposas e filhos de oficiais do Exército Vermelho que foram capturados pelos brancos e aprisionados em protótipos de campos de concentração (criados no outono), eram mortas. A partir desse momento, os filhos começaram a pagar pelos pecados dos pais. Estes atos de retaliação cresceram muito durante a guerra civil e se tornaram endêmicos no decorrer da era Stalin. A execução a sangue-frio das crianças Romanov, junto com a tentativa de promover um extermínio sistemático de toda a dinastia, foi o teste final para a imoralidade da política bolchevique. Alguns estudiosos viram isso como um momento decisivo na história do século XX, um evento que teria estabelecido as bases para atos maiores de genocídio perpetrados mais tarde, durante o Holocausto, na África e na Iugoslávia.

EPÍLOGO

O destino de Mariya Bochkareva, a soldada corajosa que tentava salvar o país sozinha, foi típico. Após retornar à Rússia pelo porto de Arkhangelsk, dominado pelos aliados, em 1918, ela tentou estabelecer outro batalhão feminino mas enfrentou oposição tanto dos aliados como do governo do almirante Kolchak. Este último ainda negou a requisição dela para criar um batalhão médico de mulheres e a enviou para Tomsk, onde ela foi capturada pelos bolcheviques quando eles retomaram a cidade. Jogada na cadeia em Krasnoyarsk, Bochkareva foi interrogada e detida por quatro meses. Depois disso, foi levada pela Cheka e fuzilada em 16 de maio de 1920; em uma das muitas ironias cruéis que caracterizaram a irracionalidade daqueles tempos, ela foi condenada como uma "inimiga da república de camponeses trabalhadores".

Houve ao menos um final feliz: Joy, o cachorro de Alexei, que fugiu da casa Ipatiev aterrorizado enquanto os corpos estavam sendo removidos pelos assassinos e depois voltou para esperar pacientemente por seu dono, mais tarde foi achado na casa do guarda Mikhail Letemin. Um membro da Força de Intervenção Aliada, o coronel Paul Rodzianko, levou Joy para a Missão Militar Britânica, em Omsk, onde a ex-dama de companhia de Alexandra, baronesa Von Buxhoeveden, visitou-o. O cachorro pareceu reconhecê-la, embora já estivesse praticamente cego. Ao final da campanha, Rodzianko levou Joy para casa com ele, na Inglaterra, onde viveu o resto de seus dias junto com os cavalos do coronel, perto do Castelo de Windsor.

Quanto aos homens que estiveram diretamente envolvidos na execução da família imperial, a grande maioria escapou de ser punida por seus crimes nos meses que se seguiram aos assassinatos. No final de 1918, Stepan Vaganov foi vítima da justiça sumária camponesa: ele foi atacado e assassinado, não por ter participado da execução dos Romanov, mas por ter se envolvido em atos brutais de repressão promovidos pela Cheka. Em fevereiro de 1919, Pavel Medvedev foi capturado pelos brancos em Perm. Durante seu interrogatório, negou qualquer participação nos assassinatos para tentar salvar sua pele, mas logo depois contraiu tifo e morreu na prisão. Yakov Sverdlov, o homem que claramente se posicionava como o sucessor de Lenin, permaneceu à frente do maquinário do Partido Comunista até morrer em março de 1919, vítima de uma virose pandêmica. Petr Voikov trabalhou no Comissariado para Negócios Estrangeiros até ser designado embaixador em Varsóvia em 1924, onde foi assassinado por um monarquista russo no dia 7 de julho de 1927, em vingança por sua participação nas mortes dos Romanov.

No final das contas, porém, a Revolução passou a ser consumida por seu próprio apetite: Georgy Safarov, do comitê-executivo do Soviete Regional dos Urais, juntou-se à oposição esquerdista aos bolcheviques na segunda metade dos anos 1920 e perdeu seus postos no governo. Preso como trotskista em 1927, ele foi expulso do partido e depois reintegrado; foi o início do golpe de Stalin contra a velha guarda. Em 1934, Safarov foi detido novamente, e em 1942 foi assassinado. Os anos da Segunda Guerra foram os favoritos de Stalin para eliminar seus oponentes políticos, uma vez que as mortes deles se juntavam às estatísticas das baixas da guerra. Aleksandr Beloborodov teve uma sucessão de cargos políticos até também ser expulso do partido e preso em 1927 por ser considerado trotskista. Libertado em 1930, seguiu o mesmo caminho de seu colega Safarov: arrependimento, reabilitação e nova detenção. Ele foi morto nos porões da famosa prisão moscovita Lyubyanka em 1938. O mesmo destino esperava por Boris Didkovsky, que se tornou um bolchevique de carreira até também ser assassinado no auge dos expurgos stalinistas em 1938.

Por algum tempo, Filipp Goloshchekin seguiu com a onda favorável a Moscou, sendo recompensado por sua lealdade para com o centro de comando no extermínio dos Romanov com um assento no Comitê Central do Partido Comunista em 1924. Também ocupava uma posição-chave nos quartéis-generais da Cheka e nas organizações que a sucederam. Bissexual, ele teve um relacionamento com Nikolay Ezhov, o homem que depois seria chefe da polícia secreta de Stalin, a NKVD, durante o período mais feroz dos expurgos. Mas a vida de Goloshchekin como político terminou em 1941, quando Stalin afinal o apanhou. Ele foi preso em junho e morto em outubro em uma prisão da NKVD em Kuibishev (hoje Samara), e como todas as outras vítimas do terror stalinista, recebeu uma lápide sem nenhuma inscrição. Pelo menos nisso houve alguma justiça.

EPÍLOGO

Petr Ermakov, surpreendentemente, escapou ileso após os assassinatos em Ecaterimburgo, apesar da chegada das forças brancas. Ele lutou em um batalhão do Exército Vermelho nos Urais durante a guerra civil, depois da qual voltou para Ecaterimburgo a fim de trabalhar para a milícia, e mais tarde no sistema de campos de prisioneiros na região dos montes Urais. Ele foi reformado em 1934 por não ser considerado apto a posição que ocupava; sem dúvida o álcool já tinha lhe dominado. Ao contrário dos outros assassinos, não recebeu nenhuma recompensa ou promoção e por causa disso ficou mais amargo e começou a exagerar seu papel não só na execução dos Romanov, mas na própria Revolução. Em 1934, Ermakov participou do ato de desinformação orquestrado pela polícia secreta para enganar o jornalista norte-americano Richard Halliburton, que estava na Rússia para investigar o assassinato da família imperial. Halliburton se revelou um completo ingênuo, deixando se levar pela visão de um Ermakov supostamente em estado terminal enquanto este fazia uma "confissão em seu leito de morte", uma história que foi amplamente disseminada pelo livro *Seven League Boots*, escrito por Halliburton em 1936.

Ermakov teve a sorte de morrer na própria cama — em Ecaterimburgo em 1952. Assim como o homem que comandou as execuções, Yakov Yurovsky. Após deixar Ecaterimburgo três dias depois dos assassinatos, ele relatou a Lenin os eventos ocorridos naquela noite e logo foi recompensado com um cargo na Cheka de Moscou. Ele voltou a Ecaterimburgo em 1919 para liderar a Cheka da cidade após a cidade ser recuperada, mas ele era como um pária quando foi visitado pelo oficial britânico Francis McCullagh em 1920. As pessoas o olhavam e sussurravam enquanto Yurovsky andava pelas ruas; lá ia "o homem que matou o czar", diziam todos. Até mesmo os bolcheviques o evitavam, contaram a McCullagh, de forma que era difícil ver o agora esquelético e nervoso Yurovsky tranquilo com um assassinato coletivo nas costas. Em 1920, Yurovsky retornou a Moscou, onde ocupou vários cargos econômicos e políticos e engordou como um bom e bem alimentado *apparatchik* — já com certa idade, sua aparência não era muito diferente da de Stalin.

Felizmente para ele, Yurovsky, que sempre teve uma saúde ruim, morreu por causa de uma úlcera gástrica no conforto do Hospital do Kremlin em 1938, tendo doado as armas com as quais matou a família imperial para o Museu da Revolução e deixando três relatos diferentes e valiosos dos eventos de julho de 1918. Em sua última carta para seus filhos, ele relembrou sua carreira de revolucionário e como "a tempestade de outubro virou seu lado mais brilhante" para ele. Ele se encontrou com Lenin e o serviu, assim como àqueles que trabalhavam para o líder da nação, considerando-se "o mais feliz dos mortais", um bolchevique leal até o fim.

Em 1964, Grigory Nikulin, já com 70 anos de idade, foi persuadido a participar de uma entrevista de rádio conduzida pelo filho de seu companheiro assassino Mikhail Kudrin. Mas fez isso de má vontade e se recusou a entrar em detalhes. "Não há motivos para saborear isso", resmungou. "Deixe que fique conosco, deixe que parta conosco." Pouco depois dessa ocasião, o único outro sobrevivente, Alexey Kabanov, confirmou que Nikulin disse ao filho de Kudrin que fora o pai dele que havia matado o czar, e não Yurovsky. "O fato de o czar ter morrido com uma bala da arma de seu pai era algo que todo mundo na Cheka dos Urais sabia na época." Se isso é verdade ou não, nunca saberemos. O que realmente aconteceu naquela noite na casa Ipatiev foi, desde o princípio, distorcido por uma rede sistemática de mentiras, confusões, lapsos de memória e desinformações oficiais, alimentada pelo fornecimento de histórias espúrias sobre o destino dos Romanov a repórteres ocidentais ingênuos. Por volta de outubro de 1918, os primeiros jornalistas norte-americanos intrépidos partiram para a cidade, viajando de Vladvostok para lá com as forças de intervenção dos Estados Unidos. Carl Ackerman, do *New York Times*, chegou primeiro e ficou animado por chegar à terra em que poderia descobrir como tinham sido as últimas horas do czar. Precipitado, em dezembro de 1918 ele enviou uma reportagem que foi distribuída por todos os Estados Unidos. Contando a história sinistra da execução do czar por um pelotão de fuzilamento em estado de colapso, o texto era acompanhado por um desenho de uma perturbada czarina e de Alexei aos pés dos assassinos, implorando por misericórdia. A história, relatada pelo "criado pessoal" do czar, um homem chamado "Parfen Dominin", que

EPÍLOGO

supostamente estivera com ele na casa Ipatiev, era praticamente inacreditável. Sugeriu-se que Dominin era o velho Chemodurov, que tinha ficado doente em maio, indo da casa para o hospital local, mas que desde então ficou senil. Para os olhos ávidos de qualquer editor de jornal nova-iorquino, era uma ótima história.

Ackerman, já a centenas de quilômetros dali na Sibéria, não saberia o quão enganado fora, mas o excelente Herman Bernstein foi bastante mais circunspecto. Ele era um correspondente muito mais experiente em terras russas e não se deixava enganar pelas mentiras e a má-fé dos bolcheviques. Ao chegar à Sibéria em outubro de 1918, logo foi para Ecaterimburgo, direto para o gabinete do juiz Sergeev. Naquele momento, Bernstein já tinha ouvido seis diferentes versões do destino de Nicolau II: este havia sido queimado vivo na floresta; morto por uma bomba nos arredores de Ecaterimburgo; fuzilado na casa Ipatiev; assassinado em uma passagem secreta que levava para fora da casa; levado para a Alemanha por oficiais russos; e tinha escapado com sua família, todos disfarçados de pobres refugiados, e estava vivendo escondido nos montes Urais. Bernstein enviou uma grande reportagem para o *Washington Post* e para o *New York Herald* em fevereiro de 1919, porém não conseguiu chegar a conclusões definitivas a respeito da família Romanov, a não ser que o povo de Ecaterimburgo estava amplamente indiferente ao que tinha acontecido ao czar. Como um cocheiro lhe disse, "Quem liga para o czar? Estou em melhor situação do que ele agora, vivo ou morto". Bernstein foi embora frustrado com o mistério que havia tomado conta da história, mas convencido de que, de toda forma, era o fim da monarquia. Quem melhor lhe relatou a situação foi um oficial russo:

> O czar está morto — esteja ele vivo ou não (...) a Rússia é uma terra de acidentes. A Rússia se libertou por acidente. Perdeu sua liberdade por acidente. Pode retomá-la por acidente. Mas de uma coisa estou certo, tenha o czar sido assassinado ou não, os negócios do czar estão mortos na Rússia.

Pode muito bem ter sido assim na Rússia, mas no Ocidente os "negócios do czar" estavam longe de estar terminados. No dia 12 de setembro de 1918, o Daily Express de Londres afirmou ter "informações inquestionáveis" de que a czarina e suas quatro filhas tinham sido assassinadas, um relato confirmado por outras fontes em dezembro. De qualquer maneira, ao longo dos quatro anos seguintes, os soviéticos insistiram em negar que elas estavam mortas, executadas na mesma noite em que Nicolau. Mais tarde, em abril de 1922, o ministro do Exterior soviético, Chicherin, ainda seguiu a versão oficial ao conversar com o *Chicago Tribune*, numa matéria reproduzida pelo *Times* de Londres, e dizer que o governo Lenin não tinha total certeza do que havia acontecido à família do czar, culpando por isso a ocupação da cidade pelos tchecoslovacos, que impediu que as "circunstâncias do caso" fossem imediatamente esclarecidas. Até onde dizia respeito a Chicherin: "O czar foi executado pelo soviete local sem o prévio conhecimento do governo central." Quanto às garotas, ele tinha lido nos jornais de algum lugar "que agora elas estavam nos Estados Unidos".

Enquanto isso, em Berlim em 1920, Anastasia passaria a manter a imprensa e a família Romanov em contato por muitas décadas. Alegações sobre uma sobrevivência miraculosa de Anastasia e a promoção por toda Europa da misteriosa "Anna Anderson" foram um presente para os bolcheviques. Eles ficaram muito felizes pela comunidade de exilados políticos russos estar se matando enquanto se dividia em dois grupos, contra e a favor das reivindicações de Anderson, e disputavam os poucos e patéticos objetos remanescentes achados, ainda que queimados, pela investigação de Sokolov nas minas dos Quatro Irmãos: pequenos fragmentos de ossos, parte de um dedo de mulher, a parte superior da dentadura e os óculos do dr. Botkin, pedaços de espartilhos, insígnias e fivelas de cintos, sapatos, chaves, pérolas, diamantes e algumas balas. À medida que o "caso de Anastasia" ganhava velocidade nas cortes e entre os exilados políticos na Europa e nos Estados Unidos, a procura pelos corpos dos Romanov esfriou. Por volta de 1924, e sobretudo com a morte de Lenin, todas as esperanças com relação a uma investigação adequada desapareceram, enquanto Ecaterimburgo, renomeada para Sverdlovsk, entrava em uma era nova e mais difícil.

Em agosto daquele ano, a dançarina norte-americana Isadora Duncan, já sem muita sorte e decadente, fez uma turnê pelas províncias russas. Vendo-se presa por uma semana em Ecaterimburgo por causa de um compro-

EPÍLOGO

misso, ela fez um apelo emocionado a seu agente para que a tirasse de lá o quanto antes. "Você não faz ideia do que é um pesadelo vivo até ver esta cidade", escreveu ela. "Talvez a execução de uma *certa* família em um porão tenha jogado uma espécie de melancolia típica de Edgar Allan Poe sobre a cidade — ou talvez tenha sido sempre assim. Os depressivos sinos da igreja soam de hora em hora e inspiram medo." Mesmo após seis anos, o assassinato dos Romanov ainda assombrava a cidade — "Uma psicose parece permear a atmosfera", escreveu Duncan. Sob o domínio dos sovietes, Sverdlovsk se tornou um local sujo, de indústrias pesadas, fábricas de munições e desenvolvimento de tecnologias científicas, uma cidade com ferro na alma, dominada pela vasta planta de máquinas da Uralmash. Pela maior parte dos setenta anos seguintes, Sverdlovsk permaneceu uma cidade fechada, e sua breve reivindicação por fama veio em 1962, quando Gary Powers, piloto norte-americano de um U-2, foi derrubado lá durante uma missão de espionagem. Na era pós-imperial, o estatuário czarista da cidade foi substituído por monumentos de heróis bolcheviques. A magnífica Catedral Ekaterininsky, construída no século XVIII, foi destruída em 1930. Edificações públicas imponentes foram levantadas no lugar — entre elas, a que hoje abriga os escritórios da Duma de Ecaterimburgo. Muitas das mansões neoclássicas da cidade caíram no abandono e várias de suas casas de madeira foram demolidas para dar lugar aos soturnos blocos de edifícios soviéticos.

A casa Ipatiev, após ser retomada pelos bolcheviques em 1919, foi utilizada para os mais variados fins pelos oficiais do Exército Vermelho, com um anúncio acima da porta proclamando o triunfo das luzes soviéticas sobre a sombria hegemonia dos czares. Em 1927, foi transformada no Museu da Revolução, e depois, no início dos anos 1930, tornou-se uma escola de agricultura. Em 1938, foi considerada apropriada para abrigar o Museu Antirreligioso, onde os *apparatchiks* chegavam em diligências, posando para fotografias em frente à parede rajada de balas no porão em que os Romanov foram baleados e apunhalados até a morte. E então, de uma hora para outra, em 1938, Stalin resolveu controlar todas as discussões sobre o assassinato da família imperial. Em 1946, os arquivos do Partido Comunista em Sverdlovsk foram para a casa e por fim, em 1974, o imóvel foi tombado como um monumento histórico revolucionário.

A partir de então, histórias chegavam a Moscou relatando os números cada vez maiores de peregrinos que chegavam à casa Ipatiev para prestar homenagens aos Romanov. Em 1975, com a aproximação do aniversário de sessenta anos da morte da família imperial, o politburo de Leonid Bréjnev decidiu agir. Uma sessão fechada concordou que a casa Ipatiev não tinha "significância histórica suficiente" e ordenou sua destruição. Uma diretiva secreta foi transmitida ao líder local do partido, Boris Iéltsin. Por fim, em setembro de 1977, a casa foi demolida e seu terreno asfaltado. Em suas memórias, publicadas em 1990, Iéltsin admitiu que "cedo ou tarde teremos vergonha desse pequeno ato de barbarismo". Ainda assim, os romeiros continuavam indo até lá, embora de maneira sub-reptícia, para conduzir suas homenagens nesse local fúnebre e árido.

Em 1979, a floresta Koptyaki afinal começou a ter seus segredos revelados. Em maio, Aleksandr Avdonin, um detetive amador de Ecaterimburgo, após anos reunindo provas e estudando evidências, localizou a cova sob os dormentes podres com a ajuda do cineasta Geli Ryabov. Juntos eles fizeram, em segredo, um levantamento topográfico da floresta Koptyaki a fim de estabelecer exatamente onde o túmulo estava; uma escavação secreta foi realizada em 31 de maio daquele ano, quando eles descobriram três crânios e vários ossos, os quais retiraram aleatoriamente do solo sem fazer nenhum tipo de documentação ou registro arqueológico. Após fazerem moldes de gessos, eles reenterraram os crânios, mas precisaram manter a história em segredo por mais dez anos, até que o presidente Mikhail Gorbachev iniciou a era da *perestroika* e Ryabov contou sua história ao *Moscow News*. Os restos mortais dos Romanov e de seus serventes foram desenterrados em uma precipitada "exumação oficial" que depois entulhou o local e destruiu evidências preciosas. Então começou o longo e tortuoso processo de identificação, numa época em que os testes de DNA ainda estavam nos primórdios, enquanto cientistas na Grã-Bretanha e nos Estados Unidos começavam a discutir e o "grupo de Anastasia" continuava falando de fugas miraculosas.

Com o colapso do comunismo em 1991, uma simples cruz de madeira foi erigida para marcar o local em que ficava a casa Ipatiev até que se conseguisse levantar fundos para se construir uma grande catedral ali. Em 2003,

EPÍLOGO

na época em que a Igreja pelo Sangue foi oficialmente inaugurada, os Romanov foram canonizados pela Igreja Ortodoxa Russa e um monastério em homenagem à família foi fundado nos Quatro Irmãos, local hoje conhecido como Ganina Yama. Em 17 de julho de 1998, no aniversário de oitenta anos dos assassinatos, os descendentes restantes e espalhados da dinastia se reuniram em São Petersburgo para a solenidade do reenterro dos restos de nove das 11 pessoas mortas na casa Ipatiev. Os corpos de Alexei e Maria não tinham sido encontrados, e ainda havia a controvérsia em torno dos restos mortais identificados como sendo de Anastasia, pois alguns diziam que na verdade eram de Maria.

Isso levou um outro grupo local de entusiastas — membros do Clube Histórico Militar de Ecaterimburgo — a afinal conseguir, em 2007, o que investigadores anteriores e hordas de escavadores amadores não foram capazes ao longo de noventa anos: localizar os restos perdidos de Alexei e Maria. O grupo baseou sua busca em um estudo das declarações de Yurovsky sobre a localização das covas finais, feito sob a supervisão do Instituto de História e Arqueologia de Ecaterimburgo. Em 29 de julho, alguns nacos de ossos, unhas, balas e fragmentos de vasos de cerâmica (os jarros que continham o ácido sulfúrico) foram encontrados em dois pequenos locais de fogueiras não muito distantes da cova principal na estrada Koptyaki.

Hoje Ecaterimburgo está se tornando refém dos grandes negócios, à medida que mergulha de cabeça na economia de mercado. Cada vez mais edifícios históricos estão sendo demolidos para dar lugar a prédios comerciais e blocos de apartamentos. Lojas de presentes, lanchonetes fast-food e roupas de grifes ocidentais encontram-se disponíveis em shoppings como o Vainer Street, onde os ouvidos são atacados pela estridente e irritante música disco. Ali os homens de negócios estrangeiros podem conseguir uma excelente refeição completa por apenas 350 rublos (cerca de sete libras). O hotel Amerikanskaya continua lá; empoeirado, deteriorado e desolado. E não é mais um hotel. Viajantes ocidentais que buscam conforto se dirigem ao recém-construído Park Inn, na Malysheva.

Em Ganina Yama, onde Yurovsky supervisionou o apressado depósito dos corpos no poço da mina naquela primeira noite, o ar é pesado em julho, com o cheiro magnífico dos lírios. No dia 17, data de aniversário do assassinato dos Romanov na casa Ipatiev, o local fica coberto com as grandes fileiras dessas compridas flores brancas que oscilam graciosamente com o vaivém do ar úmido. Segundo a iconografia tradicional russa do luto, os lírios foram plantados ali para simbolizar a restauração da inocência da alma na morte. Este lugar até então ermo abriga o Monastério dos Sagrados Portadores da Paixão Czarista. O atual túmulo — a poucos quilômetros dali, na clareira onde Ryabov e Avdonin encontraram os restos mortais em 1979 — era, até pouco tempo atrás, marcado apenas por uma simples cruz de madeira e algumas flores de plástico. Uns 60 metros mais adiante, ficam as duas pequenas covas em que os últimos restos queimados de Maria e Alexei foram encontrados.

Em frente à barreira de lírios em Ganina Yama — um lugar quieto e etéreo onde os peregrinos pisam suavemente — é possível se ter um sentimento esmagador da dinâmica emocional que, para os fiéis, agora se estabeleceu como uma tragédia nacional que envolve tudo que a Rússia perdeu. Em outra parte do terreno, há algo de estranhamente irreal na arquitetura de conto de fadas das sete igrejas pitorescas construídas em estilo russo, feitas de madeira de pinheiro e sem um único prego. Com seus arcos e curvas caprichosos, seus telhados verdes de malaquita e as delicadas cúpulas douradas, cada igreja é o santuário pessoal de um membro da família imperial. Contudo, a beleza delas parece de alguma forma idealizada, com tudo muito novo e muito perfeito, criando o aspecto geral de um parque temático à la Disney.

A política por trás da criação de tudo isso — a celebração oficial dos Romanov pela Igreja Ortodoxa Russa — é complexa. A construção também está em conflito direto com a discordância interna da Igreja quanto à autenticidade das ossadas achadas na floresta, pois questiona-se até hoje se elas são de fato da família Romanov. Por este motivo, quando elas foram sepultadas em São Petersburgo em 1998, o bispo que conduzia a missa se referiu a elas como sendo de "vítimas cristãs da Revolução", e não da família imperial. Com a descoberta dos restos mortais de Maria e Alexei (ainda na pendência dos exames de DNA na época em que escrevia este livro), essa omissão

EPÍLOGO

talvez seja retificada. Seja como for, a Igreja Ortodoxa Russa hoje tem total controle sobre a crescente indústria turística em Ganina Yama, com seu fluxo de romeiros, suas lojas repletas de ícones religiosos brilhantes e seus guias turísticos oficiais, assim como faz em outros locais de peregrinação, como a Igreja pelo Sangue em Ecaterimburgo. No verão de 2007, a Conferência de Turismo da Rússia apresentou planos para a criação da "Rota Turística Real dos Romanov", estendendo-se pelas cidades de Tobolsk, Tyumen, Ecaterimburgo, São Petersburgo e Kazan. A comercialização inevitável da família imperial como uma atração valiosa da crescente economia de mercado Russa está a todo vapor. Com isso, a possibilidade de defender a verdadeira história do assalto da imprecisão, do sentimentalismo e da hagiografia diminui com rapidez. Enquanto os souvenires dos Romanov proliferam, o interesse irrefreável e cada vez maior na lenda dos Romanov, tanto na Rússia como no Ocidente, também se torna mais sentimental. O crescimento da indústria turística em torno dos Romanov fez muito pouco para esclarecer os eventos de julho de 1918. Na verdade, apenas acrescentou novas camadas de obscuridade.

É só nas sombras da ainda rudimentar abertura no solo, onde o perfume dos lírios embota os demais sentidos, que algo intangível no pesado ar de verão traz consigo um momento de epifania. Ao respirar esse aroma doentio, é possível sentir uma tragédia romântica duradoura que transcende — talvez até desafie — toda lógica dos argumentos políticos e históricos. Há um silêncio lúgubre, quebrado apenas pelas ocasionais falas suaves das orações dos fiéis, que permanecem de pé olhando, às vezes até chorando. Com os raios do sol sendo filtrados pelas bétulas e emprestando um dourado à paisagem, os lírios ficam de pé como dezenas de lápides e memoriais brancos dedicados a vidas inocentes que foram abreviadas.

Em 1998, o escritor de livros de viagem Colin Thubron observou, em uma visita a uma Ecaterimburgo bem menos comercial, que a história toda dos Romanov estava envolta em uma "névoa de santidade". Essa névoa agora se tornou uma neblina cerrada. Conforme o tempo passa, é a imagem comercial sanitizada dos Romanov como santos e "portadores da paixão sagrada" que cada vez mais predomina, não importando o que argumentam os historiadores ou aquilo que os arquivos nos apresentam. Ganina Yama é um lugar obrigatório na peregrinação de qualquer fiel do país, o ponto máximo para os turistas que visitam a cidade que os websites russos de turismo chamam de "O Gólgota Romanov". A lenda simplesmente se tornou irresistível; é muito poderosa e muito emotiva, perpetuando-se para sempre nos corações e nas mentes dos muitos milhares de fiéis sinceros que vão até lá. Na verdade, a quantidade de visitantes está aumentando com tanta rapidez que logo a infraestrutura básica de Ganina Yama e as instalações da Igreja pelo Sangue não conseguirão suportar, inundadas por um influxo de romeiros e daqueles que procuram por Deus — os necessitados, os esperançosos e os desesperados —, que agora veem a reverência pela martirizada família imperial como uma forma de compensar o passado, os 73 anos de comunismo e a perda da identidade nacional e espiritual da Rússia. Para eles, é uma forma de alimentar esperanças em uma restauração da fé e assim promover uma vida melhor.

Ao tentar, como uma pessoa inevitavelmente faz ao contemplar os lírios em Ganina Yama, imaginar os reais eventos daquela noite violenta e caótica de julho de 1918, são as imagens românticas e evocativas da família imperial que inevitavelmente vêm à cabeça. Não importa o quanto alguém tente resistir, elas se agarram à nossa mente... um menino em trajes de marinheiro, meninas em vestidos brancos, crianças imaculadas sendo assassinadas, uma família devotada destruída... todos jovens e inocentes para sempre, como eles desejavam com fervor em sua orações, "Em descanso com os santos".

Nota sobre as fontes

Este livro é uma síntese e uma reprodução de um grande número de fontes russas e inglesas, além de uma busca por notícias publicadas em Ecaterimburgo (e Sverdlovsk, como era chamada nos tempos da União Soviética) e por isso difíceis de serem encontradas no Ocidente. Não é uma história política, tampouco visa avaliar o reinado de Nicolau II ou seus vícios e suas virtudes como monarca. Procura contar a história da família Romanov durante aqueles últimos 14 dias de vida. Devido à predominância de materiais oriundos de fontes russas difíceis de serem localizadas, e também em razão da natureza do ato de narrar histórias, decidi escrever o livro sem a intrusão de notas de rodapé. A prioridade foi criar uma narrativa histórica forte, que não entrasse em digressões acadêmicas nem fosse interrompida por debates a respeito de questões contenciosas. Existem, é claro, muitos pontos controversos em torno do assassinato dos Romanov. Em última instância, este livro é, tanto quanto qualquer outro sobre um tema histórico, subjetivo, baseado em minha própria avaliação do material com que me deparei. O tempo todo eu me mantive ao lado da verdade histórica para substanciar os fatos encontrados em um acervo tão contraditório, mas houve, inevitavelmente, momentos em que tive que seguir meu instinto de historiadora e chegar a minhas próprias conclusões.

Existem muitos documentos, escritos e visuais, sobre a família Romanov, porém é necessário lidar com os registros escritos de maneira cautelosa. Muitas memórias dos membros da corte são pouco mais que hagiografias baseadas em visões extremamente pessoais e subjetivas da família; de modo similar, desde a canonização dos Romanov, uma explosão de literatura sentimental — tanto na Rússia como na agora enorme comunidade de exilados russos ortodoxos — tem buscado desvencilhar a família do contexto em que viveu e dos tempos violentos da dinastia, apresentando-os como santos que estão acima de quaisquer críticas. E enquanto grande parte da atual literatura revisionista acerca da carreira política de Nicolau II se concentra em recriminar o tratamento que ele dispensava aos judeus e o antissemitismo czarista no qual ele foi educado, há, contudo, um grande esforço antissemita em muitos livros a respeito do assassinato dos Romanov, isso desde os anos 1920 (sobretudo naqueles dos primeiros investigadores: Melgunov, Diterikhs, Wilton e Sokolov). Alguns destes buscam, de uma maneira muitas vezes repugnante, enfatizar o judaísmo de muitos dos líderes bolcheviques na época (não só daqueles envolvidos nos assassinatos), usando isso para colocar todas as desgraças da Rússia, da Revolução à execução da família imperial em Ecaterimburgo, a conta de um suposto plano secreto judeu. O fato é que, com a tradicional estima pelo conhecimento e pelo aprendizado propagada na fé judaica, a educação sempre foi uma prioridade; daí os grandes números de russos judeus atraídos naturalmente para a elite do movimento revolucionário russo.

Tentar achar um caminho através dos dois grupos opostos de fontes relacionadas à história dos Romanov é como andar em um campo minado: o dos pró-czarismo e antissemitas e o dos antibolcheviques. Isso fez com que eu tentasse me manter o mais perto possível das fontes escritas mais próximas à época dos eventos e registradas por pessoas que estavam na Rússia. Isso envolve particularmente os primeiros relatos de Lenin e de outros líderes soviéticos antes de eles serem contaminados pelo culto de personalidade stalinista pós 1924 que criou uma hagiografia leninista que permanece praticamente intacta até hoje. Foi essa a linha adotada pelo professor Ivan Plotnikov, que me estimulou, ao encontrá-lo em julho de 2007, a me concentrar nos relatos mais antigos que eu encontrasse, sobretudo os de Yakov Yurovsky, permanecendo o mais perto que pudesse deles.

No começo deste projeto, tomei a decisão de não gastar meu precioso tempo de pesquisa, ainda mais por causa do orçamento restrito que tinha à minha disposição, com os extensos arquivos russos sobre o tema; estes já foram muito bem vasculhados por vários outros estudiosos, de forma que seus dados estão amplamente disponíveis. Praticamente todo material seminal relacionado ao regime na casa Ipatiev, aos membros do esquadrão de execução e às testemunhas oculares dos assassinatos e dos enterros na floresta foi republicado em uma variedade de compilações russas — em fontes como Alekseev (1993), Aksyuchits (1998), Buranov e Khrustalev (1995), Ross (1987), uma valiosa compilação de testemunhos raros, Nikulin e Belokurov (1999), Lykova (2007), assim como os diários do czar no período (Zakharov, 2007). Em inglês, King e Wilson (2003) fizeram grande parte do trabalho pesado, como também Steinberg e Khrustalev (1995), ao tornarem fontes primárias disponíveis. Contudo, decidi abordar a história de maneira lateral, explorando relatos inéditos de testemunhas oculares da situação na Sibéria em 1918 e particularmente em Ecaterimburgo, escritos por observadores britânicos e norte-americanos que estavam lá na época dos acontecimentos ou que chegaram pouco depois — diplomatas, jornalistas independentes ou oficiais das forças de intervenção aliadas (veja a lista de Fontes de Arquivo). Os relatos do cônsul britânico em Ecaterimburgo Thomas Preston (ele não herdou o título de baronete de Beeston St. Lawrence, tornando-se sir Thomas apenas após os eventos narrados neste livro) foram, pude perceber, seriamente subestimados e ignorados. Suas memórias datilografadas, que estão no Leeds Russian Archive, contêm muitos detalhes preciosos não incluídos na versão publicada, *Before the Curtain*, assim como seus muitos memorandos e relatórios oficiais, guardados no Public Record Office, em Kew, e o artigo que ele escreveu para o *Daily Telegraph* em 1968, na ocasião do 50° aniversário dos assassinatos. Outros materiais também se revelaram muito interessantes: a carta de Belusov nos arquivos do British and Foreign Bible Society, em Cambridge, chegou até mim depois que descobri que Ecaterimburgo havia sido o lar dos armazéns da literatura religiosa disseminada pela Sociedade na Sibéria desde então. O arquivo do grande russianista e historiador sir Bernard Pares, que esteve na Sibéria após a execução dos Romanov, também forneceu algumas informações valiosas. De maneira similar, uma pesquisa na um tanto subestimada coleção Tyrkova-Williams de panfletos revolucionários e da guerra civil publicados na Rússia — muitos deles tão extraordinariamente raros que as cópias sobreviventes só existem nessa coleção — revelou um relato fascinante de Debogory-Mokrievich sobre os bolcheviques em Perm e Ecaterimburgo em 1917-18. O maior destaque, entretanto, vai para o hoje esquecido Herman Bernstein — um judeu nascido na Rússia que trabalhou como correspondente norte-americano em sua terra natal para o *New York Herald* e o *Washington Post*. Fui para Nova York fazer uma pesquisa completamente especulativa no arquivo dele e não me arrependi. Seu acervo é simplesmente um tesouro — cartas, fotografias, artigos e recortes de jornal que mapeiam a relação de amor e ódio de Bernstein com a Rússia durante suas inúmeras viagens pelo país, incluindo registros de seus contatos com muitos cidadãos russos importantes e seus diversos relatos da visita que fez a Ecaterimburgo e de suas entrevistas com o juiz Sergeev e outras testemunhas oculares. O arquivo mapeia a jornada pessoal de Bernstein, indo de violentamente anticzarista, quando era um dos principais críticos dos pogroms contra judeus na Rússia, passando pelas boas-vindas à Revolução como uma grande Nova Ideia, até a amarga desilusão e a raiva com as violações bolcheviques dos direitos civis e humanos durante a guerra civil. O arquivo inestimável de Bernstein, embora seja um pouco casual em sua organização e muitas vezes bastante malconservado (recortes de jornal que se despedaçam, com frequência sem datas ou identificações), merece um reconhecimento bem maior e novos estudos.

No Ocidente, foi *Nicholas and Alexandra*, de Robert K. Massie, publicado pela primeira vez em 1967, que colocou a indústria Romanov numa rota em que às vezes a história da família é tão romantizada que chega a perder de vista as personalidades reais e bastante imperfeitas de Nicolau e Alexandra. Preciso, por esse motivo, elogiar o excelente *The Fate of the Romanovs*, de Greg King e Penny Wilson, que é absolutamente atento aos detalhes e inestimável em sua obtenção de declarações de testemunhas oculares nos arquivos russos. Embora tenha chegado a minhas próprias e muitas vezes diferentes conclusões, *The Fate of the Romanovs* é uma fonte indispensável, que recomendo a qualquer leitor que deseje ir mais a fundo no tema — sobretudo no que diz respeito à investigação de Sokolov, ao descobrimento da cova na floresta Koptyaki e à questão controversa da identificação dos restos mortais. É um grande desapontamento que a revista *Atlantis: In the*

NOTA SOBRE AS FONTES

Court of Memory, de King e Wilson, agora esteja extinta e não se encontre disponível em nenhuma biblioteca britânica.

Por fim, tenho que mencionar o professor Ivan Plotnikov, de Ecaterimburgo, cujo trabalho, até onde posso verificar, tem sido completamente despercebido no Ocidente, sem dúvida em razão de estar todo em russo e por ter sido publicado apenas em Ecaterimburgo e ser extremamente difícil de ser encontrado. O professor Plotnikov é um expert na história dos Urais, em particular dos tempos da guerra civil, e em *Gibel' Tsarskoy Semi* (2003) ele sumarizou sua pesquisa exaustiva em arquivos obscuros de províncias russas que nenhum ocidental teria a chance de conhecer. Como escrevi, o professor está trabalhando em uma ambiciosa narrativa em quatro volumes do assassinato dos Romanov, que obviamente lançará mão de seu extenso arquivo reunido ao longo de sua vida. Eu sinceramente espero que sua frágil saúde não o impeça de finalizar essa obra. Enquanto isso, o trabalho recente de Lyudmila Anatol'evna Lykova preenche lacunas importantes dos fragmentados arquivos e também deve ser recomendado a qualquer pessoa que saiba russo e queira ler mais sobre o assunto.

Meu interesse pelos Romanov, é claro, não termina por aqui; continuarei monitorando com grande interesse novos materiais que venham a ser disponibilizados, na esperança de talvez voltar a esta história ou a algum aspecto dela no futuro. Ficarei muito feliz em responder a questões de leitores que desejem saber mais sobre qualquer referência específica consultada durante a escrita deste livro. Também gostaria muito de ouvir de leitores quaisquer informações novas ou interessantes que tenham. Para tanto, por favor, entrem em contato comigo pelo site www.helenrappaport.com ou escrevam para minha editora:

Hutchinson
The Random House Group
20 Vauxhall Bridge Road
Londres SW1V 2SA

Bibliografia

Fontes de arquivo

Herman Bernstein, "The Murder of the Romanoffs" (Ecaterimburgo, novembro de 1918), TS RG 713/3335A (uma versão completa de seus artigos para jornais), documentos de Herman Bernstein, Yivo Institute, Centro de Estudos Judaicos, Nova York.

Documentos de Margaret Bibikova, Leeds Russian Archive, RUS 03.

Carta enviada pelo sr. Bjelousoff (K. Belusov) de Ecaterimburgo, 11 de janeiro de 1919, em Papers of the British and Foreign Bible Society, Universidade de Cambridge.

Sir Charles Eliot, "Fate of the Russian Imperial Family", relatório em FO 371/3977, Public Record Office, Kew.

Documentos de Lloyd George, Parliamentary Archives, Londres.

Documentos de Charles Sydney Gibbes, Bodleian Library, Oxford.

Stephen Locker Lampson, "Nothing to Offer but Blood", biografia de Oliver Locker-Lampson, no Leeds Russian Archive, RUS 30.

Sir Bernard Pares, "Siberian Diary, January-October, 1919", documentos de sir Bernard Pares, School of Slavonic and East European Studies, Londres, PAR/6/9/2.

—— Report on Bolshevik Atrocities in Siberia, PAR/6/9/4.

—— Report of Frances McCullagh, PAR 6/15/1.

Tenente Patterson RNA, "Armoured Car Brigade in Russia 1916-17", TS memórias, RUS 30.

Documentos de sir Thomas Preston, Leeds Russian Archive, RUS 37.

Sir Thomas Preston, correspondência diplomática a partir de Ecaterimburgo e relatórios sobre a Sibéria, em FO 538/1, PRO Kew.

Sir Thomas Preston, "Witness Statements in English, French and Russian sworn before HM Consul at Ekaterinburg giving details of Pillage and Murders committed by Bolsheviks", FO 538/1, PRO Kew.

Paul J. Rainey, "General Observations on the Situation in Russia", setembro de 1918, documentos de Paul James Rainey, Wichita State University, Kansas, MS 88-07.
Coronel Paul Rodzianko, "Account of the Murdering of the Tsar and His Family by the Bolsheviks at Ekaterinburg", em FO 371/3977, PRO Kew.
Coleção fotográfica de Herbert Galloway Stewart, Bradford Media Museum.
Coleção Tyrkova-Williams, British Library.
Documentos de Robert Wilton, documentos de Geoffrey Dawson, *Times* Newspapers Limited Archive, News International Limited.

Jornais 1917-18

Chicago Daily News
Chicago Tribune
New York Herald
New York Times
The Times
Washington Post

Fontes primárias

Aksyuchits, Viktor. *Pokayanie: Materiali pravitel'stvennoi kommissii po izucheniyu voprosov, svyazanykh s issledovaniem i perezakhoroneniem ostankov rossiiskoy Imperatora Nikolaya II i chlenov ego sem'i*, Moscou: "Vybor", 1998.
Alekseev, Venyamin. *The Last Act of a Tragedy: New documents about the Execution of the Last Russian Emperor Nicholas II*, Ecaterimburgo: Urals Branch of Russian Academy of Sciences Publishers, 1996.
——*Gibel' tsarskoy sem'i: mify i real'nost', novye dokumenty o tragedii na Urale*, Ecaterimburgo: Bank Kul'turnoi Informatsii, 1993.
Alexander, grão-duque. *Once a Grand Duke*, Nova York: Cosmopolitan Book Corp., 1932.
Alexandrov, Victor. *The End of the Romanovs*, Londres: Hutchinson, 1966.
Alferev, E.E. *Pis'ma tsarskoy sem'i iz zatocheniya*, Jordanville, NY: Holy Trinity Monastery, 1974.
Anichkov, Vladmir P. *Ekaterinburg-Vladivostok (1917-1922)*, Moscou: Russkii Put', 1998.
Avdeev, A. "Nikolay Romanov v Tobolske i Ekaterinburg", *Krasnaya Nov'*, 1928, nº 5, p.185-209.

—— "His Jailer Tells of the Czar's Last Days", *New York Times*, 15 de julho de 1928, p.4.

Benckendorff, conde Paul. *Last Days at Tsarkoe Selo*, Londres: Heinemann, 1927.

Bernstein, Herman. "6 Versions of Czar's Fate", *Washington Post*, 16 de fevereiro de 1919.

Besedovsky, Grigory. *Revelations of a Soviet Diplomat*, Londres: Williams & Norgate, 1931.

Biryukov, Evgenii. *Ipat'evskii Dom*, Ecaterimburgo: Izd. SV-96, 2003.

Bokhanov, Alexander et al. *The Romanovs: Love, Power and Tragedy*, Itália: Leppi Publications, 1993.

Bonetskaya, N.K. *Tsarkie deti*, Moscou: Izdatel'stvo Sretenskogo Monastyrya, 2004.

Botkin, Gleb. *The Real Romanovs, As Revealed by the Late Czar's Physician and His Son*, Londres: Putman, 1932.

Buchanan, George. *My Mission to Russia and Other Diplomatic Memories*, 2 vols., Londres: Cassel & Co., 1923.

Buchanan, Meriel. "The Grand Duchess Olga Nicholaievna", em Meriel Buchanan, *Queen Victoria's Relations*, Londres: Cassel, 1954.

Bulygin, Paul. *The Murder of the Romanovs: The Authentic Account by Captain Paul Bulygin*, Londres: Hutchinson, 1935.

Bunyan, James. *Intervention, Civil War and Communism in Russia, April-December 1918: Documents and Materials*, Baltimore: Johns Hopkins Press, 1936.

Buranov, Yu. *Pravda o Ekaterinburgskoy tragedii: sbornik stat'ei*, Moscou: Russkii Vestnik, 1998.

—— *Tainy i istorii: ubiitsy tsarya. Unichtozheniya dinastii*, Moscou: Terra, 1997.

Buravov, Yu. e V. Khrustalev. *Gibel' imperatorskogo doma 1917-18*, Moscou: Progress, 1992.

Buxhoeveden, baronesa Sophie. *The Life and Tragedy of Alexandra Fyodorovna*, Londres: Longmans, Green & CO., 1928.

Bykov, P.M. *Poslednie dni Romanovy*, Moscou: Gosudarstvennoe Izdatel'stvo, 1930.

—— *The Last Days of Tsardom*, Londres: Martin Lawrence, 1934.

—— *Rabochaiia revolyutsiia na Urale: epizody i fakty*, Ecaterimburgo: Gos. Izd, Ural'skoe Oblastnoe Upravlenie, 1921.

"A Collection of Reports on Bolshevism in Russia" (edição resumida), Parliamentary Paper, Russia N° 1, Londres: HMSO, 1919.

Debogory-Mokrievich, V.K. *14 Mesyatsev vo vlasti Bolshevikov Permskie uzhasy*, panfleto, Ecaterimburgo, 1919, na coleção Tyrkova-Williams, British Library.

Diterikhs (Dietrichs), general Mikhail. *Ubiistvo tsarskoy sem'i i chlenov doma Romanovykh na Urale*, Vladivostok: Voennoi Akademii, 1922.

Elchaninov, A.G. *Nicholas II: Czar of Russia*, Londres: Hugh Press, 1913.
Figes, Orlando. *A People's Tragedy: The Russian Revolution 1891-1924*, Londres: Jonathan Cape, 1996.
Fomin, Sergey. "Ipat'evskii Dom (Khronika)", em Markov (2002).
Fuhrman, Joseph T. (org.). *The Complete Wartime Correspondence of Tsar Nicholas II and the Empress Alexandra, April 1914-March 1917*, Westport, CT: Greenwood Press, 1999.
Gilliard, Pierre. *Thirteen Years at the Russian Court*, Londres: Hutchinson, 1921.
Golikov, Georgii Nazarovich. *Vladimir Ilyich Lenin — Biograficheskaya khronika 1870-1924*, volume 5 (1918), Moscou: Izd. Politicheskoi Literaturoi, 1975.
"Historic Photographs of the Ex-Emperor of Russia Taken July 1917", *Illustrated London News*, 11 de agosto de 1917, p.146-47.
Ioffe, Genrikh. *Revolyutsiya i Su'ba Romanovykh*, Moscou: Respublika, 1992.
—— "V sushchnosti ya uzhe umer", *Literaturnaya Gazeta*, 1º de setembro de 1993, p.13.
Jagow, dr. Kurt. "Die Schuld am Zarenmord: Eine Antwort an Paléologue", *Berliner Monatsheffe* vol. 13 (1), maio de 1935, p.363-401.
Kerensky, A. *The Catastrophe: Kerensky's Own Story of the Russian Revolution*, Nova York: D. Appleton & Co., 1927.
—— "The Road to the Tragedy", in Bulygin (1935).
Kheifets, Mikhail. *Tsareubiistvo v 1918 godu: versiya prestupleniya i fal'sifitsirovannogo sledstviya*, Moscou: Festival, 1992.
King, Greg. *The Last Empress: The Life and Times of Alexandra Fedorovna, Tsarina of Russia*, Londres: Aurum, 1996.
—— e Penny Wilson. "Fate of the Romanovs: An On-Line Resource, including previously unpublished historical documents", at http://www.kingandwilson.com/FOTRresources/index.htm
—— *The Fate of the Romanovs*, Hoboken, NJ: John Wiley, 2003.
Kozlov, V.A. e V.M. Khrustalev. *Poslednie dnevniki imperatritsi Alexandri Fedorovny Romanovy, Fevral' 1917 g. — 16 Yuliya 1918*, Novosibirski: Sibirskii Khronograf, 1999.
—— *The Last Diary of Tsaritsa Alexandra*, intro. Robert K. Massie, Londres: Yale University Press, 1997.
Kuznetsov, V.V. *Taina pyatoi pechati. Sud'ba tsarya — sud'ba Rossii*, São Petersburgo: Derzhava "Satis", 2002.
Landau-Aldanov, Marc. *Lenin*, Nova York: Dutton, 1922.
Latyshev, A.G. *Rassekrechennyi Lenin*, Moscou: "Mart", 1996.

Lieven, Dominic. *Nicholas II. Twilight of the Empire*, Londres: Pimlico, 1993.

Lunacharsky, Anatoly. "Yakcv Mikhailovich Sverdlov", em *Revolutionary Silhouettes*, Londres: Penguin, 1967.

Lykova, Lyudmila Anatol'evna. "Neizvestnyi otvet tsarskoy sem'i na pis'mo 'ofitsera'. Iyul' 1918 g. Ekaterinburg", *Otechestvennye Arkhivy*, 2006, n° 2, p. 39-44.

—— "V.I. Lenin i sud'ba tsarskoy sem'i", *Istoricheskiy Arkhiv*, 2005, n° 5, p.3-9.

—— *Sledstvie po delu ob ubiistve rossisskoy imperatorskoy sem'i: istoreograficheskiy i arkheograficheskiy ocherk*, Moscou: Rosspen, 2007.

Maliuytin, A. Yu. *Tsesarevich: dokumenty, vospominamia, fotografii*, Moscou: Vagrius, 1998.

Markov, Sergei. *How We Tried to Save the Tsaritsa*, Londres: Putman's, 1929.

—— *Pokinutaya tsarskaya sem'ya, 1917-18, Tsarskoe Selo-Tobol'sk-Ecaterimburgo*, Moscou: Palonnik, 2002.

Maslakov, V.V. (org.) *Ekaterinburg: entsiklopediya*, Ecaterimburgo: Izdatel'stvo "Akademkniga", 2002.

Massie, Robert K. *Nichola——s and Alexandra*, Londres: Gollancz, 1968.

Matveev, P.M. "Tsarskoe Selo-Tobol'sk-Ekaterinburg: Zapiski i vospominaniya o Tobol'skom zaklyuchenii tsarskoy sem'i", *Ural'skii Rabochii*, 16 de setembro de 1990.

Maylunas, Andrei e Sergei Mironenko. *A Lifelong Passion: Nicholas and Alexandra, Their Own Story*, Nova York, Doubleday, 1997.

McCullagh, Francis. *Prisoner of the Reds: The Story of a British Officer Captured in Siberia*, Londres: John Murray, 1921.

Melgunov, S.P. *Sud'ba imperatora Nikolaya II posle otrecheniya: istorikokriticheskie ocherki*, Paris: La Renaissance, 1952.

Mel'nik (Botkina), Tatiana. *Vospominanyia o tsarskoy sem'e i ee zhizni do i posle revolyutsii*, Belgrado: Vseslavyanskiy Knizhnoi Magazin, 1921.

Mossolov, Alexander. *At the Court of the Last Tzar*, Londres: Methuen, 1935.

Nepein, Igor. *Pered rasstrelom: Poslednie pis'ma tsarskoy sem'i ... 1917-18*, Omsk: Knizhnoe Isdatel'stvo, 1992.

Nikolaus, F. von B. *Poslednii tsar: konets Romanovykh ... po neopublikovannym nemetskim istochnikam*, Petrogrado: "Edinenie", 1918.

Nikulin, M.P. e K.K. Belokurov, *Polesdnie dni Romanovykh: documenty, materialy, sledstviya, dnevniki, versii*, Sverdlovsk: Sredne-Ural'skoe Knizh. Izd., 1999.

O'Conor, John F. (traduzido e comentado) e Nicholas A. Sokolov: *A Translation of Sections of Nicholas A. Sokolov's "The Murder of the Imperial Family"*, Londres: Souvenir Press, 1971.

Ofrosimova, S.Ya. "Tsarskaya sem'ya (Iz detskikh vospominanii)", *Bezhin Lug*, n° 1, 1995, p.146-47.
Pagannutsi, P. *Pravda ob ubiistve tsarskoy sem'i*, Jordanville: Svyato-Troitsky Monastyr', 1981.
Paléologue, Maurice. *An Ambassador's Memoirs, 1914-1917*, Londresd: Hutchinson, 1973.
Pankratov, Vasili. "With the Tsar in Tobolsk", em Steinberg & Khrustalev (1995).
Pipes, Richard. *The Russian Revolution 1899-1919*, Londres: Fontana Press, 1992.
Platonov, Oleg. *Ubiistvo tsarskoy sem'i*, Moscou: Sovetskaya Rossiya, 1991.
—— *Ternovyi venets Rossii: Nikolay II v sekretnoy perepiske*, Moscou: Rodnik, 1996.
Plotnikov, Ivan F. "Lenin i poslednii rossiiskii imperator. Rol' Tsentra v reshenii sud'by tsarskoi sem'i", *Glavniy Prospekt*, n° 27, 10-16 de julho de 1997.
—— "Goloshchekin i ko. Kto, kogda i kak realizoval ustanovku Tsentra na unichtozhenie tsarskoi sem'i v Ekaterinburge", *Glanniy Prospekt*, n° 28, 17-23 de julho de 1997.
—— Verbetes sobre Ermakov, Goloshchekin, Sokolov e Sverdlov na *Ural'skaya Istoricheskaya Entsiklopediya* (2000).
—— citações a Avdeev, Beloborodov, Botkin, Voikov, Goloshchekin, Ermakov, Ipatiev, Lukoyanov, Safarov, Sverdlov, Chutskaev e Yurovsky em Maslakov (2002).
—— *Gibel' Tsarskoy Semi: Pravda Istorii*, Ecaterimburgo: Sverdloskaya Regional'naya Obshchestvennaya Organizatsiya "Za dukhovnost" i nravstvennost, 2003.
—— *Plotnikov Ivan Fedorovich: Bibliograficheskii ukazatel'*, Ecaterimburgo: Izdatel'stvo Ural'skogo Universiteta, 2005.
Preston, Thomas. *Before the Curtain*, Londres: John Murray, 1950.
—— Affadavit on murder of the Romanovs, 22 de janeiro de 1960, em Vorres (1964).
—— "Last Days of the Tsar", *Sunday Telegraph*, 14 de julho de 1968, p.7.
Prochaska, Frank. "George V and Republicanism, 1917-1919", em *Twentieth-Century British History*, 10 (1), 1999, p.27-51.
Radzinsky, Edvard. *The Last Tsar: the Life and Death of Nicholas I*, Londres: Hodder & Stoughton, 1992.
Radziwill, Catherine. *Nicholas II, the Last of the Tsars*, Londres: Cassell & Co., 1931.
Ross, Nikolay. *Gible' tsarskoy sem'i: Materialiy sledstviya po delu ob ubiistve tsarskoy sem'i*, Frankfurt am Main: Posev, 1987.
Rose, Kenneth. *King George V*. Londres: Phoenix Press, 1983.
Ryabov, "Prinuzhdeny vas Rasstrelyat", *Rodina* n°s 4 e 5, 1989, p.85-95 e 79-92.
Semchevskaya, E. "Vospominaniya o polednikh dnyakh velikikh knyazei v gorode Ekaterinburg", em *Dvuglavyi Orel*, 15 (28), junho de 1921, p.27-32.

Sérvia, princesa Helena da. "I Was at Ekaterinburg", em *Atlantis Magazine: In the Courts of Memory*, vol. 1, n° 3, 1999.

Shcherbatov, A.P. *Pravda na proshloe*, Moscou: Izdatel'stvo Sretenskogog Monastyrya, 2005.

Skrobov, S.V. *Dom Ipat'ev: Istoricheskoe i arkhitekturnoe opisanie*, Ecaterimburgo, edição particular, 2003.

Slater, Wendy. *The Many Deaths of Nicholas II: Relics, Remains and the Romanovs*, Londres: Routledge, 2007.

Sokolov, Nicholas. *Ubiistvo tsarskoi sem'i*, Berlim: Slovo, 1925.

Sonin, L.M. "Otmazka Lenina", in Sonin, *Zagadka gibeli tsarskoi sem'i*, Moscou: Veche, 2006.

Speranski, Valentin. *La "Maison à destination spéciale"*, Paris: J. Ferenczi et Fils, 1929.

Spiridovich, Alexander. *Les derniers années de la court de Tsarskoe Selo*, 2 vols., Paris: Payot, 1928.

Steinberg, Mark D. e Vladimir M. Khrustalev, *The Fall of the Romanovs*, Londres: Yale University Press, 1995.

Sverdlova, Klavdiya. *Yakov Mikhailovich Sverdlov*, Moscou: Molodaya Gvardiya, 1960.

Ural'skaya istoricheskaya entsiklopediya, Ecaterimburgo: Akademkniga, 2000.

Voiekov, Vladimir. *S tsarem i bez tsarya*, Minsk: Harvest, 2002.

Volkov, A.A. *Okolo tsarskoi sem'i*, Moscou: Chastnaya Firma "Ankor", 1993.

Vorres, Ian. *The Last Grand Duchess*, Londres: Hutchinson, 1964.

Vyrubova, Anna. *Memories of the Russian Court*, Nova York: Macmillan, 1923.

Waters, brigadeiro W.H. Wallscourt. *Secret and Confidential: The Experiences of a Military Attaché*, Londres: John Murray, 1926.

—— *Potsdam and Doorn*, Londres: John Murray, 1935.

Wilton, Robert e George Gustav Telberg. *The Last Days of the Romanovs*, Londres: Thornton Butterworth, 1920.

Wortman, Richard. *Scenarios of Power: Myth and Ceremony, Russian Monarchy*, vol. 2, Princeton, NJ: Princeton University Press, 2000.

Yurovsky, Yakov. "Zapiski Ya. M. Yurovskogo o rasstrele tsar'skoi sem'i i sokrytii trupov" (texto russo de 1920 com seu relato dos assassinatos), em Buranov e Khrustalev (1992).

—— "Slishkom vse bylo yasno dlya naroda: Ispoved' palacha'" (texto russo de seu relato de 1922), *Istochnik*, 1993 (0), p.107-17.

—— "Iz Rasskaza Ya. M. Yurovskogo o rasstrele tsar'skoi sem'i na soveshchanii starykh Bolshevikov v g. Sverdlovske" (texto russo de seu relato de 1934), em Buranov e Khrustalev (1992).
Zaitsev, Georgy. *Romanovy v Ekaterinburge. 78 Dnei. Dokumental'noe povestvovanie*, Ecaterimburgo: Isdatel'stvo Sokrat, 1998.
Zakharovm, I. (org.), *Dnevnik Nikolaya Romanova*, Moscou: Zakharov, 2007.

Fontes Secundárias

Ackerman, Carl W. "Is the Czar Dead? Six Chances in Ten that He Was Executed by the Bolsheviki", *New York Times*, 23 de fevereiro de 1919, p.62.
—— *Trailing the Bolsheviki: 12.000 Miles with the Allies in Siberia*, Nova York: Scribner's, 1919.
Alexander, Robert. *The Kitchen Boy: A Novel of the Last Tsar*, Nova York, Penguin, 2003.
Allshouse, Robert H. *Photographs for the Tsar: The Pioneering Photography of Sergei Mikhailovich Prokudin-Gorskii commissioned by Tsar Nicholas II*, Londres: Sidgwick & Jackson, 1980.
"Annual Reports": Siberia, British and Foreign Bible Society, 1917-20.
Ashton, Janet. "'God in All Things': The Religious Beliefs of Russia's Last Empress and Their Personal and Political Context", em www.alexanderpalace.org/palace/godinallthings.html
Baedeker, Karl. *Baedeker's Russia 1914*, reeditado em Londres: Allen & Unwin, 1971.
Baker, Ray Stannard. *Woodrow Wilson: Life and Letters*, vol. VIII, *Armistice: March 1-November 11, 1918*, Londres: William Heinemann, 1939.
Barkovets, A. e V. Tenikhina. *Nicholas II: The Imperial Family*, São Petersburgo: Abris Publishers, 2002.
Becvar, Gustave. *The Lost Legion*, Londres: S. Paul & Co., 1939.
Benaghy, Christine. *An Englishman at the Court of the Tsar*, Ben Lomond, CAL: Conciliar Press, 2000.
Bernstein, Herman. "Nicholas, If Dead, Slain While Goin to Trial by Reds", *Philadelphia Inquirer*, 29 de junho de 1918.
—— "The Bolsheviki: The World Dynamiters", panfleto, Nova York, 1919, em Herman Bernstein Archive.
—— "Bernstein Has Changed His Mind about Bolsheviki", *New York Herald*, 24 de junho de 1918.
Bochkareva, Maria. *Yashka, My Life as Peasant, Officer and Exile*, tradução de Isaac Don Levine, NY: Frederick A. Soteks, 1919.

BIBLIOGRAFIA 317

Bryant, Louise. *Six Months in Red Russia*, Londres: Journeyman Press, 1982.
Buchanan, Meriel. *Petrograd, City of Trouble, 1914-1918*, Londres: W. Collins, 1919.
—— *Recollections of Imperial Russia*, Londres: Hutchinson, 1923.
—— *Diplomacy and Foreign Courts*, Londres: Hutchinson, 1928.
—— *The Dissolution of an Empire*, Londres: John Murray, 1932.
—— *Ambassador's Daughter*, Londres: Cassell & Co., 1958.
Tchekhov, Anton. *Pis'ma*, vol. 4, Yanvar' 1890-Fevral 1892, Moscou: Nauka, 1976.
Cherniavsky, Michael. *Tsar and People*, New Haven CT: Yale University Press, 1961.
Clarke, William. *The Lost Fortune of the Tsars: The Search for the Fabulous Legacy of the Romanoffs*, Londres: Orion, 1996.
Clay, Catrine. *King, Kaiser, Tsar: Three Royal Cousins Who Led the World to War*, Londres: John Murray, 2007.
Coudert, Amalia. "The Human Side of the Tsar", *Century Magazine*, vol. LXXII, 1906.
Crawford, Rosemary e Donald. *Michael & Natasha: The Life and Loves of the Last Tsar of Russia*, Londres: Weidenfeld & Nicolson, 1997.
Danilov, Yuri. *Na puti k krusheniyu: ocherki iz poslednogo perioda russkoi monarkhii*, Moscou: Voennoe Izdatel'stvo, 1992.
"The Dead Tsar", *Graphic*, vol. 98, 27 de julho de 1918, p.88.
Dehn, Lili. *The Real Tsaritsa*, Londres: Thornton Butterworth, 1922.
Dillon, E.J. *The Eclipse of Russia*, Londres: J.M. Dent, 1918.
Dmitriev-Mamonov, A.I. e A.F. Zdziarski, *Guide to the Great Siberian Railway (1900)*, rev. John Marshall, Londres: David & Charles, 1971.
Dorr, Rheta Child. *Inside the Russian Revolution*, Nova York: Macmillan, 1917.
Duncan, Irma e Allan Ross MacDougall, *Isadora Duncan's Russian Days*, Londres: Gollancz, 1929.
Eager, Margaret. *Six Years at the Russian Court*, Londres: Hurst & Blackett, 1906.
Essad-Bey, Mohammed. *Nicholas II: Prisoner of the Purple*, Londres: Hutchinson, 1936.
Eudin, Xenia et al. (orgs.), *The Life of a Chemist: Memoirs of Vladimir N. Ipatieff*, Londres: Oxford University Press, 1946.
"The Fate of Nicholas II", *Illustrated London News*, vol. 153, 27 de julho de 1918, p.97.
Ferro, Marc. *Nicholas II, The Last of the Tsars*, Nova York: Oxford University Press, 1993.
Fic, Victor. *The Collapse of American Policy in Russia and Siberia, 1918*, Nova York: Columbia University Press, 1995.

Fisher, H.H. (org.), *Out of My Past: Memoirs of Count Kokovtsov*, Londres: Oxford University Press, 1936.
Francis, David R. *Russia from the American Embassy April 1916-November 1918*, Nova York: C. Scribner's Sons, 1921.
Gelardi, Julia. *Born to Rule: Granddaughters of Victoria, Queens of Europe*, Londres: Headline Review, 2006.
Gerhardie, William. *The Romanovs: Evocation of the Past as a Mirror of the Present*, Londres: Rich & Cowan, 1940.
Grabbe, conde Alexander. *The Private World of the Last Tsar; In the Photographs and Notes of General Count Alexander Grabbe*, Londres: Collins, 1985.
Grécia, príncipe Michael da. *Nicholas and Alexandra: The Family Albums*, Londres: Tauris Parke Books, 2002.
Halliburton, Richard. *Seven League Boots*, Londres: Geoffrey Bles, 1936.
—— *Richard Halliburton, His Story of His Life's Adventure; As Told in Letters to His Mother and Father*, Londres: G. Bles, 1941.
Handbook for Travellers to Russia, Poland and Finland, Londres: John Murray, 1893.
Harcave, Sidney (trad. e org.), *The Memoirs of Count Witte*, Armonk, NY: M.E. Sharpe, 1990.
Harriman, Mrs J. Borden. *From Pinafores to Politics*, Londres: George Allen & Unwin, 1933.
Harris, James. *The Great Urals: Regionalism and the Evolution of the Soviet System*, Ithaca: Cornell University Press, 1999.
Hennessy, James Pope. *Queen Mary, 1867-1953*, Londres: Phoenix Press, 2000.
Hill, capitão George A. *Go Spy the Land: Being the Adventures of I.K.8 of the British Secret Service*, Londres: Cassell, 1932.
Hoare, Samuel. *The Fourth Seal: The End of a Russian Chapter*, Londres: William Heinemann, 1930.
Hough, Richard. *Louis and Victoria, the First Mountbattens*, Londres: Hutchinson, 1974.
"How Czar and Entire Family Were Slain...", *New York American*, 10 de junho de 1923.
Hughes, Michael. *Inside the Enigma: British Officials in Russia 1900-1939*, Londres: Hambledon Press, 2000.
Hynes, E.L. *Letters of the Tsar to the Tsaritsa 1914-1917*, Londres: John Lane, 1929.
Judd, Dennis. *The Life and Times of George V*, Londres: Weidenfeld & Nicolson, 1993.
Kasvinov, M.K. *Dvatdtsat' tri stupeni vniz*, Moscou: Mysl', 1987.

Kennan, George. *Siberia and the Exile System 1845-1924*, 2 vols., Londres: James R. Osgood, 1891.
—— *Soviet-American Relations, 1917-1920*, vol. 2, *The Decision to Intervene*, Princeton, NJ: Princeton University Press.
King, Greg e Penny Wilson (orgs.), *Atlantis Magazine: In the Courts of Memory*, 5 vols., 1999-2004.
Kiste, John Van der e Coryne Hall. *Once a Grand Duchess: Xenia, Sister of Nicholas II*, Stroud, Gloucs: Sutton, 2004.
—— *Kaiser Wilhelm II: Germany's Last Emperor*, Stroud, Gloucs: Sutton, 1996.
—— *The Romanovs: 1818-1959*, Stroud, Gloucs: Sutton, 1998.
Kleinmichel, condessa. *Memories of a Shipwrecked World: Being the Memoirs of Countess Kleinmichel*, Londres: Brentano's, 1923.
Kruchinin, A.M. *Padenie krasnogo Ekaterinburg*, Ecaterimburgo: Belaya Rossiya, 2005.
Kudrin, U.V. *Dnevniki imperatritsy Marii Fedorovny (1914-1920, 1923 gody)*, Moscou: Varius, 2005.
Kurth, Peter. *Tsar: The Lost World of Nicholas and Alexandra*, Londres: Little, Brown & Co., 1995.
Lansdell, Henry. *Through Siberia*, Londres: Sampson, Low, Marston, Searle & Rivington, 1882.
Lasies, Joseph. *La tragedie Siberienne: le drame d'Ekaterinbourg*, Paris: L'edition Française Illustrée, 1920.
Lavrinov, Valery. *Ekaterinburgskaya eparkhiya: sobytie, lyudi, khramy*, Ecaterimburgo: Ural'skii Universitet, 2001.
Leggett, George. *The Cheka: Lenin's Political Police*, Oxford: Clarendon Press, 1981.
"Lenin, Orator, Writer, and Dictator", *New York Times*, 9 de julho de 1922.
Levine, Isaac Don. *Eyewitness to History: Memoirs and Reflections of a Foreign Correspondent for Half a Century*, Nova York: Hawthorn Books, 1973.
—— *The Russian Revolution*, Londres: John Lane, 1917.
Lincoln, W. Bruce. *Red Victory: A History of the Russian Civil War*, Londres: Cardinal, 1991.
Lockart, R.H. Bruce. *Memoirs of a British Agent*, Londres: Putnam, 1932.
Luk'yanin, Valentin e M. Nikulina. *Progulki po Ekaterinburgu*, Ecaterimburgo: Bank Kul'turnoi Informatsii, 1998.
Lutyens, Mary (org.), *Lady Lytton's Court Diary 1895-1899*, Londres: Rupert Hart-Davis, 1961.
MacKenzie, Frederick A. *Russia before Dawn*, Londres: T Fisher Unwin, 1923.

Mangold, Tom e Anthony Summers. *The File on the Tsar*, Londres: Orion, 2002.
Maples, dr. William R. e Michael Browning, *Dead Men Do Tell Tales*, Nova York: Doubleday, 1994.
Marye, George Thomas. *Nearing the End in Imperial Russia*, Londres: Slewyn & Blount, 1929.
Massie, Robert K. *The Romanovs: The Final Chapter*, Londres: Cape, 1995.
McNeal, Shay. *The Secret Plot to Save the Tsar: New Truths Behind the Romanov Mystery*, Nova York: Perennial, 2003.
Meakin, Annette B. *Russia: Travels and Studies*, Londres: Hurst, 1906.
Meier, I.L. "Kak pogibla tsarskaya sem'ya", Los Angeles: Soglasie, 1956.
Mendel, Arthur P. (org.), *Paul Miliukov: Political Memoirs 1905-1917*, Ann Arbor: University of Michigan Press, 1967.
Miller, Lyubov. *Tsarskaia sem'ya: zhertva temmoy sily*, Moscou: Velikii Grad, 2005.
Mohrenschildt, Dimitri von. "The Early American Observers of the Russian Revolution, 1917-1921", *Russian Review*, 3 (1), outono de 1943, p.64-74.
Morrow, Anne. *Cousins Divided: George V and Nicholas II*, Stroud, Gloucs: Sutton, 2006.
Nadtochii, Yu. *Ubitsy imenem revolyutsii: dokumental'naya povest' o poslednykh dnyakh zhizni Nikolaya II i ego sem'i*, Tyumen: Uralskiy, 1994.
Nansen, Fridtjof. *Through Siberia: The Land of the Future*, Londres: Heineman, 1914.
Nielson, Keith. *Britain and the Last Tsar: British Policy and Russia 1894-1917*, Oxford: Clarendon Press, 1995.
"No Chance to Save Russia Through the Bolsheviki Says Herman Bernstein", *New York Herald*, 4 de julho de 1918.
Occleshaw, Michael. *Armour Against Fate: British Military Intelligence in the First World War*, Londres: Columbus, 1989.
—— *The Romanov Conspiracies*, Londres: Orion, 1993.
—— *Dances in Deep Shadows: Britain's Clandestine War in Russia 1917-20*, Londres: Constable, 2006.
Orekhov, Dmitri. *Podvig tsarskoi sem'i*, São Petersburgo: "Nevsky Prospekt", 2001.
Ossendowski, Ferdinand A. *Lenin, God of the Godless*, Londres: E.P. Dutton & Co., 1931.
Oudendyk, William J. *Ways and By-Ways in Diplomacy*, Londres: Peter Davies, 1939.
Paley, princesa. *Memories of Russia 1916-1919*, Londres: Herbert Jenkins, 1925.
Pares, Bernard. *My Russian Memoirs*, Londres: Cape, 1931.
—— *The Fall of The Russian Monarchy: A Study of the Evidence*, Londres: Cassell, 1988.

Radziwill, Catherine. *The Intimate Life of the Last Tsarina*, Londres: Cassell, 1929.
—— *The Taint of the Romanovs*, Londres: Cassell, 1931.
Ramm, Agatha. *Beloved and Darling Child: Last Letters between Queen Victoria and Her Eldest Daughter, 1886-1901*, Stroud, Gloucs: Sutton, 1990.
"Reported Assassination of the Tsaritsa and Her Daughters", *Illustrated London News*, 21 de setembro de 1918, p.327.
"Revolution in Petrograd", *Illustrated London News*, 14 de abril de 1917.
Rivet, Charle. *The Last of the Romanovs*, Londres: Constable, 1918.
Robien, Louis de. *Diary of a Diplomat in Russia 1917-1918*, Londres: Michael Joseph, 1969.
Robins, Raymond. *Raymond Robins' Own Story*, Nova York: Harper Brothers, 1920.
Rodzianko, conde Paul. *Tattered Banners*, Londres: Seeley Service & Co., 1939.
Romanovsky-Krassinsky, HSH The Princess, *Dancing in St Petersburg: The Memoirs of Kschessinska*, Londres: Gollancz, 1960.
Ross, Edward Alsworth. *Russia in Upheaval*, Nova York: Century Co., 1918.
Romênia, Marie da. *The Story of My Life, Marie Queen of Roumania*, 3 vols., Londres: Cassell, 1934-35.
Russell, Charles Edward. *Unchained Russia*, Nova York: D. Appleton & Co., 1918.
"Russian Revolution and the Overthrow of the Tsar", *Illustrated London News*, 24 de março de 1917.
Salisbury, Harrison E. *Black Night, White Snow: Russia's Revolutions 1905-1917*, Londres: Cassell, 1977.
Sazonov, Serge. *The Fateful Years 1906-1916*, Londres: Jonathan Cape, 1928.
Service, Robert. *Lenin, A Biography*, Londres: Pan Books, 2002.
Shavel'sky, Georgy. *Vospominaniya poslednego protoprevitera Russkoy armii i flota*, 2 vols., Nova York: Isdatel'stvo imeni Chekhova, 1954.
Shepherd, Gordon Brook. *Iron Maze: The Western Secret Services and the Bolsheviks, 1917-1921*, Londres: Pan, 1998.
Solzhenitsyn, Alexander. *November 1916: The Red Wheel, Knot II*, Londres: Cape, 2000.
Stopford, Albert. *The Russian Diary of an Englishman, Petrograd 1915-1917*, Londres: Heinemann, 1919.
Sydacoff, B. von. *Nicholas II: Behind the Scenes in the Country of the Last Tsar*, Londres: A. Siecle, 1905.
Thomas, Herbert. "Cambourne Engineer in Russia: In Room Where Czar Was Murdered", *Cornishman and Cornish Telegraph*, 21 de janeiro de 1920, p.2.
Thubron, Colin. *In Siberia*, Londres: Chatto & Windus, 1999.

Townend, Carole. *Royal Russia: From the James Blair Lovell Archive*, Londres: Book Club Associates, 1999.
Tróstski, Leon. *Dnevniki i pis'ma*, Moscou: Izdatel'stvo Gumanitarnoi Kul'tury, 1994.
Vassili, conde Paul (Catherine Radziwill). *Behind the Veil at the Russian Court*, Londres: Cassell, 1913.
Volkogonov, Dmitri. *Lenin: A New Biography*, Londres: Free Press, 1994.
Vyrubova, Anna. *The Romanov Family Album*, introdução de Robert K. Massie, Londres: Allen Lane, 1982.
W.B. (um russo). *Russian Court Memoirs, 1914-1916*, Londres: Herbert Jenkins, 1917.
Walsh, Edmund A. "Last Days of the Romanovs", *Atlantic Monthly*, vol. 141 (3), março de 1928, p.339-54.
—— *The Fall of the Russian Empire: Story of the last Romanovs and the Coming of the Bolsheviki*, Londres: Williams and Norgate, 1929.
Ward, John. *With the "Die-Hards" in Siberia*, Londres: Cassell, 1920.
Warwick, Christopher. *Ella, Princess, Saint and Martyr*, Hoboken, NJ: John Wiley, 2006.
Washburn, Stanley. *On the Russian Front in World War I: Memoirs of an American War Correspondent*, Nova York: Robert Speller & Sons, 1982.
"Waves of Slander Engulfed the Deposed Tsar's Children...", review of Vasily Pankratov's "Five Months with the Romanoffs", *New York Herald*, 9 de março de 1919.
"Weighed Czar's Fate: Bolsheviki Warned by Huns at Brest Not to Try Him", *Washington Post*, 29 de julho de 1918.
Weiner, Leo. *An Interpretation of the Russian People*, Londres: McBride, Nast & Co., 1915.
Welch, Frances. *The Romanovs and Mr Gibbes*, Londres: Short Books, 2002.
—— *A Romanov Fantasy: Life at the Court of Anna Anderson*, Londres: Short Books, 2007.
Wenyon, Charles. *Four Thousand Miles Across Siberia*, Londres: Robert Culley, 1899.
Whittle, Tyler. *The Last Kaiser: A Biography of William II*, Londres: Heinemann, 1977.
Wiener, Leo. *An Interpretation of the Emperor Nicholas II as I Knew Him*, Londres: Arthur L. Humphreys, 1922.
Williams, Arthur. *Through the Russian Revolution*, Londres: Labour Publishing Company Ltd., 1923.
Wilton, Robert. *Russia's Agony*, Londres: Edward Arnold, 1918.

Windt, Harry de. *From Pekin to Calais by Land*, Londres: Chapman and Hall, 1892.
Yakovlev, Alexander. *A Century of Violence in Soviet Russia*, New Haven, CT: Yale University Press, 2002.
Yashchik, Timofey K. *Ryadom s imperatritsei: vospominaniya leib-Kazaka*, São Petersburgo: Nestor-Istoriya, 2004.
Iéltsin, Bóris. *Against the Grain: Na Autobiography*, Londres: Cape, 1990.
Yermilova, Larissa. *The Last Tsar*, Bournemouth: Parkstone/Planeta, 1996.
Young, Kenneth (org.), *The Diaries of Sir Robert Bruce Lockart*, vol. 1, 1915-1938, Londres, Macmillan, 1973.
Zeepvat, Charlotte. *The Camera and the Tsars: The Romanov Family in Photographs*, Stroud, Gloucs: Sutton, 2004.
—— *Romanov Autumn: Stories from the Last Century of Imperial Russia*, Stroud, Gloucs: Sutton, 2000.
Zinovieff, Sofka. *Red Princess: A Revolutionary Life*, Londres: Granta Books, 2007.
Zlokazov, L.D. e V.B. Semenov. *Staryi Ekaterinburg: gorod glazami ochevidtsev*, Ecaterimburgo: IGEMMO "Lithica", 2000.

Índice remissivo

Academia Militar, 176
Ackerman, Carl, 294
ACM (norte-americana), 158
Agnes, irmã, 171
Ai-Todor, 115
Akimov, Aleksey, 246
Alapaevsk, 48, 63, 68, 218, 232, 290
Albert, príncipe, 99, 101, 207, 214
Albert, rei da Bélgica, 150
Aleksandr (cunhado de Nicolau), 82
alemães, Alemanha, 106, 204-206, 208, 216-288
Alexandre II, 65, 85, 144, 194
Alexandre III, 80, 86, 118, 144
Alexander, grão-duque, 83, 125
Alexandra, czarina
   a afeição da rainha Vitória por, 100
   casamento com Nicolau, 94, 99, 103
   colapso mental de, 95
   conversão para a ortodoxia russa, 98-101
   críticas e hostilidade com relação a, 105
   devoção de, 47
   e o nascimento de Alexei, 95
   manutenção de um diário, 74, 185, 220
   percepções da corte, 100
   percepções públicas, 101
   personalidade de, 89, 98-100, 102-105
   preocupação das filhas com, 112, 124
   reação à saúde do filho, 131-135, ver também Romanov (família)
   saúde de, 46, 52, 95, 112, 169, 185, 203
   trabalhos de caridade, 105
   vício em narcóticos e sedativos, 95
Alexandra, rainha-mãe, 216, 285
Alexei, czaréviche
   aparência e personalidade de, 131-132, 134
   atividades restringidas por Yurovsky, 139
   e a hemofilia, 21, 36, 49, 52, 130-135
   jornada para Ecaterinburg, 138
   massagem e eletroterapia em, 135
   mudança para o quarto dos pais, 42
   musicalidade de, 133
   nascimento de, 95, 129
   recuperação de um ataque quase fatal de hemofilia, 138
   toma banho pela primeira vez em nove semanas, 203, 220, ver também Romanov (família)
Alexey Mikhailovich, czar, 129
Alfonso, rei da Espanha, 214, 287
Alice, princesa de Hesse, 97-100
Alley, Stephen, 215
Anarquistas, 166
Anastasia, grã-duquesa
   aparência e personalidade de, 124
   e a reivindicação de "Anna Anderson", 296, ver também Romanov (família)
   nascimento de, 123
Anderson, Anna, 296

Andreev, Nikolay, 107
Antônio, de São Petersburgo, 129
Ardatov, Ensign, 150
Arkhangelsk, 109, 158, 173, 175, 192, 291
Arkhipov, dr. Kensorin, 38, 152-153, 232
Armistead, Henry, 215
Asquith, sra., 286
Avdeev Aleksandr, 35, 40, 44-45, 49-51, 55, 62-63, 72-73, 89, 127-128, 139, 146, 148, 171-173, 177, 179-180, 188, 198, 222, 248
Avdonin, Aleksandr, 298-300

Badmaev P.A., 89
Baikal (lago), 140
Baku, 61
Balfour, Arthur, 210, 212, 214, 274
Báltico, 70, 168
Barbara, irmã, 290
Battenberg, almirante príncipe Louis, 213
Battenberg, princesa Victoria
Belinsky, Vissarion, 192
Beloborodov, Aleksandr, 30, 34, 44, 55-56, 58, 72, 141, 180, 185-186, 196, 198, 219, 232, 241, 244, 248, 273-274, 282-283, 292
Benckendorff, conde (Pavel Constantinovich), 53, 105
Benedito XV, papa, 287
Berlim, 60, 175, 218, 286
Bernstein, Herman, 77, 155-156, 163, 190, 205-206, 295, 306
Berzin, Reinhold, 56
Bethmann, Theodor von, 217
Bialowieza (Polônia), 135
Bielo-Rússia, 70
Blavatsky, madame Helena, 174
Blyumkin, Yakov, 107
Bochkareva, Nadya
Bochkareva, tenente-coronel Mariya, 158-161, 291
Bolcheviques, 28-30, 40, 45, 56, 61-67, 70-73, 75, 90, 106-108, 127, 141, 148, 178, 184, 226, 235, 242, 244, 246-247, 262, 269, 273, 277, 281
Botkin, Alexander ("Sasha"), 144, 152, 250
Botkin, dr. Evgeny Sergeevich, 30, 34, 36, 43, 49, 52, 60, 95, 135, 138, 143-149, 152, 178, 183, 222, 224, 240, 247, 250, 253, 255-261, 263, 266, 296
Botkin, dr. Sergey (pai de Evgeny), 144
Botkin, Gleb, 146
Botkin, Sergey (filho de Evgeny)
Botkin, Tatyana, 146
Botkin, Yuri, 143
Brancos, 29, 72, 108, 141, 188-189, 192, 200, 219, 232, 278, 288-291, 301-302
Bréjnev, Leonid, 298
Brest-Litovsk, Tratado de (3 de março de 1918), 70, 91, 106-107, 188, 193, 199, 216-217
Brigada Armada Letã, 107-108
Buchanan, Meriel, 213
Buchanan, sir George, 89, 207-209, 212
Buimirov, diácono Vasily, 222-226
Bulygin, capitão Paul, 175-176
Buxhoeveden, baronesa Sophie von, 63, 118, 125, 291

Carlos I, 200
Carol, príncipe da Romênia, 119
Carta régia das Nações Unidas (1945), 220
Catarina, a Grande, 191, 194
Cáucaso, 51, 61, 70, 194
Chaliapin, Fedor I., 21, 91
Cheka (polícia secreta), 30, 34, 38, 53, 58, 61, 63, 68, 70, 107, 110, 126-127, 140-141, 169, 173, 242
   da cidade de Moscou, 293
   de Ecaterimburgo, 34, 53, 63, 128, 140-141, 175, 181, 184, 187, 201, 215, 219, 233, 236, 241, 244, 253, 269, 278, 293

ÍNDICE REMISSIVO

de Petrogrado, 290
dos Urais, 294
Chelyabinsk, 72, 140-141, 250
Chemodurov, Terenty (criado pessoal), 34, 36, 43, 144, 148, 295
Chicago Tribune, 296
Chicherin, Georgy, 70, 296
Chrezvychainaya Komissiya (polícia secreta) ver Cheka
Chutskaev, Sergei, 34, 64, 185, 275
Coburg, 216
Comissários do Povo, 281
"Comitê de Exame da Questão das Janelas na Casa com Propósito Especial", 40
Comitê Executivo Central (CEC), 70, 109, 151, 180, 195, 197-198, 201, 246, 248
Comitê Executivo do Soviete Regional dos Urais, 31, 146, 185-187, 190, 233, 292
Conferência de Turismo da Rússia (2007), 301
Congresso dos Sovietes, 5º (julho de 1918), 91, 107
Conselho de Comissários do Povo, 108, 191-192, 195, 201, 217, 219-220, 275, 281
Constança, 119
Constitucionalistas, 71
Constituição da República Federativa Socialista Soviética Russa, 166
Convenção de Genebra (1949), 220
Convento Novo-Tikhvinsky, 50, 88, 171, 173, 176-177, 235
Copenhagen, 70, 75, 216, 244
Corte Regional de Omsk, 289
Cossacos, 85, 129
Crimeia, 43, 92, 115, 166, 159, 209, 287
Cristiano, rei da Dinamarca, 216, 287
Cromwell, Oliver, 200

Daily Express, 295
Daily Mail, 285

Daily Telegraph, 285, 305
Declaração dos Direitos das Pessoas Trabalhadoras e Exploradas (1918), 166
Dedyukhina, Fekla, 185
Dehn, Lili, 101
Demidova, Anna (criada), 34, 36, 43, 50, 147, 255, 262-263
Derevenko, Andrey, 132
Derevenko, dr. Vladimir, 49-50, 59, 136, 138-139, 146, 172-173, 175-176, 226
Didkovsky, Boris, 34, 56, 186, 292
Dimitry, grão-duque
Diterikhs, general Mikhail, 201, 289, 304
Dobrynin, Konstantin, 127
Dolgorukov, príncipe Vasily, 30, 63, 148, 169, 174, 199
Domingo Sangrento (1905), 85
Don (rio), 22
Dostoiévski, Fiódor, 82
Doutor Jivago (filme de 1965), 29
Dryagina, Varvara, 237
Duma, 167
Duncan, Isadora, 296
Dutov, Aleksandr, 41, 128, 187
Dyachenko, Grigory, 183
Dzerzhinsky, Feliks, 70, 186, 193

Ecaterimburgo, 20-23, 296-302
  Assembleia Comercial, 49
  casa Ipatiev, 30, 35-40, 49-53, 88, 90, 289, 298
  casa Popov, 41-42, 128, 237, 240, 245, 247, 250, 268
  casa Rastorguev-Kharitonov, 24, 39
  Catedral Ekaterininsky, 221-222, 297
  Catedral Voznesensky, 39-40, 150, 229
  Clube Histórico Militar, 299, ver também Romanov (família)
  Convento Novo-Tikhvinsky, 50, 88, 171, 173, 176-177, 235

Hotel Amerikanskaya, 22-23, 30-31, 63, 184-185, 188, 202, 232, 235, 241, 245, 247, 249, 251, 276, 278, 299
Igreja pelo Sangue, 299, 301-302
Instituto de História e Arqueologia, 299
Iset (lago), 231

Eduardo, duque de Clarence, 93, 99
Elizabeth "Ella", grã-duquesa, 37, 48, 100, 137, 218, 290
Engels, Friedrich, 192
Enisei (rio), 215
Ermakov, Petr, 141, 182, 204, 232, 235-236, 244, 249-250, 257-264, 266-271, 275, 278, 280-281, 293
Ernst Ludwig, grão-duque de Hesse, 103, 216
Estados Unidos, 69, 73, 76, 155-158, 204
Exército Vermelho, 29, 41, 72, 141, 150, 176-177, 181, 183-184, 195, 202-203, 240, 245, 290, 293, 297
Ezhov, Nikolay, 292

Fabergé, Karl, 22
Fadeev (engenheiro de mineração), 68
Ferrovia Transiberiana, 19, 22, 24, 34, 38, 109, 140, 148, 196, 250
Fesenko, Ivan, 182
Finlândia, 174, 204
Fischer, dr. Elmar, 96
Força de Intervenção Aliada, 291
Fortaleza Schlüsselburg, 186, 194
Fotieva, Lidiya, 191
Francis, David, 91, 157
Fundo Rei Jorge para Marinheiros, 206

Gaida, general Rudolf, 289
Ganina Yama, 10, 182, 299-302, *ver também* Quatro Irmãos (mina)

Gatchina, 82
Genebra, 180, 220
George, duque de Leuchtenberg, 175
Georgy, grão-duque, 287
Gerhardie, William, 205
Gibbes, Charles Sidney, 11-12, 47, 49, 63, 113, 124, 146, 228, 268
Gilliard, Pierre, 49, 63, 112, 133, 135, 146
Golitsyn, princesa Maria, 129
Goloshchekin, Filipp, 31, 34-35, 56, 58, 71, 141, 152, 176-177, 186-191, 195-198, 201-202, 232, 245-246, 248, 259, 267-268, 274-275, 277, 281, 283
Gorbachev, Mikhail, 298
Gorbunov, Nikolay, 275
Gorno-Uralsk (ferrovia), 269
Grande Estrada Siberiana, 20
Graphic, 285
Grupo Nacional de Centro, 174
Guardas Preobrazhensky, 82
Guardas Vermelhos, 204
Guerra Franco-Prussiana (1870-1), 104
Guerra Russo-Japonesa (1904), 144
Guilherme II, kaiser, 69-70, 94, 107, 199, 213, 216-219, 287

Halliburton, Richard, 293
Harriman, Florence, 159
Heath, Charles, 84
Hegel, G.W.F., 192
Helena, princesa da Sérvia, 63, 180, 285
Hélène de Orleans, princesa, 98
Hermogen, bispo de Tobolsk, 174
Holman Brothers Ltd, 62
House, coronel Edward, 155, 220
Hubbard Candle Works, 23
Hudson's Bay Company, 215

Iéltsin, Boris, 298
Índia, 83

ÍNDICE REMISSIVO

Indústria de Mineração Ural, 23
Ipatiev, Nikolay, 29, 38
Irkutsk, 72, 140, 158
"Irmandade de São João de Tobolsk", 174
Iset (lago), 53, 181, 231, 242, 250, 268
Iset (rio), 38, 221
Ivan o Terrível, 84, 229
Izvestiya, 68, 219, 281, 284

Japão, 27, 34, 79, 83, 129-130
Jemmy (cão pequinês), 36, 51, 124, 255, 267
Jodiches, Leo, 286
Jorge V, 62, 69, 75, 93-94, 159, 161, 206-211, 213-217, 223, 226, 285-287
Joy (cocker spaniel), 36, 51, 133, 255, 282, 291

Kabanov, Alexey, 128, 243, 257, 265, 294
Kabanov, Mikhail, 128, 243
Kainsk, 60
Kaluga, 166
Kamenev, Lev, 151, 187
Kappel, tenente, 175
Karamzin (historiador), 81
Kazan, 176, 301
Kerensky, Aleksandr, 27-28, 69, 145, 157, 159-160, 213
Kharitonov, Ivan (cozinheiro), 22, 36, 43, 49, 51, 147-148, 255-256, 260
Kiev, 175
Kochubey, príncipe, 175
Kolchak, almirante Aleksandr, 29, 72, 288-289, 291
Kolomna, 193
Konstantin, grão-duque, 89, 218
Konstantinovich, príncipe Igor, 37
Konstantinovich, príncipe Ioann, 37, 63
Konstantinovich, príncipe Konstantin, 37
Koptyaki (floresta), 181-182, 220, 235, 244, 258, 268-269, 271, 275-277, 280, 298-299, 306
Koptyaki (vila), 181-182, 269
Kotelnich, 175-176
Krasnoyarsk, 291
Kronstadt, 27, 65, 182
Kschessinska, Mathilde, 82
Kudrin, Mikhail, 249, 254, 257-259, 267-268, 294
Kuntsevo, 233, 244
Kursk, 166
Kusvinsky (fábrica), 68, 277

Lacher, Rudolf, 128
Lampson, Oliver Locker, 173
Lean, David, 29
Lenin, Vladimir Ilyich, 28, 30-31, 56-70, 90-91, 106-109, 141, 151-152, 156, 166-167, 181, 186-204, 218-219, 229, 233, 244-246, 274-275, 281, 290-291, 293-294, 296, 304
Lepa, Adolf, 128, 249
Lermontov, Mikhail, 194
Letemin, Mikhail, 244, 291
Levine, Isaac Don, 161
Lied, Jonas, 215
Liga das Nações, 158, 220
Liga pela Restauração do Império Russo, 218
Lisitsyn, Aleksandr, 267, 273
Livadia, 92, 102, 115, 125
Lloyd George, David, 11, 211-213
Lockhart, Bruce, 215, 274
Lukoyanov, Fedor, 185
Lunacharsky, Anatoly, 151
Lytton, lady Edith, 99
Lyubinskaya, 19, 34
Lyukhanov, Sergey (motorista), 248, 251, 253, 258, 270, 279-280

Makronosoev (gerente da Sysert), 68
Malinovsky, capitão Dmitri, 176-177, 289
Malyshev, Ivan, 68, 219
Manchúria, 20, 129
Mangold, Tom, 214
Manifesto de Outubro (1905), 190
Mar Negro, 27, 71, 204
Maria Fedorovna, imperatriz viúva, 97, 121, 216, 287
Maria, grã-duquesa
  admiradores masculinos de, 122
  aparência e personalidade de, 57, 120-123
  chegada a Ecaterinburg, 219
  comentários sobre as condições de vida, 42, 48
  nascimento de, 120
  sucumbe a uma pneumonia quase fatal, 208, ver também Romanov (família)
Maria, rainha, 69, 94, 206, 211, 214, 287
Marx, Karl, 192
Masaryk, Tomas, 157
Matveev, Pavel (comissário político), 176
May (irmã de Alexandra), 97
McCullagh, Francis, 293
Medvedev, Pavel, 41, 237, 240, 245, 248-249, 257, 259, 268, 282, 291
Meledin, padre Anatoly, 221-222
Mencheviques, 71, 151, 166, 192
Mendeleev, Dmitri, 184
Migich, major, 180
Mikhail, grão-duque, 68, 106
Milyukov, Pavel, 208
Mirbach, conde Wilhelm von, 70, 90-91, 106-108, 166, 198, 217-218
Mogilev, 104, 137-138, 145, 173, 207
Morozova, Praskovya, 185
Moscou, 30-32, 56, 70, 72, 76, 90, 101, 106, 141, 152, 157, 163, 186, 190, 196, 201, 204, 215, 219, 246, 250, 267, 273, 290
  Catedral Uspensky, 164

Hospital do Kremlin, 294
Kremlin, 29-30, 70, 107-108, 152, 164, 191, 244, 246
Museu da Revolução, 294
prisão Lyubyanka, 292
Teatro Bolshoi, 90, 166
Teatro de Arte, 23
Moshkin, Aleksandr (guarda), 44, 55, 58
Mosolov, conde Aleksandr, 114, 175
Murmansk (Porto Romanov), 69, 110, 157, 204, 208, 215
Murom, 108
Myasnikov, Gabriel, 141

Nadezhdinsky (fábrica), 185
Nagorny, Klementy (servente), 43, 49, 132, 138, 148, 219
Namektin, Aleksandr, 289
Narym, 152
National Tidende (Dinamarca), 244
Nechaev, Sergey, 194
Netrebin, Viktor, 128, 255-257
Neva (rio), 163
New York Herald, 155, 190, 295, 306
New York Times, 284-285, 294
Nicolau II
  abdicação de, 26, 87-89
  afeição da rainha Vitória por, 100
  casamento, 84, 93, 99, 102-106
  como leitor voraz, 50, 110, 150
  conhecido como "Nicolau, o Sanguinário", 86
  criação, 81-83
  declínio espiritual e mental, 78-80, 89
  dependência de tabaco, 88
  distanciamento do povo, 86
  domesticidade de, 25, 86
  e medo de assassinato, 85
  e mobilização para a guerra, 163-165
  enviado para Ecaterinburg, 19, 24

ÍNDICE REMISSIVO 331

junta-se aos guardas Preobrazhensky, 82
manutenção de um diário, 185, 220
personalidade de, 25, 80, 88-89
saúde de, 89
torna-se czar, 83
Nikolay, grão-duque, 103, 289
Nikulin, Grigory, 58, 61, 77, 169, 185, 199, 223, 241, 243, 249, 254, 256-258, 262, 264, 268, 273, 294, 305
Nizhe-Tagil (usina), 232
Nizhni-Novgorod, 166
Nizhni-Tagil, 181
NKVD (polícia secreta), 292
Notícias do Soviete Regional dos Urais, representante de Trabalhadores, Camponeses e Soldados, 66
Novosibirsk, 60

Occleshaw, Michael, 214
Odessa, 173
Okhrana (polícia secreta russa), 186
Olga, grã-duquesa, 27, 30, 83, 113, 123-124, 230, 287
 aparência e personalidade de, 117
 e o problema com relação a casamento, 118
 inocente em termos emocionais e sexuais, 118
 torna-se enfermeira da Cruz Vermelha, 105, 125, *ver também* Romanov (família)
Omsk, 19, 34, 68, 72, 188, 193, 196-197 289, 291
Oranienbaum, 284
Oriente, Extremo, 73
Ortino (cão), 51, 255
Ostrovsky, Aleksandr, 231
Oudendyk, William J., 284

Paget, lady Muriel, 157
Paléologue, Maurice, 98, 164, 212, 229
Paley, príncipe Vladimir Pavlovich, 37

Pankhurst, Sr. Emmeline, 157, 159
Pankratov, Vasily, 121
Paris, 69, 98, 113, 186
Partido Bolchevique, 41, 60, 63
Partido Comunista, 70, 186-188, 231, 291-292, 297
 7º Congresso, 188
Partido Comunista dos Urais, 231
Patterson, tenente, 228
Pavel, grão-duque, 287, 291
Pavlushin, 276
Pedro, o Grande, 21, 84
Perm, 56, 68, 72, 126, 141, 175, 181, 187, 219, 240, 246, 269
Petrogrado, 26, 56, 63, 65, 87, 89, 91, 107, 157, 174, 176, 195, 199, 205, 211-213, 216, 245, 284, 287
 Fortaleza de Pedro e Paulo, 287, ver também São Petersburgo
 Instituto Smolny, 245
Petrovsky, Grigory, 167
Pisarev, Dimitri, 192
Plekhanov, Georgy, 192
Pobedonostsev, Konstantin, 81
Politiken (Suécia), 75
Polônia, 70, 135
Porosenkov Log (Prado dos Porcos), 279
Powers, Gary, 297
Pozner (químico), 183
Preston, Thomas, 62-64, 68-69, 150, 153, 180-181, 187, 216, 248, 274, 287-288
Primeira Guerra Mundial, 25, 29, 69-70, 88, 109, 115, 140, 143, 149, 165, 184, 190, 207, 210, 220, 285
1º Batalhão da Morte Feminino, 158
Proskuryakov, Filipp, 244
Pushkin, Aleksandr, 194

Quatro Irmãos (mina), 182, 232, 270, 275-276, 283, 296, 299

Radichev, Aleksandr, 194
Radziwill, princesa Catherine, 76
Rasputin, Grigory, 26, 85-86, 103, 133, 136, 165, 174, 272
Rasputin, Mariya, 174
Redikortsev, Andrey, 38
Revolta decembrista (1825), 194
Revolução de Fevereiro (1917), 162
Revolução de Outubro (1917), 24, 61, 105, 165, 168, 180, 193, 195, 198
Riezler, dr. Kurt, 218, 286
Robien, Louis de, 283
Robinson, Geoffrey, 168
Rodzianko, coronel Paul, 291
Rodzinsky, Isay, 180, 185, 277
Romanov (família)
   alheia aos conflitos políticos e sociais que ocorriam do lado de fora, 65-73
   alimentada com comida oferecida pelo convento, 171-172, 235
   anúncios da morte da, 274, 281-288
   atitude britânica para com a, 68, 206-216
   condições de vida na casa Ipatiev, 39-54, 73, 78
   consequências da morte da, 287-290
   diferenças de personalidade entre as irmãs, 117
   dispensa dos corpos, 267-281
   e a celebração da Igreja Ortodoxa Russa, 300-301, ver também os membros mencionados da família: Nicolau, Alexandra, Olga, Tatiana, Maria, Anastasia, Alexei
   e a dispensa do garoto que ajudava na cozinha, 247
   e a mudança de comandante, 55, 58
   e a remoção de símbolos do sistema czarista, 66
   e as peregrinações até o local da execução, 300-302
   e o desenvolvimento de laços afetivos com os guardas, 57
   e o destino da casa Ipatiev, 298
   e o destino de outros membros da família, 290-297
   e o espetáculo anual dos lírios em Ganina Yama, 300-302
   e os novos guardas, 128
   educação e criação das filhas, 113-117
   execução da, 260-265
   indiferença externa a, 106
   iniciativas de outros reis para salvar a, 206-220
   interesse alemão pela, 216-218
   interesse local pela, 53
   joias que pertenciam a, 59
   levada para o lugar da execução, 253-260
   levada para Tobolsk, 28
   limpeza das memórias femininas da, 237-240
   localização dos restos mortais, 298
   nacionalização das propriedades da, 220
   número de serventes à disposição, 148
   observância religiosa, 221-227
   penúltimo dia, 237-240
   planos para entrar em contato e resgatá-la da casa Ipatiev, 173-180
   presságio final, 228-231
   reações das filhas ao encarceramento, 126
   retirada de todas as joias, 265, 272, 275
   reuniões para decidir o futuro da, 184-202, 233, 246
   último dia, 244
   viagem e chegada a Ecaterimburgo, 30-37
Romanov, grão-duque Kyrill, 216
Roosevelt, Theodore, 161
Ross, Edward A., 75
Rozmarin, farmacêutico da corte imperial, 46
Ryabov, Geli, 298, 300

ÍNDICE REMISSIVO

Safarov, Georgy, 140, 185-186, 197, 232, 245, 248, 283, 292
Saint-Simon, conde de, 192
Saltykov-Shchedrin, Mikhail, 50, 110, 143
Samara, 108, 140, 292
São Petersburgo, 12, 19, 22, 25-27, 47, 71, 85-86, 98, 101, 104, 113, 186, 209, 299-301
    Fortaleza de São Pedro e São Paulo, 214, 287
    Palácio de Alexandre, 19, 25, 27, 44, 46-48, 53, 74, 115, 124, 145
    palácio de Catarina, 47
    palácio de Inverno, 85, 160, 163-164
    palácio Peterhof, 129, *ver também* Petrogrado
Savinkov, Boris, 108
Sednev, Ivan (lacaio), 34, 36, 49, 147, 247
Sednev, Leonid (ajudante de cozinha), 36, 139, 147, 245, 247
2º Esquadrão de Ecaterinburg, 269
Semchevsky, madame, 37
Semenova, Evdokiya, 237-240
Sergeev, Ivan, 289, 295
Sergei, grão-duque, 37, 86, 98
Shartash, 34, 61
Shilder (autor), 50
Shtandart (iate real), 115, 119, 132
Sibéria, 12, 19, 22-24, 27, 29, 34, 48, 60, 62, 67, 72, 91, 109-110, 136, 140, 152, 157-158, 169, 184-185, 193, 195, 204, 236, 275
Sibéria Ocidental, 27, 29, 62, 72, 195
Sibéria Oriental, 158
Sidorov, coronel Ivan, 173
Simbirsk, 175
Skorokhodov, Ivan, 58
Socialistas Revolucionários, 90, 107-110, 151, 166-167, 188, 192, 198, 203, 288
Sokolov, Nikolay, 289, 296, 304, 306

Solovev, Boris, 81, 174
Soviete da Sibéria Ocidental, 195
Soviete de Ecaterimburgo, 30, 34, 36, 38, 49, 61, 204, 231
Soviete de Petrogrado, 213
Soviete Regional dos Urais (URS), 30-31, 34-35, 38, 41, 50, 55-56, 59, 61, 63-64, 66, 70, 72, 140, 146, 152, 180, 185-190, 193, 202, 219, 233, 241, 244-245, 248, 259, 267, 270, 274-275, 281, 287, 292
Spala, 136-138
Spiridonova, Mariya, 91, 107, 109
Stalin, Joseph, 61, 109, 152, 192, 200, 290, 292-293, 297
Stamfordham, lorde, 210
Starkov, Ivan, 127
Starodumova, Maryia, 237-240
Stepanov (comerciante), 68, 175
Stolov, Igor, 244
Stolypin, Petr, 85-86
Storozhev, padre Ivan, 221-227, 231
Strekotin, Aleksandr, 125, 254, 256, 266
Sukhorukov, Grigory, 277
Summers, Anthony, 214
Sunegin, Vladimir, 277
Sverdlov, Yakov, 31, 35, 70, 72, 91, 141, 151-152, 166, 186-191, 195-197, 199, 201, 233, 245-246, 267, 274-275, 281-282, 284, 291
Sverdlovsk, 296-297
Sysert (fundição de ferro), 23, 41, 61, 68, 127, 141, 187, 257

Tait Mechanical (fábrica), 23
Talashmanov, M., 232
Tambov, 166
Tatiana, grã-duquesa
    aparência e personalidade, 120
    como a favorita da mãe, 120
    maturidade de, 120

nascimento e criação, 119
torna-se enfermeira da Cruz Vermelha, 124, ver também Romanov (fábrica)
Tatishchev, conde Ilya, 145-148, 169, 174
Tchaikovsky, Peter Ilyich, 164
Tchecos, 29-30, 41, 65, 67-68, 72-73, 109-110, 140-141, 150, 158, 175-177, 179-181, 184, 188, 199, 202-204, 227, 232-233, 250, 254, 274, 279, 286-288
Tchekhov, Anton, 20, 22, 35, 126, 184
3º Exército, 188
The Times, 94, 168, 204, 212, 284-285, 289
Thomas, Arthur, 62, 247
Thomson, Basil, 211
Thubron, Colin, 301
Tobolsk, 19-20, 27-28, 33, 35-36, 38, 42, 45, 47-48, 51, 56, 59, 63, 69, 75-77, 79-80, 88, 90, 105-106, 118, 121-122, 124-126, 138, 145-148, 152, 165, 174, 179, 188, 195-197, 203, 215, 226, 301
Tolmachev, Nikolay, 186
Tolstói, Live, 163
Tomsk, 60-61, 72, 159, 291
Torupechev (comerciante de secos e molhados), 68
Trakt, a, 20, 275, ver também Grande Estrada Siberiana
Trotski, Leon, 28, 71, 151, 156, 176, 190, 194, 200, 204-205
Trotskistas, 292
Trupp, Alexey (lacaio), 36, 43, 147, 224, 255-256, 260, 280
Tsarskoe Selo, 27, 47, 74, 77-78, 86-87, 105, 122, 131, 135, 137, 145, 162, 173-174, 207-209
Tsel'ms (ou Tsal'ms), Jan, 128, 257
Tsvetaeva, Maryia, 284
Tula, 185
Tyumen, 174, 301

Ucrânia, 70, 91, 168
Ukraintsev, Konstantin, 51
Ulyanov, Aleksandr, 194
Ulyanova, Mariya, 191
União das Empregadas Domésticas Profissinais, 236
"União para a Defesa da Terra Natal e da Liberdade", 108
Urais (montes), 9, 20-22, 31, 62, 67, 175, 188-189, 195-196, 218, 250, 259, 281, 283, 295
Urais vermelhos, 19, 24, 30, 73, 289
Ural'skiy Rabochiy, 39, 274
Uritsky, Moisey, 199, 290

Vaganov, Stepan, 182, 244, 257, 268, 291
Vale do Don, 204
Vanka (burro), 133
Varsóvia, 292
Vassili, conde Paul (pseudônimo) ver Radziwill, princesa Catherine
Verhas, Andras, 128, 249
Verkh-Isetsk (fábrica), 72, 127-128, 141, 181-182, 188-189, 204, 242, 257, 268, 273, 281
Verkhistkavo (moinho), 244
Versalhes, 109, 140
Victoria "Vicky", princesa, 97, 285
25º Batalhão de Reserva de Tomsk, 159
Vitória, rainha, 74, 93, 95, 97, 99-100, 118, 130, 210, 214
Vladimir, 166
Vladivostok, 34, 109, 140, 158-159, 197
Voiekov, major-general Vladimir, 88
Voikov, Petr, 180, 232, 242, 265, 268, 276, 281, 292
Voitsekhovsky, Sergey, 141
Volga (rio), 108, 140
Vologda, 91, 157, 180, 283-284
Voronov, Pavel, 119

ÍNDICE REMISSIVO

Vvedensky, Nikolay, 61
Vyatka, 175
Vyrubova, Anna, 87, 101, 105, 136
Vytchegda (rio), 141

Washington Post, 70, 76, 206, 284, 295, 306
Waters, general Wallscourt, 174, 209, 217
Wilson, presidente Woodrow, 91, 109, 155, 157-158, 160-162, 204, 220, 305
Wilton, Robert, 11, 168, 201, 289
Woodhouse, Arthur, 216

Xenia (irmã de Nicolau II), 122, 287

Yakimov, Anatoly, 127, 221, 282
Yakovlev, Vasily, 28-29, 33-35, 80, 195-197
Yaroslavl, 108
Yurovsky, Rimma, 293
Yurovsky, Yakov, 126, 199, 304
  aparência e personalidade, 58, 62
  arrocho da segurança na casa Ipatiev, 139, 148, 172
  assume o comando da casa Ipatiev, 58, 143
  atitude com relação a Alexei, 139
  brincadeiras pelas costas de, 124
  comentário sobre Maria, 121
  comentário sobre o dr. Botkin, 145
  comentário sobre Tatiana, 120
  discute a respeito da remoção dos corpos e evidências das execuções, 182, 185, 219, 232, 235, 241-246
  e inspeção dos objetos de valor dos Romanov, 59, 77
  e o destino de Leonid, o garoto da cozinha, 245, 247
  e os planos para resgatar os Romanov, 180
  inclinações políticas, 61
  morte de, 294
  organiza a limpeza da casa, 237
  organiza o esquadrão de execução, 248-251
  organiza os serviços litúrgicos finais dos Romanov, 224-226, 231
  origem familiar, 60
  substitui a metralhadora Colt por uma Maxim, 110
  substitui guardas amigáveis porém não confiáveis, 126-127
  supervisiona a execução e a remoção dos corpos, 199, 254-281
Yusupov, príncipe Felix, 89

Zinoviev, Grigory, 245
Zlokazov (fábrica), 41, 44, 61, 233
Zubrovka (gata), 133

Este livro foi composto na tipologia Electra LH
Regular, em corpo 11/16, e impresso em papel
off-set 75g/m² no Sistema Digital Instant Duplex
da Divisão Gráfica da Distribuidora Record.